AS CRISES DA VIDA COMO OPORTUNIDADES DE DESENVOLVIMENTO

Rüdiger Dahlke
com a colaboração de Margit Dahlke
e Robert Hössl

AS CRISES DA VIDA COMO OPORTUNIDADES DE DESENVOLVIMENTO

Fases de transformação e seus sintomas de doenças

Tradução
ZILDA HUTCHINSON SCHILD SILVA

EDITORA CULTRIX
São Paulo

Título do original: *Lebenskrisen als Entwicklungschancen*.

Copyright © 1995 Rüdiger Dahlke.

Copyright © 1995 C. Bertelsmann Verlag GmbH, Munique, no Verlagsgruppe Random House, GmbH.

Publicado pela primeira vez em 1995 por C. Bertelsmann Verlag, uma divisão da Verlagsgruppe Random House, Munique, Alemanha.

Todos os direitos reservados. Nenhuma parte deste livro pode ser reproduzida ou usada de qualquer forma ou por qualquer meio, eletrônico ou mecânico, inclusive fotocópias, gravações ou sistema de armazenamento em banco de dados, sem permissão por escrito, exceto nos casos de trechos curtos citados em resenhas críticas ou artigos de revistas.

A Editora Pensamento-Cultrix Ltda. não se responsabiliza por eventuais mudanças ocorridas nos endereços convencionais ou eletrônicos citados neste livro.

Agradeço pelos estímulos e correções a Andrea e Hermann Druckenthaner, Josef Hien, Christa Maleri e Dr. Helmut Oberhofer

Dados Internacionais de Catalogação na Publicação (CIP)
(Câmara Brasileira do Livro, SP, Brasil)

Dahlke, Rüdiger
    As crises da vida como oportunidades de desenvolvimento : fases de transformação e seus sintomas de doenças / Rüdiger Dahlke ; com a colaboração de Margit Dahlke e Robert Hössl ; tradução Zilda Hutchinson Schild Silva. -- São Paulo : Cultrix, 2005.

    Título original: Lebenskrisen als Entwicklungschancen
    Bibliografia.
    ISBN 85-316-0904-6

    1. Auto-ajuda - Técnicas 2. Estresse (Psicologia) - Aspectos de saúde 3. Mudanças de vida - Acontecimentos - Aspectos de saúde 4. Realização pessoal 5. Ritos e cerimônias - Aspectos psicológicos I. Dahlke, Margit. II. Hössl, Robert. III. Título.

05-5717

CDD-616.0019
NLM-WB 100

Índices para catálogo sistemático:
1. Crises da vida e desenvolvimento pessoal : Ciências médicas   616.0019

O primeiro número à esquerda indica a edição, ou reedição, desta obra. A primeira dezena à direita indica o ano em que esta edição, ou reedição, foi publicada.

Edição	Ano
1-2-3-4-5-6-7-8-9-10-11	05-06-07-08-09-10-11

Direitos de tradução para o Brasil
adquiridos com exclusividade pela
EDITORA PENSAMENTO-CULTRIX LTDA.
Rua Dr. Mário Vicente, 368 — 04270-000 — São Paulo, SP
Fone: 6166-9000 — Fax: 6166-9008
E-mail: pensamento@cultrix.com.br
http://www.pensamento-cultrix.com.br
que se reserva a propriedade literária desta tradução.

Impresso em nossas oficinas gráficas.

SUMÁRIO

Introdução: Significado e poder das transições 13

PRIMEIRA PARTE

1. A crise 17
2. A mandala como um modelo de vida 19
3. Os rituais como chaves para os novos períodos de vida 25
      Os rituais e seus efeitos 28
      Mundos intactos do ritual 34
      Os rituais de cura 35
      Rituais de iniciação 38
      A qualidade do tempo para rituais e festas 40

4. O ano e suas festas 42
      O curso do ano e da vida no espelho do sol 43
      O ciclo da lua como uma mandala de desenvolvimento 45

SEGUNDA PARTE

1. Concepção e gravidez 49
Rituais de saudação contra o desprezo pela vida 58
Problemas da gravidez 61
      Sensibilidade olfativa 61
      Produtos prazerosos 62
      Náuseas e vômitos 62

Tontura e fraqueza 63

Dores prematuras 64

Visão retrospectiva do início da vida 66

Perguntas sobre a concepção e a gravidez 68

Espaço para experiências práticas 69

2. O nascimento 70

Problemas do parto 79

Complicações do parto 83

Posição sentada 85

Posição transversal 87

A operação cesariana 89

Problemas da mãe 89

Problemas da criança 91

Outros problemas do parto e do desapego 93

Rompimento precoce da bolsa 94

Parto prematuro 94

Soltura prematura da placenta 95

Cordão umbilical enrolado no pescoço 95

Resumo 96

Perguntas sobre o nascimento 97

Possibilidades terapêuticas para a solução
dos traumas do parto 98

3. Crises pós-parto e de crianças pequenas 99

Depois do nascimento 101

Depressão puerperal e psicose de amamentação 101

Perda do desejo 103

Problemas de adaptação infantil.................................. 105

Problemas da amamentação 107

A própria cama e a cama dos outros............................ 108

Os dentes 108

O desmame 109

Crises das crianças pequenas 109

Sobre crianças que engatinham, ratos de biblioteca e disléxicas 109

A luta para ficar em pé... 110

O primeiro não e a fase da birra.................................. 111

Lutas clássicas de poder 112

A panelinha (parte superior): problemas com a comida...................... 113
O peniquinho (parte inferior): problemas de higiene 115
Toque de recolher: a hora de ir dormir.. 116
Pequenos rituais em vez de problemas de poder 117
Perguntas sobre a idade de bebês e crianças pequenas............................ 119

4. Crises da infância.. 121
Sobre as doenças infantis e as campanhas de vacinação 122
Diversão no jardim-de-infância ou *stress* pré-escolar?....................... 124
O primeiro dia de aula.. 125
Perguntas sobre a infância 127
Exercícios para as crianças.. 127

5. A puberdade 128
Problemas e quadros mórbidos 128
A primeira menstruação.. 129
Mudança de voz 130
Acne da puberdade... 130
O vício de magreza da puberdade 131
Bulimia 132
Sugestões de terapia 133
Rituais da puberdade 135
Rituais tradicionais.. 135
"Rituais" modernos 137
Sociedades infantis modernas 139
Sobre os jovens eternos e as donzelas de todos os tempos 142
O jardim-de-infância na televisão.. 143
Alimentação infantil para todos 145
O paraíso da moda infantil 146
A criança no empresário 147
Heróis infantis das montanhas.. 147
Pessoas que continuam bebês.. 148
Mundo infantil ameaçador: a sociedade do vício............................. 149
Provas de coragem ao volante 150
A busca do perigo pelo perigo 151
Juntos somos (meio) fortes 151
Rituais de substituição mais exigentes e mortais.............................. 154
Rituais para tornar-se mulher 156

Em busca de rituais de substituição 158

    Rituais de busca 158

    Rituais para evitar o vício 160

    O primeiro cigarro 160

    A primeira bebida alcoólica 162

    A armadilha dos entorpecentes 162

Revoltas necessárias 163

Êxtase 164

Perguntas sobre a puberdade 165

    Exercícios durante a puberdade 166

6. Adolescência 169

Perguntas sobre a adolescência 172

7. Casamento 174

Perguntas sobre o casamento 181

    Idéias para rituais de separação 182

    Idéias para rituais de casamento 183

8. Profissão 184

Perguntas sobre a profissão 187

9. Crises espirituais 188

10. A menopausa ou crise da meia-idade 194

Manobras de distração 201

Quadros mórbidos da crise da meia-idade 203

    Depressão 203

    Depressão da involução 206

    Inchaço da próstata 207

    Queda de cabelo 209

    Miomas 210

    Remoção do útero 211

    Distúrbios da menopausa 213

A loucura dos estrógenos 216

    Efeitos sobre as mulheres 216

    Efeitos sobre o mundo — um novo tipo de poluição ambiental 221

Animus e Anima 222

Perguntas sobre a crise da meia-idade 225
    Exercícios 225

11. Velhice 227
Quadros mórbidos da velhice 232
Os arquétipos da velhice 237
Perguntas sobre a velhice 245
    Meditações como preparativo para o grande desapego 246
    Exercícios 246

12. A morte 248
Morrer na época moderna 249
A lida consciente com a morte 257
Morte voluntária 258
Crises depois da morte 260
Possibilidades da aproximação da morte 261
Novos raciocínios sobre a aproximação da morte 263
Rituais fúnebres entre nós 263
A morte do ponto de vista espiritual 266
    Exercícios para lidar com a morte 271

TERCEIRA PARTE

1. O dia como espelho da vida 273

2. Da hora certa e da seqüência correta 279

3. Perspectivas 282
Critérios para o momento das transições individuais 282
Instrumentos e elementos constitutivos para os próprios
rituais de transição 283
    As fases dos rituais de transição 283

4. Perspectiva 287

APÊNDICE

Notas 291
Bibliografia 300

Como toda flor floresce e toda juventude
foge da velhice, assim floresce cada etapa de vida,
floresce toda sabedoria e também toda virtude
a seu tempo; e elas não durarão para sempre.
A cada chamado da vida, o coração tem de estar
pronto para a despedida e para os recomeços,
e entregar-se a novas ligações com coragem e sem tristeza.

Em cada recomeço existe uma magia,
que nos protege e nos ajuda a viver.
Nós devemos atravessar espaço por espaço,
sem nos apegarmos a nenhum como a uma pátria.
O espírito do mundo não quer nos amarrar e limitar,
ele quer nos erguer degrau por degrau.
Mal nos sentimos domiciliados num círculo de vida
e confiantemente adaptados a ele, ameaça-nos a estagnação.
Só quem está preparado para a partida e a viagem,
pode fugir ao hábito que paralisa.
Ele também nos enviará, na hora da morte,
os novos espaços.
O chamado da vida nunca cessará...
Então, coração, diga adeus e recupere-se.

Hermann Hesse, *Stufen [Degraus]*

INTRODUÇÃO
Significado e poder das transições

À medida que aprendemos a lidar cada vez melhor com os problemas técnicos, parecemos perder cada vez mais a capacidade de entender os fenômenos naturais. Mal conseguimos nos arranjar, especialmente com as transições de uma fase da vida para a seguinte. Nós corremos pela vida, estamos sempre tentando poupar tempo e não temos mais tempo de nos dedicar às estações essenciais do nosso próprio desenvolvimento.

Podemos verificar o fenômeno da aceleração do desenvolvimento nos mais diferentes âmbitos. Se a transição da era da caça para a sociedade agrícola exigiu milhares de anos, a passagem para a sociedade industrial foi muito rápida, no espaço de um século. E, contudo, a Revolução Industrial processou-se lentamente em comparação com a transição para a sociedade da informação, que ocorreu tão depressa que muitas pessoas não a registraram e recaíram na inter-relação social. A transição seguinte para a sociedade da consciência ocorre em tão célere troca e de modo tão imperceptível que muito poucas pessoas a acompanham conscientemente.

As transições entre as fases da vida individual, que são marcadas pela concepção, pelo nascimento, pela puberdade, pelo corte do cordão umbilical — representado pela saída da casa dos pais, pelo casamento, pela crise da meia-idade e pela morte, também são vividas com consciência total por um número cada vez menor de pessoas. Na concepção e no parto, seja como for, não é atribuída nenhuma "verdadeira consciência" ao recém-nascido. A pessoa passa pela puberdade com maior ou menor consciência. Os mais velhos esperam ser pouco perturbados e estimulados por essa crise juvenil. O corte definitivo do cordão umbilical dos pais, ao final da adolescência, muitas vezes deixa de existir, ou a pessoa tenta por motivos pragmáticos e outros adiá-lo por tanto tempo quanto possível. O casamento vem crescentemente sendo recusado em favor da suposta vida mais confortável de solteiro, ou provoca a continuação de um relacionamento problemático com a mãe e o pai. A profissão se degenera na vocação pelo emprego, que satisfaz cada vez menos pessoas, o que entre outras coisas leva a uma troca constante. A metade da população feminina dissimula os anos do climatério na meia-idade com reposição de hormônios; os homens o ignoram na medida do possível. Depois de tanta repressão e dissimulação, não é de admirar quando a última grande crise da vida, a morte, também aconteça num clima de repressão e desprezo, na maioria das vezes em circunstâncias lamentáveis.

Como se não tivéssemos dificuldades suficientes com essas grandes crises clássicas da vida, surgem continuamente novos desafios, com os quais a maior parte dos atingidos não consegue lidar ou lida de modo insuficiente, e que têm suas raízes no fracasso das grandes crises da vida. Quase poderíamos dizer que ao ignorar as grandes transições da vida, enredamo-nos numa abundância de crises duradouras menores. Quando falta o limite, entra areia no mecanismo da vida e permite que até motivos minúsculos se transformem em crises consideráveis. Em vez de dominar de forma concentrada o potencial de crise de determinadas épocas de transição, conquistamos coletivamente as crises da vida cotidiana.

A abundância de crises de perda, que vai da perda do parceiro até a perda de um animal de estimação, mostra que temos problemas com o desapego. A crise das pensões denuncia que a aposentadoria, depois de uma vida profissional sacrificada, não transcorre essencialmente melhor do que o pequeno descanso depois de um dia de trabalho duro.

Nas situações em que as outras gerações visivelmente tinham disposição para festejar, nós apenas geramos sofrimento. Surpreendentemente, pessoas psiquicamente sadias se queixam da desejada síndrome do ninho vazio; queixam-se de que os jovens se tornaram independentes e de que os velhos estão novamente livres para voar para onde quiserem. No entanto, muitos "velhos" hoje se esqueceram de como voar ou não têm mais vontade de fazê-lo. Eles ficam no ninho vazio e tentam mudar o curso da história e atrair os "meninos" de volta. Ou, quando isso fracassa, eles entram em depressão e precisam de assistência. Mas também o contrário é hoje encarado como crise nas assim chamadas crises de exigência. A mudança para um novo meio nesse caso tanto pode ser uma perda como uma mudança de emprego. No fundo, trata-se sempre de alguém não querer largar o que é conhecido e, assim, necessariamente, de não poder aceitar o novo. O modelo dessas crises corresponde ao do das grandes crises da vida. Se nos apegamos à antiga profissão ou a um velho tema, por exemplo, a assistência e manutenção da família, não estamos livres e abertos para o novo que vem. Por melhor que o antigo modelo tivesse funcionado no passado, na nova situação ele é inconveniente e leva ao sofrimento.

Certamente começamos a nos desenvolver tão depressa que nós mesmos não conseguimos mais nos acompanhar. Além disso, para escapar à armadilha da vida falta-nos um ninho seguro de rituais em que possamos confiar. Disso resultam problemas concretos em todos os âmbitos possíveis da vida pessoal e social. Esses problemas e crises serão aqui esclarecidos com base na filosofia esotérica, bem como serão interpretados de modo semelhante os problemas e quadros mórbidos que surgirem. O fato de que o dedo seja colocado sem piedade sobre os pontos fracos da nossa lida social com as transições, não diz que o autor tenha soluções melhores a oferecer, e a visão retroativa das sociedades arcaicas, que conseguiam fazer as transições com mais facilidade graças aos seus ritos de passagem, não contém o conselho de voltar a essas formas de vida. Ao contrário, na filosofia esotérica trata-se sempre de um desenvolvimento, contudo, num sentido bem diferente do que o nosso progresso moderno nos leva a supor.

O uso da palavra "esotérico" não deixa hoje de ser problemático. Antigamente, a expressão *esoteros* era atribuída ao círculo interior de alunos na escola de Pitágoras. *Exoteros* representava o círculo exterior mais amplo dos alunos. O conhecimento do círculo interior tradicionalmente só era acessível a um pequeno grupo de pessoas, que o guardava cuidadosamente, não para dele privar as outras pessoas, mas porque isso ocultava para elas uma série de riscos. Atualmente, pouca coisa mudou. A atitude de segredo acontecia menos pela adesão dos outros do que pela tendência desse conhecimento de proteger a si mesmo. Ele era guardado contra a profanação intencional, por exemplo, quando o conhecimento secreto do tarô egípcio tornou-se acessível a quase todas as pessoas nas cartas normais de jogo, embora continuasse incompreensível para o grande público. Algo semelhante ocorreu com o Evangelho de João. Sendo incompreensível para a maioria das pessoas, ele é simplesmente ignorado e protegido contra o abuso. Também os livros sobre astrofísica continuam secretos sem muito problema, porque suas bases matemáticas são exigentes demais para a maioria da humanidade.

Graças à onda de esoterismo dos dois últimos séculos, algo mudou fundamentalmente. Para tornar o conhecimento mais apetecível para muitas pessoas, ele foi em parte simplificado de maneira grosseira e, com isso, também falsificado. Por outro lado, foi — de modo mais ou menos intencional — até transformado em seu contrário e louvado de maneira muitas vezes ridícula e freqüentemente dolorosa. Nesses livros, disseminados milhares de vezes, os temas do medo da nossa sociedade são apresentados com uma pitada de esoterismo e vendidos conforme a situação do mercado. Promete-se também altas realizações no âmbito do emprego e da vida a dois, bem como a riqueza material por meio da oração correta, da juventude eterna e da invencibilidade. A conseqüência é que as pessoas que têm uma pretensão séria de lidar com esse tema, evitam cada vez mais o uso do conceito "esotérico". Seja como for, diante dessa reação conviria pensar que o esoterismo não é responsável pelo abuso ao qual está momentaneamente submetido, nem devemos nos queixar da medicina e da religião pelo que foi perpetrado por elas e ainda o é. Por isso, esses três conceitos continuarão sendo usados aqui em seu significado original, tal como foram introduzidos no livro *A Doença como Linguagem da Alma*,* que em sua análise geral oferece uma base digna de confiança para se lidar com a compreensão esotérica do mundo e sua interpretação nos casos especiais.

Como os quadros mórbidos com freqüência se transformam em crises de vida ou as acompanham, e como existe uma relação íntima entre ambos os círculos de temas, fizemos uma análise geral prévia sobre os quadros mórbidos[1] especiais nos livros *A Doença como Caminho*** e *A Doença como Linguagem da Alma*. Ao contrário, as crises de vida não solucionadas são a base para muitos sintomas das doenças. Alguns já ficam explicitados no nome, como acontece com a acne da puberdade e a anorexia, a depressão involutiva ou o medo da morte. Outros distúrbios de saúde só podem ser compreendidos com base no modelo de vida, como a doença de Alzheimer, a paralisia com tremores do mal de Parkinson e outros quadros mórbidos da velhice.

---

* Publicado pela Editora Cultrix, São Paulo, 1999.
** Publicado pela Editora Cultrix, São Paulo, 1992.

PRIMEIRA PARTE

1. A crise

A palavra grega *crisis*, além de crise significa também decisão, divórcio, discrepância, separação, julgamento, escolha e experiência. O ideograma chinês para crise é idêntico ao ideograma de perigo e de oportunidade. Quando limitamos a crise ao seu aspecto negativo, como acontece amplamente no uso da língua alemã e portuguesa, nossa visão do acontecimento fica limitada. De fato, conhecemos o conceito "crise de cura" na medicina e, em geral, designamos como "crise" também o ponto decisivo da doença. A partir daí, no caso positivo, vai-se rumo à convalescença e, assim sendo, a crise também é o ponto de mutação para a melhora. À medida que também entendemos o conceito como "decisão", como era o caso na Grécia antiga, temos uma chave para a essência de todas as crises. Com o empréstimo do chinês e a inclusão do conceito de "oportunidade" obtemos um panorama das perspectivas. A definição de Karl Jaspers também segue essa direção: "No curso do desenvolvimento, crise significa o momento em que o todo está subjugado a uma mudança, da qual o ser humano sai transformado, seja com um novo princípio de decisão, seja como derrotado." Numa definição importante para a nossa relação, Jaspers continua: "A história da vida não segue o seu curso de modo regular no tempo, mas divide o seu tempo qualitativamente, impulsiona o desenvolvimento da vida ao extremo em que tem de ser decidida. Somente na resistência contra o desenvolvimento o homem pode fazer a tentativa vã de se manter à frente da decisão, sem decidir. Então decide-se por ele no prosseguimento fático da vida. A crise tem seu tempo; não podemos antecedê-la e não podemos omiti-la. Como tudo na vida, ela tem de amadurecer. Ela não tem necessariamente de surgir como uma catástrofe, mas pode passar totalmente despercebida em continuidade silenciosa, consumando-se decisivamente para sempre."

Realmente, cada crise confronta-nos com a possibilidade de escolher aceitá-la conscientemente ou de nos defendermos contra ela com todas as nossas forças.

Aqui já se decide se ela se transforma em perigo ou oportunidade. O antigo pensamento chinês que gira em torno da polaridade do yin e yang, ainda consegue ver a unidade por trás dessas possibilidades contrárias.

A mesma decisão também força todo o quadro mórbido. Ou ele é aceito como uma mensagem e transformado assim numa oportunidade, ou é recusado e transforma-se num perigo. O surgimento dos quadros mórbidos percorre esse caminho da decisão. Assim que um desafio é negado pela consciência, as energias têm de desviar-se para o inconsciente. Com freqüência, elas se encarnam depois como um quadro mórbido. A temática original então é apresentada simbolicamente pelos sintomas isolados. Nós decidimos constantemente entre a lida consciente ou o adiamento e futura elaboração em condições mais difíceis porque estão fechadas. Mesmo quando não registramos mais conscientemente essa decisão, porque por hábito já escolhemos o caminho mais simples da repressão, ainda assim ela será tomada.

Assim que expulsamos um tema da consciência e deixamos o corpo por sua conta, surge automaticamente uma brecha entre o corpo e a alma. Se isso se tornar insuportável, porque ambos se afastam demais um do outro, surge uma tentativa de auto-ajuda do organismo. O homem adoece ou ele entra numa crise de outro tipo, com chance de uma nova decisão com relação ao tema presente. Ambas são tentativas de tornar a unir corpo e alma além do acontecimento encenado na vida pessoal ou no ambiente social. Mas isso ocorre mais simplesmente pela compreensão consciente do drama encenado no palco da sociedade ou do corpo. Da proximidade de crises corporais, psíquicas e sociais resulta a possibilidade de contemplar todas as três dos mesmos pontos de vista do seu significado no campo da filosofia esotérica. Para classificar as crises no contexto temporal — Jaspers afirma que cada crise tem seu tempo — é necessário primeiro ocupar-se simplesmente do modelo básico da vida, a mandala.

2. A mandala como um modelo de vida

A mandala é uma estrutura circular cuja constituição está sempre relacionada com o ponto central. Os cientistas a definiriam como rotação simétrica. A apresentação oriental parte do princípio de que a mandala surgiu do centro e que ela contém o todo em seu ponto central. De fato, podemos imaginar que uma mandala surge pelo fato de enchermos um ponto de ar e deixarmos o tempo e o espaço fluir para dentro dele.

A figura mostra a rosácea sul da Catedral de Chartres, em Paris

É por isso que a mandala ocupa uma posição especial entre os símbolos e as imagens, diferentemente de todos os outros símbolos, e, em última análise, integra em si tudo o que é criado. Desde as menores até as maiores estruturas, em todo lugar encontramos mandalas. Independentemente de escolhermos o antigo modelo de Niels Bohr ou o novo, da física quântica, cada átomo, com a dança rodopiante dos elétrons ao redor do cerne tranqüilo, forma uma mandala. Mas como tudo na criação se compõe de átomos, as mandalas formam a estrutura básica de toda a matéria. O princípio da dança ao redor do centro é obrigatório para todos os átomos, podendo ver-se que o centro se destaca pelo fato de esquivar-se amplamente da nossa compreensão. Mesmo segundo a imagem da matemática, o meio não é deste mundo; o ponto *central* não tem expansão no espaço e, por definição, não pode tê-la. Quando o desenhamos como um ponto, isso já é demais, pois nossa apresentação é feita no espaço e, assim, transcende o ponto. O ponto é unidimensional e, com isso, também se geometricamente analisado, pertence à unidade. O *Tao Te King*, descreve o cubo da roda, respectivamente o vazio que impera no seu centro, como o centro decisivo ao redor do qual tudo gira. A dança mitológica ao redor do nada é confirmada pelo nosso conhecimento das estruturas atômicas interiores. A partir de sua expansão, o âmago é minúsculo em comparação com o invólucro de elétrons. Se este tivesse a medida da catedral de São Pedro, em Roma, a maior igreja do cristianismo, em comparação com ele o âmago teria o tamanho de um grão de pó. E, no entanto, tudo gira ao redor desse âmago, desse nada.

Na célula, tijolo básico de construção da vida orgânica, defrontamo-nos mais uma vez com a estrutura da mandala. Também aqui tudo gira ao redor do centro, que na maioria das vezes está em repouso; toda informação sobre a vida das diversas estruturas celulares provém dele. Como toda vida orgânica é construída por células, neste âmbito também a mandala é a base da vida. Mesmo no reino não-orgânico muitos cristais provêm da estrutura da mandala, ao redor de cujo centro o cristal se forma.

Se passarmos para as estruturas maiores que pudermos reconhecer, sempre encontraremos as mandalas. A própria Terra, mas também todos os outros planetas e corpos celestes correspondem ao modelo da mandala, à medida que giram em torno do seu centro em repouso, no qual atua a força da gravidade. Todo o sistema solar também representa uma mandala, assim como toda névoa espiral e o universo como um todo.

A espiral, ela mesma uma mandala, ainda dá uma ênfase especial à forma de mandala, à medida que acentua seu elemento de movimento intrínseco. Tudo vem do centro, tem relação com ele e tende a voltar para ele. O universo surgiu do centro da espiral, e certo dia voltará para o centro, como nos diz o mito hindu da criação, e como recentemente também afirmam alguns astrofísicos. A luz doadora de vida do Sol não nos atinge pelo caminho direto, porém pela trajetória espiral. No microcosmo, onde surge a matéria, a mandala também está presente. Partículas subatômicas, como os físicos observaram em suas câmaras de bolhas, muitas vezes seguem trajetórias em espiral. E ali, onde a vida orgânica tem sua base, no patrimônio interior do âmago da célula, está a espiral dupla do DNA. Em todos os pontos decisivos da vida reconhecemos o modelo espiral. Assim sendo, não é de admirar que também na concepção e na morte ela represente um papel mantenedor. Quando a alma mergulha no corpo, isso muitas vezes é sentido como um movimento rodopiante em espiral; e do mesmo modo ela o abandona ao morrer, como sabemos graças à terapia da reencarnação.

Da maior dimensão do macrocosmo até à menor do microcosmo nós encontramos a mandala. Mas também nos reinos intermediários, em que se desenrola a nossa vida, a mandala está sempre próxima. Ela nos olha dos periantos bem como dos olhos dos animais e das pessoas. Ela gira em cada regato, mas também nos ciclones e tufões. Ela se encontra nas conchas e nos caracóis e em cada floco de neve. Se nos lembrarmos de que não existem dois flocos de neve ou cristais de gelo idênticos, mas que todos são formados segundo o modelo da estrela de seis pontas de uma mandala, podemos avaliar suas inúmeras possibilidades e seu papel no contexto da criação. Tudo provém da mandala ou está rumando para ela, pois também o big-bang, como nos descreve a ciência, forma uma mandala. E até mesmo o mais forte rochedo com o passar do tempo degenera em grãos de areia e, assim, em mandalas. Das mandalas do átomo surge tudo, e a essas mesmas mandalas tudo voltará. É sempre o grande tempo enganador que nos separa da mandala.

Quando tudo se encontra a caminho da mandala, não é de admirar que também nós, humanos, sigamos esse padrão universal. A vida no mundo polar só toma sua primeira forma no centro da mandala no ovo fecundado, por sua vez uma mandala. Do desligamento do espaço livre a alma é sugada para o confinamento do corpo, que lhe dá de início a impressão de uma prisão. O *ponto* central da mandala corresponde à unidade, ao paraíso, onde ainda não existem opostos. De acordo com a ordem bíblica, para tornar-se sujeita à Terra, a criança se esforçará por afastar-se cada vez mais do centro. No seio materno ela ainda está no centro e, com isso, muito próxima da unidade. Ligada profundamente à mãe pelo cordão umbilical, o sustento nesse país de utopia está assegurado em todos os momentos. Em seu constante crescimento a criança se afasta irrevogavelmente, passo a passo, desse paraíso e a cada etapa de desenvolvimento mergulha mais fundo na polaridade. Logo o seu ninho ficará apertado demais. Com dores, querendo ou não, a mãe expulsará o filho sob uma poderosa e dolorosa pressão. Com a primeira respiração ele se liga à polaridade da inspiração e expiração. A cavidade única do coração divide-se ao meio, e surgem a câmara esquerda e a direita. Se até aqui a criança recebia a ajuda da mãe, respirando por meio dela, agora terá de buscar ar sozinha. Se a alimentação lhe afluía, agora tem de ser sugada. Ainda é amamentada, mas também isso logo cessará. Com o desmame, completa-se mais um passo para fora, na direção da polaridade. Ela ainda é alimentada, mas logo terá de comer sozinha e, finalmente, terá de sustentar-se. Ela terá de abandonar a segura Mãe Terra, que até então só conhecia rastejando sobre a barriga, a fim de se pôr de pé. Com isso seu equilíbrio é precário e cai ainda mais na incerteza da polaridade. Com seu primeiro "não!" ela prossegue nesse caminho e começa a excluir coisas, donde surgem sombras e as contradições da polaridade aparecem ainda mais bruscamente.

Com a puberdade ela já se afastou um bom pedaço do centro da mandala e encerra a ainda relativamente neutra existência infantil. A criança tem de morrer para que o adulto possa viver. Com o corte do cordão umbilical dos pais depois da bem-sucedida adolescência é dado mais um passo para a independência, e a tensão da vida aumenta constantemente. Com a busca da cara-metade, como é chamado o parceiro tão sinceramente na voz popular, as tensões tornam-se ainda maiores e, com o casamento e a formação de uma família própria, aumentam a responsabilidade e a carga, mas também as oportunidades. A polaridade agora é nitidamente perceptível. Há tempos nem tudo sai como queremos e, com freqüência cada vez maior, a sombra entra em jogo mesmo em realizações muito bem-intencionadas. Todos os novos esforços para controlar a vida e dominar a Terra aumentam a tensão e a responsabilidade. Se formos bem-sucedidos em acumular grandes riquezas, estas têm de ser administradas e, em última análise, vigiadas, o que torna a tensão ainda mais forte.

Finalmente, na periferia da mandala chega-se ao ponto da volta irrevogável. Aqui o único progresso possível é o retrocesso. Mesmo quando hoje tentamos ignorá-lo e às vezes até ultrapassá-lo, esse limite exterior do modelo da vida continua intransponível. Nunca nenhum ser humano ou criatura saiu desse modelo a não ser pelo ponto central. Todas as tentativas de agarrar-se à periferia e de recusar o modelo do caminho da vida fracassam de um ou outro modo, espetacular ou simples. A partir desse ponto vale a oração de Cristo: "Se não vos tornardes de novo como as crianças, não podereis entrar no reino dos céus" (Mt 18.3). Agora todos os caminhos só levam de volta, para o lar, na direção do ponto central da mandala e à despedida da polaridade na morte. Todo apego à margem da mandala no meio da vida é um desesperançado trabalho contra a vida e gasto sem sentido de energia em ações tanto tensas quanto destituídas de sucesso.

Como o objetivo do caminho é o centro, e com isso a morte, os homens que não acreditam no ritmo de vida, morte e vida têm grande medo dele e tudo fazem para evitar esse ponto. Como isso evidentemente é impossível, evitam ao menos o conhecimento desse fato, e assim acontece que entre nós a morte se transforma num espetáculo indigno. As culturas que, como a tibetana, colocam a mandala no ponto central de sua existência, reconhecem na morte e na concepção a mesma porta, que é usada simultaneamente por dois lados opostos.

Este modelo básico de toda a vida é usado pelas religiões para a demonstração do caminho. Também a religião cristã o conhece e o eternizou nas rosáceas góticas. A parábola do filho pródigo é um exemplo disso. O pai, símbolo de Deus e da unidade, vive com os dois filhos em sua propriedade. Quando um deles se revoltou, pediu sua herança e o renegou, contra a vontade ele o deixou sair para o mundo. O filho saiu do centro da mandala e se voltou metodicamente para fora. Ele passou por todas as dificuldades imagináveis, jogou e perdeu a herança, e quando finalmente se transformou num cuidador de porcos, ele se lembrou do pai e da unidade, voltou e foi recebido pelo pai de braços abertos. O pai organizou uma grande festa para o filho perdido, o que irritou muito o filho que havia ficado em casa, supostamente honrado. Este nunca havia recebido uma festa. Da perspectiva da mandala isso é compreensível: por que um rapaz que fica acocorado em casa deveria ser recompensado pela sua falta de coragem? O certo é sair e ousar enfrentar a vida. O que tranqüiliza nessa parábola é que só temos de tentar e que também podemos fracassar — o principal é que nos lembremos do caminho e em algum momento voltemos para a unidade do pai.

O budismo e o hinduísmo veneram a mandala de modo ainda mais expressivo. Eles constroem seus templos sobre esboços de mandalas e descrevem conscientemente o caminho da vida como uma mandala. Na forma clássica, eles a representam com quatro portas de entrada na direção dos quatro pontos cardeais e com um símbolo da unidade no centro. Desse modo, eles expressam que há muitos caminhos em que existe um padrão para chegar ao objetivo. A descrição oriental do caminho, "daqui para aqui", que é causa de muitos mal-entendidos, porque muitos a consideram um salvo-conduto para não se desenvolver e ficar parado, tem explicação e sentido na mandala. O caminho leva do centro para o centro ou, de modo ainda mais claro, do centro vivido inconscientemente para o centro buscado com consciência.

Os mitos e contos de fada também conhecem esse modelo e o ilustram à sua maneira. A vida do herói Ulisses descreve uma viagem completa pela mandala. A viagem de Ulisses para Tróia representa seu caminho de ida, sua vitória ali acontece no meio da vida e todas as aventuras da verdadeira Odisséia ilustram o caminho de volta do herói para sua cara-metade, Penélope.

O herói do Graal, Percival, é retido no ninho por sua mãe Herzeloide por mais tempo do que o correto. Ela já havia feito más experiências no mundo, ao perder seu marido Gahmuret, o pai de Percival. Assim, ela vestiu roupas de menina no filho único e lhe deu uma educação inútil para o mundo. Mas, assim que viu o primeiro cavaleiro, Percival decidiu partir. Ele teve de pagar caro pelo aprendizado e cometeu erro atrás de erro: sem motivo, matou o cavaleiro vermelho Itter, e quando chegou ao castelo do Graal, não conseguiu responder à pergunta salvadora dirigida à sombra: "O que te falta, Oheim?" pois sua mãe lhe havia ensinado a não fazer perguntas. Só no ponto mais profundo, em total desamparo, o caminho de volta abriu-se diante dele. No filme *Excalibur*, de John Boorman, a resposta salvadora para o reino mergulhado na agonia é a seguinte: "O rei e o país são um." Como símbolo da unidade, o rei representa o centro da mandala e é idêntico ao seu reino, o campo da mandala, que se desenvolve a partir do centro e que sem ele é impensável.

O típico herói dos contos de fada tem de abandonar o seu lar e, com isso, o centro da mandala, o que em geral lhe é facilitado por uma madrasta má ou por pais que não o amam. Ele tem de dominar as suas tarefas no mundo a fim de conquistar a sua anima, o seu lado feminino. Quando ela é encontrada e conquistada, o herói volta com ela para o reino do pai, e, se ainda não morreram, estão vivos até hoje. Esse final típico indica que aqui não se trata de um acontecimento histórico, mas de um acontecimento eterno.

Resumindo, podemos constatar que as histórias dos mitos, dos contos de fada e as parábolas são meios de ajuda para tornar claro o modelo da vida e orientar-se por ele. Nosso desprezo por todos esses meios de ajuda e o esquecimento da mandala como esboço básico do domínio da alma torna mais difícil aos homens modernos encontrar o caminho e, principalmente, aceitar as etapas de transição que se abatem sobre eles.

Todo desenvolvimento se realiza nessas etapas e não de modo continuado, como ainda acreditam os pesquisadores da evolução que seguem na sombra de Darwin. Ele não é nenhum acaso, mas possui método, tanto que lhe faltam tantos meios-termos para sua teoria da evolução. O desenvolvimento realiza-se em saltos. Para estes, os antigos tinham rituais de transição.

3. Os rituais como chaves para os novos períodos de vida

O homem ocidental esclarecido não sente falta dos rituais; ao contrário, alegra-se por estar livre dessa "superstição". Para ele deve ser especialmente surpreendente, num exame mais acurado, ver que ainda existem na vida moderna tantos rituais como havia na vida arcaica. A diferença essencial está na consciência. Como sempre, executamos os mais diferentes rituais, só que não temos mais consciência deles. Quem observar as pessoas deixando seus carros num grande estacionamento, pode ver uma abundância de rituais de segurança e de fechamento dos mesmos: também os donos de carros com tranca interna, testam escrupulosamente as quatro portas; outros voltam várias vezes ao local, movidos pela sua compulsão de trancar. Outros ainda, dão a volta no carro, e alguns ainda se voltam várias vezes a fim de olhar para ele, para *se garantir*. Não é muito diferente o que acontece quando se sai de casa para uma viagem de férias. Ela é controlada e examinada segundo o lema: "Duas e três vezes dá mais segurança." Quem observar pessoas "adultas" caminhando pelas calçadas, pode ver algumas que só pisam nos pontos de cruzamento das placas de concreto, enquanto outras evitam fazer isso e só tocam o centro das mesmas. Nos trens, vemos pessoas que contam obstinadamente os postes que passam furtivamente e outras que lêem obrigatoriamente todos os textos de propaganda expostos. Algumas pessoas têm seus rituais de limpeza especiais, e transformam o vaso sanitário num trono, ao redor do qual celebram o impressionante ritual de defecar. E então, quando uma viagem limita as possibilidades desse ritual, elas se recusam a defecar. Muitas pessoas desenvolveram um ritual especial de limpeza para si mesmas, outras para o carro. Outras, ainda, marcam inconscientemente seu território, à medida que simplesmente tocam várias vezes em determinados cantos e arestas e assim por diante.

Além desses atos inofensivos, mas em sua inconsciência muitas vezes já importunos, existe uma abundância de rituais que alcançam o *status* de doença. Com o olhar treinado, podemos diagnosticar um caráter essencialmente compulsivo em nossa sociedade. Um grande número de doenças compulsivas transforma a vida de algumas pessoas num inferno compulsivamente organizado e *n* vezes controlado. Quem tem de lavar cem vezes as mãos durante o dia e morre de medo se deixa de fazê-lo, já está gravemente limitado. Essa pessoa está sujeita a um ritual compulsivo de limpeza, no qual não se trata mais da sujeira exterior, que já teria sido suficientemente eliminada com a primeira lavada. Aqui se trata da sujeira e talvez também do sangue que grudam nas mãos de forma subjetiva. No enquadramento da terapia da reencarnação, a fonte desses rituais de limpeza logo pode ser encontrada em velhos rituais deteriorados de limpeza, que é preciso retirar das profundezas para depois deixar de lado definitivamente. Pela lavagem exterior, mesmo com meios muito eficazes, nunca se consegue alcançar uma melhora desses quadros mórbidos. O mesmo acontece com as diferentes formas da mania de limpeza que às vezes chegam a impedir a pessoa de viver. As compulsões de controle são igualmente opressoras e, se continuadas, também podem tornar-se obsessivas. Por trás delas muitas vezes ocultam-se rituais de segurança rompidos no passado remoto. As tentativas inconscientes de reparação por meio do controle total exagerado de coisas absurdas não conseguirão obter melhoras enquanto as raízes do tema continuarem no escuro. Compulsões de fazer contas muitas vezes indicam rituais de ordem que não deram certo e, nesse contexto, a prática obsessiva da religião faz pensar em rituais fracassados e na quebra das regras da Ordem.

No comportamento compulsivo é típico o medo que surge mal se abandone esse comportamento. Hoje os atingidos que castigam a si mesmos com esse medo, na situação original foram castigados por abandonar ou impedir os rituais. As pessoas implicadas fazem questão de executar secretamente os rituais, como eles devem ter sido executados originalmente. Desse ponto de vista, encontramos rituais deteriorados em muitos sintomas de neurose. Quando confessamos a nós mesmos que, quase sem exceção, temos determinados traços neuróticos, estamos próximos de ver uma nova forma mais doente da antiga sociedade ritualizada em nossa sociedade moderna.

Para isso não precisamos confiar unicamente no campo de observação psiquiátrica. Hoje ainda encontramos suficientes rituais de significado social. Poderíamos mencionar aqui toda a entidade do Direito. Desde o início da jurisdição são usados rituais. Por que os juízes, na maioria homens, usariam trajes como togas rituais e às vezes até perucas, se não quisessem assumir o papel simbólico da justiça? Por que temos de ficar em pé quando o altamente respeitado tribunal entra no recinto? Por que todas as regras são executadas com tanta severidade e com tantos rituais? Por que o juiz não pode permitir que um acusado fique sentado?

Na medicina há uma abundância de estruturas e regras igualmente ilógicas que podem ser compreendidas do ponto de vista do ritual. Elas são defendidas muitas vezes com argumentos estranhos e às vezes até falsos. A partir de um pressentimento sombrio, que é pouco perceptível até mesmo aos cientistas das ciências físicas e naturais, elas são obstinadamente mantidas.[2]

Estruturas ritualizadas existem também em firmas e palácios do governo, em visitas ao Estado e em todos os congressos de representação, nos negócios e no ritual matinal de higiene, nas refeições e na hora de dormir. Por que outro motivo selaríamos um pacto com um aperto de mão, por que assinaríamos um contrato? A espinha dorsal da nossa sociedade, a circulação do dinheiro, em última análise é um jogo mágico com números que têm amplamente o caráter de um ritual. O trânsito, filho favorito e que causa preocupações nas modernas sociedades industriais, pertence severamente às regras ritualizadas. Nós nos atemos a elas, não porque são lógicas, mas porque são como são. Não é nem um pouco mais lógico guiar à direita em vez de à esquerda, mas é perigoso ferir o ritual e contrariar as suas regras.

É bastante óbvio que usamos e precisamos de rituais na maioria dos âmbitos mais e menos importantes da nossa vida. De bem poucos deles nós temos consciência, mesmo que sejam tão evidentes como os *Rituale Justitia*. Obviamente, eles também surtem efeito quando mal temos consciência deles. Ao que parece, existe até mesmo uma instância em nós que nos permite procurar e encontrar rituais de substituição quando eliminamos os rituais oficiais ou os administramos mal.

Ao mesmo tempo, podemos reconhecer com muita exatidão do que se trata nos antigos rituais do nosso círculo cultural: os sete sacramentos da igreja católica são rituais para as grandes crises da vida e, como o seu nome diz, ações sagradas com o objetivo de deixar o ser humano tornar-se são e íntegro e, em última análise, santo. O **sacramento do batismo** consagra introduzindo-nos na vida (cristã) com água; a **primeira comunhão** permite o encontro com Cristo por meio da sua carne (hóstia) e do seu sangue (vinho) dando total acesso à comunidade de crentes, expressa pela permissão de participar da ceia, isto é, da comunhão. O **crisma** fortalece o contato com o Espírito Santo. O **sacramento do casamento** consagra a parceria com outra pessoa com a bênção de Deus, a **ordem** consagra a parceria do sacerdote com Deus. A **unção dos enfermos** prepara ritualmente — com certeza, de modo não oficial — a passagem para o além. Nas crises entre situações de transformação, o sacramento da **confissão** traz alívio para a alma, à medida que nos livra da culpa e, assim, corresponde a um clássico ritual de limpeza. Ao menos, era o que se pretendia originalmente com a confissão, antes que ela se tornasse freqüentemente um instrumento de disciplina e castigo.[3] Mas, não levando isso em conta, a possibilidade de obter absolvição para os erros no caminho da vida tem algo de desafogo para a alma. Para falar a verdade, a confissão constitui o ritual cristão da volta. Fazemos um inventário, prestamos contas e vivemos a metanóia, o que é o mesmo que o regresso à convicção religiosa e que no âmbito católico é interpretado como arrependimento. Entre nós, os sete sacramentos também deram um enquadramento ritual até àquela época em que a cultura cristã cessou de unir os homens; e nós, devido à carência de cultos unificadores, deixamos de ser uma *cultura*.

Como desvalorizamos esses rituais de transição ou ao menos os negligenciamos, devemos contar que, com isso, surja uma abundância de rituais de substituição. Mas, como revelam os rituais compulsivos, os rituais de substituição não cumprem satisfatoriamente a sua função. Apesar da constante repetição, eles certamente não se aproximam dos modelos conscientes em seus efeitos libertadores. O fenômeno torna-se ainda mais nítido quando analisamos os rituais modernos da puberdade. Se um jovem era considerado adulto por meio de uma única prova ritual de coragem numa cultura primitiva, para nós com freqüência não bastam centenas de provas de coragem. Para entendermos melhor esse mistério é necessário nos ocuparmos mais intensamente com o segundo plano e com a elaboração dos rituais.

Os rituais e seus efeitos

O acesso mais fácil ao ritual começa com a vivência. No entanto, para os homens de mentalidade científica da nossa época isso se tornou difícil, pois a ciência até hoje não está em condições de esclarecer a eficácia dos rituais. A ciência física e natural oficial não tem a oferecer nem mesmo um raciocínio promissor relativo à questão. Jürg von Ins, que lida cientificamente com os rituais na sua dissertação, diz sobre o assunto: "Mas aquele que sobe ao trono da realidade ritual também desce ao mesmo tempo do trono da objetividade científica."[4] Quando a ciência tampouco consegue acesso à descida do "trono", não pode mais haver dúvida razoável de que por meio dos rituais se conseguem efeitos profundos. Assim, por meio de uma expulsão ritual, podem ser condenados à morte os membros da tribo dos xamãs que tiverem violado um tabu. Mesmo se estiverem gozando da melhor saúde física, os surpreendidos morrem dentro de horas. Algo semelhante ocorre no vodu, com rituais que podem ser comparados aos dos xamãs. No pólo oposto, foram ricamente documentadas curas por rituais em todas as épocas, que nem mesmo os cientistas podem contestar seriamente. Mesmo sob severas provas científicas ocorrem freqüentes curas rituais, também de fundo cristão, como em Lourdes.

A explicação que mais se aproxima do raciocínio científico provém da descoberta de Rupert Sheldrake: os campos morfogenéticos.[5] Sheldrake tomou a sua área de especialização, a biologia, pela sua própria pretensão científica e, em suas experiências, sempre analisou os fenômenos incompreensíveis que se repetiam. Assim, ele constatou uma série de fenômenos estranhos inexplicáveis, mas que combinavam entre si. Num experimento para o esclarecimento da questão se o conhecimento aprendido é hereditário, os cientistas haviam treinado ratos a sair de um labirinto com certa rapidez. Cruzaram esses ratos entre si e constataram que os filhotes conseguiam resolver o problema no mesmo tempo obtido pelos seus pais. Com isso a hereditariedade do aprendizado parecia comprovada. Outros cientistas, numa parte bem diferente do mundo, não acreditaram nisso e repetiram a experiência. Num labirinto com as mesmas dimensões, os seus ratos conseguiram desde o início sair com a mesma rapidez. Por mais que se repetisse a experiência e os ratos fossem treinados a cumprir a tarefa em menos tempo, o resultado continuou surpreendente. Todos os ratos deste mundo têm a mesma capacidade e isso, visivelmente, sem nenhuma possibilidade de comunicação. Eles devem manter uma comunicação lógica e causal incompreensível, mas mesmo assim uma comunicação (do latim *communis* = em comum), pois não é possível deixar de ver a sua comunidade. Depois de reunir mais desses resultados surpreendentes, Sheldrake formulou a sua teoria dos campos formativos, que transmitem ligações a quaisquer distâncias sem apoiar-se em estruturas materiais ou estarem sujeitos às leis do tempo.

Um resultado igualmente surpreendente provém da pesquisa militar russa. Para testar uma transmissão de notícias à prova de perturbações, fez-se o seguinte experimento brutal. Tiraram as crias recém-nascidas de uma coelha que foram levadas em submarinos para lugares distantes do mundo. Em horários predeterminados, as crias eram assassinadas, enquanto eram feitas medições fisiológicas na coelha mãe. A partir desses dados foi possível reconhecer inequivocamente que a mãe sentia na mesma hora quando uma das suas crias era morta. Nesse caso, parte-se de uma ligação que não se apóia na matéria, nem precisa do tempo para a transmissão da informação. Mas algo assim não estava previsto até então no quadro científico do mundo da biologia.

Em seres humanos a percepção dita cinestésica entre a mãe e seu filho recém-nascido é um fenômeno semelhante. Também durante o sono as mães reagem ao menor sinal acústico do seu bebê, enquanto deixam de ouvir sons mais altos provenientes de outras fontes. O norte-americano Conden pôde documentar que as pessoas que se comunicam entre si estão ligadas pelos assim chamados micromovimentos. Esses movimentos minúsculos não são percebidos pelo implicado, embora sejam visíveis no filme. Não se trata aqui de reações ao ouvido, mas apenas de um vibrar conjunto, que não pôde ser constatado em crianças autistas, mas existe em todas as pessoas.

Todos esses fenômenos não deveriam existir segundo o conhecimento da ciência atual e, contudo, puderam ser provados. Com sua idéia de campos imateriais, que transmitem informações e padrões, Sheldrake não dá nenhuma explicação lógica, mas sem dúvida oferece uma descrição e uma moldura.

A imagem de que campos ou quadros estruturam a nossa realidade, ajuda a organizar uma série de fenômenos até agora inexplicáveis. Muita coisa pôde ser mais bem compreendida por meio da embriologia. Também o fato de as células crescerem ilimitadamente em culturas artificiais, mas não nos correspondentes tecidos e órgãos, tem aqui uma explicação, visto que lhes falta nas culturas o quadro, o plano da estrutura pronta. O fato de as soluções químicas saturadas muitas vezes não poderem cristalizar-se, mas assim que recebem um único cristal como modelo começarem a fazê-lo explosivamente, também pode ser explicado. Também o efeito das elevadas potenciações homeopáticas pode ser entendido com os campos de informação, tal como o efeito das vacinas mesmo depois de anos, quando quase não se encontram mais anticorpos. Assim como na homeopatia, por certo aqui é suficiente existir uma única molécula de defesa como modelo ou informação. As imagens uma vez lançadas no mundo podem certamente atuar até no campo material — de um modo lógico ainda inexplicável e contornando o tempo, porque podem ser eficazes em todo lugar ao mesmo tempo. O segredo deve estar na *informação*. Ela transporta *conteúdo* por meio da *forma* do espaço. Uma analogia é a planta de construção de uma casa que, em certas circunstâncias, só existe na cabeça do dono da construção. Sem ela não é possível construir, embora ela seja totalmente imaterial e não faça parte direta da construção. Ela existe do começo até o fim e é eficaz para todas as partes da casa ao mesmo tempo.

Com sua teoria da biologia, Sheldrake pôde obrigar aquele passo dado pela física no início deste século, quando ela superou a causalidade em favor da sincronicidade. Na ocasião, os físicos descobriram que as partículas minúsculas, as assim chamadas partículas fásicas, isto é, partículas que provêm do mesmo fato e da mesma fonte, sempre surgem aos pares e se comportam como espelhos com relação à outra. Se influenciarmos uma delas em suas características, a outra se modifica no mesmo momento, sem que nada seja feito com ela. Ambas fazem tudo para continuar reflexo uma da outra. Se isso já era suficientemente inexplicável, a descoberta de que entre modificações paralelas não transcorria nenhum tempo, rompeu definitivamente a compreensão existente do mundo da física. A transmissão tradicional de informação não pôde mais ser levada em conta como explicação. Nesse ponto, muitos físicos resistiram à nova imagem de mundo que surgia e reconheceram a sincronicidade como determinante e causalidade do princípio superior. O inglês John Bell provou que ele não vale apenas para o reino subatômico, mas para toda a criação. Caso ela, como dizem os astrofísicos, provenha de uma única explosão, o big-bang, todas as suas partículas têm de estar nesse inter-relacionamento sincrônico. Isso nos leva ao conhecimento dos vedas hindus e das sutras do Budismo, de que tudo nesta criação tem relação com tudo, uma relação não causal, porém, sincrônica.

Com base nisso, a atuação dos modelos também pode ser organizada sem esforço. Conseqüentemente, os rituais construiriam campos, que existiriam e atuariam sem intervenção material e independentemente do tempo. Fica evidente que o campo é construído pela execução repetida e exata do modelo de ritual, e com a mesma certeza a carga energética com que ela surge na consciência, representa um papel importante. O ritual é recriado a cada vez dentro do enquadramento predeterminado pela consciência; toda percepção consciente influencia o que foi percebido, como a física moderna constatou nesse ínterim. Aqui está a explicação do porquê de os rituais provenientes de círculos culturais estranhos quase não atuarem entre nós. Simplesmente não conseguimos percebê-los, porque não são verdadeiros para nós. No início, muitas vezes falta também a capacidade da execução exata, a chave não entra na fechadura e, assim, a porta para o campo da eficácia não se abre. Por isso, o fator de fortalecimento não faz efeito pela repetição. Finalmente, a carga consciente muitas vezes não é possível, porque os símbolos do ritual não encontram ressonância nos participantes. Certamente, sempre temos um acesso natural aos símbolos básicos da cultura em que nascemos. Reconhecê-los é mais fácil para nós e só eles despertam aquela vibração conjunta interior que é essencial para o ritual. Com relação a símbolos e modelos estranhos, primeiro temos de elaborá-los num longo processo interior. Na maioria das vezes, porém, não nos ocupamos por tempo suficiente com os rituais estranhos, exatamente porque a princípio não atuam.

O primeiro passo na construção de um novo campo *sempre é o mais difícil*, como diz a voz do povo ("todo começo é difícil") e como sabemos por experiência. Se, contudo, o campo é construído, ele tem uma estabilidade impressionante. As primeiras braçadas no novo elemento água são extremamente difíceis para quem aprende a nadar. Mas assim que aprendemos a nadar, sabemos nadar para sempre. Mesmo que não nademos por dez anos, de algum modo e em qualquer lugar a capacidade de nadar se mantém. A questão é saber onde essa capacidade fica armazenada. Nenhuma única célula de dez anos atrás existe; as células do corpo foram substituídas, e até mesmo nas células nervosas, todas as pedras de construção foram renovadas pelo metabolismo. O padrão "nadar" é mantido, sem base material e de modo relativamente independente do tempo decorrido. O fator tempo com certeza representa um papel, porém, em última análise, secundário. Quando se deixa de nadar por muitas décadas, há um certo empalidecimento do modelo. Um empalidecimento similar também ocorre nos rituais que não são executados há muito tempo ou, em todo caso, não mais conscientemente.

A consciência é a energia motora do ritual. Isso vale também para a experiência cotidiana. Um modo de ação realizado com consciência impregna-se essencialmente mais depressa do que um mecanicamente imitado. Mas o mero arremedo não permite que se observem padrões confiáveis apenas nos macaquinhos. Com as nossas ações influenciamos com certeza a nossa realidade interior e exterior. A influência sobre o nosso mundo interior fica visível nitidamente em todas as capacidades aprendidas, a influência sobre o mundo exterior em muitas outras ocasiões. O fato de a maioria das pessoas se sair melhor no nado de peito é que a palavra-chave "nadar" está associada com esse estilo de natação, embora o *crawl* seja o estilo de natação muito mais eficaz, que tem a ver com o campo coletivo. O campo criado num templo ou catedral, em que durante longo tempo muitas pessoas meditaram e oraram exclusivamente, é sentido por pessoas que não viveram essa experiência e até mesmo pelas descrentes.

Quanto mais coordenadas e regulares forem as nossas ações, tanto melhor elas se imprimem e tanto mais nítidos são os campos que formam. Campos permanentes surgem, como mostra o exemplo da natação, só a partir de um determinado grau de consciência e depois de um determinado número de repetições. Definir exatamente esse ponto é muito difícil para nós, porque conhecemos menos esses reinos psíquicos e energéticos do que qualquer curandeiro "primitivo". Obviamente, o ponto de estabilidade permanente só é atingido quando o modelo se torna *parte da nossa carne e sangue*, como dizemos de modo tão claro. Os campos tornam-se sua constância natural, quando não temos mais de nos esforçar intelectualmente por eles, portanto quando *se* nada ou *se* dirige um carro sem concentração especial, a partir de si. Nem esse "se" nem esse "a partir de si" podem ser limitados espacialmente. Os campos estão igualmente em nós, bem como nós neles. Como são temporal e espacialmente indefinidos, estão em toda parte e em nenhum lugar ao mesmo tempo.[6] E, apesar disso, podemos entrar neles como se entra num aposento e nos engastamos neles a qualquer momento. Onde existe uma afinidade com eles, onde é feito o contato, eles atuam; onde ninguém se importa com eles, muitas vezes passam despercebidos. Portanto, seria ingenuidade afirmar que eles não existem. Isso seria o mesmo que uma pessoa que não tem um rádio negar a existência dos programas de rádio. Seria mais correto dizer: *para ela* eles não existem, porque *não tem antena para captá-los*. Assim, acontece que na realidade cada um vive em seus próprios campos. Sobre o nativo que acredita só poder sobreviver na comunidade, a expulsão tem um efeito mortal. Talvez só morramos no final da nossa vida porque isso faz parte do nosso campo de realidade. Que as células envelhecem, é um argumento de um campo de realidade muito diferente, obviamente secundário. As células também se organizam para a morte dos jovens nativos ainda vitais. Por certo nós também nos sentimos mal depois de uma má ação, porque entramos em conflito com nossos campos. Mas esses são obviamente disseminados com maior ou menor força em pessoas diferentes. Aqui a consciência torna-se eficaz e sempre entra em ação quando rompemos um modelo do nosso campo.

Na educação criamos em parte campos bem conscientes ou tentamos ancorar algo como a consciência. Quando se pergunta repetidamente a um jovem de uma família em que todos os membros são acadêmicos o que ele vai estudar, mas nunca *se* ele quer estudar, depois de determinado tempo existe somente o campo "estudo" para ele. Em última análise, também é o objetivo dos pais, mesmo que inconsciente, não permitir que seu rebento tenha idéias incômodas. Portanto, em parte sabemos até que ponto determinamos a realidade com as nossas expectativas. A psicologia conhece a expressão *self-fulfilling prophecy*, que afirma que muitas pessoas se comportam inconscientemente de tal maneira que as profecias se cumprem na sua vida. Também aqui poder-se-ia tratar da atuação de um campo, que pressiona uma personalidade mais forte a uma consciência estranha com a ajuda da força de sugestão. Por outro lado, toda forma de *impressionar* é o primeiro passo para a formação de um campo.

Na terapia, *influenciar* é um tema conhecido e temido. Na psicologia escolar procedimentos orientados tentam influenciar o menos possível, até a tentativa obstinada dos assim chamados procedimentos não diretivos. Porém, em última análise, toda forma eficaz de psicoterapia também é uma influência, e de ambos os lados. Trata-se realmente de uma confluência de energias. A questão consiste em quanto o terapeuta tem consciência disso. Por meio da terapia surge um campo em que é possível dar um passo rumo à cura. Os terapeutas sabem, a partir da experiência, como é importante a "vibração" correta, como é muito mais fácil realizá-la num aposento em que muitas boas terapias foram realizadas e qual o papel que o tempo representa na vida do paciente, na própria vida e até mesmo no momento do dia. Tudo isso contribui por certo para a formação do campo terapêutico, bem como as pequenas coisas como o perfume adequado e a música para descontrair. Num enquadramento harmonioso há acessos melhores para os âmbitos mais profundos da alma e, assim, os passos do desenvolvimento são mais fáceis e seguros.

Mundos intactos do ritual

Nos rituais das culturas arcaicas é feita uma boa preparação. Dá-se muito valor à instalação de uma moldura correspondente. O que descrevemos como solenidade, naturalmente encontra expressão em ações exteriores e em posicionamentos interiores. Preparativos interiores e exteriores ocupam um amplo espaço e geram a moldura apropriada. A concentração interior é levada até o estado de transe pelas danças e cantos, em parte demorados. Com a pintura do rosto e do corpo, com as máscaras e trajes especiais, os sacerdotes e participantes do ritual dão um testemunho da qualidade de tempo especial e do acontecimento interior a ser esperado. Em última análise, tudo acontece a serviço do ritual, aquele modelo, ao qual é preciso dar expressão viva.

Os assim chamados primitivos nunca têm a pretensão de criar algo novo ou único no sentido da arte, mas seu único objetivo é o cumprimento dos campos já existentes e a animação de estruturas vivas, mesmo que estejam invisíveis. No sentido mais profundo, eles vivem uma repetição da situação original no mesmo momento, por assim dizer, uma nova criação. Sem sentir-se como criadores, eles são muito antes testemunhas da criação. Para eles tudo está vivo e constatado, e estão totalmente ocupados e satisfeitos com a realização desse modelo vivo naquele momento. Como de fato vivem o acontecimento original naquele momento, nunca ficam com tédio, o que para nós é uma ameaça tão fácil nas repetições. Eles não precisam de textos escritos e não conhecem nenhuma descrição histórica. Não lhes interessa deter nenhum acontecimento histórico único, porém dar expressão viva à transformação eterna. Os rituais são a oportunidade essencial para acentuar e facilitar os pontos especiais de tempo — como transições de um plano para o seguinte. Tanto nos acontecimentos diários como nos importantes, o ritual lhes oferece uma possibilidade de dar uma moldura correspondente ao acontecimento e de integrá-lo em seu (modelo) mundo.

A enorme vantagem para cada membro da tribo está em que ele não considera os problemas de transição como dificuldades pessoais, porém, como passos necessários que todos têm de dar. O ritual os ajuda a generalizar a experiência pessoal e a integrá-la na ordem cósmica. Enquanto entre nós os jovens na puberdade ou os adultos na menopausa muitas vezes acreditam que são os únicos com problemas tão opressivos que rompem todas as molduras, os nativos sabem que tudo isso faz parte e que, portanto, está em (na) ordem.

Uma outra vantagem da lida consciente com os rituais é que, usados objetivamente, eles também ajudam de modo considerável a desobrigar os pais e a comunidade da responsabilidade. Enquanto entre nós os jovens na puberdade precisam criar sozinhos os monstros para a luta com o dragão, e não raro transformam os pais no mesmo, os nativos recebem os demônios necessários de forma harmoniosa e tradicional. Eles tampouco precisam encenar a sua morte num plano e a ressurreição no seguinte com a ajuda de drogas. Na medida em que estas são necessárias, os nativos recebem das mãos competentes dos seus xamãs as correspondentes substâncias psicodélicas, no enquadramento seguro do seu culto e de acordo com os correspondentes preparativos anteriores da alma e do corpo. Assim, não existe nenhum perigo de se tornarem viciados, mas eles têm a chance de passar para a etapa seguinte de desenvolvimento.

No que se refere à realidade dos rituais com e sem substâncias psico-ativas, um exemplo da própria infância pode ajudar-nos a entender. Muitas crianças recebem a visita do Papai Noel antes do Natal, numa encenação impressionante dos pais, o que não raro deixa efeitos duradouros na alma dos pequeninos. Quando esse ritual não é realizado e as crianças começam a criar outro — desempenhando os papéis — ele não terá a mesma eficácia, mas mostrará somente a necessidade de receber uma visita do céu.

Com relação aos rituais de transição passamos há tempos para o papel dessas crianças carentes. Os homens modernos vivem as mudanças em sua vida sem a ajuda da comunidade, muitas vezes na mais opressiva solidão. A elaboração de situações de transição no semelhante provém das tentativas do cenário terapêutico. Aí os casos de mudança não trabalhados da vida muitas vezes são analisados muito tempo depois. No contexto da terapia da reencarnação, por exemplo, é possível participar diretamente de antigos rituais com campos eficazes e, assim, viver e ao mesmo tempo liberar as emoções e sentimentos correspondentes. O psicólogo norte-americano Paul Rebillot[7] especializou-se nesse inter-relacionamento na temática das modernas viagens do herói e seus rituais.

Os rituais de cura

Se um membro da tribo sair da ordem e for vítima de um acidente ou de uma doença, ele precisa de um ritual de cura. Isso nada mais é do que a tentativa de fechar a brecha que se abriu graças ao acontecimento entre essa pessoa e a ordem estabelecida. Da mesma maneira que se fecha uma ferida, unindo-se as duas bordas do ferimento, o mesmo acontece no sentido mencionado acima. Naturalmente, a curandeira ou o xamã não confia simplesmente na própria experiência, mas pede ajuda a todas as instâncias superiores possíveis para o ato de restauração da ordem, isto é, a reunificação. À medida que cada curandeiro pode sentir e perceber os campos importantes para seu mundo tribal, ele também está na situação de interferir, regulando-os. Ele o faz por meio de atos simbólicos, que são o meio adequado para o âmbito transferido e, em princípio, correspondem ao fechamento de uma ferida no corpo. Bons curandeiros têm um sexto sentido para estabelecer até que ponto eles podem interferir. Eles deixam a decisão para os deuses, como dizem — nós diríamos que ela acontece graças à sua intuição ou dedicação. Também no caso de uma ferida, pode ser perigoso simplesmente fechá-la, porque a tendência para uma inflamação intensifica-se conforme as circunstâncias. Só uma ferida limpa pode ser suturada. Assim, só podem ser resolvidos certos problemas, outros precisam de mais atenção e dedicação.

Mesmo que esses rituais não sejam interpretados no nosso sentido intelectual, a pessoa em questão chega à consciência de como o acontecimento cabe em sua vida e o que lhe quer dizer. É quase inimaginável que um acontecimento importante fique sem significado para o homem arcaico. A questão é exclusivamente se podemos consumar a sua interpretação. Como ela sempre sente que está sob as asas de um grande espírito ou de uma instância divina comparável, para ela o acaso não existe. Ela acha o destino *significativo* e fadado ao seu crescimento. É de toda essa estrutura e da confiança decorrente dela que surgem as curas espetaculares.

Além disso, para a sociedade arcaica é natural que a hierarquia mundana da tribo corresponda à hierarquia dos deuses num plano superior. Assim como o chefe é a instância superior nas coisas mundanas e o xamã nas coisas religiosas, ao deus superior é atribuída uma competência universal. Aqui a hierarquia ainda é literalmente entendida como o império do sagrado. Quando algo sai da ordem na Terra, o xamã entra em contato com a mais elevada instância da hierarquia divina, porque nesse plano as coisas ainda estão em ordem. Orientando-se por esse modelo, ele tem de tentar harmonizar outra vez o *em cima* e o *embaixo*. Os cristãos conhecem bem essa idéia de em cima e embaixo, pois rezam no Pai Nosso: "Seja feita a vossa vontade, assim na terra como no céu." Isso não só corresponde à concepção daqueles rituais básicos das antigas culturas, mas também ao axioma esotérico " Em cima, como embaixo". Recentemente, o olho severo das ciências físicas e naturais também se volta para essas concepções do universo, porque a Física, como disciplina mais avançada, descobriu que as leis superiores que podemos reconhecer atualmente, são aquelas da simetria. Planos que se refletem simetricamente (o de cima e o de baixo) são a base da concepção arcaica e religiosa do universo.

Do ponto de vista psicológico, também podemos interiorizar todo o acontecido, tornando-o ainda mais acessível ao ser humano essencial. Quando, falando em termos cristãos, o reino celeste de Deus está dentro de nós, ou como dizem os budistas, o mundo exterior é um reflexo do mundo interior, tudo acontece dentro de nós. Os xamãs entram em contato com os planos mais elevados dentro deles mesmos e é aí que buscam a inspiração correta. Em última análise, as leis da polaridade devem concordar em ambas as imagens.[8] O que esperamos do nosso ponto de observação pessoal comprovar-se-á na realidade dos próprios campos.

Para os rituais de cura é imperativo que o curador conheça bem o âmbito da doença, mesmo que de modo muito diferente do que nós exigiríamos. Enquanto partimos do fato de que os curandeiros modernos teoricamente devem saber tudo sobre todos os quadros mórbidos, as culturas arcaicas achavam mais decisivo que o curador já conhecesse pessoal e profundamente o âmbito da doença. O que nos parece desusado, na verdade é muito lógico. Se planejássemos uma viagem para o Egito, confiaríamos mais num guia de viagem que já tivesse estado pessoalmente lá e nos pudesse guiar graças à experiência concreta, do que num guia que só tivesse lido bastante sobre o país e por isso se considerasse adequado para nos guiar pelo país estrangeiro com esse conhecimento teórico.

Contemplar a doença como um campo da consciência não faz sentido apenas no pensamento das culturas arcaicas. Quem de nós duvidaria seriamente que a doença tem uma qualidade de modificação da consciência, ou que ela pode mudar totalmente a sensação de vida?

Muitos pacientes sentem nitidamente que devem creditar à doença superada uma visão nova do mundo. Se partirmos do fato de que a doença representa um reino próprio de consciência, torna-se compreensível que os xamãs às vezes esperem a sua doença iniciática, que lhes dará acesso ao seu campo de trabalho e será ao mesmo tempo um aprendizado.

É bastante óbvio que por essa postura a doença adquire uma dimensão positiva à qual não estamos acostumados. Quando atribuímos à doença, além do seu papel como expressão da inconsciência, um caráter geral de iniciação numa nova tarefa de vida, como faziam muitas culturas antigas e como também é a pretensão básica do livro *A Doença como Linguagem da Alma*, não só se modifica a posição pessoal quanto a este assunto, mas a de toda a comunidade. Então os doentes não são mais isolados e empurrados para a margem da sociedade; ao contrário, são tratados com atenção e respeito, pois foi com eles que o destino entrou em contato especial, foi a eles que se voltou de modo incomum. Aqui está a explicação de fenômenos incompreensíveis para nós, como o elevado respeito de que gozam em muitas culturas os epilépticos, os doentes mentais ou os deficientes.

Rituais de iniciação

A diferença essencial destes para os rituais de cura está em que nos rituais de iniciação a indicação do destino não vem de cima, mas da própria tribo ou do curandeiro. No ritual de iniciação, a responsabilidade pelos ferimentos e respectivamente pelos sintomas das doenças está nas mãos do xamã. É claro que o destino contribui com sua parte tornando evidente que existe uma mudança por meio de sinais corporais e psíquicos, mas essencialmente é tarefa da pessoa competente cuidar aqui da necessária reparação.

Com base nisso, podemos compreender por que os agentes de cura, os xamãs ou o curandeiro se tornam até mesmo aqueles que ferem. Na iniciação na vida adulta, o iniciado espera que a rigidez nesse campo da consciência seja eliminada pelas medidas rituais. Às vezes os que vão ser iniciados são fisicamente feridos, como na circuncisão, que também desempenha um papel na cultura judaica que está próxima da nossa. Nesse campo incluem-se os ferimentos auto-impostos e as provas de coragem de arrepiar os cabelos, como ficar amarrado em pé sobre um formigueiro, ou entregue desamparado a todos os insetos possíveis ao ficar enterrado até o pescoço na areia, ou o banimento temporário da tribo passando em parte um tempo assustador bastante longo na floresta, em cima de árvores ou em cavernas solitárias, bem como o medo da morte conscientemente despertado por ataques noturnos simulados de espíritos e outras monstruosidades semelhantes.

Esses ferimentos concretos ou transferidos causam a necessária ruptura na vida e favorecem o contato com o novo, por meio de processos físicos de amadurecimento em campos já preparados de consciência, com a ajuda dos quais os xamãs reconciliam os jovens com o trabalho simbólico ativo e passivo. Até aí o ritual de iniciação assemelha-se bastante, em sua segunda fase, com o ritual de cura. Em vez de provir do destino, a interrupção da continuidade, a ruptura, provém do xamã; o ritual que a acompanha para a reconciliação com o novo campo corresponde totalmente a um ritual de cura. A brecha que surge — devido aos processos naturais de crescimento e de amadurecimento — entre a consciência infantil e a adulta, que aflora, deve ser fechada. Os ferimentos feitos simbolizam a desgraça, a polaridade que será experimentada então. O sadio mundo infantil, o paraíso, está perdido e deve ser abandonado. Nisso determinadas dores e medos são naturais e têm o seu lugar e o seu tempo.

O enorme efeito dos campos de consciência carregados por todos os membros da tribo torna-se visível depois do ritual completo. Os jovens participam de fato da iniciação, isto é, tornam-se parte do mundo dos adultos, sem terem de aprender suas regras ou normas de comportamento e sem passarem por mais nenhum treinamento. O processo ocorre com grande segurança além do campo intelectual e, portanto, além também da nossa compreensão. O campo morfogenético acolhe os adultos e os impregna a partir de agora. Ele estabelece a partir de si mesmo os novos limites e valores. Para os iniciados dessa maneira é impensável recair no padrão infantil.

Assim como dificilmente podemos imaginar o efeito desses rituais de transição, tampouco os nativos compreendem os nossos problemas com as transições da vida. Em essência, a vida é mais fácil para eles e mais livre de *stress*. Em cada crise, a decisão é praticamente tomada pela tribo, e a sensibilidade é posta inconscientemente na direção certa. Tornar-se adulto aqui não é mérito pessoal, mas tão natural como são para nós os processos corporais da puberdade.

Todos os membros da tribo *provêm* do mesmo tronco, como os galhos da árvore, e dependem uns dos outros. A tribo cuida de todos os seus membros no âmbito do campo. Não se pode pensar em crises no sentido de difíceis decisões individuais, mas desenvolvimento e progresso individual também não são imagináveis. Todos seguem juntos o caminho da tradição da sua tribo. Um caminho individual é impossível, porque um membro separado da tribo não é capaz de viver. Quem se desvia ou viola um tabu, está ao mesmo tempo cortado da sua tribo e da sua vida. Viver na dependência de si mesmo, o que é realmente difícil, porém possível, parecia inimaginável aos homens arcaicos, visto que não havia espaço para isso em seu campo. Eis aí a raiz de sua forte resistência ao progresso. Tanto quanto toda inovação é simultaneamente uma ruptura da objetividade que os homens originais desenvolviam no círculo do campo que possuíam, tanto menor era o desenvolvimento e o progresso possível, no nosso sentido. Neste ponto, eles realmente não servem de exemplo para nós.

Mas podemos aprender muita coisa com eles em nosso caminho e em nosso trabalho, pois eles se tornam outra vez como as crianças. Mas existe uma diferença óbvia entre "tornar-se outra vez *como* as crianças", e "continuar crianças". Para nós, a relação ingênua e destituída de ego com o grupo característica das culturas arcaicas só pode ter o caráter de modelo numa etapa superior de desenvolvimento. Depois de abraçar todas as tentativas de mergulhar mais fundo na polaridade, perde-se a inocência. Podemos então voltar ao lar, retornar como filhos e filhas pródigos à unidade. Nesse caso, não se deve perder de vista os que ficaram em casa, a fim de encontrar a direção.

A qualidade do tempo para rituais e festas

Nossas dificuldades de compreensão no tocante aos rituais naturais dos povos arcaicos dependem essencialmente dos diferentes conceitos de tempo. Enquanto observamos o tempo praticamente apenas do ponto de vista quantitativo, para os homens primitivos a qualidade era mais importante. Na Antigüidade, designavam-se os dois âmbitos opostos do tempo com nomes diferentes. *Kronos* com seu relógio de areia representava a quantidade, *Kairós*, a qualidade. Quando manifestamos hoje a opinião de que tempo é dinheiro, só estamos dando ênfase à medida quantitativa. Realmente, grande parte da população dos modernos estados industriais ao longo do tempo vendeu-se aos seus empregadores. Seu desempenho é medido exclusivamente pelo tempo e pelo cronômetro. Pessoas que trabalham de modo criativo, naturalmente sabem que também entre nós a qualidade é no mínimo igualmente decisiva. Um único lampejo do espírito num segundo genial pode trazer mais resultado do que longas horas de exaustiva reflexão.

Quando escrevemos a História, o que parecia ao mesmo tempo estranho e supérfluo aos homens arcaicos, assumimos um compromisso. Contamos os anos quantitativamente, como se um fosse igual ao outro; no estudo concreto ocupamo-nos então com mais intensidade dos anos muito especiais, em que acontecimentos importantes dão ao tempo uma qualidade única. Nossa história fala das complicações no tempo, ela é narrada segundo o tempo.

Os homens arcaicos só contemplavam a qualidade do tempo. Eles viviam com suas histórias e lendas num círculo temporal e não entendiam os fatos míticos como históricos, mas como tendo validade infinita. Entre o historicamente relatado, eles só se preocupavam com o âmago infinito das coisas. Assim desenvolveu-se o mito eterno. Suas festas não são lembranças de tempos passados, porém acontecem sempre no momento atual. Assim, eles experimentam e vivem diretamente os seus mitos. Suas histórias são vivas ou estão esquecidas. Quando o xamã conta os mitos de seus ancestrais à noite, impregna neles o modelo do presente para os que vivem agora.

Podemos entender isso à medida que a história que nos ensinam na escola em geral é mortalmente aborrecida. Isso não é de admirar, visto que se trata de fatos acontecidos há muito tempo, fatos que não estão mais vivos e, portanto, são histórias mortas. A exigência que se faria a um bom professor seria de que ele despertasse o morto para uma nova vida diante dos olhos interiores dos seus alunos. Só então a história se torna divertida, fica viva na memória e podemos apreender dela qual é o sentido do todo. Entre nós a memória é despertada apenas por pouco tempo por causa da obrigação das provas e com isso, de modo insignificante.

Nós a decoramos; os ingleses, no entanto, têm a pretensão de aprender com o coração. *"Learning by heart"* é como se referem a decorar. Afinal, ao menos na linguagem é preservado o inter-relacionamento com a arte viva do aprendizado.

Da pretensão da história da religião sabemos que as lendas vivem de comover profundamente e de estimular realizações vivas. Tampouco os festivais cristãos foram pensados para ser festas históricas de recordação, mas para conviver com o mito vivo. Quando Angelus Silesius diz: "Se Cristo nascer mil vezes em Belém e não em ti, tu estarás perdido para sempre", ele se refere exatamente a essa relação com o presente vivo. No plano pessoal também conhecemos a relação com a qualidade do tempo. Revivemos constantemente certos acontecimentos da vida. Falamos sobre *casamentos* e *pontos difíceis* da nossa vida, conhecemos também épocas especiais e prestamos supersticiosamente atenção a determinados sinais que conhecemos de vivências anteriores e acreditamos determinar outra vez os mesmos acontecimentos.

4. O ano e suas festas

Quando analisamos nosso ano cronológico, ele representa naturalmente um círculo. As festas são a parte estável do ano, são os seus pontos fixos. O círculo anual é dividido por quatro festas fixas — dois equinócios e dois solstícios — em quatro épocas. Nesse plano, a quadratura do círculo é perfeita. Os quatro pontos têm algo de contundentemente objetivo. O que mais surpreende neles é que também os homens arcaicos conseguiam medi-los exatamente, como atestam muitos documentos da época megalítica,[9] mas as pirâmides egípcias e astecas também provam a mesma coisa.

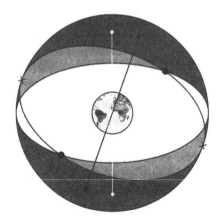

• *Equinócios*
× *Solstícios*

Os quatro pontos fixos resultam de realidades astronômicas. A Terra gira ao redor do seu eixo, o que é mais perceptível no Equador, porque ali ela se move mais depressa. Se o atravessarmos com um plano imaginário, ele corta o plano da elíptica num ângulo de 23 graus, aquele plano em que se movem os planetas e também a Terra e o Sol. O ponto de intersecção entre os dois planos são os equinócios, os pontos em que o dia e a da noite têm a mesma medida; os pontos de maior distância são os solstícios.[10] O solstício do verão é o dia mais longo, o solstício de inverno, o mais curto.

Esses pontos fixos foram celebrados em todas as épocas. O campo dessas festas era tão forte, que as religiões que surgiram depois, como também o cristianismo, não puderam deixar de se orientar por eles, vencida uma resistência inicial. Depois de algumas manobras malsucedidas de rejeição, começou-se a festejar a festa cristã do Natal nas noites consagradas em culturas anteriores, quando a luz é mais fraca e a esperança maior.

O curso do ano e da vida no espelho do sol

No entendimento de pessoas movidas espiritualmente e pelas culturas arcaicas, no curso do ano reflete-se o curso da vida, que está presente em cada parte do todo. Nesse contexto, a tradição esotérica fala do princípio das *pars-pro-toto*. Hoje essa lei está provada também pela ciência, como quando os geneticistas partem do princípio de que em cada célula isolada está contida a informação para todo o ser humano. Da pesquisa do caos conhecemos as ilustrações do assim chamado homenzinho da maçã, biscoito feito com massa de pão de amêndoas. O fascinante nessa figura é que em cada estrutura isolada é possível encontrar novamente o todo. Na medicina naturista já lidamos com esse conhecimento com muita confiança, ao tratarmos todo o corpo por meio das zonas de reflexologia dos pés e das orelhas. Uma analogia técnica seriam os hologramas tridimensionais a *laser*, nos quais é possível reproduzir em cada parte do quadro toda a apresentação.[11]

Segundo essa lei, toda pequena unidade contém o todo, portanto, o dia contém a semana, o mês, o ano, a vida e a soma de muitas vidas até a libertação do círculo das encarnações. Conseqüentemente, no desenho básico da mandala deve ser possível reencontrar todas essas estruturas. De fato, podemos concluir do modo como alguém começa o dia, o modo como lida com sua vida. Assim, ao falarmos do crepúsculo da vida, relacionamos o dia com a vida. Assim como encolhemos de um a dois centímetros por dia em conseqüência do relaxamento dos discos vertebrais decorrente do peso do nosso tronco, durante a vida encolhemos alguns centímetros por carregarmos o nosso fardo. Durante a noite, os discos vertebrais se regeneram amplamente, de modo que no dia seguinte temos a antiga altura. Também analisados ao longo da vida, nós encolhemos para nos regenerarmos depois, na fase de descanso.

Como ponto de partida do ano profano vale na maioria das nações o 1º de janeiro,[12] o que corresponde ao solstício do inverno, o ponto mais baixo do ano. Ali, o Natal é a noite mais escura e, portanto, o momento crítico central do ano. Essa mudança acontece antes de nós, seres humanos, tomarmos conhecimento dela, do mesmo modo que raras vezes percebemos conscientemente a concepção. Nunca a noite é tão noite. Nessa noite profundamente sagrada (= perfeita) e na maior escuridão acontece o nascimento da semente de luz. Isso corresponde à concepção, em que a alma mergulha nas trevas do corpo, sem que os pais saibam da sua chegada.

A partir de então, a luz cresce de modo uniforme e secreto. Tudo ainda está envolto nas trevas, os dias passam imperceptivelmente. Com o equinócio da primavera, que corresponde ao nascimento do Sol, o dia do solstício chegou. Agora a vitória da luz é visível para todos. O Sol ganha força, começa o crescimento exterior. Além da puberdade, que corresponde ao início da vida, a subida das forças da luz passa pela adolescência, a manhã da vida, até chegar ao auge do dia e do ano. O solstício do meio-dia e do Sol caracteriza-se pelo ponto mais alto do Sol e pela luz mais intensa. É o dia mais longo, e a luz mais forte ilumina esse ponto alto, o clímax do ano e da vida. É o tempo de mudança e isso corresponde a uma transformação básica. Até agora havia subida, agora é a descida na circulação da luz, mesmo que ainda demore para percebermos isso. A mudança de direção, contudo, é irrevogável. No sentido negativo podemos transformá-la numa crise; por si mesma já é o meio da vida. A periferia da mandala foi alcançada. Isso pode parecer indecentemente prematuro para o homem ocidental, mas trata-se do climatério e não de dias de mudança. Temos tempo suficiente no modelo da mandala para esse período (de mudança), para cumprir essa direção de vida. Assim como o Natal é o ponto mais escuro, o solstício de verão é o ponto mais claro do ano.

Então começa o tempo da colheita; a grande força do sol reflete-se na riqueza das frutas maduras da natureza. Os anos de *menopausa*, que detestamos entre nós, são o verdadeiro ponto alto da vida, a época da colheita e do gozo dos frutos da vida. Se não estivéssemos sempre adiantados no tempo, poderíamos gozar essa fase em largos sorvos. Só no início do outono esse gozo tranqüilo pode ocorrer, depois de o termos esperado talvez a vida inteira. Ele deve durar até o equinócio do outono.

Mas o prazer é só um dos lados; do outro, a colheita também significa a morte da espiga. Ela apodrece no campo ou é debulhada, a fim de *separar do trigo o resíduo dos grãos debulhados*. Na Bíblia, essa imagem representa fazer o inventário. Na doação de seus grãos como semente para novas plantas ou como alimento para outras criaturas, a planta do trigo sacrifica a sua melhor parte e alcança, com isso, a eternidade na circulação dos vivos. As espigas tornadas supérfluas são posteriormente lavradas, para também se tornarem matéria-prima para a nova vida — ambos imagens simbólicas para a necessária entrega do ego.

A partir do ponto do equinócio do outono, a luz volta para a escuridão, os dias são mais curtos do que as noites. Ruma-se para o anoitecer da vida, em que o ocaso e o crepúsculo noturno são épocas muito bonitas. Minguar não é só exigido fisicamente, mas também no sentido figurado. O lastro quer ser jogado fora — trata-se de dizer adeus. No outono tardio na natureza, o tema preponderante é despedir-se e desapegar-se até o passamento final. A luz fica cada vez mais fraca, muitas vezes também a luz dos olhos; os sentidos exteriores diminuem. As cores brilham mais uma vez do lado de fora no outono, mas só para se recolherem definitivamente. Primeiro, o cinza passa ao primeiro plano e enche muitas pessoas de horror. Então aparece o branco, a cor perfeita, que contém em si todas as outras, e começa a dominar o cenário à medida que cobre tudo. O crescimento da luz interior contrasta com o decréscimo da luz exterior. Se o tema da concepção até a meia-idade era o crescimento, depois dela a missão é um encolhimento sadio, até que no final só sobre o essencial. O fim e o começo formam outra vez e ao mesmo tempo a meia-noite escura, o solstício do inverno. É a morte e a concepção numa coisa só, conforme a direção em que usarmos a porta.

O ciclo da lua como uma mandala de desenvolvimento

Em nossa sociedade patriarcal estamos acostumados a orientar tudo pelo Sol, o brilhante símbolo masculino. Mas também poderíamos usar igualmente como base a Lua, o símbolo feminino que reflete, pois também o *mês* reflete todo o acontecimento. Então a Lua Nova seria o ponto da mais profunda escuridão, que corresponde à menstruação mensal, ao inverno no ano e, na vida, à velhice e à morte. Ela é simbolizada na vida da mulher idosa, encanecida ou sábia, pela Grande Mãe e também representa a concepção (a nova semente de luz). O ressurgimento da luz da Lua traz consigo o nascimento. A Lua Crescente em forma de foice encarna com o seu crescimento, o crescimento da criança e da primavera, correspondentemente, da mulher jovem. À meia-lua correspondem os garotos na puberdade; ao terceiro quarto, as jovens noivas. Ela ilumina o crescente desenvolvimento das forças, que atingem o ponto máximo na Lua Cheia. Com relação ao ano esse clímax é simbolizado pelo verão; com relação à vida, pela fase maternal. É ao mesmo tempo o ponto de retorno, a meia-idade. Quem a transpõe dirige-se irrevoga-

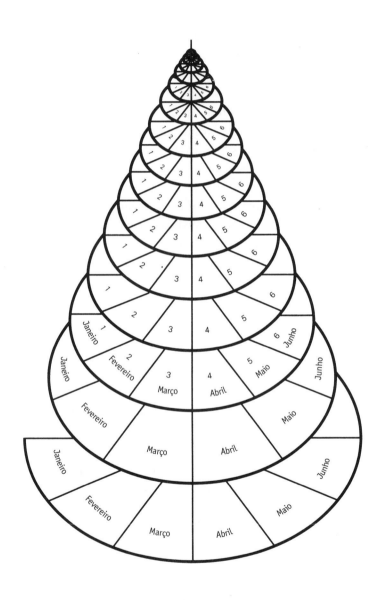

O círculo do ano em espiral com seus meses, que formam um ano após outro.

velmente à menopausa; a partir de agora o crescimento torna-se negativo. Até a fase minguante da Lua, a colheita é o tempo de integração, mas também o início da eliminação do ego, o que deve ser entendido não só do ponto de vista espiritual, mas do ponto de vista dos filhos. A meia-lua minguante simboliza o outono, conseqüentemente, a velha sábia. Até a Lua Nova chegamos à velhice, o período de despedida e do desapego. A Lua Nova encerra um círculo e inicia um novo.[13]

Com essa análise no plano do círculo da mandala apreendemos primeiramente apenas uma dimensão, embora seja a central. O círculo corresponde melhor à realidade do que a reta, do que a seta, o símbolo do progresso, que perseguimos para o leste. Em última análise, a verdade, como sempre, está no meio. As culturas, que só se referem ao círculo, com o tempo giram em círculo e não se desenvolvem. As sociedades, que só se baseiam no progresso, deixam a ordem e se arriscam e arriscam o mundo. Se tentamos unir o círculo e a seta num único símbolo, surge a espiral, o símbolo primordial da vida. Ela é exatamente um círculo com direção de movimento. Se a deixarmos subir para rejuvenescer e terminar finalmente num ponto no centro, temos um símbolo perfeito de desenvolvimento.

Cada volta representa um ano e o conjunto do círculo anual forma a espiral. Essa imagem corresponde também à experiência de que os anos, *com o passar dos anos*, parecem subjetivamente mais curtos. Os balanços do pêndulo, que nos obrigam sempre à polaridade, tornam-se menores porque tudo se aproxima do ponto central e, com isso, da unidade.

SEGUNDA PARTE

1. Concepção e Gravidez

Como no dia, que o mundo lhe entregou,
O Sol tinha a grandeza dos planetas,
Você desenvolveu-se logo sempre mais
Segundo a lei com que se formou,
Assim você deve ser, você não pode fugir de si mesmo,
Assim já diziam as sibilas, os profetas;
E nenhum tempo e nenhum poder despedaça
A forma cunhada que, viva, se desenvolve.

Johann Wolfgang von Goethe, Urworte, Órfico

Meu pai e minha mãe desejavam um filho e
me conceberam.
E eu desejava um pai e uma mãe,
e concebi a noite e o mar.

Khalil Gibran

Hoje temos muitos problemas para determinar o início da vida. Ao passo que para as pessoas espiritualmente conscientes a vida não começa, mas existe sempre e somente muda o âmbito da sua manifestação, as pessoas materialistas preferem um início depois do terceiro mês de vida, o que abre certas possibilidades "práticas" que ainda serão analisadas.

Mesmo se partirmos do princípio de que a vida, como tudo nesta criação, transcorre ritmicamente e, portanto, semelhante a uma vibração que não tem começo nem fim, para o exame das crises da vida é significativo iniciar a contemplação com o início da vida física, isto é, a concepção. Assim que o ovo e a célula do sêmen se unem, surge uma forma comum e, conseqüentemente, também um conteúdo. Paralelamente à vida física, inicia-se a vida psíquica. Com a divisão das células começa imediatamente o crescimento. A célula redonda do ovo feminino e a célula masculina em forma de seta se unem. Mas quando um círculo e uma seta se unem, surge simbolicamente o modelo primordial da espiral, que também é percebida pelos sentidos quando a alma mergulha no corpo.

À primeira vista, a concepção não é vista por muitas pessoas como uma crise, porque sabem muito pouco sobre ela. Somos muito hábeis na prevenção da gravidez, mas isso não quer dizer que sempre sabemos do que se trata. Afinal, nem sabemos com exatidão o que estamos evitando. Quem não consegue acreditar na alma, acha que com a concepção evita um ato físico de fecundação.

Psicoterapias reveladoras legaram um rico material de conhecimento sobre esse primeiro tempo de vida, ao qual antes só tínhamos acesso por meio das imagens simbólicas dos mitos e das religiões. Devemos a Lennart Nilssons a fotografia intra-uterina, esse documento fotográfico impressionante da primeira época depois da concepção. No contexto da teoria da reencarnação, não só é possível, mas uma rotina, reviver o tempo da concepção.

Antes da concepção, a alma está num estado de desprendimento e amplidão, liberdade e ausência de gravidade. Ela chega à concepção quando manifesta o desejo de encarnar-se, devido a tarefas da vida em aberto ou, segundo a visão oriental, conforme o karma. A alma vive isso como uma sucção que a puxa na correspondente e única direção em questão. Ela reconhece com toda a nitidez as duas pessoas que se unem por amor, ou seja lá por quais outras razões. O momento exato da concepção em geral é sentido como um puxão em forma de espiral, que atrai a alma para o acontecimento físico. Às vezes, esse caminho passa primeiro pelo corpo masculino, às vezes a entrada é sentida logo no útero. Essa queda na matéria é sentida pela alma como uma perda da liberdade, como uma opressão e, por último, como um passo para a prisão do corpo com as suas limitações. Objetivamente, esse minúsculo ser ainda tem espaço mais do que suficiente. Subjetivamente, avaliado pela amplidão e abertura do espaço anterior de experiência, a cavidade uterina é sentida como limitação. A alma acostuma-se relativamente depressa ao novo espaço de vida, que é quente e macio e de longe suficientemente grande para a forma corporal ainda minúscula, mas em constante crescimento. Aos poucos, o mundo aquático desenvolve-se dentro da placenta — vista de fora um universo pequeno, mas para o corpo ainda minúsculo, um grande universo. Por um lado, a alma toma conhecimento de tudo o que se passa fora; por outro, sente-se cada vez mais sintonizada com o mundo materno da *matéria* (do latim *mater* = mãe).

A alma vive muito conscientemente o fato de a mãe descobrir que está grávida, ou seja, que a alma está lá; ela vive as experiências que os pais associam ao fato. Tentativas de aborto ou o mero pensamento dessa possibilidade são vividos com toda a conseqüência e podem por muito tempo perturbar o sentimento de proteção e calor do ninho. Até mesmo os pais que recebem francamente e com alegria o rebento em constante crescimento, podem perturbar consideravelmente a situação ao desejarem um filho de determinado sexo, na maioria das vezes o masculino. A incerteza dos pais e a esperança de eles terem um menino, da parte do nascituro correspondem à metade da armadilha, à certeza de ter de decepcionar os pais por ser do sexo feminino. Nesse caso, a vida fora, na polaridade, não só começa com uma decepção, mas para a criança, a vida no seio materno já está na sombra. Nessa fase precoce já pode ser lançada a base para as futuras dificuldades com o próprio papel sexual. Disso resulta que a determinação precoce do sexo por meio do ultra-som pode ter suas vantagens, pois dá aos pais a chance de se reconciliarem mais cedo com o sexo do filho.

Se a alma não se "contrabandeou", mas atendeu a um convite de ambos os pais, essa primeira época será vivida sem perturbações e será impregnada de experiências impressionantes. Sentimentos oceânicos de delimitação e flutuação sem gravidade no mundo aquático interior imperam e estimulam por sua vez o sentimento de unidade que abrange todo o mundo (a mãe). É então revivida a falta de limites do universo exterior, quando dentro e fora ainda são amplamente a mesma coisa para a alma. Sentimentos de confiança e proteção acompanham o crescimento e aquecem esse primeiro ninho da infância. Tudo o que é necessário flui para o pequeno porém já perfeito ser, sem que ele peça. Ele tem todo o cuidado de que necessita por meio do cordão umbilical, e não precisa fazer nada para isso.

É aquele tempo que desperta nos adultos as fantasias relativas a um país das maravilhas. O país em que o leite e o mel jorram simplesmente — ele existe de verdade, bem no início da vida, no útero materno. A vida no ainda espaçoso útero tem algo de sonho. Em nenhum lugar a criança bate em limites rígidos, tudo é uma vibração macia e suave, que embala. O batimento cardíaco rítmico da mãe oferece o fundo sonoro para uma existência livre, despreocupada, cheia de ressonância entre mãe e filho. Impera a harmonia entre o interior e o exterior. As cores são quentes como a água, os limites macios desse primeiro universo cedem elasticamente a cada movimento. Os sentidos ainda não estão formados e é exatamente por isso que estão especialmente despertos e receptivos. Se a situação externa da mãe está em ordem e ela em harmonia com o ambiente, esse é um fator adicional de harmonia para a criança em crescimento. Mas mesmo quando não é esse o caso, uma mãe consciente pode proteger o filho de situações aflitivas externas, à medida que ela o ama incondicionalmente (veja sobre isso a primeira ilustração colorida na primeira orelha do livro).

Essa fase de proteção é tão agradável que os adultos anseiam por ela, e tão importante que é buscada durante toda a vida, se foi muito curta no início da vida ou se não existiu. O assim chamado tanque *samadhi* de John Lilly tenta transmitir aos adultos essa experiência. Um grande "útero artificial", que visto de fora fatalmente lembra um sarcófago, recebe o bebê crescido numa solução de água e sal na temperatura do corpo e o deixa boiar. É escuro como o verdadeiro útero e também o fundo sonoro pode ser recriado. Depois de um curto espaço de tempo, o sarcófago (em grego: *sarx* = carne, *phagein* = comida) torna-se eficaz; por certo a carne não é igual àquela do final da vida, porém ele lhe tira todo peso: não sentimos mais o corpo. Deste ponto de vista, ele deve ser parecido com os sarcófagos iniciáticos dos antigos, que tinham igualmente a tarefa de libertar o neófito[1] das ligações da corporalidade. Na ausência de gravidade do tanque samadhi podem surgir aqueles sentimentos oceânicos de ausência de limites que são tão impressivos e penetrantes para o nosso desenvolvimento. A experiência de flutuar no espaço livre dos mundos é tão possível como a regressão ao mundo no ventre materno, e mostra a analogia com o microcosmo e o macrocosmo.

Esses acontecimentos no tanque samadhi também podem transformar-se no oposto, tornando-se uma viagem de horror, principalmente se essa fase de vida foi repleta de sustos. Pessoas que tiveram de lutar contra instrumentos abortivos pontudos ou pela mera sobrevivência nesse período precoce, sentem-se igualmente ameaçadas no tanque. Se as vivências não surgem na sua originalidade concreta, ao menos ressurge a disposição ameaçadora daquela ocasião.

Segundo as experiências da psicoterapia, temos de aceitar que nesses primeiros momentos no útero materno forma-se aquele sentimento de vida tão importante para o futuro desenvolvimento, ao qual chamamos de confiança primordial. Quando esse tempo é sobrecarregado de ameaças, esse sentimento básico não pode formar-se e, em certas situações, ele falta durante toda a vida. Não há nada que o substitua realmente. Na melhor das hipóteses, a sua carência pode ser compensada na vida posterior com medidas externas, em caso de necessidade. A segurança gerada pelo próprio esforço pode dar auto-segurança, mas não simulá-la nem substituí-la. As sessões terapêuticas e a riqueza de experiências de regressão devem preencher um déficit. As experiências de proteção interior sempre são úteis, mesmo que sejam feitas num contexto bem diferente e até mesmo revivendo antigas encarnações.

O respeito pela maravilha da encarnação na vida extraviou-se em nossa sociedade altamente tecnológica e orientada pela obsessão pelo poder. Assim, vemos esse tempo antes de tudo do ponto de vista material. O planejamento familiar e pensamentos de eficiência dominam esse campo, que na verdade pede sentimentos e emoções. Do ponto de vista do planejamento racional e da questão sempre presente dos custos, é verdadeiramente um milagre que ainda tenhamos filhos, pois, na maioria das vezes, eles arruínam planos ambiciosos e exigem sacrifício material. O dinheiro das crianças serve de consolo para aqueles que assumem o "sacrifício de ter filhos" contrariando a melhor opinião. O egoísmo da sociedade reflete o egoísmo dos seus indivíduos e, assim, não é de admirar que vejamos o todo somente do ponto de vista dos adultos, e não só evitemos o ponto de vista das crianças, como também as eliminemos como possibilidades.

Mesmo quando ainda possuímos sensibilidade suficiente para ver a magia coletiva da prevenção como um obstáculo às almas que querem encarnar-se, tendemos rapidamente a manter a *alma recém-concebida* sob nossas vistas. Da perspectiva *da alma que luta pela concepção,* a aparência é totalmente outra. Descobrimos subitamente que por trás das nossas costumeiras expressões técnicas/ médicas esconde-se muito sofrimento.

Numa moderna sociedade industrial e do ponto de vista da alma é um empreendimento quase inútil arranjar um lugar para ser concebido. No tempo favorável para a concepção, isto é, quando a mulher está na casa dos 20 anos, a maioria dos jovens tem outros planos e desejos que não os de criar filhos. Os métodos contraceptivos da medicina moderna são úteis aqui, e são tão bons, que quase nenhuma alma pode perfurar o cordão de isolamento de borracha ou nadar na espuma espermicida. Muitas vezes, a concepção também fracassa num útero cronicamente inflamado que recebeu uma inclusão intencional, uma espiral que torna impossível aos assim chamados corpos estranhos morar nesse útero. Possivelmente, também os caminhos se tornam inadequados pelas minipílulas de hormônio, de modo que não é possível passar. Talvez a concepção também seja impedida no nível superior pelos hormônios da clássica pílula antibebê, que — *nomem est omen* — volta-se exatamente contra os bebês, simulando uma gravidez e decepcionando as almas que se aproximam. E se, no entanto, ela às vezes acontece, um choque de hormônios cuida para que a alma fuja buscando a distância. A pílula para antes e depois, o pessário e o DIU são palavras que conhecemos e instrumentos de uso comum. É apenas uma questão de tempo para que passemos a lidar despreocupadamente com eles. É impensável uma pílula anti-gente: só muito no início da vida podemos ser assim diretos.

Esses pensamentos devem indicar que a vida entre nós muitas vezes começa com uma crise. Quando uma mulher moderna conta ao seu ginecologista que está grávida, em certas circunstâncias a primeira pergunta dele é se ela quer ter esse filho. Isso em si mesmo já é expressão de uma crise, no sentido da decisão. Essa cabe a nós, homens modernos. A maioria dos nossos antepassados tinha o sentimento de que não lhes cabia decidir. Nós, no entanto, acreditamos ter o *direito* de interferir corrigindo a natureza.

Uma alma que superou as barreiras descritas acima, ainda não pode estar segura do seu lugar na concepção tão teimosamente realizada, na sociedade voltada ao bem-estar. Enquanto muitos animais selvagens nessa situação arranjam um tempo para o assim chamado resguardo, não constatamos esse costume entre os nossos próprios "jovens". Para eles começa um período de provas de três meses, período em que a qualquer momento podem tentar o aborto com a conseqüente morte do feto. O que da nossa visão é prático e nos dá uma sensação de liberdade e independência, para a alma é o período de maior tensão, que em posteriores sessões de terapia é revivido de modo assustador. Nosso não-querer-decidir-logo domina a criatura totalmente dependente no útero, deixando-a numa situação de tortura que dificilmente podemos imaginar. Para muitas crianças a vida que mal acabou de tomar forma, acaba nesse plano outra vez. A pequena criatura luta desesperadamente contra a ameaça, na medida em que se esconde na parte traseira da cavidade uterina, o que antes ainda tinha certas chances de sucesso, mas que, contra as técnicas modernas de aborto significa apenas um adiamento torturante.

Descrever esse fim mil vezes rotineiro é tabu. Não se faz algo assim. Ao contrário, isso acontece no silêncio e, afinal, o que é legal não deve ser ruim. São justamente os tabus que revelam os problemas de uma sociedade com especial nitidez e desmascaram as crises, das quais os membros não sabem sair. Para reconhecer a concepção como crise, é muito importante manter diante dos olhos o processo de como ela pode ser anulada outra vez.

No terceiro mês, o pequeno ser humano deve ser reconhecido como tal; ele tem todos os membros, sentidos e órgãos perfeitamente posicionados. As ilustrações 2 e 3 nas orelhas do livro mostram fetos nesse estágio. Mas também a transparência que impera nas estruturas corporais se torna nítida. Isso corresponde à percepção transcendental do primeiro tempo/momento. A criança não firmemente ancorada na matéria ainda consegue, melhor do que os adultos, captar os inter-relacionamentos sutis da vida. Por exemplo, ela sente os pensamentos da mãe e do meio ambiente próximo, com toda a naturalidade.

Nessa situação, a criança percebe também com toda a clareza como os instrumentos da intencional ameaça à vida entram num mundo perfeito, furam o invólucro protetor e esvaziam a água que é o elemento vital desse primeiro tempo. A criança deixada a seco, e com isso submetida ao medo e ao susto, é executada finalmente de duas maneiras. Enquanto a mãe foge para o entorpecimento da anestesia e o pai prima pela ausência, os ginecologistas, antigamente chamados de fazedores de anjos, executam o seu ofício legal, não obstante sangrento. Depois que a água da vida secou, eles destroem o pequeno corpo com violência. Com uma assim chamada colher afiada, as partes cortadas e reduzidas são tiradas às colheradas do útero da mãe. Por fim, a placenta é arrancada das paredes do útero.

No segundo tipo de aborto ainda usado atualmente, o pequeno ser, junto com seu reino aquático e a placenta, é sugado pelo cordão umbilical. O que parece muito mais limpo no processo de aspiração do que no primeiro método, do ponto de vista mais detalhado não é menos brutal. Sob enorme pressão, no verdadeiro sentido da palavra, a criança é rasgada em vida. O esquartejamento usado na Idade Média aqui é feito com perfeição técnica.

A experiência com a terapia da reencarnação,[2] que se ocupa primeiro com a assim chamada técnica mais antiga, infelizmente não deixa dúvidas de que todo o processo é sofrido pela criança com plena consciência. Que a criança passe por sofrimentos inimagináveis é fácil de perceber até do ponto de vista da medicina convencional, visto que a anestesia da mãe não atordoa o feto, como comprovam muitas experiências de cesarianas.

Mesmo quando a criança sobrevive fisicamente sadia aos três primeiros meses totalmente desprotegidos, porque os pais estão felizes com a sua chegada, ela ainda está longe de estar segura. Se os pais já forem mais velhos ou apenas estiverem com medo ou assustados com o novo tipo de responsabilidade, eles podem permitir que o ginecologista perfure a barriga da mulher grávida *a título de experiência*. Na amniocentese colhe-se o líquido amniótico; na corionterbiópsia, o sangue da placenta. O que pode nos surpreender em recém-nascidos é como, do ponto de vista da criança, a hábil manobra médica é muito diferente.

Enquanto uma grande espada multidimensional perfura o seu invólucro protetor e penetra no seu mundo sadio, ela busca abrigo no canto mais afastado do seu ninho. Esses movimentos de fuga já podem ser observados pelo ginecologista com o ultra-som e, segundo a explicação de um ginecologista, são o motivo de complicações relativamente pequenas nesses exames. De fato, as crianças raramente são espetadas; a maioria dos problemas resulta dos ferimentos "necessários" no feto. Esses refinados métodos de exame mencionados com orgulho e sua falta de perigo traem o pânico de que essas técnicas firam a criança. Essa é uma situação especial, se pensarmos que a ajuda ao nascimento gira em torno do bem-estar do bebê. A idéia por trás desses exames naturalmente é identificar precocemente as coisas prejudiciais ao feto, para que ele ainda possa ser abortado, o que nesse caso é legal até o quinto mês.

As mesmas técnicas de exame são — do nosso ponto de vista — mal usadas na Índia, onde objetivam impedir não o nascimento de bebês com problemas hereditários, porém a prole feminina. Como as meninas ainda são vistas por muitos indianos como um mal, nesses "casos" elas são abortadas a tempo. O que aqui irrita alguns informados, na Índia é aceito como um dos poucos métodos de prevenção que funcionam. A diferença conosco é, honestamente falando, apenas relativa. Se os indianos se perturbam com o sexo errado, nós só interferimos quando há erros de cromossomos que possam levar à deficiência da criança ou quando há má-formação de órgãos, o que descobrimos precocemente por meio do ultra-som. Em ambas as situações, atrevemo-nos a decidir qual vida é suficientemente valiosa para compartilhar a nossa. Nós nos tornamos senhores da vida e da morte. Aonde isso pode levar, uma pesquisa da revista *Spiegel* do ano de 1993 deixou claro. Segundo ela, dezoito por cento das mulheres grávidas na Alemanha abortariam o filho, se houvesse a suspeita de que ele sofreria de obesidade.

Abortos feitos até o quinto mês não são tecnicamente tão fáceis de fazer como foi descrito acima, pois para isso a criança já é grande demais. Agora elas precisam — embora muito antes do tempo — nascer pelo caminho natural. Esses nascimentos também têm um caráter brutal para a mãe, cujo corpo ainda não está preparado e o parto só pode ocorrer sob fortes anestésicos. Esses partos são tão difíceis, que os filhos não sobrevivem, o que naturalmente é o sentido dessa prática medonha. Para a mãe seria melhor esperar pelo término natural da gravidez, quando o útero se abre sozinho e todos os tecidos ficam mais flexíveis e prontos, à espera do nascimento. Isso então também seria inaceitável para a criança, e sobretudo ela estaria agora sob a proteção da lei. Já não é mais tão fácil assassiná-la e por isso o aborto é feito antes, e sob grande tensão.

Do ponto de vista da criança, o todo se apresenta ainda mais terrível: o ataque com o bisturi já deve ser considerado como uma traição dos pais, que não a aceitam incondicionalmente, mas só se corresponder às suas expectativas e não exigir demais deles. Depois da perfuração durante o exame, começa para a criança uma espera no mínimo tão torturante quanto a dos pais. Os geneticistas fazem um julgamento sobre o seu futuro destino. Em caso de dúvida, nesse tipo de tribunal decide-se contra o acusado, a criança à disposição. O nascimento prematuro é um horror voltado contra a criança considerada deficiente; as gerações futuras avaliarão seriamente esta época que muitos consideram esclarecida. A maioria das pessoas hoje mal tem idéia dos processos, pois, se tivesse, nossa sociedade moderna não poderia ser considerada humana.

A realização de exames do líquido amniótico aumenta crescentemente pelos mais diferentes motivos. Um motivo que não deve ser deixado de lado é que também queremos fazer na prática o que sabemos da teoria. O motivo evidente é a crescente idade dos pais, com o risco de danos hereditários, como a trisomia 21 ou o *morbus Down*, chamado vulgarmente de "mongolismo" pela voz popular. Mas como temos essas dificuldades para nos decidir e por isso sombriamente evitamos filhos na melhor fase da vida, no pânico dos 40 anos queremos recuperar o tempo perdido, aumentando o número de mulheres grávidas e a necessidade de exames do líquido amniótico, ao menos do ponto de vista ginecológico. Mas é claro que essa visão só serve para pessoas que se afastaram tanto da religião e da compreensão do mundo, que pensam poder lograr o destino unicamente com a ciência. Quando essa é a superstição mais disseminada neste momento, não há nenhum exemplo espontâneo provando isso na história profana ou religiosa da humanidade.

O conteúdo significativo desse acúmulo de lesões hereditárias em crianças de pais mais velhos leva-nos a concluir que essas tarefas de aprendizado e os desafios do destino em quantidade especial são atribuídos a pessoas consideradas maduras.[3] Na visão do destino, trata-se antes de tudo de fazer as pessoas aprender por meio de dificuldades e exigências; na visão da medicina científica, trata-se de poupar os pais de todas as dificuldades e desafios. O fato de a medicina agir tanto no pólo oposto e acarretar conseqüências cada vez mais brutais e duras é compreensível pela teoria da sombra, em tradução livre das palavras que Goethe põe na boca de Mefisto: "Eu sou parte daquela força que sempre quer o mal e sempre cria o bem." No que se refere a isso, a ciência está no pólo oposto, ela quer sempre o bem e muitas vezes cria objetivamente o mal.

Numa análise superficial, do ponto de vista da medicina convencional, o aumento de gravidezes de risco é que fica cada vez mais perigoso encarnar numa sociedade próspera. Mas disso cuidam a própria medicina e uma sociedade que demonstra ter cada vez menos escrúpulos quanto à vida, com o que o círculo se fecha outra vez. Hoje é considerado irresponsável quem se recusa a usar as modernas possibilidades de exames como o do líquido amniótico. Responsável,[4] no sentido desta sociedade, é quem não faz nenhum desafio à sociedade. Nós queremos evitar todas as dificuldades, mesmo que seja pelo impedimento da vida.

Rituais de saudação contra o desprezo pela vida

Alternativas sociais generalizadas sobre a prática atual do aborto não podem concretizar-se significativamente no momento, pelo menos não no campo em que são acessíveis à sociedade de fazedores de anjos. Além disso, a maioria da população nos modernos estados industriais está visivelmente satisfeita com a posição alcançada. O sofrimento crescente que isso causa atinge as crianças no começo da vida, quando ainda não têm direito de se manifestar. Sob análise mais acurada, esse modelo de projeção, a isenção dos próprios problemas jogando-os sobre os outros, é o elemento determinante de toda a sociedade. Para mudar isso seria necessário um enorme passo na direção da responsabilidade pessoal, que atualmente parece estar fora de cogitação. Assim talvez, uma nova proibição do aborto seria terrível para o estado de consciência atual da população; seria como mudar o palco das salas cirúrgicas para os quartos dos fundos dos fazedores de anjos. À destruição da vida infantil acrescentar-se-ia a ameaça da perda de vida da mãe. Segundo a experiência, não se pode proibir o aborto com sentido; eles se proíbem por si mesmos em determinada posição da consciência. Se esta estiver fora do alcance, não existe solução digna dos homens.

Só uma mudança de consciência, que leve novamente à valorização da vida, poderia modificar a situação social, e isso só aconteceria com base em muitos indivíduos isolados, que descobrem a responsabilidade deles pela vida sem contar com o apoio do estado. Por mais duro que soe, no momento só resta o resultado de que a maioria da população valoriza mais o seu conforto do que o direito da criança à vida. Isso também significa que essa sociedade exige que os seus ginecologistas violem constantemente seu juramento de Hipócrates, que afinal deveria ser obrigatório para todos os médicos. A má consciência social em momentos de tanta contradição é chamada a opinar; um médico que abertamente pratique o aborto, desprezando algumas leis que regulam os procedimentos abortivos, deveria ser castigado com a proibição de clinicar ou com a prisão. Por outro lado, a situação já tomou um vulto tão grande, que um médico que queira manter seu juramento não pode ser um ginecologista.

De fato, ninguém se forma ginecologista para fazer abortos. Os obstetras preferem ajudar a nascer a ajudar a morrer. Como em muitos lugares acontecem mais abortos do que nascimentos, os médicos precisam fazer ambas as coisas em sua especialização. Quem quiser evitar um pólo, pode contar que terá de ajudar a nascer, enquanto outros têm de prestar mais ajuda para morrer, visto que esse início de vida tem uma conotação tão desagradável quanto o fim, onde o aborto ainda for proibido. Aqui surge bem nitidamente o tema da sombra na medicina — a morte —, e os médicos o elaboram diretamente, mesmo que não tenham consciência disso.

Ao contrário, alternativas para indivíduos conscientes não só são imagináveis, como crescentemente concretizadas. Por certo não é possível fugirmos totalmente do campo do desprezo pragmático pela vida, mas espaços livres individuais se oferecem e podem ser preenchidos com os rituais apropriados. No que diz respeito a isso, faz sentido escapar da sociedade da ginecologia oficial tanto quanto possível. Ainda há ginecologistas que limitam ao necessário a sua atuação médica durante os partos, e principalmente parteiras que se distanciam das pressões da moderna medicina *high-tech* sem ignorar suas possibilidades.

Num tal espaço livre seria possível, seguindo as pegadas dos indígenas, fazer uma festa ao descobrir a gravidez e, por exemplo, realizar uma iniciação nos quatro elementos. A grande vantagem consiste no fato de primeiro só a mãe e depois, segundo sua decisão, também o pai serem iniciados no segredo. Como rituais correspondentes não têm campo em nossa sociedade, os pais estão totalmente livres para mostrar ao filho este mundo que ele escolheu para si mesmo.

A iniciação no mundo da Água, de que o nascituro nessa época é constituído em sua maior parte, pode ser uma semana de férias junto ao mar ou uma paisagem marítima que se aproxime o mais possível da verdadeira paisagem do elemento água. A iniciação no reino da Terra pode ser uma estada numa fazenda ou visitas a cavernas. A iniciação do reino do Ar — respirando profundamente — os pais devem passar o dia no pico de uma montanha num dia de vento; o mundo do Fogo pode ser trabalhado com a ajuda do Sol.[5] Naturalmente, com a descoberta da gravidez a criança passa a ocupar a posição central, e esses períodos especiais, em que o nascituro é aproximado do mundo, são iniciações no sentido original. É claro que elas têm uma grande importância também para a mãe, que tem de encontrar o seu novo papel no mundo e, para isso, ter suficiente tempo pode ser uma ajuda essencial. Assim, não só preparamos a criança para seu mundo futuro, mas também o mundo para a criança. De fato, para os indígenas é importante em seus rituais que também o mundo receba uma mensagem do novo habitante e, assim, eles o apresentam a cada elemento numa pequena cerimônia. Uma criança, que já nessa época precoce estabeleça um relacionamento talvez com o avô Fogo, com a ajuda dos pais, também lidará bem com esse elemento na vida futura. Mesmo que isso não possa ser concretizado racionalmente, diversas culturas arcaicas demonstram que essas coisas funcionam.

Nós não nos afastamos tanto assim desse conhecimento, pois também entre nós muitos pais fazem a experiência de que os acontecimentos durante a gravidez têm uma influência enorme sobre seu filho. Não é só a criança que influencia a mãe e lhe dá apetite por determinadas coisas que ela até então rejeitava; também as preferências maternas podem aparecer depois nas tendências do filho. Mesmo em ocupações bem corriqueiras pode-se fazer essa observação. Se a mãe passeou bastante e com prazer, de carro ou de avião, durante a gravidez, a criança posteriormente pode com freqüência dar-se bem com esses roteiros de viagem.

Por certo, em tudo isso representa um papel importante o quão conscientemente a mãe permite à criança participar da sua vida, pois ela se sente totalmente uma com a mãe, com suas percepções e sentimentos. Uma mãe que reprime a gravidez e continua com sua vida normal, sem pensar muito no filho, exclui-o amplamente da vida comum. As primeiras experiências da vida infantil são muito mais fortes do que os adultos possam imaginar; são impregnadas de sentimentos e pensamentos. Nesse particular, crianças excluídas tem de se limitar às experiências intra-uterinas e só participam das oscilações de humor mais fortes da mãe diante daquelas coisas que têm de ver diretamente com ela. O caminho para o nascituro, como para o recém-nascido e a criança pequena, passa sobretudo pelos sentimentos.

Até mesmo a surpresa com ajuda do curioso ultra-som poderia transformar-se numa saudação consciente e num ritual de apresentação, com a primeira fotografia. A diferença está simplesmente na postura interior dos participantes. Um ritual consciente talvez baste e não seja preciso ficar verificando e tirando fotografias seguidas, só porque existe o aparelho para isso. Uma semente que cresce tampouco é retirada do solo constantemente para que se monitore o seu crescimento.[6]

A postura ideal para dar ao filho uma base segura no futuro mundo seria um ritual de iniciação no nono mês. Esse ritual poderia ser a introdução ao mundo da música e abranger concertos, que seriam conscientemente freqüentados a dois, ou a três. Naturalmente, os pais podem introduzi-lo naqueles reinos de que eles mesmos gostam e que conhecem bem. Por outro lado, a gravidez seria uma bela situação para abrir novos mundos para si mesmos e para a criança. Esses nove meses de preparação naturalmente não podem consistir de um longo período de férias. Mas isso tampouco é necessário, visto que a iniciação não se refere unicamente às partes belas da vida, mas pode conter deveres e até doenças, como mostram os rituais de iniciação dos xamãs.

Seria a oportunidade ideal para a mãe usar a crescente sensibilidade própria desse período, tomando contato com sua voz interior e procurando o seu médico interior; por esse caminho ela teria uma ligação adicional com o filho. Mães que têm acesso à sua paisagem psíquica por meio de meditações e viagens interiores, acham mais fácil sentir as manifestações de sentimentos do seu filho nascituro.[7] Assim, o sentimento da mãe e suas imagens interiores podem influenciar esta fase e seus rituais. Raramente surgirá uma oportunidade mais favorável para transformar a vida diária num único ritual consciente.

Problemas da gravidez

Sensibilidade olfativa

Os problemas típicos da gravidez mostram o lado de sombra das possibilidades recém-surgidas. A sensibilidade olfativa, que adicionalmente leva ao mal-estar que pode aumentar até o ponto de intolerância, é uma variante de crescente sensibilidade não resolvida. Na mesma direção aponta a crescente sensibilidade e capacidade perceptiva que também têm um lado positivo. Quando tudo ou muita coisa *cheira mal* para as mulheres grávidas, nisso existe também a oportunidade de preparar uma atmosfera mais adequada e de confiar no próprio faro em vez de nos outros sentidos. Intimamente ligado ao sentido do olfato está o do paladar, e também aqui são possíveis muitas modificações. Com muita objetividade, o sentido do paladar visa obter a melhor nutrição material para o bebê em crescimento. Assim, dado o modo como comemos hoje, é urgente e necessária uma reflexão nova e radical sobre alimentos para muitas mães e seus bebês.

Atualmente, a maioria das pessoas trata melhor o carro do que o seu corpo. Essas mesmas pessoas, que não vêem nada demais em comprar alimentos baratos e duvidosas promoções especiais, que comem sem hesitar alimentos tóxicos perigosos, evitam encher o tanque do seu carro com gasolina de qualidade inferior ou óleo velho. Quem usaria gasolina normal só porque é mais barata ou a bomba está mais perto, quando sabe que seu carro precisa de gasolina aditivada? Mas na alimentação pessoal quase não existem restrições, e surge assim uma sensibilidade maior no que se refere ao sentido do paladar. Quem compra alimentos baratos em vez de alimentos de alto teor nutritivo, prejudica não só sua saúde, mas também e antes de tudo o bebê em crescimento, que depende muito mais ainda da qualidade.[8]

Produtos prazerosos

No caso dos alimentos isso se torna especialmente visível. Como cada cigarro reduz drasticamente a irrigação sangüínea no organismo da mãe, as substâncias nutritivas do filho, que dependem dessa irrigação, são bastante limitadas. Desse modo chega-se aos recém-nascidos abaixo do peso ou àqueles filhos de fumantes, sob vários aspectos em desvantagem desde o início da vida. Uma mulher grávida fumante deve levar em consideração que seu filho sofre de carência. Seria uma bênção se ela mudasse de paladar. Seja como for, o potencial do vício da nicotina é tão alto, que muitos fumantes já se afastaram tanto de uma sensação sadia do corpo que uma mudança de paladar que rejeite o cigarro já não é o suficiente.[9]

Os efeitos do álcool e de outras drogas sobre a criança em crescimento não são menos drásticos. Como os efeitos deste e da maioria das drogas se disseminam pelo sangue, os filhos os recebem com força total. Os problemas de recém-nascidos filhos de mulheres alcoólicas são freqüentes e graves; filhos de viciadas em heroína não raro chegam viciados ao mundo.

Náuseas e vômitos

A náusea freqüente no plano físico não se deve unicamente à crescente sensibilidade olfativa e do paladar, mas também à mudança hormonal, principalmente ao aumento dos estrógenos. O objetivo natural desse aumento é ajudar o arquétipo lunar maternal a se manifestar e deslocá-lo para o ponto central da vida. As mulheres que já viviam esse padrão antes da gravidez, ou que eram abertas a ele, têm relativamente menos dificuldades de adaptação. As mulheres das culturas antigas nem conheciam esses problemas. Em seu círculo cultural a adaptação física à situação nova, esperada a qualquer momento, é acompanhada naturalmente por uma adaptação psíquica.

Se a mulher, ao contrário, estiver distante desse pólo da sua existência, o súbito impulso de feminilidade é considerado em certas circunstâncias como um ataque. Se a adaptação psíquica não for realizada, surgem problemas sintomáticos devidos à discrepância entre o corpo e a alma. Náusea e vômitos mostram com toda a nitidez que a implicada sente *vontade de vomitar* diante da nova situação e que, de preferência, gostaria de se libertar e de cuspir o que se aninhou dentro dela. Naturalmente, essa resistência é inconsciente, pois se ela tivesse consciência dela o tema não teria de demonstrar-se no corpo. No ato de vomitar há duas coisas simbolicamente próximas: a possibilidade de livrar-se do novo cuspindo-o para fora, mas também a oportunidade de *entregar-se* à nova situação e de aceitar positivamente a tarefa.

A vontade esquisita de comer coisas de que a mãe não gostava antes de engravidar, mostra com muita nitidez que ela agora tem de sentir, pensar e também comer por dois — esta última, mais no sentido da qualidade do que no sentido da quantidade. Assim, a mãe amplia seu horizonte em todos os aspectos e não só no âmbito das experiências físicas. Isso já deve dar uma primeira impressão sobre a iniciação que cada gravidez significa.

Tontura e fraqueza

As igualmente freqüentes *sensações de tontura* indicam que a grávida imagina algo referente à sua situação. O protótipo da tontura ocorre em viagens de navio no enquadramento de enjôo do mar, assim que as informações que são transmitidas pelos olhos e órgãos do equilíbrio ao cérebro entram em desacordo. Quando as pessoas atingidas, por exemplo, lêem no convés, os olhos não vêem nenhum movimento, enquanto o órgão do equilíbrio no ouvido interno o capta com clareza. Essa discrepância se torna perceptível como tontura e indica que algo não está certo. Assim que nos entregamos realmente à situação e tomamos conhecimento de que estamos no mar, o problema é resolvido. Isso acontece quando fechamos os olhos ou então vomitamos apoiados no corrimão do convés. Assim reconhecemos forçosamente que estamos no mar e, com isso, sobre solo oscilante. Analogamente, a tontura desaparece na mulher grávida assim que ela se entrega em todos os âmbitos à gravidez e não tenta reprimir a nova situação. Enquanto fingirmos que tudo está em ordem e resistimos inconscientemente, a tontura se fará sentir do modo costumeiro.

Muitas vezes as mulheres grávidas também se sentem desanimadas e sem força, o que indica do mesmo modo como estão pouco acostumadas com o seu pólo feminino e o quanto o rejeitaram inconscientemente. Sensações como "desânimo" e "fraqueza" são o avesso de padrões tipicamente masculinos como "dinamismo" e "força". Por outro lado, também existem mulheres que se sentem especialmente bem e fortes durante a gravidez, eliminando males existentes até então, como mãos e pés frios a favor de uma nunca antes conhecida vitalidade, segurança pessoal e força de resistência. Aqui se revela no corpo que elas — consciente ou inconscientemente — ansiavam por uma gravidez e que encontram nela uma realização nunca sentida antes. Muitas vezes o andamento típico da gravidez adiantada mostra no exterior essa mudança interior.

Em certas circunstâncias, essas mulheres têm muito mais facilidade de ser mães com todas as suas conseqüências do que de entregar-se ao *stress* constante e sem perspectivas de serem elegantes e belas. Entretanto, não se tem de perder essas características durante a gravidez; ao contrário, elas podem ser adicionadas com natural despreocupação. Analisado a partir dos princípios primordiais, as mulheres que colocam o princípio de Vênus em primeiro lugar em sua vida têm mais dificuldade de se adaptar interiormente ao tema lunar-maternal da gravidez. Mulheres cujo tema é o arquétipo lunar maternal sentem-se subitamente realizadas com a gravidez e libertas do *stress* venusiano que nossa sociedade patriarcal impõe às mulheres. Onde as belas meninas são o objetivo, os anseios maternais têm dificuldade de se expressar. Durante a gravidez as belas meninas podem ter problemas graves, pois elas têm de ficar de lado, visto que o objetivo da gravidez é a mulher e a mãe. A reanimação da bela menina é difícil mesmo depois da gravidez, pois o tempo de donzela se foi definitivamente.

Dores prematuras

Ao lado dos vômitos da gravidez, a tendência às dores prematuras é essencialmente a medida mais eficaz para livrar-se do filho. Aqui se completa o passo do plano simbólico para o concreto. Naturalmente, essas tentativas não são conscientes e seriam — caso fossem formuladas em forma de censura — veementemente rejeitadas. Das interpretações dos quadros mórbidos nunca devem derivar censuras. O fato de algo se expressar no corpo, mostra exatamente que há falta dele na consciência. Aqui não se trata nunca de atribuições de culpa, julgamentos ou condenações, mas somente da interpretação e significado e das resultantes tarefas de aprendizado.

As respostas dos médicos à atividade precoce das dores são simples: ou eles costuram a saída do útero na forma da assim chamada *cerclagem*, ou ordenam repouso absoluto durante meses. Na cerclagem, simplesmente costura-se o "saco", impedindo o acesso de fuga do bebê, mas a mulher pode continuar ativa como até então sem levar em conta a nova situação. Para o filho, que em todos os casos tem motivos para suas tendências de fuga, existe uma situação de prisão. Se o comportamento ativo demais ou muito pouco sensível da mãe foi o principal motivo para a tentativa de fuga, há um ataque no lugar errado e no elo mais fraco da corrente.

Por outro lado, por trás disso pode haver uma tentativa inconsciente de aborto da mãe e, com isso, uma rejeição inconfessa do filho. Para o nascituro surge nesse caso uma dupla ligação. Por um lado, sente-se jogado para fora e, por outro, tecnicamente impedido de sair.

Finalmente, pode também não existir uma dada capacidade de vida no organismo infantil, que tem como resultado um fim bem natural. Então a tarefa da mãe e do filho estaria cumprida depois de pouco tempo, e a cerclagem só levaria a um drama para ambos.

O descanso continuado como medida terapêutica tem a vantagem de cessar a agitação desmedida e dar bastante tempo à mãe para ajustar-se ao filho. Ele é a resposta terapêutica significativa para o conceito apreciado hoje de conciliar os filhos e a carreira, segundo o lema: "diminuir um pouco a atividade um mês antes do parto e depois dele, gozar da licença remunerada ordenada pelo Estado durante três meses; então, continuar o trabalho como de costume..." É claro que para muitos filhos isso não basta, e assim eles precisam de um tempo maior de advento. Muitas vezes não podemos deixar de pensar que a expressão, hoje fora de moda, com o correspondente comportamento de "estar esperando" cabe melhor aos filhos do que a costumeira mentalidade de corte.

Naturalmente, o melhor seria que a mãe aceitasse o descanso necessário recomendado pelo médico até mesmo agradecida e que também aceitasse o filho que cresce sob o seu coração no sentido mais profundo também. As limitações causadas pelo fato também poderiam ser compreendidas como vantagens, pois a gravidez é uma das poucas restantes oportunidades de a mulher tornar-se realmente adulta. Além disso, o longo repouso na cama pode dar a certeza de que é necessário que alguém cuide da pessoa, livrando-a com isso da preocupação com a segurança da vida. Essa desobrigação social dada como garantia pode facilitar bastante a obrigação física por vir. Aqui está um dos muitos problemas das modernas "mães que criam o filho sozinhas". Na verdade, as mulheres sempre criaram os filhos sozinhas, sendo que além disso tinham de cuidar da própria segurança, o que muitas vezes não lhes era poupado. Nova é no máximo a satisfação ofensiva com que o conceito de mães "emancipadas" é defendido na exterioridade. Por dentro, as coisas muitas vezes parecem diferentes, como muitas vezes mostra a psicologia. Além disso, o conceito se comprova muitas vezes contraproducente para todos os participantes. Apesar de todas as tentativas de compensação, também demonstradas, a mãe não pode cuidar do filho do mesmo modo que o faria se estivesse livre de preocupações materiais e tivesse a ajuda de um parceiro. Por outro lado, o bebê, visto que ele é *tudo o que ela tem*, não raro *recebe* dedicação demasiada, em especial a dedicação que deveria ser melhor dedicada a um homem. Numa consulta, uma mãe que criava o filho sozinha me perguntou se era normal que seu filho de 5 anos só adormecesse sobre o seu corpo nu. Finalmente, a situação também prejudica o pai, que perde tudo e muitas vezes não aprende nada, quando, por exemplo, desconhece a sorte que tem.

No caso de dores prematuras, não se deve desvalorizar o aspecto de tirar um tempo para si mesma, entregar-se ao descanso, numa época em que em geral não há mais tempo para nada. O comportamento da mãe que aceita o filho, também permite que ela volte a andar mais cedo. O deslocamento do lugar de trabalho para a cama, segundo a experiência, apenas prolongará as dificuldades, pois, em última análise, como no caso de muitos outros sintomas, trata-se de um aspecto interno, neste caso o da tranqüilidade interior. Por fim, pelo sintoma do tempo de advento, o ritual da expectativa (alegre) é bastante prolongado e formado de modo consciente, de modo que a mãe e o filho têm mais tempo um para o outro e podem ajustar-se melhor. Então trata-se aqui de um sintoma que deve ser encarado especialmente como positivo, cujas chances superam de longe os sofrimentos, uma vez que na posição deitada estes na maioria das vezes somem totalmente, visto que a criança, assim que conseguiu seu direito à calma e à reflexão, deixa de espernear e de fazer suas tentativas de fuga. Além disso, na posição deitada a náusea e a tontura logo melhoram, e a fraqueza e o cansaço não representam mais problema. Assim, essa seria uma oportunidade ideal para a mãe dispor-se a descansar para o tempo futuro e criar conscientemente uma situação que pareça fácil e atraente para a criança. Os rituais acima descritos de iniciação em sua vida futura podem ser, se usados de modo suave, uma forma maravilhosa de ajuda.

Visão retrospectiva do início da vida

Resumindo, a concepção é a mais difícil crise para a maioria dos recém-chegados. A dificuldade, principalmente de conquistar um lugar para ser concebido, supera de longe aquela de conquistar um lugar para estudar na vida futura. Quando achamos o *numerus clausus* do estudo problemático, deveríamos avaliar no mínimo de forma semelhante as limitações de acesso ao início da vida. Nossa sociedade próspera em geral resiste aos recém-chegados, trata-se de pessoas em busca de asilo, fugitivos, trabalhadores contratados ou crianças dispostas a encarnar. Nós não queremos compartilhar a plenitude material que juntamos e, portanto, o nosso comportamento é fechado.

O problema quanto à concepção, que mal sentimos como um ato físico e psíquico,[10] fica visível antes de mais nada no ambiente social. O fato de não tomarmos mais conscientemente conhecimento da hora da concepção, pode contribuir para o fato de não querermos admiti-la depois. A insegurança no começo da vida pode ter aí as suas raízes. Seria muito mais difícil negar a existência de algo nitidamente perceptível.

Em Nova York, a maioria dos cidadãos decidiu-se temporariamente a considerar a vida digna de proteção somente a partir do sexto mês da concepção. Esse conceito, que permite maior liberdade e é muito prático para os já nascidos, fracassou finalmente graças à resistência dos médicos, que não tinham coragem, por um lado, para lutar pela vida dos prematuros e, por outro, de "eliminar" aqueles com capacidade de viver e quase amadurecidos.

Até mesmo às pessoas que consideram esse horror assegurado pela lei aceitável, essa crise da concepção pode ficar nítida pela tentativa contrária: por aqueles que gostariam de ser pais, que querem ter filhos a qualquer custo, mesmo apesar do pânico da porta fechada. Mas também a esterilidade, em anos recentes cada vez mais problemática, contribui para o desenvolvimento das crises. A infertilidade, especialmente a dos homens, é compreendida como um fracasso dramático. A terapia mais simples e bem-sucedida constitui-se em prolongadas férias de recuperação para o casal. Mas os períodos de abstinência também aumentam bastante a chance de procriar. A mensagem de ambas as medidas é simples. Para nos tornarmos férteis outra vez, bastaria nos libertarmos da pressa superficial, voltarmos a nos encontrar e sermos novamente mais *essencial*mente nós mesmos.[11]

Todas as medidas da medicina, como as curas hormonais, a inseminação artificial ou as fertilizações *in vitro*, testemunham nitidamente a crise envolvida nesse primeiro tempo. Quando alguns ginecologistas se especializam em ajudar mulheres a engravidar depois da menopausa, isso é uma expressão de necessidade e muitas vezes de desespero. As curas hormonais não raro fazem com o que foi perdido tenha de ser repetido muitas vezes. A maioria dos nascimentos nessa situação nos lembram involuntariamente da frase: "Pense bem no que você quer, pois pode lhe ser concedido." Ainda mais crasso se torna o problema quando leva a soluções cada vez mais técnicas. Os médicos já clonaram vários embriões humanos em laboratório, isso é, muitas cópias idênticas dos mesmos, para aumentar as chances dos pais inférteis. Nos Estados Unidos há dez mil embriões congelados no verdadeiro sentido da palavra, seres humanos em potencial, que sobraram das tentativas de fertilização. Embora não sejam mais necessários, não é possível simplesmente jogá-los fora e, assim, eles são preservados no país de ninguém, numa caverna de gelo de nitrogênio líquido, para um futuro incerto. Nos bancos de sêmen, as fantasmagóricas possibilidades da tecnologia genética dão impulso à ilusão de podermos determinar além do momento do nascimento do bebê, também as suas mínimas características.

Se partirmos do fato de a criança viver com os pais a experiência da fertilização e também o aninhamento, e que o sêmen já determinou o futuro decurso e que tudo já está determinado desde o início, pode levar à suspeita de que os superfilhos com altíssimo Q.I. e com a anatomia desejada não é algo tão destituído de problemas, assim.

Está na hora de confessarmos a nós mesmos que não devemos abordar de perto o tema da concepção, e que a situação relativa a ela, com o correspondente progresso médico, fica cada vez pior e mais difícil. Antes que se possa modificar algo, há que aumentar a compreensão e, a partir dela, a simpatia pela injustiça que estamos causando nesse momento às almas dependentes. Muitas pessoas não têm a mais leve idéia do sofrimento das almas dos embriões congelados; ao contrário, continuam acreditando que eles não têm alma. Somente quando surgir a consciência da realidade psíquica, talvez possamos ser uma sociedade humana e deixar para trás o sombrio tempo moderno. Hoje, no entanto, não estamos em situação de deixar acontecer o natural e próximo no momento certo, nem podemos nos decidir a tempo. É especialmente essa fraqueza de decisão que torna a concepção uma crise de tão grandes proporções.

PERGUNTAS SOBRE A CONCEPÇÃO E A GRAVIDEZ

1. Como vai a minha confiança primordial? Como posso confiar no sono e em seus sonhos?
2. Que reação eu tive quando criança e tenho ainda hoje, com relação às cavernas? Eu as temia ou as procurava constantemente? Eu construí cavernas artificiais — por exemplo, no quarto de criança?
3. Sinto-me espontaneamente seguro em ambientes novos, ou preciso tomar medidas de segurança externas para essa segurança?
4. Os sonhos sobre um país das maravilhas desempenham um papel de importância na minha vida?
5. Posso alegrar-me com a vida sem um motivo especial?

6. Que papel desempenham os acontecimentos felizes na minha vida?
7. Ao meu tesouro de experiências pertencem sentimentos oceânicos de êxtase?

Espaço para experiências práticas

1. Meditação da respiração: no encerramento de intensas sessões de respiração, muitas vezes é possível vivenciar experiências de êxtase e de liberdade infinita, até experiências fora do corpo.
2. Exercício com água térmica: a água na temperatura corporal oferece um exercício cujo efeito se aproxima da experiência no tanque *samadhi*. Quando se prendem flutuadores nos pés em lugar de prendê-los nos antebraços, pode-se sentir que boiamos na água — apenas embalados pelo ritmo suave da própria respiração. Quanto menos os flutuadores são enchidos, mais profundamente o corpo mergulha no elemento aquático. Naturalmente só podemos recomendar esses exercícios para nadadores.
3. Sessões no tanque *samadhi* com simulação da época intra-uterina.
4. Experiências terapêuticas no sentido de mergulhar em espaços antes ilimitados e ainda livres depois da concepção.

2. O nascimento

O que é o fim do mundo para a lagarta,
para o mestre é uma borboleta.

Richard Bach, Ilusões

Eu sou como uma bandeira cercada pelas distâncias,
eu pressinto os ventos que vêm, e preciso vivê-los,
enquanto as coisas embaixo ainda não se mexem:
As portas fecham suavemente, e nas lareiras existe silêncio;
as janelas ainda não tremem, e o pó ainda é pesado.

Eu já sei das tempestades e fico excitado como o mar.
E me expando e me dobro para dentro
e me arremesso e estou totalmente só
na grande tempestade.

Rainer Maria Rilke, Vorgefühl [Pressentimento]

Quando nascemos, nós choramos,
porque subimos a este grande palco de loucuras.

William Shakespeare, Rei Lear

Do mesmo modo que cada crise se transforma no balanço do período anterior da vida, a concepção é a expressão das experiências anteriores de vida. Isso talvez não represente nada para as pessoas contrárias às encarnações e que rejeitam a idéia, mas o conceito tornar-se-á mais claro no tema do nascimento, concepção e gravidez juntos. Se a gravidez for impregnada por sentimentos de aceitação e a criança for esperada com alegria, o parto pode ser mais fácil e estimulado pela expectativa positiva.

No parto torna-se mais fácil reconhecermos as crises desse passo decisivo no mundo. O mero fato de um livro como o de Leboyer, *Nascimento sem Violência*, tornar-se um tão grande sucesso é sintomático. Na verdade, o ginecologista francês dá sugestões naturais para saudarmos um cidadão da terra, que só se tornam uma revelação para uma sociedade que se distanciou imperceptivelmente do natural. Um olhar para a prática habitual do nascimento no nosso século mostra o quanto nós nos perdemos.

Começa com o fato de que a ginecologia — uma disciplina relativamente nova na medicina, com certa necessidade de repetição e legitimação — conseguiu *deitar as mulheres de costas*, uma posição que, ao lado da posição sobre a cabeça, é por certo a mais desfavorável para o nascimento. Desse modo, a grávida mal consegue desenvolver força para pressionar, e a cabeça do filho comprime o períneo em vez de comprimir a abertura prevista. A vantagem dessa posição é unicamente para os ginecologistas, aos quais se abre um campo de visão muito amplo e confortável. Os homens também podem sentir como essa posição é infeliz para muitas mulheres; basta pensarem em evacuar deitados de costas. No caso em que, por falta de pressão contrária nem mesmo um pequeno excreto pode sair, a dificuldade para uma cabeça de criança é ainda maior. Os povos arcaicos, que tanto e tão erroneamente gostamos de chamar de "primitivos", optaram por posições como a de cócoras para parir seus filhos, sem pressão nem corte do períneo. Como não fazem cortes de períneo e não podem cuidar das correspondentes rupturas, mal lhes resta outra escolha. Ao contrário, onde os ginecologistas dominam a arte do bisturi, não se perde a oportunidade de usar o corte do períneo durante o sono anestésico. Em Bornéu, as mulheres sentam-se sobre uma bacia de madeira aquecida durante o parto; nas ilhas de Páscoa, elas ficam em pé com as pernas abertas e se apóiam nas parteiras. As índias mizteca, do México, se ajoelham de pernas abertas sobre uma esteira de palha tecida para essa finalidade.

Antes de atribuirmos toda a responsabilidade pela péssima situação do parto aos ginecologistas, devemos pensar que no campo reinante e típico para nós dos "preparativos para o parto", muitas mulheres desejam espontaneamente a posição de costas. Mesmo quando começaram de outro modo, depois de algum tempo sentem-se esgotadas e satisfeitas por poder deitar-se. Agora, é claro, necessitam-se ajudantes, e temos de ser gratos pela sua versatilidade técnica.

Mesmo que tudo isso seja humanamente compreensível, continua simbolicamente problemático quando desde o início visa ao ponto errado. Essas crianças movidas pela necessidade têm de *atravessar a parede com a cabeça*, isto é, sair pelo períneo. Além disso, dessa maneira corre mais sangue do que seria necessário. O fato de as nossas crianças serem maiores e mais pesadas com certeza é um complicador, mas ainda não é motivo para escolher uma posição tão imprópria e tornar o corte do períneo uma rotina.

O bebê, por tanto tempo pressionado *contra a parede* (o períneo), finalmente sairá pela ferida sangrenta da vagina cortada ou rasgada. Para que a equipe médica pudesse enxergar bem, até recentemente eram usados os holofotes OP em posição que incidiam diretamente sobre o recém-nascido, saudando-o neste mundo, num ataque doloroso de sua luz ofuscante — depois de nove meses de escuridão na cavidade uterina. Ao mesmo tempo, essa chegada deve ser sentida como uma queda num mundo gelado, principalmente pela diferença de temperatura de cerca de quinze graus entre o calor do útero materno e a temperatura da sala cirúrgica — uma espécie de choque térmico logo na entrada. O bem pouco caloroso comitê médico de recepção não faz nada para suavizar a mudança da atmosfera calma de ligação com a mãe e a atividade frenética de uma moderna sala cirúrgica. Ao contrário, todos os participantes tornam claro que o tempo de proteção está definitivamente encerrado.

Logo depois da tortura da saudação pela luz, pelo frio e pela atividade frenética, corta-se o cordão umbilical do bebê. A separação do cordão umbilical ainda pulsante é sentida de modo muito doloroso pelo recém-nascido, mesmo que os médicos modernos sempre afirmem que isso não é possível, dada a ausência de nervos nesse cordão. Em sessões terapêuticas, o corte é vivido com muita nitidez. Quando os pesquisadores descobrirem algum dia a base física dessa experiência, isso será um pequeno consolo para milhões de crianças que sofreram um choque dessa natureza.[12] Pelo corte apressado do cordão umbilical chega-se a uma instantânea sensação de asfixia e, na seqüência, ao inchaço precipitado dos pulmões em forma de pequenas explosões, sofridas como um ardor intenso. Do trauma da primeira respiração, sob o medo de sufocar, e das dores surgem muitos padrões de deficiência respiratória, segundo o lema: "Se isso dói tão intensamente, nunca mais respirarei tão profunda e totalmente."

Se com todas essas medidas chocantes o bebê ainda não tivesse começado a berrar, ele era pendurado pelos pés e batia-se em seu traseiro nu até ele gritar. Com isso ele poderia conquistar pontos adicionais no esquema do APGAR,[13] um achado ginecológico de estilo da nossa sociedade empreendedora, baseado no maior número de pontos. A aceitação esotérica essencial de que o início indica o que há de vir é comprovada aqui, pois esse não será o último teste de desempenho, sendo muito mais o ponto de partida na luta por mais pontos durante toda a vida. Até recentemente, os olhos do bebê aos gritos eram ainda medicados com uma aguda solução de nitrato de prata; atualmente usam-se gotas antibióticas menos agressivas. Parece que a vida entre nós deve começar em meio a torturas e sofrimentos.

Mas ainda não é tudo: a criança era espetada no calcanhar com uma agulha. Os médicos, que executaram essas torturas durante séculos, não prestaram atenção ao fato de estarem assumindo o papel bíblico do diabo,[14] ou seja, os seus braços mais compridos, a serpente. Esta só deveria picar Eva e suas filhas no calcanhar, mas a medicina sempre foi mais exata. E, naturalmente, ela tem bons motivos científicos para todas as suas manobras. A picada no calcanhar é necessária para a retirada de sangue; afinal, a captação de oxigênio deve ser cientificamente controlada, e a pesquisa sobre quaisquer doenças hereditárias deve começar imediatamente. A cauterização dos olhos tem o objetivo de poupar os filhos da ameaça de uma cegueira devido a uma provável gonorréia, desconhecida pela mãe.

Também quem não quer entender isso, deve ter certeza de que se fez o melhor possível no seu caso, pois era um procedimento prescrito e executado sem exceções. Mesmo quando essas ações da medicina moderna pareçam significativas no geral, elas sem dúvida são um ritual impróprio de saudação para um cidadão da Terra e poderiam ser adiadas numa sociedade mais humana. O fato de não terem sido abandonadas ou apenas com relutância, não encontra muita justificativa. O decisivo é que muitos adultos responsáveis acham que o recém-nascido ainda não percebe nada dessas encenações sem sentimento.

Diante desse rigor, sempre é possível pensar numa raiva em ebulição, visto que o parto é uma crise que deve levar a uma ruptura. E para isso a agressão, ou seja, a força marcial, é necessária para a superação do aperto. Primordialmente, não se trata de um acontecimento suave, porém ele poderia ser acompanhado com mais sensibilidade e ser mais bem preparado, o que facilitaria a introdução da força marcial por parte da mãe. O assim chamado nascimento suave recente só deve ser entendido como uma reação ao acontecimento não suave, e não pretende, se corretamente entendido, *suavizar* a força de resistência da mãe e do filho. Também do ponto de vista do recém-nascido, o todo não tem nada de suave. O momento da libertação é vivido muitas vezes como um alívio sufocante e uma indescritível sensação de triunfo. Grof até mesmo fala de uma vivência orgiástica. Na mãe misturam-se sentimentos de ilimitado alívio e alegria com uma sensação de triunfo, no total esgotamento do desapego definitivo. Pouco antes, um grito primordial também pode expressar o sentimento de força ilimitada juntamente com a descarga explosiva do fruto do ventre. O que o grito primordial da terapia primária retrataria de modo diferente do que este primeiro grito inicial, em que tudo se mescla: dor e alívio, alegria e triunfo?

Um outro motivo para decênios de lida grosseira com o parto pode ser que no caso dos partos suaves, ao contrário dos partos até então brutais, tem-se a impressão (totalmente correta) de que os médicos são freqüentemente supérfluos durante os partos. Certa vez fui testemunha, numa maternidade, de como uma grávida deu à luz seu bebê num banheiro, pouco antes do tempo calculado. Totalmente encabulada, ela trouxe a pequena criatura totalmente ilesa com ela. Por meio da posição ideal no vaso, que não é diferente da antiga cadeira de parto, e da pressão necessária nessa posição, as condições de um parto natural em pleno hospital foram preenchidas, e o bebê buscou esse caminho comparativamente íntimo para entrar no mundo. A agitação impressionante dos médicos, dificilmente ocultou o fato de eles serem supérfluos ou até mesmo perturbadores.

Como se esses arranjos não bastassem, há poucos anos mostrava-se rapidamente o recém-nascido à mãe exausta, levando-o em seguida para os horríveis berçários. Lá os pequenos podiam chorar à vontade em vez de dormir, enquanto suas mães ficavam saudosas dos filhos, pois chorar, para esse tipo de medicina feminina fortalecia os pulmões e era sinal de vitalidade sadia. Ao contrário, seu silêncio era muito suspeito e não era recomendado.

Para ambos a medicina novamente tem seus motivos típicos que, honestamente pesquisados, raramente vão tão fundo para fazer sentido por muito tempo. No que se refere à amamentação materna, descobriu-se que o leite materno estava altamente carregado de substâncias nocivas. Em mães esquimós na Groenlândia mediu-se, por exemplo, concentrações de DDT no leite materno, que estavam nitidamente acima dos valores permitidos. Que substâncias como o DDT existam até determinado valor limítrofe admissível nas pessoas ou no leite materno, já é um mau sinal. Mas que os valores estivessem tão altos que o leite materno deveria ser tratado como lixo selecionado, foi um choque. Se sobrasse algo depois da coleta, ele não podia ser jogado no ralo, mas devia ser armazenado em depósitos apropriados. Mas daí a concluir que o substituto artificial do leite materno seja melhor para os pequenos, é um típico erro — enquanto isso não for esclarecido — de raciocínio da medicina. O lamentável fato da contaminação sempre pesa menos do que o lucro em proteção psíquica e a *influência* do amor que o bebê sente ao ser amamentado. Como o nome aleitamento já diz, com isso a mãe resolve a necessidade interior do filho e não só a sua fome: e ele fica calmo e *satisfeito*. Uma medicina de orientação materialista sempre deixou de ver tudo o que não fosse calorias e substâncias nocivas.

Qualquer pessoa com um mínimo de sensibilidade pode perceber que os gritos são em geral um sinal de necessidade e de sofrimento e não, de treinamento.[15] Precisaríamos apenas usar a correspondente situação para uma pessoa adulta, por exemplo, um ginecologista. Suponhamos que ele fosse pressionado contra uma parede durante horas com parafusos hidráulicos, depois puxado brutalmente por uma abertura rasgada, e imediatamente tivesse seu suprimento de oxigênio cortado com dores consideráveis, sendo exposto a um teste de sufocação; totalmente nu, e dentro de segundos, seria então resfriado de 21 para 6 graus e cegado pelos holofotes de exame; os olhos cauterizados e picado no calcanhar, ele, suspenso pelos pés, apanharia no traseiro nu até gritar. Sem consolo ou defesa psíquicos seria levado a uma sala com os seus companheiros de infortúnio. Quem ainda teria coragem de interpretar seus berros desesperados como exercício respiratório para o fortalecimento dos pulmões?

A separação precoce da mãe, para a qual a medicina também reuniu argumentos sábios, foi superada com a "ajuda de pesquisas" dos norte-americanos. Os cientistas dos EUA descobriram em seus exames que de fato é melhor para a maioria das mães e filhos permanecerem juntos! Desse conhecimento desenvolveu-se um processo inteiramente novo e foi chamado de *rooming-in*. Ele foi introduzido como uma sensação em clínicas particulares. O resultado é simples: é preciso ficar atolado na desordem para que, então, a volta à vida normal possa ser festejada e vendida como desempenho médico. Um ginecologista mais idoso descreveu o *rooming-in*, em poucas palavras pertinentes, como o final de décadas de loucura.

Houve um tempo na história em que os médicos transformaram o parto num empreendimento com altíssimo risco de vida, ao infectarem centenas de milhares de mulheres com os estimulantes da febre puerperal e, assim, sem saber, as assassinaram. Como não sabiam fazer melhor, lavavam muito mal as mãos depois de dissecar cadáveres. Dessa maneira, levavam os estimulantes mortais às parturientes e transformavam a sua ajuda ao nascimento numa ajuda para morrer. O parteiro Ignaz Semmelweis, que foi o primeiro a enxergar esse mal, não foi louvado, mas combatido e humilhado por isso, e até à sua morte não foi reabilitado. Ele havia ofendido demais a consciência médica com o seu conhecimento salvador. Simplesmente, não podia ser verdade que os médicos fossem os responsáveis por toda essa infelicidade. Hoje os ginecologistas continuam sendo responsáveis pelo mal psíquico, e ainda não querem reconhecê-lo. Os "primitivos" sempre souberam o que muitas mulheres e seus filhos recém-nascidos sentem; o que as parteiras sempre deixaram acontecer intuitivamente ao lado da medicina erudita, simplesmente não deveria ser melhor do que o conhecimento científico dos médicos estudiosos, fundamentado em séculos de uso. E, no entanto, é assim. Só nos resta esperar que não tenhamos de esperar um tempo semelhante ao de Semmelweis para que esses conhecimentos se tornem de uso generalizado. Tão natural quanto é hoje a limpeza na sala de partos, assim deve ser a consciência das necessidades psíquicas da mãe e do filho.

A alternativa do cenário de horror do parto dirigido para o parto suave de Leboyer foi descrita com sensibilidade e vem sendo festejada por um número cada vez maior de parteiras e também por ginecologistas esclarecidos. Muitas crianças até passam a nascer em casa, o que muitas vezes tem a vantagem valiosa de nenhum ginecologista interferir cientificamente, o que também oculta o risco de ele fazer falta em algumas poucas situações necessárias. **Partos em casa** requerem, portanto, um preparativo especialmente cuidadoso. Naturalmente, o melhor seria contar com uma parteira experiente e também com um ginecologista que não sinta a necessidade de pôr constantemente à prova suas muitas capacidades. Na Holanda, já existe há tempos um sistema-modelo que, infelizmente, nos últimos anos vem se tornando vítima do "progresso". Não faz muito tempo, noventa por cento de todas as crianças nasciam em casa; por precaução, os ginecologistas das assim chamadas clínicas móveis ficavam à disposição, na retaguarda. A mortalidade infantil[16] na Holanda naquele tempo — como era de esperar — era menor do que na Alemanha. A tendência aos partos domésticos diminuiu bastante naquele país, mas ainda assim a metade das crianças nasce em casa sem nenhum risco adicional para mães ou filhos.

Nas clínicas também são possíveis "nascimentos suaves" e eles estão aumentando em número, o que nos leva a pensar que ter filhos é algo menos doentio do que natural e, portanto, não requer necessariamente um médico e um hospital, mas sim, a força natural da mãe e do filho. Enquanto isso, muitos hospitais "permitem", ao menos no caso de pacientes particulares, que elas tenham o filho no quarto privativo ou em salas de parto especiais, cuja atmosfera oferece mais proteção do que as antigas e ruidosas salas de cirurgia. Com iluminação adequada, música suave e relaxante e temperatura relativamente agradável para a criança, naturalmente renuncia-se à indução das dores e espera-se que o desenvolvimento ocorra em seu ritmo e pressa naturais. O parto é bastante facilitado quando os tecidos podem ser preparados no tempo natural para o acontecimento e assim se tornam mais maleáveis e flexíveis. Em geral, a posição do parto é livremente escolhida. Muitas clínicas voltam a utilizar as cadeiras de parto, e algumas até oferecem um luxo, como o parto dentro da água. O último grito da moda é a assim chamada roda de nascimento, na qual a mulher pode escolher sozinha cada posição desejada. Quando a mulher se decide pela postura de cócoras, alguns poucos ginecologistas chegam a lançar-se humildemente ao chão para dali, com a ajuda de uma simples lanterna, observar o progresso no útero. De fato, já ocorrem outra vez partos sem corte do períneo.

Muitas mães se prepararam e ao seu filho tão bem para o parto, que elas não precisam mais de ajuda, mas podem deixar o acontecimento ocorrer de maneira natural controlando o necessário com a própria força. Expressões como a festa do parto, que para os três primeiros quartos deste século eram uma zombaria, de repente parecem adequadas. Dizer sobre uma grávida que ela *está à espera* volta a fazer sentido. Sair da protetora caverna do útero é um passo tão decisivo na vida dos indivíduos, como teria sido para a humanidade primitiva o passo para fora das protetoras cavernas da Mãe Terra. Nada mais apropriado do que dar esse passo com consciência sensível e festejá-lo; afinal, este é ainda hoje o salto de desenvolvimento do homem das cavernas para o ser humano.

Se antigamente os preparativos para o parto estavam principalmente nas mãos da equipe médica e partiam de exercícios de respiração bastante funcionais e da ginástica, hoje abrem-se novas perspectivas. Os antigos exercícios contribuíam muito pouco durante o *stress* do parto, muitas vezes acrescentando uma sensação de fracasso para a mãe.

Hoje, muitas mulheres assumem o controle da situação, esclarecem em terapias adequadas o próprio trauma do nascimento e assim alcançam, além disso, uma melhor preparação para o parto. Com os métodos do ambiente circular do *Rebirthing*[17] não é tão difícil descobrir o método de respiração adequado, mesmo que isso exija de início uma dose de coragem e superação, e só poucos médicos estejam acostumados com essa técnica. Quando uma mulher já entrou em contato com a sua respiração forte, profunda no final da gravidez, ela também poderá usar essa respiração durante o parto, sem correr o risco de ter os espasmos que os médicos tanto temem. Essa respiração aumenta a força das contrações, como acontece com a postura de cócoras.[18] Se a mãe consegue continuar ligada à própria força e passa pelo parto em plena consciência, para o que pressupõe-se uma ampla neutralização dos ginecologistas[19] nesse momento, o ato do nascimento será semelhante a uma ocorrência orgásmica. Mas diante desses pressupostos, os médicos têm um dificilmente perceptível campo de trabalho, e também muito pouco a fazer. Isso deve ser perfeitamente aceitável, se pensarmos em quem são as personagens principais do evento.

Também os preparativos para o parto do nascituro por meio dos contatos com a voz interior ou alguns outros caminhos intuitivos oferecem serviços valiosos. A concentração otimista e ofensiva é igualmente importante para mãe e filho. Também aqui há uma vantagem quando a mãe entra em contato com sua voz interior na hora certa, preferencialmente antes da gravidez, por exemplo, por meio de meditações específicas. Mas também no início de uma gravidez é bastante oportuno para a mulher introduzir-se no âmbito da paisagem da própria alma, a partir da qual o contato com o filho se torna mais fácil.

Crianças assim preparadas podem ser concebidas de modo diferente. Do mesmo modo que a criança em primeira instância é concebida (no ato da concepção), ela será recebida depois do parto. Casos extremos deixam isso bem claro. Uma criança desejada e esperada há muito tempo, concebida com amor e nutrida amorosamente durante os nove meses da gravidez, naturalmente é esperada e recebida com amor na hora do nascimento. No outro extremo, um filho concebido com violência dificilmente será cuidado com amor, a mãe contrariada preferirá impedir a sua vida e — caso o permita — deixará que ele venha a este mundo de má vontade.

Se o filho enxergou o mundo por meio de um parto suave, o seu cordão umbilical não é cortado de imediato; primeiro ele é deitado sobre a barriga da mãe, ainda alimentado pelo cordão que liga a ambos. Quando o cordão cessa de pulsar, a respiração normalmente se inicia por si mesma, sem o choque da asfixia e sem dor. Também a separação do coração em duas câmaras funcionalmente separadas pode acontecer suave e harmoniosamente. O cordão, agora supérfluo, pode ser cortado sem dor. Naturalmente, o pequeno ser fica com a mãe, sente seu calor agora pelo lado de fora e pode, na medida do possível, fazer as primeiras tentativas para mamar. Também o método antigo de começar a vida com um ou dois dias de jejum não é mais *obrigatório*. Mas visivelmente não faz mal, senão o leite surgiria antes do segundo dia.

Todas essas pequenas modificações formam no total um modelo bem diferente. Para a mãe e o filho é mais fácil acostumarem-se um ao outro desde o início. Esse primeiro período é decisivo para o futuro relacionamento, e deve ser bem aproveitado. Há muito tempo examinamos nos animais o fenômeno da formação depois do nascimento. Quem não conhece o quadro dos jovens gansos, que foram criados por Konrad Lorenz como "mãe" e que o seguiam em todas as oportunidades possíveis e impossíveis? No tocante à pesquisa do comportamento, a ginecologia está na retaguarda há séculos; é difícil não perceber isso, quando se continua a separar as mães dos filhos. Mas sempre existe um adulto entre os participantes, especialmente mães, que dão preferência por manter os filhos com a parturiente, em vez de confiá-los ao pessoal do berçário ou contratar uma ama-de-leite, e começar o novo trecho de vida o mais perto e harmoniosamente possível. Num parto em que seja imprescindível a cesariana, o pai sempre deve estar presente na sala de parto a fim de receber o filho. Seja como for, o efeito posterior do fato é que se desenvolve um verdadeiro filho do papai. Nunca se analisou o que acontece na alma das crianças que foram cunhadas pelo pessoal médico que nunca mais viram. Possivelmente, elas desenvolvem tornando-se aqueles adultos que correm de um médico para outro.

A descrição, na verdade o elogio ao parto suave, não deveria deixar de mencionar que até há bem poucos anos, a versão brutal descrita antes era a regra, e ainda o é hoje para o grosso das pacientes que freqüentam as maternidades públicas. Quem se surpreender ao ler sobre esse fato, pode estar certo de contar-se entre as vítimas. Mesmo no caso de um parto em casa, o cenário deve ter correspondido ao da medicina convencional da época.

Nosso "progresso" atual ainda deve ser mencionado entre aspas, visto que se trata essencialmente de retrocessos àquele tempo em que os homens ainda não haviam aceitado ter filhos por meio dos médicos e ainda não tinham conhecimentos científicos sobre o bem-estar das mulheres, isso sem mencionar o bem-estar dos filhos. No *rooming-in* isso se torna especialmente visível, mas também na "nova moda" de amamentar, na necessidade de fazer partos em casa e na criação de zonas isentas de remédios e produtos químicos no ambiente do parto. Também "a nova descoberta" do preparo homeopático para o parto é, de fato, uma redescoberta.

Problemas do parto

A problemática básica do nascimento, que se transformou numa crise e que não pode deixar de ser vista, tem duas raízes: por um lado, na falta de confiança primordial; por outro, na falta da força de expulsão. Quando não se pôde formar nenhuma ou muito pouca confiança primordial na fase intra-uterina, o filho não consegue desapegar-se de uma situação que nunca lhe deu o que devia. No outro pólo da vida, isso pode tornar-se compreensível. Quem ainda não tem suficiente segurança material, não pode abandonar o mundo do trabalho sem problemas, mas bem ou mal tem de agarrar-se a ele. Numa época em que se lida cada vez mais sensivelmente com o parto, mas para isso cada vez mais insensivelmente com a concepção e o tempo delicado após o nascimento, a confiança primordial tem a tendência de se formar mais raramente. Isso dificultará o passo para a vida, porque as crianças ainda não se sentem suficientemente cuidadas para "já" abandonarem o ninho. Isso se expressa no número crescente de nascimentos de risco, por exemplo, em cesarianas.

No tocante à fraqueza de expulsão, o problema é menos a incapacidade de decisão e sim, a nossa lida inconsciente com a força de Marte, a agressão (do latim *aggredi* = atacar, impelir, abrir caminho, investir). No parto, a agressão como força básica é irrenunciável. Como nós a desvalorizamos como princípio, é difícil lidar ajuizadamente com ela. Ela não é apenas necessária do lado da mãe, para provocar as contrações, mas também do lado do filho, para ele ousar dar o corajoso salto de cabeça no mundo. A força primordial de Marte, que possibilita todo recomeço e coloca à disposição a energia necessária, faz parte de todo início de vida. Assim, Marte é o "motor" de todos os nascimentos. Os pintinhos também precisam da sua energia para se projetar para fora ao romper a casca do ovo a partir de dentro, com o bico. Em seu bico encontramos a assinatura de Marte: o pontudo, o agudo e, com isso, também o perigoso. É a mesma ponta que encontramos em cada lança e em cada faca, na ponta dos aviões de caça e dos foguetes, mas também nos botões e brotos de plantas. A primavera é o tempo natural de Marte e, portanto, do nascimento. É então que a maioria dos animais nasce, as árvores *dão frutos* e a salada *brota* da terra, milhares de sementes *perfuram* a Mãe Terra e inúmeros botões *rompem* seus envoltórios. Tudo isso acontece *naturalmente* e não maldosa ou brutalmente, mas ainda assim, a partir da força marciana agressiva.

Nós, os homens, também podemos eliminar com esse princípio, que segundo Heráclito é o pai de todas as coisas, os lados mais soltos como os o da guerra e o da brutalidade, à medida que vivermos com mais coragem, dermos decididos os primeiros passos em novos planos, *assumirmos o controle* dos nossos problemas e arcarmos com as conseqüências. Podemos conscientemente ferir os velhos limites e conquistar o novo país espiritual. O fato de junto com a agressão também recusarmos o seu princípio, Marte, e a firme abordagem das coisas, tornou-nos inimigos da agressão e criou-nos problemas. Assim, tornamo-nos agressivos no sentido não solucionado; a agressão ficou na sombra. Mas é aí que ela se torna verdadeiramente perigosa. Em vez de estimular uma cultura de luta e a sermos espiritualmente corajosos e nos defendermos, nós tentamos viver forçosamente em paz, colhendo o contrário. Embora todos nós, todos os povos e políticos ambicionem a paz e falem disso, o mundo está cheio de armas.

Nenhum quadro mórbido aumenta tanto como o das alergias essa guerra sem sentido, porque é totalmente sem perspectiva; cada vez mais pessoas travam uma luta no plano do corpo contra substâncias inofensivas como o pólen das flores e os pêlos de gato, contra a poeira doméstica, os produtos alimentícios e muitas outras coisas. Todos os alérgicos do mundo juntos não reduzirão em nada o pólen das flores; seus objetivos de guerra, concretamente analisados, não têm sentido. A agressão reprimida, e por isso inconsciente, é vivida no plano físico. No microcosmos as alergias são tão significativas quanto as guerras no plano macrocósmico. Para onde quer que olhemos só vemos exemplos de agressão não solucionada e mergulhada na sombra, da qual já nem sequer tomamos conhecimento como tal.

Aqui está a raiz mais profunda para os crescentes problemas com o parto. Ele também se torna — do ponto de vista da medicina ortodoxa — cada vez mais perigoso, medido pelos números crescentes de gravidezes de alto risco. E assim nos aproximamos outra vez do motivo básico de todas as crises de desenvolvimento: a fraqueza de decisão. Tendemos a não usar a energia necessária no tempo certo e por isso colhemos depois formas não resolvidas do princípio de Marte. Ele está sempre em jogo, pois também no corte do períneo a faca é usada e provoca sangramento. A energia marcial é usada na cesariana tanto como no parto natural, só que não pela verdadeira implicada, mas pelo ginecologista. Se comparada a uma mulher sueca, a mulher alemã corre um perigo idêntico, com dupla probabilidade de dar à luz por meio de cesariana, isso também quer dizer que na Alemanha a cesariana com freqüência é usada de modo inconsciente. Mas isso a torna mais perigosa. Quase toda mulher grávida alemã sofre o corte do períneo no parto, uma entre sete faz cesariana; isso equivale a 15 por cento ou cerca de 126 mil mulheres, só no ano de 1991. A tendência está aumentando. Interessante também é que os números variam conforme a clínica. Há hospitais com 23 por cento de cesarianas e outros com 10 por cento, o que mostra que também na Alemanha são possíveis condições como as da Suécia. Por certo, são os médicos cuidadosos que se decidem por uma cesariana, pois eles tendem a considerar o parto como uma situação arriscada. Assim, esse exame comprova que podemos encarar Marte com coragem ou então com o bisturi. Adiá-lo é humanamente compreensível, mas o torna mais ameaçador e nos oferece de forma especialmente ruim aquilo de que queríamos nos poupar. Em nenhum lugar isso é tão visível como no parto.

Correr um risco, infelizmente, também está por trás da necessidade crescente de voltar aos partos naturais. Na própria natureza existe bastante agressão direta durante o parto. Se não for francamente aceita, ela terá de buscar outros caminhos. Se, por exemplo, uma mulher recusa tão decididamente o princípio de Marte que não produz dores, o ginecologista intervém e traz ao jogo a necessária pressão. Se ele não estiver a postos, porque ela quis voltar totalmente à natureza, há risco de vida para mãe e filho, o que também traz Marte para o jogo — por meio do perigo. Naturalmente, é preciso uma grande medida de compreensão integral. A exclusão de uma força tão básica como a energia marciana necessariamente faz com que ela obtenha acesso por meios inesperados e não solucionados, por meio do que chamamos de catástrofe. O mesmo vale para a negligência com as energias lunares durante o período intra-uterino. Um útero pouco maternal não só torna a saída do bebê difícil, mas depois ele será buscado inconscientemente nas oportunidades mais inadequadas. Uma paciente envolvida nesse problema, gritou uma sentença raivosa na cara do chefe: "Nós somos uma firma, não somos um útero!"

Reações compreensíveis contrárias ao processo funcional e insensível da Medicina podem trazer à luz lados assustadores de sombra. Muitas crianças sofrem danos em partos feitos em casa — principalmente em partos feitos dentro da água —, porque as possibilidades da medicina moderna são intencionalmente excluídas. Mas isso significa jogar o bebê fora com a água do banho. De fato, esses problemas não são tão numerosos como a medicina convencional muitas vezes afirma,[20] mas com certeza muito numerosos diante das possibilidades de impedi-los.

Um nascimento bem-intencionado, mas feito ingenuamente no que se refere ao princípio de Marte, não raro se transforma depois na mais brutal tentativa de aborto. Quando não temos acesso a Marte e usamos a própria força, devemos aceitar com gratidão a ajuda dos ginecologistas que têm esse acesso e também estão dispostos a usá-lo.

O parto é o passo decisivo para a vida. Em seu modelo desenham-se todos os outros partos necessários durante o decurso da vida, pois em última análise, cada recomeço visto simbolicamente é um parto, assim como cada passo rumo ao desconhecido e cada transposição de fronteiras. Portanto, é importante conhecer o próprio modelo de nascimento, para ajustar-se aos problemas individuais especiais com os recomeços e as transposições.

Além disso, no modelo do parto como início da vida (na polaridade) concentra-se também todo o modelo da vida, de modo semelhante como na semente já está contida toda a vida vegetal. Este é o motivo pelo qual a astrologia usa o momento da primeira respiração para demonstrar as condições enquadradas na vida de uma pessoa.

Um profundo conhecimento desse primeiro e mais importante período da vida pode ser proporcionado por uma psicoterapia, motivo pelo qual a vivência do próprio parto assume um papel central na terapia da reencarnação. Mas também a reconstrução dos processos do parto na memória da mãe pode revelar o modelo grosseiro e, no mínimo, trarão à luz os pontos especiais de crise.

Complicações do parto

Quem poderia condenar uma criança se, em vez de dar o salto de cabeça para a vida, ela preferir dar o salto aparentemente mais seguro com os pés? O bebê não vê para onde está sendo pressionado; ele não pode reconhecer a saída do canal do parto; e quanto menos ele estiver ajustado à situação com a ajuda da mãe, mais ele relutará. A isso acrescente-se que as crianças, nessa fase, às vezes ainda vêem as tarefas básicas da vida que terão de enfrentar e podem assustar-se com elas.

Finalmente, todo nascimento, inclusive o mais suave, é uma prova de coragem e uma luta, que deve tornar-se ameaçadora pela pressão sem igual do canal do nascimento. Mas o aperto está associado ao medo, de muitos pontos de vista; a palavra latina *angustus*, que significa "apertado" torna isso nítido. Além disso, mesmo um parto natural, feito com sensibilidade, sempre é uma iniciação no reino do aperto e do medo. Todas as situações estressantes da vida futura podem reviver um inconsciente trauma de parto e trazer à tona esse medo.

Praticamente todo parto representa um trauma. Mas os traumas não devem ser reprimidos e, com isso, levar ao enfraquecimento do indivíduo; com uma elaboração consciente, eles até podem contribuir para o seu fortalecimento. A voz do povo mostra isso na sentença "o que não mata, engorda". Mas isso só vale quando a situação é consciente e não se precisa constantemente usar energia para mantê-la abaixo do limiar da consciência.

O típico trauma do parto, que também pode trazer problemas mais tarde, talvez surja da seguinte maneira: embora as dores e contrações se tornem cada vez mais fortes, a criança em algum ponto não tem mais nenhuma chance de resistir. A força das dores impulsionadoras para fora e a força atuante dos parteiros tornam-se tão poderosas que a criança tem de entregar-se a elas. Essa desistência da luta pode acontecer conscientemente ou numa espécie de fuga do corpo tão pressionado e dolorido. No segundo caso, o corpo nasce do mesmo jeito, mas é deixado relativamente só, abandonado. Só quando o pior passou é que a consciência, isto é, a alma, volta para ele. A preparação da criança num ambiente simpático e a dedicação dos pensamentos e sentimentos da mãe podem facilitar a resignação ao absolutamente necessário. As crianças compreendem muito mais do que imaginamos; elas ouvem em especial a linguagem dos sentimentos, que os adultos muitas vezes desaprenderam, e reconhecem o seu sentido.

Se a mãe também foge da vivência consciente, por exemplo, por meio da proteção livre de dores de uma anestesia geral, a criança sente-se duplamente abandonada, pois a sua vivência de dor continua intacta apesar da anestesia. Toda anestesia nada mais é do que a expulsão da consciência do corpo. Os receptores da dor continuam com a faculdade funcional, mas não existe mais ninguém para receber suas mensagens. Além disso, também é possível reviver as operações em sessões de transe e torná-las conscientes, caso em que o operado se conscientiza de tudo o que acontece fora do corpo. Talvez aí esteja uma explicação adicional para o fato de as operações serem tão árduas para o organismo, apesar da anestesia geral. Para a mulher, a anestesia geral ainda apresenta a desvantagem de ela quase perder o caráter de iniciação associado a todo nascimento.

Quando um parto é sentido como terrível e a consciência foge, a correspondente experiência fica faltando. Por um lado, essa pessoa com um modelo não elaborado de nascimento, no futuro terá medo de tudo no duplo sentido, nas situações de *stress* e, especialmente, terá medo dos recomeços; por outro lado, sem ter consciência disso, ela buscará justamente essas situações, na tentativa de reconciliar-se com elas. Isso faz a crise não solucionada que odiamos conscientemente e queremos evitar, ser inconsciente e repetidamente buscada. Na escola da vida, ela é como a nossa infância: se não aprendermos a ler, logo odiaremos a leitura. Mas é exatamente por isso que sempre voltamos a nos confrontar com os temas, até desistirmos da resistência e nos rendermos ao inevitável, aprendendo a ler.

O fato de formas terapêuticas como o *rebirthing* serem tão bem-sucedidas entre nós, indica quantas pessoas em nossa sociedade precisam desse renascer outra vez ou mais uma vez, para antes tarde do que nunca se reconciliarem com o seu trauma de nascimento.

Nesse ponto encontra-se também a explicação do incrível fenômeno de que esta técnica de terapia, que há vinte anos é aceita no círculo das terapias alternativas, continue sendo considerada pela medicina convencional — e infelizmente também tratada —, como uma doença. O que os médicos convencionais combatem com cálcio e injeções de Valium como tétano de hiperventilação, os psicoterapeutas estimulam hoje intencionalmente. Então eles acompanham os clientes suave mas conscientemente através desses estados de tensão e ameaça. Repetidas vivências dessas crises de medo permitem tornar conscientes os traumas e solucioná-los a cada respiração. O método da medicina tradicional, ao contrário, reprime as resultantes tentativas de terapia que surgem espontaneamente do destino e as quebra com a ajuda de medicamentos. Assim, a medicina mantém seus pacientes, pois os implicados sempre voltam a cair em situações semelhantes, porque seus medos inconscientes exigem uma solução.

Com esse exemplo podemos entender a diferença geral entre as pretensões da medicina tradicional alopática e aquelas que objetivam a cura no sentido verdadeiro. Enquanto a medicina convencional ajuda você a manter seus interesses imperturbáveis por meio de sinais físicos e psíquicos, os métodos baseados no pensamento homeopático, como a terapia da reencarnação, mandam aceitar e cumprir as tarefas de aprendizado enviadas pelo destino.

O típico surgimento da hiperventilação torna essa correlação perceptível. Se uma pessoa com trauma não solucionado de parto se envolve numa situação assustadora, ela tende a reprimir o seu medo. Mas o que não encontra espaço na consciência, toma espaço em outro lugar. Por meio da respiração forçada, o correspondente padrão é corporificado. Tudo fica mais tenso, e as primeiras contrações podem se manifestar. Então a pessoa torna-se consciente do seu medo (psíquico) por causa da tensão física. Se continuar respirando, a respiração pode carregá-la através dessa situação e, depois do aperto, ela encontrará a amplidão. Nessa sensação de amplitude e abertura, o medo não tem chance de existir e se dissolve. Se, ao contrário, interrompermos quimicamente o processo logo na primeira contração, fixa-se o estado interior de apertura. A tendência das pacientes de escorregar novamente para dentro de si mesmas é cada vez maior, visto que o destino não desiste da esperança de levá-la através do aperto quando está tão perto do objetivo. Com a construção sempre melhor da rede de cuidados médicos, as chances de isso ocorrer se tornam cada vez maiores.

O destino, com a sua tendência de ensinar, e a medicina, com as suas tentativas de impedi-lo a qualquer custo, trabalham em alavancas opostas. A questão sobre quem tem a alavanca maior será fácil de esclarecer, bastando um olhar sobre a história e talvez até sobre a ciência. O que hoje chamamos de mudança de paradigma dá ocasião à esperança de que aqui no futuro se possa construir algo que a solucione.

Posição sentada

O já mencionado salto de cabeça na vida é tanto mais evitado quanto menos ele for preparado. Na posição sentada, a criança sequer se coloca na posição adequada para o nascimento, ela se deita do lado contrário, o que requer coragem. Esse comportamento pode ser facilmente acompanhado da seguinte perspectiva. Estamos no trampolim de dez metros de uma piscina e olhamos para baixo, para a pequena poça de água, vista de cima, que temos de atingir com nosso corpo.[21]

Se essa situação é nova e nós mesmos estamos mal preparados, ficamos propensos a renunciar ao salto. Mas se o recuo for impedido e nós formos cada vez mais forçados na direção da borda do trampolim, pularemos apesar de todos os avisos, talvez por birra, com os pés na frente, porque nessa situação o medo é menor.

Em vez de oferecer a cabeça, o bebê oferece o traseiro à vida. Nisso, não só se expressa uma renúncia, mas também um protesto. O gesto em si mesmo é claro, e em qualquer outra situação seria imediatamente compreendido. Esse "vocês podem me...!", como tantas vezes, acaba sendo uma carga para ele mesmo. O aperto na cavidade é cada vez mais premente e a pressão das dores em dado momento é tão grande, que o parto começa da forma errada. A recusa à primeira vista parece compensar, pois a pequena bacia escorrega facilmente para fora e também a barriga e o tronco seguem sem problemas. Mas então vem o *final difícil*. A cabeça, a *coisa principal*, tem de longe o maior diâmetro e bloqueia toda a abertura à sua passagem. Mas como o cordão umbilical ainda está lá também, nessa posição ele é esmagado. Agora surgem necessariamente os sentimentos de asfixia que são ainda mais graves do que no caso do corte precoce do cordão. O bebê não consegue respirar enquanto a boca e o nariz estão dentro do canal do parto. Quanto mais tempo durar a situação ameaçadora, tanto mais fraca fica a criança pela falta de abastecimento de energia vital, tanto mais frenética é a reação dos ajudantes e tanto mais desesperada torna-se a luta da mãe. A falta de oxigênio pode causar problemas graves, desde a sensação inimaginável de angústia com medo da morte até seqüelas cerebrais. O que o bebê quis evitar com tanto esforço, agora acontece inevitavelmente: uma situação de ameaça à vida.

A tentativa de evitar o princípio de Marte — aqui na desistência do corajoso salto de cabeça — pode não dar resultado, mas transforma o princípio apenas em formas mais difíceis e tendencialmente maléficas de encontrar uma solução. Isso se parece com o salto de uma plataforma de dez metros de altura. Também nesse caso o mergulho com os pés é mais agradável, mas depois vem o final difícil na forma do mergulho da cabeça. Na maioria das vezes a água tampa o nariz, e a estabilidade do mergulho é tão incerta que o nadador se arrisca a cair de barriga. O salto de cabeça só *parece* perigoso, mas o seu efeito final não é.

O padrão que se torna visível na posição do traseiro é o modelo do retorno medroso precoce da vida: não queremos viver e mostramos isso. Aqui ainda existe a tendência de recusar o padrão previsto e criar o *próprio caminho*, mesmo que assim se corra risco de vida. "Afastamento por medo e uma certa teimosia sem consideração pelas (próprias) perdas" poderia ser o seu lema. A isso acrescenta-se a recusa da necessária dedicação. A cabeça é levada para baixo, a fim de não nos entregarmos totalmente. *Manter a cabeça voltada para cima* é uma estratégia na vida futura que promete sucesso, mas na hora do parto trai uma certa franqueza e teimosia. Aqui o pequeno cabeçudo quer apenas se poupar, no que se engana totalmente, pois com a subseqüente falta de oxigênio, ele se sentirá muito mal.

No curso da vida, situações posteriores de parto que exigem uma certa iniciativa virão com plenitude. O perigo é que o bebê que nasceu com o traseiro para a frente, também volte as costas aos outros desafios da vida para realizar-se, custe o que custar.

Esse modelo é dado com o nascimento e não é possível livrar-se dele, do mesmo modo que a posição dos planetas é fixada com o nascimento e não pode mais ser modificada. Se reconhecermos os princípios atuantes, não teremos mais de continuar escolhendo as variantes não resolvidas. Os problemas de Marte aqui indicados pelo parto na posição sentada, podem ser trabalhados por meio de uma correspondente dedicação a esse princípio e uma reconciliação com ele. Por exemplo, o afastamento precoce de Marte nas iniciativas de paz e na luta contra a guerra. Esses opositores à guerra teriam até a vantagem de saber que visam a um envolvimento pessoal e uma correspondente relação com o problema. Com isso, eles evitariam muitos sofrimentos a si mesmos e ao ambiente e, além disso, poderiam reconciliar sua luta contra Marte à medida que percebessem quanta diversão está contida na postura de oposição ou na luta pela verdade. Seu forte senso de dever pode ajudá-los, pois eles não se deixam vencer tão facilmente (desde o nascimento).

Por último, não é só a postura física, mas também a postura psíquica interior mais lutadora na criança que nasce de traseiro, que também é mais obstinada. O parto nessa posição leva a situações bastante dramáticas, que exigem mais pressa dos ajudantes e muito mais concentração e pressão por parte da mãe. Crianças que nascem de traseiro obrigam o ambiente desde o início a se preocupar com elas e com a sua vida.

Posição transversal

A oposição direta na posição de traseiro na maioria das vezes é mais suportável do que uma posição transversal sobre a espinha. Quando alguém se deita na *transversal*, como nesta situação o nascituro, isso revela nitidamente que ele não quer continuar. Enquanto estamos nos opondo a um esforço, ainda estamos a caminho na mesma direção, mesmo que seja com presságios contrários. Os oponentes lutam entre si, mas sempre no mesmo tema compartilhado. Mas se, ao contrário, um dos dois se deita na transversal, ele não continua em nenhuma direção, a recusa é total. No nosso caso, é a criança que não quer sair para o mundo e que, em vez disso, se prende na sua caverna segura.

De vez em quando, parteiras experientes ainda conseguem virar uma criança relutante tanto da oposição quanto da posição transversal. Esses "procedimentos" ultrapassam a mecânica; trata-se muito mais de uma arte que envolve o corpo e a alma, baseada em rica experiência e intuição. Se não houver essa mulher sábia à disposição, ou não for possível abrandar a resistência do bebê, resta a grande mecânica da intervenção cirúrgica. A cesariana, que neste caso salva o bebê do ponto de vista deste, é uma vitória, mesmo se por meio de uma posição de birra bastante destrutiva. Desse modo, ele se poupa da luta dura pela vida e sobre (vida). À primeira vista, a intervenção apresenta muitas vantagens. Antes de mais nada, a mãe é poupada da dor pela proteção suave da anestesia. O deus Hipnose a envolve em seu macio manto escuro e a liberta de toda responsabilidade. O filho pode esperar com calma, até que subitamente as cortinas se abrem e as mãos esterilizadas do ginecologista o tiram cuidadosamente do seu esconderijo. No sentido figurado, ele conseguiu fazer valer a sua vontade, e no sentido concreto, conseguiu a ruptura pela passagem estreita e foi poupado do medo correspondente. Depois de longo tempo de observação de crianças nascidas de parto com cesariana, comprovou-se que esse caminho é tudo menos vantajoso. O curso concreto torna nítido como a mãe e o filho estão profundamente ligados. Seja como for, temos de partir do fato de que ambos têm sua participação na situação. Quando a criança recusa a sua responsabilidade, a mãe também deve ficar isenta da sua (por meio da anestesia). Quando a criança não dá o salto para a vida, a mãe também não pode fazer mais nada e precisa ser anestesiada. Desse modo, nenhum dos dois percebe muito do parto.

Finalmente, para os ginecologistas a cesariana é vantajosa, pois com ela conquistam reconhecimento e dinheiro. Para a sua especialização, eles até mesmo têm de provar ter feito um certo número de cesarianas. Essa prescrição talvez tenha uma certa influência no número tão grande de cesarianas realizadas na Alemanha.[22] Pois, naturalmente, trata-se de uma questão de avaliar por quanto tempo se deve tentar os outros métodos.

O modelo dos que nascem de cesariana por estarem na posição transversal tem algo a ver com o nome da operação: é uma entrada realmente imperial na vida. O lema é simples: "Eu me deito de lado e os outros que vejam o que é feito de mim." O que de início é tão confortável, no decurso da vida pode se transformar num esquema bastante importuno, porque nem sempre as pessoas estão disponíveis para nos livrar de todo risco e trabalho, como aconteceu no parto. A luta para lidar com os recomeços de modo esperto e com o menor risco para si mesmo, talvez por meio de novas recusas, persistirá, mas dificilmente poderá ser resolvida com tanta elegância como no início.

Por último, a criança nascida por cesariana não pôde realizar o seu sonho de ficar no país das maravilhas do ventre materno. O impulso por trás da recusa é tão regressivo que sem uma intervenção ginecológica levaria a uma catástrofe. Mãe e filho sucumbiriam diante dessa recusa. Se nas futuras crises da vida não houver "parteiros" à disposição, existe o perigo de que o recomeço adiante seja recusado e os implicados tentem fugir às suas tarefas e ao seu caminho. Pois quem não aprendeu a passar pelos apertos e pelo medo porque a sua frustração é muito pequena, estagnará os medos até que toda a sua vida ameace sufocar no aperto. Em vez de enfrentá-los, ele tende a continuar na recusa, tornando-se com o tempo uma "criancinha medrosa", segundo o lema: "A mamãe ou o papai, o estado, a sociedade, ou seja lá quem for, resolverão a situação."

O tema de Marte presente no parto sempre aparece com força total, nem que seja nos ginecologistas. Ao cortar uma barriga tão grande com um bisturi tão afiado, em que corre mais sangue do que seria necessário, Marte está bem em seu elemento. Ele falta à mãe e ao filho. O recém-nascido não aprende a usar sua energia para o recomeço, mas, não obstante, ele é possível mesmo assim. Ele não entrou na nova fase da vida por sua própria força, e este padrão pode mostrar-se depois como uma hipótese. E para ter sucesso com essa postura, a criança continuaria precisando de uma sala cirúrgica repleta de instrumentos à sua volta, que lhe tirariam todas as necessárias operações da vida futura. Não raro, ela encontra seu ambiente com essa postura (imperial) de expectativa: "Eu fico na unidade; afinal, não quero quebrar a cabeça ou sujar os dedos — que os outros cuidem das pressões da polaridade."

A operação cesariana

Problemas da mãe

Para a mãe a cesariana significa, graças à anestesia, a falta da iniciação consciente na maternidade. Mas a iniciação, mesmo com esforço intenso, não pode ser substituída depois com igual valor. Além disso, necessariamente falta à mãe, num momento tão importante, a primeira formação diretamente depois do parto, porque ela ainda está no reino da hipnose. No sentido mais profundo, ela dormiu durante o parto. Dar alguém à vida é um processo ativo. É um pouco como se eu tivesse preparado a festa de aniversário nos mínimos detalhes e depois tivesse perdido o dia da festa.

Muitas mulheres tomam consciência disso mais tarde, e assim aumenta o desejo de ter o próximo filho do modo normal. Nesse caso, elas fizeram a conta sem o ginecologista, que se atêm ao ponto: "Uma vez cirurgia, sempre cirurgia". Como eles ignoram totalmente o significado ritual do nascimento, do seu ponto de vista eles têm bons argumentos. O útero apresenta uma cicatriz resultante da primeira operação, que poderia rasgar com o esforço de um parto normal. Por outro lado, o útero é um músculo forte que, como outros músculos, sara bem. Os esportistas conseguem, depois de lesões musculares, as mais graves das quais são as lesões provocadas por cortes, até mesmo praticar esportes de desempenho.

Na maioria das vezes o conflito termina no segundo parto cirúrgico "isento de riscos". Mas às vezes existe o verdadeiro risco devido ao endurecimento da linha de combate. Mulheres que estão decididas a compensar a experiência que falta e ginecologistas que não se afastam da sua opinião estudada causam com isso dramas comuns desnecessários. Num caso, depois de duas cesarianas, a mulher tem o terceiro filho de parto normal no círculo de suas amigas e numa pequena ilha sem a presença de ginecologistas. Esse foi um jogo de azar e o fato de ter dado certo, demonstra como o útero é capaz de se curar e mostra a sua capacidade de desempenho. Mas demonstra também como os médicos de mulheres podem ser obtusos com as suas frustradas pacientes. Essas "experiências" podem ser possíveis, porém pertencem em todos os casos às clínicas modernas. Muitas vezes a necessidade da primeira cesariana pode ser discutida, a necessidade de um hospital só pode ser posta em dúvida pelos temerários, para os quais a própria vida e a vida dos filhos são menos valiosas do que um princípio. Médicos que estão pouco acostumados a assumir responsabilidades fora de limites seguros, para a sua segurança podem exigir que se assine um papel declarando que eles avisaram a mãe sobre todos os riscos, mas que eles deveriam estar presentes exatamente nessas situações.

Na nossa medicina altamente tecnológica vale o ditado; "Quem diz A, também tem de dizer B". Se tomarmos um caminho como o da cesariana, isso tem conseqüências de amplo alcance. Quem se submete a um transplante de órgãos e depois, em vez de reprimir a rejeição, discute o seu fortalecimento porque é mais natural, torna-se um suicida, mesmo que em princípio tenha razão. Mas no nosso caso, ambos têm razão: a mulher do seu ponto de vista psicológico, o ginecologista a partir do seu modo mecânico de contemplação. Como não podemos avaliar as condições anatômicas da mãe em perspectiva, seria útil se o médico se abrisse para as condições espirituais, para que ao menos um enxergasse os dois lados; e, neste caso, o trabalho conjunto necessário seria preservado. O aspecto mais profundo da posição materna só pode ficar claro quando os rituais do tornar-se mulher e da masculinidade forem discutidos, assim como as dificuldades que temos com eles.

Problemas da criança

Crianças grandes demais: vários motivos podem tornar as crianças muito grandes no ventre materno. O motivo mais freqüente é o longo preparo para a transferência por parte da criança, e o fato de ela querer ficar além do tempo nesse país das maravilhas. Um fruto maduro demais surge atrasado como uma aparente frutinha, cujo entrar-no-mundo já não representa prazer para nenhum dos dois interessados. Por outro lado, a mãe não consegue liberar o fruto do seu ventre no tempo certo, um tema que mais tarde pode se repetir na puberdade e na adolescência.

Por assim dizer, a gravidez é o tempo de incubação para o nascimento e a vida — quanto mais longo o período de incubação, tanto mais apressada não raro é a saída final. Para a criança que não dá nenhuma demonstração de querer deixar o ninho, predomina o medo do que está por vir. Ela não quer trocar a atmosfera conhecida pelo risco do desconhecido, ou ainda não gozou bastante do seu país das maravilhas para abandoná-lo voluntariamente. A transferência sempre é um prolongamento do tempo. Se o salto correto for perdido, torna-se difícil, pois a partir de agora só existem pontos falsos de tempo. Agora é preciso agarrar *pelos cabelos* a próxima e menos ruim possibilidade. No exemplo da puberdade, uma crise análoga, isso pode se tornar mais claro. Se o ponto correto da puberdade, a mudança da situação hormonal, se perder, não haverá um segundo ponto de mutação natural, por mais que esperemos. Uma tentativa aos 25 anos é melhor do que uma aos 40, mas ambas estão atrasadas. Muitas vezes ajuda a pressão de uma situação que fica cada vez mais insuportável.

Um outro aspecto significativo da transferência é que a criança se torna importante e pesada acima dos limites. Ela demora mais tempo do que o que lhe é concedido e torna-se um crescente incômodo para a mãe. Finalmente, exige-se demais das forças e da abertura da mãe, e a operação cesariana se torna obrigatória. Um padrão imaginável seria então que um filho especialmente confortável não quer deixar voluntariamente o país das maravilhas e por isso provoca a *solução* agradável pelo parto por cesariana, que não oferece nenhuma dor para ele, mas que na mãe provoca posteriormente muito mais dores. Por outro lado, a mãe também se dá muita importância, retém o filho consigo por muito tempo e assim permite que ele atinja um peso que não convém a nenhum dos dois.

A retenção do fruto pela mãe pode submeter o filho a uma pressão insuportável, da qual só resta a saída brutal por meio de uma operação. Neste caso, um corte no períneo seria o menor dos males.

Finalmente, um desequilíbrio entre o tamanho do filho e a capacidade da bacia materna pode provir da hereditariedade, por exemplo, surgir da estatura dos pais, quando, em palavras simples, um homem muito volumoso gera um filho grande demais para a estrutura delicada da mulher. Aqui também só resta uma cesariana, depois do tempo calculado. Na maioria das vezes, no entanto, essa criança procurará, apesar do desenvolvimento no tempo correto, sair algo mais cedo e do modo natural previsto.

Um papel essencial é representado também por nossa alimentação "boa demais". Do mesmo modo que ela contribui para a aceleração daquele fenômeno da puberdade que ocorre cada vez mais cedo, ela faz as crianças no ventre materno adquirirem peso mais depressa. Também neste caso, a boa vida se vinga e torna *necessária* a introdução da medicina moderna. Fumantes inveteradas anulam esse efeito com a sistemática falta de nutrição intra-uterina do nascituro.

O útero como armadilha — *Plazenta praevia*: Nessa situação rara a placenta está na saída do útero, trancando-a, mais ou menos. Por meio dela o bebê caiu numa armadilha mortal, da qual só um ginecologista pode criar uma saída por meio do caminho artificial da barriga. O não querer entregar o fruto do ventre aqui chegou até o não poder fazê-lo. Mãe e filho estão acorrentados um ao outro e precisam de ajuda de estranhos. Analisada da perspectiva da criança, a vida começa com uma situação *sem esperança*, da qual só a intervenção externa pode salvá-la. Mas quando se leva essa ajuda em consideração no tempo certo, a vida por vir não sofre mais nenhum impedimento.

Para lidar bem com esse modelo é preciso, também no futuro, preocupar-se a tempo com o apoio e aceitar a ajuda de bom grado. Quem se ajusta interiormente ao fato de depender da ajuda alheia em situações de ruptura e transição, sempre a encontrará e poderá resolver os problemas existentes desse modo. No efeito final, todos sempre precisamos uma vez ou outra de ajuda. A situação da *plazenta praevia* torna isso um tema da vida. As tarefas de aprendizado para a vida posterior envolvem um pedido precoce de ajuda e incluem, conseqüentemente, o apoio competente das organizações. O pedagogo norte-americano, Al Siebert, considera esse pedido de ajuda e a organização no tempo correto as características centrais daquele modelo de caráter que ele chama de personalidade do sobrevivente.[23] As pessoas com esse padrão são mais bem adequadas do que as demais para aprender com as crises e a sair delas fortalecidas. Elas obtêm sucesso também em situações sem esperança, e consideram as dificuldades da vida um estímulo, mais do que um impedimento.

Conseqüências posteriores da cesariana: às crianças em questão falta desde o início a experiência de lidar com limites e, caso necessário, de transpô-los. Elas podem desenvolver uma tendência de entregar-se aos acontecimentos e de esperar que os outros resolvam tudo. Isso pode chegar ao extremo de exigir que a vida seja um país das maravilhas. Especialmente quando os pais concordam com essas exigências, mais tarde há ameaça para os filhos, porque eles não aprendem a dominar as dificuldades com a própria força. Pois só o que é estimulado tem o seu desenvolvimento estimulado também. Quem, ao contrário, não aprende a suportar frustrações e a superá-las, corre um risco cada vez maior de fugir de todos os problemas no futuro, o que, por exemplo, pode resultar num comportamento vicioso.

A outra possibilidade é que essas pessoas, depois dessas experiências ruins, fujam para a compensação desse padrão, falando alto em todo lugar, a fim de demonstrar coragem. Esse comportamento logo se torna um comportamento desejado e às vezes até demonstrativo. Naturalmente, a compensação sempre é possível e pode, por exemplo, assumir traços semelhantes no caso de crianças que nasceram na posição sentada. Na filosofia esotérica parte-se de que as coisas contrárias, entendidas como posicionadas sobre um eixo, têm um relacionamento interior. Do mesmo modo, na temática profunda assemelham-se os loucos e os psiquiatras, os criminosos e os criminalistas, os abstêmios e os alcoólicos, os fumantes em série e os não-fumantes fanáticos.

Assim como o padrão defensivo da criança sempre é esperar ajuda, pode-se constatar nos médicos dispostos a fazer cesarianas uma exagerada disposição de ajudar, que muitas vezes causa mais danos do que ajuda, pelo menos no que se refere às pacientes. As mães enfrentam o problema em liberar o filho e a separar-se dele, e o mesmo acontece com as crianças. Um motivo básico constitui-se no fato de a gravidez ser vivida com muito pouca consciência. Só podemos soltar algo que verdadeiramente vivemos e *saboreamos*.

Outros problemas do parto e do desapego

Todo nascimento é um empreendimento que exige força ofensiva e dedicação, que precisa de coragem e energia, mas também da confiança primordial. Assim como o trabalho de parto ilustra a lida da criança com o tema da agressão, e portanto com a força de Marte, ele mostra à mãe sua capacidade de doar-se e de separar-se dos frutos que gerou, conseqüentemente, em certas circunstâncias também da sua vontade de livrar-se precocemente deles.

Rompimento precoce da bolsa

No caso do rompimento prematuro da bolsa de água, a mãe *expõe* o filho cedo demais *ao ar*, à medida que lhe retira a água da vida. Privada do meio líquido que lhe garantia todo o conforto, a criança só pode aceitar a indicação clara de seguir o líquido. Se não fizer isso, o parto terá de ser feito artificialmente, o que é possível com o uso de anestésicos e o mais breve possível. A situação em geral não é tão dramática, visto que o feto na maioria das vezes está suficientemente maduro para dar o salto para a vida. Trata-se então de um arremesso ligeiramente adiado para fora do paraíso, o que é menos nocivo do que uma permanência longa demais.

Em antigos métodos ilegais de aborto, um procedimento muito usado era o de furar a bolsa de água, pois à criança deixada desse modo sem o líquido amniótico só restava a *saída*, mesmo que esta no início da gravidez significasse morte certa.

O rompimento precoce da bolsa e o conseqüente nascimento prematuro nos fazem concluir que os implicados também tendem mais tarde às decisões impensadas e precoces e ao fato de encararem o seu ambiente com impaciência. Eles fazem parte daquele grupo de pessoas pouco diplomáticas. Seus objetivos e planos com freqüência não parecem totalmente amadurecidos e seria melhor que os *analisassem* um pouco mais, o que lhes é difícil desde o início.

Parto prematuro

O nascimento precoce pode tanto ser traído pelas tendências de fuga do bebê como pela tentativa da mãe se libertar-se tão depressa quanto possível da criança, retomando a própria vida. Muitas vezes ambos os motivos ou tendências surgem simultaneamente, o que às vezes leva a partos súbitos. Nesse caso, ambos mal podem esperar para separar-se nesse plano e, assim, táxis, aviões ou até mesmo calçadas são suficientemente bons para o vôo súbito para a vida.

É muito claro que essas tendências são muito menos ameaçadoras do que as tentativas inversas de levar as situações até à supermaturação e também ao exagero. Quando não é intentado cedo demais, o início precoce na vida é inofensivo. Comparado com todos os outros mamíferos, o ser humano sofre em todos os casos um parto prematuro. A cavidade uterina perdida tem de ser substituída durante um tempo maior por uma incubadora artificial. Agora também se torna visível um aspecto de hospitalidade muito reduzida da parte da mãe, e de impaciência da parte do filho. O início precoce de nada vale para a criança quando por meio dele ela simplesmente cai no útero artificial da incubadora. Isso até pode muitas vezes retardar o seu desenvolvimento. O encurtamento considerável da gravidez também cria problemas para a mãe. A necessidade de uma incubadora leva a uma separação definitiva de mesa e cama, visto que prende o bebê ao hospital; os incômodos resultantes também são grandes para a mãe, sem falar das conseqüências tardias. Temas como a fase de formação e amamentação representam papel insignificante no segundo plano das ameaças agudas à vida, e têm de ser eliminados.

Inícios extremamente precoces são ameaças à vida porque determinados órgãos ainda não estão suficientemente maduros para sustentar a vida no reino do ar. Principalmente os pulmões só estão em condições de apoiar a vida na polaridade a partir de determinada situação. O padrão corresponde ao do rompimento precoce da bolsa. As crianças ainda não estão suficientemente maduras, em geral é cedo demais. Elas levam esse padrão para a vida e criam, assim, o pólo oposto ao das crianças que nasceram tarde demais. Assim como as últimas tendem a gostar de vir tarde ao mundo; as que nascem prematuras sempre estão já presentes, o que também pode ser desagradável. Impacientes e dorminhocos têm um tema comum: a escolha do momento certo.

Soltura prematura da placenta

Esta situação corresponde aos padrões antecedentes, em que a ameaça é bastante considerável. Com o deslocamento precoce da placenta, a nutrição do bebê é interrompida. A situação paradisíaca acaba de repente, porque o impulso de sair não existe. Mas como o bebê depende do oxigênio da mãe, porque ainda não consegue respirar sozinho, ele corre o grave risco de asfixiar. Novamente as medidas ginecológicas de ajuda são a única chance. A vida da mãe também está ameaçada, na medida em que a destruição da placenta provoca hemorragia. Enquanto a criança deixa de receber energia vital e morre energeticamente de fome, em caso da hemorragia a mãe perde a sua energia vital.

Cordão umbilical enrolado no pescoço

A afirmação desse caso problemático nada deixa a desejar em clareza. De decisivo significado médico, é o aperto de "cobra". Ou a criança se estrangula de fato, ou ela ameaça fazer isso e mostra que corre risco. A partir de exames com o ultra-som e exames intra-uterinos sabemos que o bebê pode puxar o cordão umbilical. Em geral, isso provoca apenas uma dor leve na mãe e pode ser comparado com o puxar da campainha de serviço. No caso de um cordão enrolado no próprio pescoço, a agressão contra si mesmo é patente.

A situação indica que o costumeiro tempo intra-uterino repleto de sentimentos oceânicos de amplidão está sob um presságio ameaçador para a criança. A energia voltada contra a própria vida indica o princípio primordial plutônico, que aqui desde o início se coloca em primeiro plano e imprime o seu selo na vida. Nesse caso, o estrangulamento parte da própria criança, caso em que distúrbios da irrigação sangüínea são conseqüências mais graves do que as tentativas fracassadas de suicídio. Esse padrão pouco satisfatório diz: "Prefiro me matar, a soltar-me e confiar no rio."

No que se refere à mãe, o princípio lunar nutritivo — simbolizado pelo cordão umbilical — transforma-se na cobra plutônica estranguladora, que tende a sufocar a criança. Posteriormente, o tema pode voltar na assim chamada problemática da superproteção, quando a mãe arrisca sufocar o filho com sua forma de "amor".

Resumo

O parto como um portal de entrada na vida polar, é um acontecimento tão dramático quanto a concepção. Na vivência infantil, freqüentemente ele é bem diferente da avaliação feita pelos adultos. Se a concepção já é sentida no corpo como uma limitação e às vezes exatamente como um aprisionamento, o parto pode ser vivido como um horrível ataque, devido à luta opressiva no aperto do canal do parto e as descritas intervenções destinadas "a ajudar o nascimento". O estar entregue aqui é extremo. E justamente esse acontecimento, que na vivência da maioria das crianças é terrível, é festejado com alegria e orgulho pelos pais, principalmente pelos pais pouco participantes.

Para o recém-chegado, o tempo diretamente antes do nascimento e o próprio parto são a primeira experiência ameaçadora de aperto e, portanto, de medo. Toda a sintomática posterior do medo já existe no modelo básico do parto e pode ser acessada terapeuticamente mediante a experiência feita então.

A reestruturação do decurso do parto, desde o drama descrito na entrada até a festa do nascimento é possível hoje, numa época do despertar da consciência. Mas quanto maior for a distância dos velhos métodos clínicos, tanto mais estreita terá de ser a possibilidade de contato com a ginecologia moderna, no caso de necessidade. De fato são cada vez mais numerosos os partos feitos por parteiras e em casa, e os ginecologistas parecem outra vez mais dispostos a cooperar, ou por compreensão ou por falta de pacientes. Médicos *famintos* são um perigo para a sociedade e para as pacientes. Mas onde os encontramos com sadia autoconsciência, eles podem tornar-se uma vantagem. Ajustar-se outra vez às necessidades de mãe e filho é verdadeiramente ser um parteiro e, no fundo do seu coração, o parteiro mais querido.

O melhor preparo para o parto das futuras mães é a elaboração do próprio trauma do nascimento. A experiência da problemática do próprio nascimento é o mais importante passo educativo para parteiras e parteiros, para que esses problemas não continuem sendo projetados na mãe. Nada é mais perigoso num parto do que o medo inconsciente do ajudante com relação ao próprio trauma de parto. A experiência nos ensina que essas profissões são procuradas sobretudo por pessoas que ainda não entraram em acordo com o próprio nascimento, analogamente ao modo como as pessoas com problemas mentais tendem a estudar psicologia. O fato de essas tentativas até hoje não representarem nenhum papel nos programas atuais de formação, mostra como preferimos resolver esses problemas por meio da projeção, isto é, nos outros, elaborando-os, sem resolvê-los definitivamente.

PERGUNTAS SOBRE O NASCIMENTO

1. Imagine que você resolveu fazer uma peregrinação mais longa por uma caverna, mas depois de algumas horas está cansado, farto e quer voltar à luz do dia. Seu acompanhante, que até agora foi um bom guia, conhece um atalho, um caminho especialmente rápido para fora. Mas este só pode ser percorrido arrastando-se, e é tão apertado que você terá de postar-se de joelhos e cotovelos e arrastar-se sobre a barriga, como um réptil. Além disso, você não conseguirá enxergar a saída porque o caminho primeiro desce e depois torna a subir. O seu companheiro o adverte que não deve respirar fundo demais, enchendo os pulmões, para não ficar entalado no espaço exíguo. Como você hesita, ele lhe assegura que muitos antes de você rastejaram atalho acima e o atravessaram; que a montanha se mantém imutável há milhões de anos e que a caverna não vai ruir exatamente agora. Então ele o manda seguir.

— Como você se sente diante do pensamento de ter de atravessar esse atalho, esbarrando o tempo todo nas paredes?

— Tente imaginar a situação e avalie se tem confiança suficiente. Reviva em imagens interiores esse caminho árduo que sai da proteção da caverna escura, que já não lhe é agradável, para a luz da vida.

— O aperto e o medo associado a ele poderiam impedi-lo?

— Transfira essa experiência para o seu nascimento e o caminho para a vida.

2. Como você começa o dia como símbolo do ano e da vida?
   — Você se levanta da cama com facilidade, ou é difícil abandonar o ninho quente, a cavidade da cama?
   — Você tem medo e evita as tarefas do novo dia?
   — O novo dia está à sua frente como uma montanha, ou ele o atrai de forma mágica?
   — Você começa a trabalhar com impulso e energia ou com os freios puxados?
3. Você gosta do nascer do Sol?
   — Quando você apreciou o último alvorecer?
   — Você costuma fazer isso ou em geral dorme no período inicial do dia... e da sua vida?
   — Como se sente a essa hora do dia?
   — Você gosta de sair em viagem logo cedo?

Possibilidades terapêuticas para a solução dos traumas do parto

1. Reviver o nascimento numa psicoterapia adequada, como a terapia da reencarnação, em que o parto é revivido e desse modo tornado consciente.
2. Terapia com respiração forçada: o caminho através do próprio aperto, inclusive possíveis contrações, que nos obrigam à postura de embrião, com final libertação.

Esses dois métodos em última análise são úteis em todas as crises de desenvolvimento. Com a psicoterapia correspondente, sempre estarão ligados à exigência de lidar com o problema mais premente.

A terapia da respiração aborda automaticamente o tema energético mais premente; a energia vital busca igualmente por si mesma esse caminho.

Por último, todas as crises da vida são renascimentos em novos planos.

3. Exercícios simbólicos de parto:
   — exercício do botão: Nós nos encolhemos na posição fetal e depois nos desenvolvemos como uma flor.
   — exercício uterino a dois: um é o ventre materno, o outro, o nascituro; o ventre materno deita-se sobre seu bebê e o segura com os braços e ombros. Aos poucos, o nascituro começa a se libertar.
   — Fazer o carro que ficou atolado funcionar, mover situações estagnadas, forçar rupturas em todos os planos.

3. Crises pós-parto e de crianças pequenas

Vossos filhos não são vossos filhos.
Eles são os filhos e filhas da exigência da vida por si mesma.
Eles vêm através de vós, no entanto não vos pertencem.
Podeis dar-lhes o vosso amor, mas não os vossos pensamentos,
pois eles têm os seus próprios pensamentos.
Podeis cuidar do seu corpo, mas não da sua alma,
pois a alma deles mora no país do amanhã, em que não
podereis pisar, nem mesmo nos vossos sonhos.
Podeis esforçar-vos por serdes semelhantes a eles,
porém não busqueis torná-los semelhantes a vós.
Pois a vida não anda para trás,
nem fica no ontem.
Vós sois o arco, de onde vossos filhos foram
arremessados como setas
O arqueiro vê a meta na trilha do infinito
e ele vos dobra em sua força
para que suas setas voem longe e depressa.
Possa a curva na mão do arqueiro vos trazer alegria;
pois assim como ele ama a seta que voa,
ele ama também o arco que fica firme.

Khalil Gibran, Sobre as Crianças

Não podemos concretizar satisfatoriamente alguns sonhos não vividos por meio dos filhos, nem eles se prestam como telas para a projeção de grandes planos e desejos. Como espelho da própria situação, ao contrário, eles são inatingíveis. Eles trazem ao relacionamento ou à vida o que estava faltando. Se partirmos do pressuposto de que o destino não comete erros, mas ao contrário, está sempre se esforçando para elaborar as falhas e aproximar-nos do que nos falta, o resultado é que todos os pais recebem exatamente o filho certo, mesmo quando o adotam. Nesse sentido, o destino prova ser mais do que a cura enviada. O enriquecimento que os filhos trazem consigo está sobretudo onde menos o esperamos e, com mais freqüência ainda, onde não o queremos ver. Se pudéssemos tomar consciência deles, nós nos desenvolveríamos muito e, de modo inimaginável, cresceríamos por eles e junto com eles. Não existem terapeutas melhores do que os filhos. Eles se compõem parcialmente de nós, conseqüentemente, são parecidos conosco, de modo feliz mas muitas vezes também doloroso. Por meio dos conhecimentos intuitivos que têm dos pais, os filhos ainda têm a capacidade insuperável de colocar o dedo exatamente sobre os seus pontos fracos.

Enquanto os filhos crescem ao nosso lado, o nosso próprio crescimento pode fazer progressos surpreendentes. Assim também é possível explicar a ambição de muitos pais que querem que os filhos cresçam depressa, quando, na verdade, um crescimento lento aumentaria as chances de manter o passo com os pequenos. Assim como os filhos percorrem a história da humanidade em tempo acelerado, eles refletem para os pais as suas próprias etapas de desenvolvimento. Sempre haverá problemas nos pontos em que os pais ficaram estagnados, sem que isso seja confessado.

Os filhos também vêm a este mundo com temas de vida, como na geração anterior vieram os seus pais e, na maioria das vezes, suas tarefas de aprendizado têm visível semelhança uma com a outra. De todo modo, a temática existente nos filhos na maioria das vezes é mais facilmente visível, porque eles ainda não sabem lidar tão primorosamente como os adultos com os mecanismos de rejeição, como as racionalizações e as projeções. Eis aí o motivo por que poucas pessoas podem nos enganar tão bem como os nossos filhos. Se os nossos próprios problemas nos forem apresentados de modo simples, na forma de caricatura, isso será especialmente aborrecido. A tentação de ir contra o espelho honesto demais é compreensível, e a vantagem consiste unicamente no fato de ver o fenômeno do espelho como tal. No ritual matinal diário do banho temos a oportunidade de ver como é inútil culpar o espelho pelo rosto mal humorado que ele nos mostra.

Determinadas tribos de índios mantêm a idéia de que por trás de cada ser humano estão os seus ancestrais — do lado esquerdo os femininos, do lado direito os masculinos —, e esperam ansiosos serem libertados de padrões familiares ultrapassados por meio de uma vida ousada. Esse deve ser um dos motivos pelo qual os índios tendem nitidamente menos às projeções do que os seus irmãos e irmãs brancos. Aos homens modernos esclarecidos faria bem não só querer modificar os filhos, mas reconhecer a chance de modificar-se e de desenvolver-se junto com eles.

Depois do nascimento

Ao nascimento e batismo como ritual de entrada na vida polar, segue-se uma série de crises típicas para todos os envolvidos. Enquanto a vida da mãe muda totalmente e o filho ocupa o ponto central, o pai, acostumado a ocupar esse lugar, muitas vezes viverá a segunda crise. Mas sobretudo para a mãe, a mudança e os medos associados a ela no que diz respeito ao seu novo papel e à responsabilidade desacostumada podem apresentar traços de crise, até de depressão puerperal.

Depressão puerperal e psicose de amamentação

Como em toda depressão, aqui também se chega a um abandono da vida que parece exigente demais e muito difícil. A paciente foge da tensão acumulada que o filho traz à sua vida, para a pseudodescontração da depressão. Ela deixa a si mesma e aos outros na mão, e atribui a responsabilidade da nova situação ao ambiente. Conforme a gravidade da depressão, os pensamentos relativos às ameaçadoras limitações inescapáveis, à exigência e ao rigor exagerados até a lida com a morte podem penetrar na consciência. No caso dos desejos de morte ou intenções suicidas, a tendência para a fuga torna-se totalmente visível. Nesse caso, temos a impressão de que a mãe não estava preparada para a gravidez e menos ainda para o filho.

A solução seria buscar a lida inevitável com o princípio primordial saturnino e a reconciliação com os seus planos resolvidos. De fato, a velha e tão conhecida vida da mãe tem de morrer. Também o antigo relacionamento com o parceiro morrerá em sua forma costumeira, para ressurgir em novo plano. Convém reconciliar-se com as vindouras limitações e a renúncia inevitável em muitos âmbitos, talvez antes que as alegrias do novo capítulo de vida se tornem evidentes. Uma certa disciplina também faz parte da natureza do futuro tempo, bem como determinadas dificuldades. Aqui seria interessante pensar também na organização das necessidades do bebê e na negligência e no abandono dos próprios interesses. Às vezes, é preciso até um certo jejum de sono, quando o bebê tem de ser amamentado também durante a noite e, na pior das hipóteses, acaba com o costumeiro silêncio noturno. Quando a morte do costumeiro é aceita com consciência, logo se podem tirar da simplicidade saturnina belos impulsos para uma vida totalmente diferente, mas também um estilo de vida ao menos satisfatório. Quanto mais depressa a mãe curvar-se à natureza superpoderosa e às suas necessidades, tanto mais depressa terá início essa fase. Quanto mais disposta e voluntariamente a ruptura do novo for aceita na vida como um desafio, tanto antes essa experiência pode dar força. Pois, interiormente aceito, o princípio saturnino também transmite enorme persistência e uma capacidade exemplar de resistência. Inclusive coisas difíceis como a falta de sono — consciente e voluntariamente aceitas como um jejum — são menos ameaçadoras.

A psicose do puerpério ou psicose da amamentação pode ser enquadrada de modo semelhante à depressão. Como em toda psicose, trata-se de uma fuga do próprio mundo considerado insuportável para uma pseudo-realidade psiquicamente suportável. O surgimento de novos desafios é vivido tão intensamente e as reservas espirituais da mãe são tão pequenas, que ela vê na fuga a sua única saída. Com as possibilidades da terapia da reencarnação e com fáceis exercícios de orientação pode-se buscar a pessoa envolvida de volta; seja como for, é questionável se podemos lhe oferecer logo algo que a faça ficar na realidade vivida como sufocante, e entregar-se às tarefas da maternidade. Felizmente, o filho tem um influência que fixa à terra, e a maternidade, uma carga psíquica tão forte que as fugitivas também voltam a si sem tratamento.

Terapeuticamente, é preciso cuidar para que a mãe possa gozar de uma boa noite de sono. Não raro são as fases perturbadas ou ausentes de sonho que levam à proximidade da psicose. Os laboratórios de pesquisa do sono nos deram o conhecimento de que os sonhos noturnos são decisivos e da maior importância para nossa saúde psíquica. Se impedimos uma cobaia humana em condições laboratoriais de sonhar, na medida em que repetidamente a despertamos no início da fase REM,[24] depois de no máximo uma semana ela começa a ver imagens oníricas com os olhos abertos. Essas nada mais são do que as imagens de sonho não vividas à noite, que se infiltram na consciência diurna e a sobrepõem. Nessa situação, os psiquiatras falam de alucinações ópticas. O mesmo pode acontecer com a repressão da voz interior que leva a alucinações acústicas.

A amamentação pode provocar esse fenômeno em que o filho exige seu leite a intervalos regulares e nunca deixa a mãe dormir o tempo necessário para chegar ao prazer da fase dos sonhos. Nisso está o desafio de tornar-se consciente dos limites de outras realidades, de ajustar-se a outros mundos, aos quais o filho tem acesso natural no início da sua vida. Para isso não existe meio mais adequado do que o jejum dos sonhos.

Se pensarmos que nas iniciações de sociedades arcaicas muitas vezes eram usadas drogas psicodélicas como ajuda, e na Antigüidade também o *alcalóide de cravagem-de-centeio* que se aproxima muito do LSD, e que ela representava um papel importante no acesso a outros planos psíquicos da realidade, os paralelos ficam visíveis. Mesmo que num plano não solucionado, a psicose da amamentação é uma iniciação num novo mundo psíquico, e o jejum do sono, um caminho conhecido em diferentes tradições.

Perda do desejo

Outras dificuldades desse tempo, como a perda do desejo, podem parecer inofensivas, mas nelas pode haver muito explosivo. Assim, o pai percebe que de repente ficou relegado ao segundo plano. No verdadeiro sentido da palavra, ele é expulso do seio e da cama da sua mulher. Se existirem problemas não confessados com o papel de pai, isso pode causar grandes dificuldades que, por certo, não têm base no âmbito racional, mas em problemas inconscientes de auto-estima. Quem considera sua mulher sobretudo como uma posse, sente-se roubado. Quem percebeu nela a protetora e a mãe, agora acredita que foi expulso ou ao menos preterido. Quem a classificou como objeto de prazer, agora tem de admitir com pesar que obviamente existem coisas mais importantes na vida, entre as quais estão nutrir e cuidar do bebê.

Com freqüência, as dificuldades não aparecem de modo tão direto, mas só se mostram mais tarde, do ponto de vista sexual, o que pode dever-se tanto ao homem quanto à mulher, como naturalmente a ambos. Não são poucos os casais que caem num abismo sexual com o nascimento de um filho. Se o homem não puder ou quiser fazer sexo como antes, isso muitas vezes se deve à imagem que tem da mulher. Basicamente, ela se compõe de dois arquétipos: o venusiano, da amante, e o lunar, da mulher maternal (dona de casa). Quando o homem não consegue integrar ambos os arquétipos numa só imagem, surge o sofrimento. Se, por exemplo, ele se ajustou a uma mulher venusiana como amante e não se reconcilia com o modelo maternal, a mera observação do parto pode pôr em questão a imagem da "sua" mulher, e ele não consegue mais fazer sexo (com ela) e, num âmbito mais profundo, também não quer mais.

A atual presença já considerada normal do pai na hora do parto, como tudo, também tem o seu lado de sombra. Quando o homem não ousa expressar o seu medo, e só está presente por uma questão de dever, isso pode comprometer demais esse acontecimento. A experiência da impotência dificilmente é suportável para a maioria dos pais, e muitos sofrem muito com isso. Os ginecologistas dizem — em geral na forma de piada — que muitas vezes é mais difícil cuidar do pai do que das personagens principais, mãe e filho. Talvez o conhecimento de tornar-se uma figura à margem contribua para solapar a autoconfiança do pai durante o parto.

Se o homem estiver totalmente ajustado à mãe que existe na sua mulher, com o parto tudo o que era necessário foi feito, e ele sente intimamente que não há mais necessidade de ação. Com o início da amamentação, é comum surgir um ciúme adicional, que também pode impedir ou perturbar muitas coisas. O homem é expulso do seu papel infantil, ou seja, não está mais em primeiro lugar para a mulher.

Para dificultar as coisas, pode acontecer de a esposa sentir-se rebaixada, porque não é mais aceita pelo marido como uma mulher (inteira), mas apenas como amante ou como substituta da mãe.

Se o desejo da parte da mulher arrefecer, isso pode dever-se ao fato de ela ter agora tudo o que sempre desejou e de ter usado inconscientemente o modelo venusiano para servir ao objetivo lunar da maternidade. Quando as mulheres, depois do parto, ao pensarem no *dessous* que gostavam de usar até agora se sentem inferiorizadas exatamente por isso, fica claro que só entraram no plano venusiano para concretizar o seu verdadeiro objetivo, o seu bebê e o seu papel de mãe. Uma vez que fingiram algo, também os maridos se sentirão enganados. A tanto logro segue-se a correspondente desilusão.

Com o parto, a mulher entra visivelmente numa nova qualidade de tempo da sua vida, que estabelece novas prioridades. O marido, que não passou pela experiência de iniciação do parto, ao menos não no próprio corpo, vem claudicando atrás. Se ele exigir que tudo continue como antes, o novo tempo logo lhe ensinará, e depressa, o que é melhor. A expressão "fazer um filho em sua mulher" esclarece esse mal-entendido. Gostamos de nos iludir, pois ele também fez um filho, isso sem levar em conta a questão sobre quem nesse caso faz alguma coisa. Se o tema do pai é totalmente projetado para fora, sobre a mulher e o filho, ele logo estará fora e sofrerá por isso. Se tiver sucesso em adaptar-se ao papel de pai e estabelecer contato com o arquétipo paternal, a experiência estimulará o desenvolvimento do pai em vez de exigir demais. As exigências do destino podem exigir ou exigir demais. A diferença essencial depende menos do destino que do posicionamento do envolvido.

Em ambos os parceiros o impedimento pode dever-se à mera exaustão ou a muitas noites sem dormir. Do mesmo modo, o espectador desacostumado pode limitar ou até mesmo impedir o prazer erótico na cama do casal. Quem se sente observado pode ter muitos problemas diferentes, entre os quais, aqueles com seu Eu Superior. Também pode surgir o medo de esgotar psiquicamente o filho. No fluxo do espírito da época que veio dos EUA e adverte sobre o abuso de crianças, mães medrosas já vêem queixas de corrupção de menores surgirem em seu caminho.

Problemas de adaptação infantil

Para o recém-nascido, a mudança é ainda maior. Em sua história individual de desenvolvimento ele precisa elaborar a passagem de criatura aquática para criatura da terra, o que faz parte decisiva da evolução. Uma mudança mais forte é impensável. No geral, cada pessoa precisa repetir os passos decisivos da história do desenvolvimento.[25] Com relação a isso, não herdamos muita coisa. Como toda a vida, começamos como uma célula e nos transformamos num ser aquático com muitas células, do qual, mesmo na idade adulta a ordem de classificação das nossas vértebras é testemunha dos pêlos do nosso corpo. Depois de milhões de anos de nossa saída da água, somos compostos de mais de dois terços de água. A água celular manteve uma composição semelhante à da água do mar primordial. A despedida do reino aquático, com a mudança para a terra e a entrada no reino do ar, é um passo enorme na evolução, mesmo que ela nos tenha feito aterrar de barriga, como um réptil. Finalmente nos erguemos sobre os quatro membros e conquistamos engatinhando o reino dos animais mamíferos. Também tivemos de ficar em pé sobre as patas traseiras, o passo decisivo para a humanização,[26] e essa é uma conquista que temos de repetir, cada um por si.

Em muitas culturas arcaicas as mães suavizam a mudança pós-parto amarrando o recém-nascido na barriga, para sentirem a costumeira proximidade e proteção. Em outras culturas, eles são bem enfaixados e, assim, lembrados diretamente da situação do nascimento.

Alguns sinais indicam que essa mudança é difícil para os recém-nascidos. Os assim chamados berradores saúdam a nova situação com um barulho que pode amargurar a vida dos pais. Totalmente inaudíveis, aqui são liberadas as agressões e os desesperos, que não raro encontram eco nos outros membros da família, em geral extremamente nervosos. A cólica dos três meses ataca com agressividade os pais sobrecarregados por meio de padrões semelhantes. Aqui fica visível que os pequenos não conseguem digerir bem a nova vida. É provável que o problema esteja na mudança do cuidado natural nas condições de país das maravilhas no ventre materno e o cuidado de si mesmo ao sugar o leite, tarefa um pouco cansativa. Os filhos demonstram com sua gritaria como o nosso mundo é doloroso para eles. O fato de os meninos serem mais atingidos do que as meninas, pode indicar que o sexo masculino já vem ao mundo com dificuldades maiores de adaptação, com mais dificuldade de se livrar das agressões e que os meninos estão mais distantes do reino da *matéria*. O psicanalista René Spitz propõe um outro plano de explicação para a cólica dos três meses, que se baseia na observação de que as crianças de orfanato praticamente não a conhecem. Quando a mãe do bebê cuida muito dele, especialmente quando o amamenta segundo o sistema da necessidade, isto é, dá o seio assim que o bebê chora, ela aumenta a probabilidade de que haja cólicas. Adicionalmente, os pesquisadores encontraram tensão muscular entre os bebês chorões. Spitz parte do fato de que essas crianças não estão com fome quando berram, mas apenas buscam uma possibilidade de se livrarem da sua tensão. Se a cada vez recebem o seio ou a mamadeira, eles de fato podem eliminar algumas tensões mamando e logo depois ficarem tranqüilos, mas, a longo prazo, o problema só se agrava, porque a cada vez recebem uma alimentação de que o sistema digestivo não precisa. Por melhor que "amamentar sob pedido" seja para muitos bebês, a alimentação só deveria ser dada depois da fome. No caso do choro para eliminar a tensão, o alimento é a resposta incorreta e desencadeia um círculo vicioso. A experiência defende essa interpretação, visto que a cólica dos três meses é desconhecida nos filhos que são carregados sobre a barriga das mães indígenas. Esses bebês têm suficiente alívio da tensão pelo duradouro contato da pele e o balanço contínuo.

Podemos imaginar que talvez a cólica dos três meses seja somente uma tentativa sintomática de o filho receber um contato (de pele), coisa de que tanto precisa para seu desenvolvimento. Quanto a isso, a experiência diz que o uso da chupeta pode ser útil e também o sono num berço de balanço. Para as crianças de abrigos, os gritos trazem pouco resultado, visto que nenhuma mãe preocupada reage a eles e, dessa maneira, não recebem nenhuma dedicação. Por isso também não são alimentados em horário impróprio e são poupados da cólica. A melhora depois dos três meses, segundo Spitz, acontece porque as crianças desenvolveram outra possibilidade de se livrarem das suas tensões, por exemplo, agora conseguem se embalar sozinhas.

Problemas da amamentação

Os problemas da amamentação podem ter suas raízes tanto na mãe como no filho e também conter traços de crise. Se a mãe não tem leite, isso muitas vezes é sentido como uma carência, o que realmente não deixa de ser verdade. Por trás disso está naturalmente uma tentativa inconsciente, mas clara, de não dar nada de si ao filho, deixando de alimentá-lo. Apenas esse significado é decisivo para o caráter de crise da situação, pois tecnicamente o problema é mínimo — do ponto de vista puramente material o leite substituto adaptado contém menos substâncias nocivas. Para as necessidades psíquicas, no entanto, o leite artificial da mamadeira não passa de um substituto.

No raro fenômeno do mamilo voltado para dentro, o afastamento do mundo exterior, pelo menos no que se refere a essa região, não pode deixar de ser visto. Os mamilos dos seios que a moda atrevida até acentua ofensivamente, nesse caso recolheram-se para dentro. Seja como for, parece que essa postura defensiva relaciona-se com o papel erótico dos seios e às vezes até pode ser corrigida pelo recém-nascido. Sua ânsia pela vida pode reverter a situação e obrigar o mamilo a mostrar-se pela sucção permanente. Muitas vezes pequenas "próteses" podem ajudar a plástica da situação.

Se a criança não toma a iniciativa de mamar, a responsabilidade é visivelmente dela, e aí é preciso decidir se ela não pode ou se ela não quer. Possivelmente, ela é tão fraca ou imatura que o reflexo da sucção ainda não funciona. Nesses casos, seria natural interpretar literalmente a situação responsável por isso. Se, ao contrário, um bebê maduro rejeita o seio materno, a crise muitas vezes foi programada. Enquanto a mãe, que recusa seu leite, sempre pode fugir para as racionalizações médicas, neste caso a nitidez da mensagem fica dolorosamente clara: o filho não aceita nada que venha dela e não quer nada dela. Muitas mães sentem isso claramente e se sentem rejeitadas. Os motivos podem estar na gravidez, mas igualmente em experiências precoces.[27]

A própria cama e a cama dos outros

Os motivos e ocasiões em que os pequenos encontram o caminho para a cama dos pais são visivelmente variados: durante ou depois de uma doença, o que ensina à criança o quanto pode lucrar com elas; em situações de férias, quando não há um quarto à disposição das crianças; quando ela está com a vovó, e ela não perturba porque, seja como for, a avó se sente muito solitária etc. O que de início parece tão doce e na amamentação noturna bastante prático, com o tempo pode dar nos nervos dos pais e, no sentido duplo da palavra, ser irritante. Direitos uma vez adquiridos são teimosamente defendidos pelos filhos.

Quem acha que os filhos ainda não têm um ego ou consciência do seu poder, rapidamente mudará de opinião. Como mais tarde na vida, os direitos adquiridos geralmente são defendidos aos berros. Enquanto nenhum dos lados ceder, essas lutas podem durar um certo tempo e muitos pais se espantam com a duração e as reservas de energia da própria prole. Muitas vezes o mais esperto cede, e estes são naturalmente os pais que, a fim de evitar uma crise, perdem a primeira luta pelo poder. Mas, assim, a próxima crise é programada e muitas vezes traz um estopim ao relacionamento, a começar pelo sacrifício do próprio sono, isso sem falar do desejo sexual.

Os dentes

A ruptura da agressão na vida ocorre em diversos âmbitos quase simultaneamente. Embora não vivamos a construção do sistema imunológico do filho com consciência, o rompimento dos dentes, coordenado pelo tempo, raramente passa despercebido. De início, a força ofensiva necessária para a defesa do corpo era recolhida pela mãe na forma de anticorpos, e no parto o filho ainda podia confiar adicionalmente nas próprias forças vitais na forma de contrações. Mas quando o mais duro que o corpo tem a oferecer, o esmalte dos dentes, rompe o mais suave, a mucosa bucal, a ajuda externa só é limitadamente possível e a criança depende muito de si mesma. Ela é confrontada com a dor constante, da qual tenta se livrar chorando a plenos pulmões. No início, a dor ainda pode ser controlada pelos pais com meios caseiros como camomila, óleo de cravo ou colares de âmbar. Mas, quando depois de semanas os bebês querem passar a noite sendo carregados no colo de um lado para o outro e, apesar disso, gritam, os adultos podem testar até que ponto e com que consciência resolveram a própria problemática da agressão.

A inflamação crônica da gengiva trai um conflito básico relativo à agressão. Quando os dentes têm de se morder, a boca arde. Na linguagem bávara a expressão "dentes" é sinônimo de chorar.[28] A dor e a inflamação pertencem igualmente à temática de Marte, que não só muitos bebês, mas também a maioria dos adultos da nossa sociedade amam e às vezes também necessitam seriamente.

O desmame

Uma crise igualmente árdua pode ligar-se ao desmame. Quando este último resquício do país das maravilhas tem de ser tirado das crianças, elas podem resistir com bravura e até encenar um jogo de chantagem. Tão natural era a nutrição do filho pelo cordão umbilical, que lhe parece igualmente natural e obrigatório o acesso ao leite (bar)materno. Em muitas crianças com 3 anos de idade não podemos nos furtar à impressão de que passaram diretamente do seio da mãe para o bar. Ao pedirem sua bebida, isso mal tem relação com a fome. Apenas o tipo de ataque à fonte de leite pode indicar que está em jogo uma problemática de poder. Mal o *front* dos pais — aqui muitos pais se colocam ao lado da mulher e estão bastante engajados na educação, mesmo que no próprio interesse — conquistou uma vitória aparente no âmbito doméstico, numa nova situação a arma do choro pode triunfar outra vez e fazer recomeçar todo o drama.

Especialmente quando o desmame se estende até a fase da birra, seria necessário a ambas as partes que os pequenos aprendam que a chantagem não leva ao objetivo e que podemos lidar com certas dificuldades, mesmo quando não recebemos tudo o que queremos; é exatamente nesse momento que começa de fato a etapa seguinte do desenvolvimento.

Da problemática do desmame resulta diretamente a lida posterior com o tema da renúncia. Se a necessidade de ser amamentado não se encerrar por si ou se esse presumido direito é defendido com teimosia, isso nos leva a concluir que a criança deseja cuidados duradouros. Trata-se, por assim dizer, de um efeito retardado de retirada no caminho do país das maravilhas e temos de contar com outras batalhas.

Crises das crianças pequenas

Sobre crianças que engatinham, ratos de biblioteca e disléxicas

Quanto às crianças que andam de gatinhas, as que são ratos de biblioteca e as disléxicas, só descobrimos mais tarde como cada uma dessas fases é importante e, com freqüência, conforme os problemas vão surgindo. Hoje, por exemplo, sabemos com bastante certeza, que engatinhar é importante para o desenvolvimento e coordenação de ambas as metades do cérebro, pois quando a fase de engatinhar é encurtada ou impedida, podem surgir problemas como a dislexia. Há tempos, chamou a atenção dos terapeutas que são justamente os pais ambiciosos que com freqüência têm filhos que, como disléxicos, lutam em vão com a seqüência das letras. Provavelmente, foi justamente a ambição desses pais que fez os filhos andar cedo demais. Mais tarde, essa ambição logo é tratada pelo sintoma. Ficar precocemente em pé exige demais da metade esquerda do cérebro, não dando à direita tempo suficiente para fazer as experiências sensuais necessárias. O contato com a Mãe Terra parece ser importante como base, sobre a qual construir. Dedicação firme e esforço de desempenho exigem tempo, que não lhes deve ser negado. Aos disléxicos não faltará mais tarde a inteligência, mas a capacidade de pôr ordem na sua salada de letras. Conseqüentemente, permite-se que eles, do lado terapêutico, possam repetir sua fase de gatinhas, inclusive na juventude, com o que, têm-se obtido bons resultados. Quem se esforça cedo demais para alcançar o Pai Céu, sem ter ainda se reconciliado com a Mãe Terra, visivelmente têm problemas com as alturas da cultura escrita. Gatinhar não é melhor do que ficar em pé, mas ambas as coisas têm sua hora, que devemos respeitar.

A luta para ficar em pé

A luta para ficar em pé é como uma passagem para o reino do Ar, um trecho da história da evolução humana que se repete. A criança vive isso como uma crise, na qual podemos observar o que acontece em todas as crises. O importante é manter a determinação; comparativamente, o tempo necessário para isso não tem importância. A criança está decidida a dominar a crise e a ficar em pé, e nem mesmo a freqüentemente longa cadeia de insucessos pode desanimá-la.

Analisando cada criança pequena podemos ver como deve ter sido difícil esse passo para a humanidade. O primeiro passo repleto de significado rumo a conseguir andar deve ficar claro também na temática oculta, pois trata-se aqui de nada menos do que de ficar em pé.

Não esperamos que nenhum animal, por mais treinado que seja, fique ereto. Enquanto um bebê engatinha de quatro, costumamos deixá-lo em paz com essa pretensão de caminhar. Mas, assim que o bebê começa a andar, os adultos do seu ambiente começam com exigências. Desse ponto de vista, ficar em pé é o passo decisivo e característico da evolução. Também é o ponto a partir do qual a criança se refere a ela mesma como um "eu", e foi provavelmente o momento a partir do qual a humanidade desenvolveu a sua consciência do eu.

Nesse ponto muitos pais ficam orgulhosos e entregam o filho à prematura experiência de deixá-lo andar. Diz uma mãe: "O meu filho já sabia andar com 1 ano." Diz a outra: "Isso não é nada; a minha filha andava sozinha aos nove meses." Se um garotinho passa num carro esportivo, ele se inclina para fora descontraidamente e diz: "Com 4 anos, ainda me deixo conduzir e carregar."

O primeiro não e a fase da birra

À medida que ficar em pé sobre as pernas marca uma crise para a criança, o primeiro *não* pode tornar-se uma crise para os pais. A criança começa então inaudivelmente a isolar-se e a verbalizar a sua vontade. Se até agora ela concordava e, na maioria das vezes, participava, isso muda drasticamente. Ela começa cada vez mais a excluir coisas da sua vida, caso em que o estranhamento, o assim chamado medo dos oito meses, é um precedente dessa etapa de desenvolvimento. O caminho para a polaridade exige a destruição e a construção do ego, e este é alimentado sobretudo pela delimitação. Na unidade do paraíso, no centro da mandala da vida, não existe nenhuma diferença e, com isso, nenhum ego. Somente com a queda para fora do paraíso — o pecado original —, os seres humanos se separam da unidade e começam a diferenciar-se e a estabelecer limites. Por todo o caminho de vida, esse tema torna-se cada vez mais importante e encontra no primeiro *não* a sua primeira disseminação definitiva e atinge, na fase da birra, seu ponto máximo.

Aprender a isolar-se e a dizer *não* é tão importante para a criança que nas provas de poder da fase da birra ela também aprende a perder. Crianças que geralmente vencem nesse momento, no futuro são as que mais sofrem por isso e estarão sempre em busca de exigir limites confiáveis do seu ambiente. Quanto mais tarde começar o sofrimento causado pela própria teimosia, tanto pior para a criança. Tão importante quanto estabelecer limites para o desenvolvimento do ego é reconhecer que existem outros egos com limites e que esses limites têm de ser respeitados, porque, caso contrário, levaremos um soco no nariz.

Crianças às quais não se impõem limites, como talvez às vítimas de uma mal compreendida educação anti-autoritária, provocam seu meio ambiente na esperança de ainda se defrontarem com limites; e às vezes elas chegam a mendigar uns tapas na orelha. O ego só pode sentir-se nos limites e, conseqüentemente, precisa deles para se desenvolver. Sentir os limites dá estabilidade, não sentir limites muitas vezes leva à instabilidade.

Sem levar em conta os riscos que as crianças sem experiências *competentes de limites* às quais a nossa sociedade moderna está entregue atualmente, talvez na tendência ao vício no cenário das drogas presente em toda parte, os pais que permitem praticamente tudo tornam a própria vida temporariamente difícil e a vida dos filhos difícil para o resto da vida. Com o seu não a criança provoca justamente outros nãos. Se ela não os receber no tempo certo, tampouco se acostumará no tempo certo com a noção de que as coisas não podem se realizar conforme a sua vontade. Quando as primeiras frustrações graves acontecem na época de formação profissional, quando a proteção paterna já não está presente, em geral é tarde demais. Essas crianças grandes reagem ofendidas à desacostumada situação de fracasso e não raro fogem dela, em vez de enfrentá-la e continuar o caminho com sua força de ação e disposição de assumir compromissos. Não precisa tratar-se sempre de uma fuga por meio das drogas, mas, de todo modo, um número considerável de viciados provém do contingente daquelas crianças de família que foram vítimas da superproteção (preocupação em demasia) na infância e falta de confrontação com situações de fracasso. O outro grande grupo praticamente só viveu frustrações e não recebeu lições sobre onde a vida é cumprida.

Na educação é especialmente importante tornar claro que não se trata de impedir as crises, muito menos as crises de transição, mas de entendê-las e responder adequadamente a elas. Assim, o sentido e objetivo da fase da birra é tomar conhecimento dos limites, sem afundar psiquicamente por isso. Nesses primeiros jogos de poder, a criança pode aprender a lidar conscientemente com a vitória e com a derrota. Quando isso não acontece, os déspotas e tiranos são condenados muitas vezes a uma vida destinada ao fracasso.

Lutas clássicas de poder

Em geral, chama a atenção nas crises da infância o significado central da agressão. Marte é a energia do começo, do primeiro impulso, e tem uma relação natural com todos os inícios. Não há possibilidade de tirar do jogo da vida esse princípio primordial, nem com a ajuda dos conceitos de parto suave e da educação anti-autoritária. A evitação de um princípio primordial leva diretamente ao fato de ele buscar outras válvulas de escape e colocar em evidência seus planos não solucionados.

O nascimento sempre exigirá coragem e força ofensiva de ambas as partes, exatamente como a primeira infância exige a vontade de realização e a força. A chance positiva desse conhecimento está na possibilidade de introduzir corajosamente os planos solucionados do princípio, a fim de conseguir classificar ao menos os enganos acontecidos. Sem dúvida, os golpes são uma possibilidade primitiva e não solucionada, mas de fato o punho cerrado dentro do bolso é um mal ainda maior. O golpe dado na criança pode enquadrá-la muito bem, e não causará grandes danos. A ameaça vespertina de uma mãe cuja agressão é inibida — "Espere só até o papai voltar para casa!" —, ao contrário, é uma espécie de tortura psíquica, porque a criança passa várias horas com medo. À noite, quando o pai mais agressivo fracassa na execução do castigo prometido, falta a relação do ato com o mal realizado. Agora o lado não solucionado do princípio da agressão festeja triunfos tardios, que podem causar danos realmente graves.[29]

O grosso dos problemas com crianças pequenas se concentra em três complexos temáticos: os pequenos não comem todo o prato de comida, não enchem o penico e não querem ir para a cama do modo como os pais imaginam. Nesse caso, trata-se das clássicas lutas de poder das quais se alimenta a formação de fronteiras em ambos os lados. Muitas vezes a temática oculta não é vista, porque os pais ainda não esperam motivações como essas em crianças de tão tenra idade. Isso, por sua vez, tem a ver com o fato de não aceitarem suas próprias lutas de poder e não desejarem olhar para o espelho que os pequenos dispõem-se a lhes mostrar. Mas seria ótimo para poupar os nervos, reconhecer precocemente os mecanismos básicos de poder. Sobretudo deve-se saber que a cada luta pelo poder sempre pertencem no mínimo dois lados.

A panelinha (parte superior): problemas com a comida

Em geral, a criança come e bebe quando tem fome. Quando, porém, ela sente que a comida tem um valor excessivo para seus pais, surgem os problemas. Ela não come mais para si mesma apenas, mas para satisfazer os pais e, em dado momento, surge a questão natural, se ela sempre deve ser tão boazinha com eles. Pais preocupados especialmente com a alimentação saudável, e que em geral têm uma ideologia sobre o assunto, são facilmente chantageados pelos filhos.

A solução é simples: tão logo os pais reconheçam o próprio problema e retirem o peso do tema, a situação à mesa pode voltar ao normal. Mesmo as crianças maiores, que já têm experiência com os pontos vulneráveis dos pais e poderiam praticar uma luta de poder, na maioria das vezes reagem depressa à mudança interior deles. Aqui é vantajoso saber que os filhos, mesmo que pulem algumas refeições por birra, não morrerão de fome tão depressa. Se não receberem nada no intervalo entre as refeições, logo começarão a comer o que lhes for oferecido.

Se os pais não iniciarem a educação higiênica com a pressão de esvaziar o prato, a criança em breve reagirá ajuizadamente. Quando tiver fome, ela irá comer e, de preferência, aquilo de que gosta. Nisso existe muito mais uma vantagem do que um problema. Muitos adultos sofrem muito com o fato de terem de comer compulsivamente tudo o que é servido à mesa. Essa exigência vem dos dias em que a comida era escassa e devia-se aproveitar cada oportunidade de comer. Atualmente, temos antes o problema oposto e deveríamos nos alegrar quando os filhos desenvolvem precocemente o seu próprio paladar e *podem* parar de comer quando estão satisfeitos. Para isso, basta aprender a esperar até a próxima refeição. Pois é natural que o tema comida também seja usado pelas crianças para criar um sistema de luta e até mesmo de terror.

Como só enfatizamos a boa forma a partir da puberdade, não faz sentido engordar os pequenos gorduchos e doces gordinhas na infância e criar um número exagerado de células gordurosas. Tudo depende do início, diz a tradição esotérica, e isso também vale para o desenvolvimento de uma boa silhueta e do equilíbrio.

Os refinados truques de alimentação deveriam passar por um exame crítico. "Uma colher para a mamãe e mais uma para o papai", estimula a dedicação aos pais de modo hábil, mas bastante inadequado, com a alimentação contra a vontade. Comer como prova de amor é um programa previsivelmente ruim para a vida futura. Também a constatação "uma vez não são vezes" talvez corresponda ao pensamento mágico da infância e funciona, mas continua problemático no que diz respeito à tentação da comida.

Em todas as crises que giram em torno do problema do poder na primeira infância, aconselha-se tratar os pequenos como adultos inteligentes e alimentá-los do mesmo modo. Em geral, podemos partir da opinião de que eles entendem mais do que em geral supomos. Nessa correlação chama a atenção uma série de desacordos com os quais a problemática dos pais está intimamente associada. Enquanto, por um lado, os filhos são estimulados a dar tantos passos de desenvolvimento quantos forem possíveis mesmo antes do tempo, por outro, eles são impedidos em seu desenvolvimento futuro por meio da linguagem e dos cerimoniais de alimentação do bebê e mantidos artificialmente nesse nível.

Pais que percebem que os seus filhos já fizeram progressos visíveis num bom desenvolvimento da linguagem, mas que não conseguem separar-se das primeiras expressões dos seus pequenos, deveriam pensar se não teria mais sentido dar a essa fase mais atenção no sentido da descoberta da própria criança interior. Seria preferível que permitissem que a sua criança interior tagarelasse mais e, de fato, é *essa criança interior* que não quer se separar das doces palavras de bebê. Eles deveriam dar à *criança junto deles* a chance de crescer tão depressa quanto ela puder e desejar. Um impedimento especial para o desenvolvimento do filho é quando do ambos os fenômenos, a linguagem e a alimentação de bebê, forem prolongados além da hora certa. O momento certo também aqui tem significado decisivo e o que é bom e agradável agora, pode ser doloroso e nocivo na etapa seguinte de desenvolvimento.

O peniquinho (parte inferior): problemas de higiene

As coisas são muito semelhantes no tocante à problemática da panelinha e do peniquinho. O que entra por cima, em algum momento precisa sair. Isso acontecerá no ritmo natural, sem problemas. Os riscos desta luta de poder são igualmente mínimos como no caso da primeira panelinha, o que permite saber que crianças amamentadas ao peito em geral passam vários dias sem evacuar e sem problemas.

Em geral, quando não se demonstra interesse exagerado pela evacuação, não há problemas. Mas quando toda a família se reúne ao redor da criança entronada no seu penico, à espera do "presente", com o tempo a criança ficará imaginando se deve presentear tão ricamente a família todos os dias. Ela de fato transformará o penico no seu trono e dele regerá toda a família. Se o desespero no seu reino for muito grande, ela misericordiosamente pressionará um pequeno presente duro; caso contrário, cuidará da sua riqueza com muita economia. Expressões para a evacuação infantil como "grande vontade", "presente da mamãe" etc. delatam a peça que está sendo representada aí.

A criança está simbolicamente com a razão quando vê em seu cocô um tesouro, o que a psicanálise constata por meio dos contos de fada, que falam de um asno de ouro que "evacua moedas de ouro". A voz popular também conhece o assunto e profetiza a riqueza material quando alguém pisa em fezes de cachorro. Afinal, o cocô é a única coisa material que o bebê tem para presentear, e por isso mesmo é o seu maior tesouro.[30]

O problema incômodo com a avareza precoce da primeira infância desaparece assim que os pais tiram a ênfase do problema e deixam de lado todo o orgulho de querer que o filho se torne asseado especialmente cedo. A experiência comum mostra que praticamente todas as crianças já possuem hábitos de higiene formados ao atingir a idade escolar. Esse fato pode nos dar confiança. Quem tiver paciência verá que, na hora certa, o filho por si só começará a colaborar.

Melhor que todo treinamento intensivo, exagero de expectativas e objetivos de ensino elevados demais seria usar a própria intuição. De fato, é fácil perceber quando os bebês fazem força. Se nesse momento decisivo rapidamente colocarmos o bebê no penico, temos o efeito desejado sem o uso de longas e cansativas sessões. A percepção do momento certo é totalmente natural, e nos casos em que se tenha perdido, pode ser desenvolvida novamente, como demonstra a história que segue: Um missionário pragmaticamente orientado perguntou a uma nativa, que havia envolvido seu bebê num pano, como ela sabia quando ele precisava fazer cocô. Com toda a naturalidade, ela lhe perguntou como *ele* sabia que estava com vontade.

Toque de recolher: a hora de ir dormir

O problema com o ritual noturno de ir para a cama tem um componente de poder semelhante, mas também uma dimensão mais profunda. O ser humano fica cansado e quebrado no que diz respeito ao sono sobretudo por causa da resistência em seu dia-a-dia. Se alguém está encantado com alguma tarefa, não se sentirá tão cansado quanto com uma condição comparável, mas tediosa. Recém-apaixonados quase não precisam de sono e gozam cada momento juntos. Quanto maior a satisfação e a consciência com que o momento é vivido, tanto menos o cansaço entra no jogo; mas, se entrar, é um cansaço agradável, sadio.

Muitos adultos realizam grande parte do seu trabalho diário com grande resistência quando executam tarefas de que na verdade não gostam ou que são menos divertidas do que, por exemplo, tirar férias ou um final de semana prolongado. Conseqüentemente, as suas idéias estão em outro lugar, pensam na noite agradável do feriado, do final de semana ou das próximas férias. Este não estar presente no momento os deixa cansados e, quando finalmente chegam ao feriado salvador, querem sobretudo paz. Exatamente nesse ponto são confrontados com as crianças pequenas, que brincaram com o que a cada momento lhes dava mais alegria durante todo o dia. Do ponto de vista dos adultos, elas alegremente haviam feito toda sorte de arte e, contudo, não estão cansadas. Do mesmo modo, quase não estão cansadas à noite, provando aos pais que a sua vitalidade é ininterrupta. O fenômeno se intensifica e se torna ainda mais desagradável quando elas — como muitas crianças da cidade grande — não descarregaram fisicamente suas energias e não as usam ao longo do dia. Então, na idéia dos adultos, as crianças estão cansadas, mas não querem ir para a cama porque ainda estão insatisfeitas, tal como os adultos. Elas ainda não receberam suficiente dedicação dos pais. Ou não conseguem separar-se do dia porque este ficou lhes devendo muitas coisas.

Em geral os pais determinam quando é hora de ir para a cama, conforme o seu nervosismo e visando a uma noite o mais longa possível longe do "pequeno espírito atormentador". O conflito de interesses está em questão e manifesta-se nas birras e intensas lutas de poder. Quando os pais costumam transformar a noite em dia e só se divertem à noite, é natural que as crianças os imitem e a noite também contenha para elas uma importância especial.

Principalmente nos dias em que os pais têm planos e ficar livres dos filhos é importante para eles, os pequenos, intuitivos e cientes do seu poder, gostam de frustrá-los e não adormecem nem com os melhores truques. Isso se deve novamente ao fato de as crianças, ao contrário dos adultos, prestarem pouca atenção à passagem do tempo e, em vez disso, reagirem intuitivamente aos sentimentos e disposições de ânimo. Quando o papai "se dedicou" mais de meia hora a ele, isso pode não representar nada para o filho, porque este sente que em seus pensamentos o pai já está no concerto e à espera de que ele finalmente feche os olhos e durma. Todo o controle especulativo do nível desejado de cansaço da parte dos pais, torna os pequenos bem despertos e vai de encontro à própria posição de poder dos adultos. Isso sem levar em conta que não interessa aos pequenos que os adultos saiam (muitas vezes, escondidos).

Quando os pais realmente se tornam indiferentes, pois têm certeza de que não se trata de nenhum problema, o todo por certo funciona com mais segurança, pois todo ser humano precisa do sono, nem que seja de curta duração. Principalmente se despertarmos a criança pela manhã, impedindo-a assim de *dormir com as bonecas*, com o tempo o ritmo natural voltará a dominar.

Em princípio, não há diferenças essenciais entre os problemas de sono dos adultos e das crianças. Também os assim chamados adultos insones dormem bem, só não dormem na hora melhor para eles. Aqui existe uma luta de poder entre as diferentes funções da própria psique. O mais importante é deixar todo dogmatismo de lado e aceitar que algumas pessoas precisam de mais sono e outras de menos, algumas não conseguem viver sem dormir à tarde e outras sentem-se mal se fizerem isso. Frases como: "uma criança (ser humano) precisa de no mínimo tantas horas de sono" são fonte de problemas supérfluos em qualquer idade.

A quantidade de sono de que o próprio filho precisa, pode ser melhor determinada empiricamente. É importante dormir antes da meia-noite, dizem os pais que não se orientam por esse princípio, mas acham essa regra muito prática para os filhos. Naturalmente, as crianças inteligentes enxergam esse jogo duplo. De fato, manter ritmos de vida naturais é mais sadio do que desconsiderá-los, mas isso vale para todas as idades.

Pequenos rituais em vez de problemas de poder

Um ritual harmonioso e estável para adormecer ajuda as crianças a deslizar suavemente para o reino de Hipnos. Falar sobre a visita do homem do saco de areia que derrama a areia e faz os olhos se fechar e as histórias de boa noite são insuperáveis para estimular o sono. Especialmente apropriado para essa finalidade é criar uma história cuja continuação realmente desperte um grande interesse na criança. Aos adultos habilidosos abrem-se inúmeras oportunidades maravilhosas que podem proporcionar alegria aos dois lados. Se a história for significativamente elaborada, recomeça-se com um resumo do que foi dito até então e com uma introdução excitante aos novos episódios, sendo que a ação deve ir se tornando cada vez mais tranqüilizante e estimuladora do sono.[31] O final pode ser uma hábil entrega ao mundo dos sonhos.

Analogamente, pode-se criar um ritual de alimentação que, como todos os rituais, consiga um enquadramento estável ao ser mantido. A repetição do mesmo horário ajuda tanto quanto comer sempre no mesmo lugar, reservado para isso. Talheres especialmente bonitos, como por exemplo, um misturador de prata,[32] que ninguém mais usa, podem servir de apoio. Se o é para os adultos, para as crianças é de importância ainda maior que a refeição seja feita bem devagar e numa atmosfera descontraída. Um breve momento de reflexão — ou sempre que possível uma oração à mesa —, estimula substancialmente o ritual. Quando a refeição tem um significado de importância para os pais e quando vêem nos alimentos os meios de vida que lhe são fornecidos do céu ou, por outro lado, um presente da mãe natureza, esse comportamento será transmitido aos filhos. Nesse caso, convém cuidar para que o todo não seja sério demais, sagrado demais e, em última análise, inadequado para as crianças.

À noite, velas e música suave podem criar uma atmosfera propícia. Quando os pratos não só são saudáveis, mas também preparados e celebrados com esmero, muitas vezes é possível evitar o campo de batalha à mesa — especialmente quando as forças vitais de Marte já foram suficientemente satisfeitas durante o dia, em outro lugar. Embaixo da árvore de Natal as crianças dificilmente criam um campo de batalha. A atmosfera de consciência e respeito que no caso é criada pelos adultos, impede que o façam.

Um ritual do penico, por sua vez, pode ser feito de pequenas coisas até chegar a uma elaboração sofisticada. Aqui o caráter de ritual é mais acessível ainda a muitos pais, e do lado da sombra existe o perigo de exagerar. Deixar a torneira aberta com o barulho de água correndo é um ritual muito conhecido, cujo efeito prático ocorre espontaneamente. Uma música com barulho de água, reservada unicamente para essa ocasião, pode aumentar o efeito. Pequenas medidas podem surtir um grande efeito, porque evocam reflexos; mal a criança ouve a música, ela já faz suas necessidades. Isso também deixa claro por que essa música deve ser reservada só para esses "momentos".

Quanto maior a naturalidade dos pais com os próprios rituais de evacuação, tanto mais fácil fica para os filhos. Em todo caso, há muitos pais que, levados pela necessidade, enfatizam esses rituais para si mesmos. Então não é raro que ajuntem pequenas bibliotecas no banheiro, escolham assentos especialmente macios que possam ser aquecidos; e o lugarzinho *tranqüilo* é decorado como o aposento mais importante da casa. Quando o banheiro é o único lugar realmente tranqüilo da casa, essa pode ser uma solução provisória. Com certeza seria muito melhor instalar uma sala de meditação ou de leitura, e treinar soltar-se também em outros aposentos destinados a isso em outras situações de vida. O nome "lugarzinho tranqüilo" já revela que essa obra, bem como muitas outras, requer uma certa calma e até mesmo um determinado silêncio. Muitos adultos adoram esses minutos, que pertencem somente a eles, e os prolongam por horas. Nesse caso, além da obra, produzem-se boas idéias e conceitos para negócios bem diferentes.

Naturalmente, os filhos herdam algo assim, e com certeza seria contraproducente excluí-los rigorosamente de todas as atividades no banheiro, visto que é por elas que se interessam mais. Em sua necessidade de imitação, elas tentarão encenar de modo semelhante o ato de entrega. Se o ato for um acontecimento natural e normal para os pais, sem mostrar rejeição da sujeira imaginária, sem orgias de ajudas para evacuar, mas, em vez disso, feito com a necessária calma e naturalidade descontraída, os filhos também acharão igualmente fácil fazer cocô.

Essencialmente, não apenas os de limpeza, mas todos os outros rituais partem da consciência. O despertar dessa consciência pode começar por ninharias. Lavar as mãos antes de comer é um pequeno belo ritual, com o qual podem-se começar os preparativos para a refeição. Vale a pena lavar as mãos sem culpa, seja qual for a sujeira acumulada ali. O aspecto higiênico é o menos importante no caso. Se fosse realmente uma questão de higiene, teríamos de lavar as mãos como os cirurgiões: escovar as mãos por vários minutos com uma escova extra dura, primeiro com água muito quente, depois alguns minutos com álcool puro, e depois disso as mãos ainda estão tão sujas que precisam de luvas de borracha. Com alguns segundos sob água morna e espuma de sabão suave não se lucra nada em termos de higiene — ao contrário.

As crianças, com seu raciocínio mágico, que naturalmente se origina na imaginação, são especialmente receptivas e gratas, recebendo bem uma tal inclusão das suas idéias interiores. Afinal, os rituais dão segurança e estrutura à vida, e de modo descontraído também aqueles limites confiáveis de que tanto precisam. Além disso, talvez seja esta a única possibilidade de transmitir-lhes um interesse de lavar-se e de manter a higiene em geral.

PERGUNTAS SOBRE A IDADE DE BEBÊS E CRIANÇAS PEQUENAS

1. Como eu me harmonizo com situações novas?
   — Como devo reagir depois de uma mudança para um novo ambiente (país, cidade, residência)?
   — Depois da mudança de emprego, como devo reagir ao novo campo de trabalho, ao novo chefe e aos novos colegas?

2. Que tipo de providências tomei relativamente ao Estado, à sociedade, à firma, à família ou ao parceiro?
   — Eu sou mais adequado como funcionário ou como autônomo?
3. Como eu lido com o fato de estar só?
   — Sozinho na minha residência.
   — Sozinho à noite na cama.
4. Como reajo quando a agressão entra em jogo?
5. Que facilidade eu tenho para me realizar?
6. Eu aprendi a aceitar o ponto de vista e as opiniões dos outros e a adaptar-me a eles, quando não consigo modificá-los?
7. Que papel o poder representa para mim?
8. Acho fácil ou difícil doar? Gosto de dar presentes? Qual o valor dos mesmos?
9. Sei quando algo chegou ao fim? Acho um encerramento bom? Atualmente, vou para a cama no horário correto?
10. Dou espaço suficiente para a regeneração na minha vida?

4. Crises da infância

Do diário de um menino de 2 anos:

"Quinta-feira, às 8h10min. Espirrei água de colônia no tapete. Cheira bem. Mamãe ficou zangada. Água de colônia é proibida.

8h45 Joguei o isqueiro no café. Apanhei.

9h Fui à cozinha. Fui jogado para fora. A cozinha é proibida.

9h15 Fui ao escritório do papai. Fui jogado para fora. O escritório também é proibido.

9h30 Tirei a chave do armário. Brinquei com ela. Mamãe não sabia onde ela estava. Eu também não. Mamãe xingou.

10h Achei o lápis vermelho. Pintei a parede. É proibido.

10h20 Peguei uma agulha do tricô e a entortei. Enfiei a outra agulha no sofá. Agulhas de tricô são proibidas.

11h Tive de beber leite. Mas eu queria água! Comecei a gritar de raiva. Apanhei.

11h10 Fiz xixi na calça. Apanhei. Fazer xixi é proibido.

11h30 Rasguei um cigarro. Tinha fumo dentro. Não é gostoso.

11h45 Segui uma centopéia até o muro. Ali encontrei um bicho sapateiro. Esse bicho é interessante, mas é proibido.

12h15 Comi cocô. Além do gosto ruim, também é proibido.

12h30 Cuspi a salada. Era intragável. Mas cuspir é proibido.

13h15 Descanso na cama. Não dormi. Levantei-me e sentei-me sobre o cobertor. Senti frio. Sentir frio é proibido.

14h Fiquei pensando. Constatei que tudo é proibido. Para o quê, afinal, estamos no mundo?"

Hellmut Holthaus

Todas as crises da vida são apenas amplificações do modelo do nascimento e, como tais, dependem muito da solução das crises passadas. Problemas não resolvidos sempre permanecem com a pessoa. Se a criança não conseguiu soltar-se bem no parto e preferiu ficar na sua costumeira cavidade aquecida, provavelmente não desejará sair tão depressa da casa dos pais: primeiro, rumo ao jardim-de-infância; depois, rumo ao aprendizado e à universidade. Se no parto o corte do cordão umbilical só pôde ser feito com muita dificuldade, também o primeiro corte do cordão do ninho paterno requerá muito cuidado.

Sobre as doenças infantis e as campanhas de vacinação

A nossa posição geral diante dos sintomas e dos problemas das doenças se torna clara nesse tema. Na maioria das vezes não queremos saber nada sobre elas, mas na medida do possível desejamos eliminá-las, para que nem a mínima sombra perturbe a nossa ilusão de um mundo perfeito. Desse modo, os nossos filhos também não devem mais ficar doentes. Praticamente todas as doenças infantis hoje são sistematicamente eliminadas com a vacinação segundo o lema "Cinco de uma vez só". A bela ilusão é que trocamos numerosas doenças infecciosas desagradáveis por uma picada da agulha. Esse regateio não é feito sem sombras, visto que se deixa eliminar apenas a curto prazo. Deixado de lado, ele ressurge em formas que são ainda mais perturbadoras. As crianças vacinadas são tudo menos saudáveis. De fato, não contraem mais sarampo, mas para isso adoecem durante longos períodos e sofrem de uma mistura atípica de sintomas, que não são alergias típicas nem sarampo verdadeiro, mas nem por isso perturbam menos.

Nossos avós sabiam que as doenças infantis são importantes porque possibilitam os passos de amadurecimento e treinam o sistema imunológico para a luta contra um mundo repleto de estimulantes agressivos durante toda a vida. Cada doença infecciosa é uma luta e, quando o organismo se decide a lutar, ele conquista força e possibilidade de resistência. Antigamente ainda dispúnhamos de suficiente confiança para permitir aos filhos essas crises de amadurecimento. Hoje, temos como substituto a medicina convencional, que também pode impedir isso. Em outros âmbitos ainda conhecemos o sentido das doenças infantis e até usamos a mesma expressão. Carros recentemente desenvolvidos, novas gerações de computadores devem ter doenças infantis de início. Depois de passarem por esse estágio, são mais maduros e confiáveis.

Naturalmente as vacinas são uma bênção e nos protegem de muitos males. Mas disso não se depreende que faça sentido tornar todo conflito impossível já na linha de frente. Uma postura comparável é proibir os militares de fazerem suas manobras. Com o tempo, eles degeneram e se tornam totalmente incapazes de reagir de modo adequado mesmo aos desafios sérios. No caso das vacinas, portanto, temos de decidir (significativamente) se temos como objetivos os quadros mórbidos realmente ameaçadores, como o tétano ou a paralisia infantil, ou nos concentrarmos em doenças em si sem risco, como o sarampo e a caxumba ou mesmo a gripe.

Contempladas do ponto de vista do destino, não podemos de modo nenhum nos poupar das tarefas de aprendizado por meio de vacinas. Em todo caso, aprenderemos o que tivermos de aprender. Sem dúvida, sempre podemos determinar juntos o âmbito de aprendizado, e então a varíola e a pólio são variantes muito perigosas de solução. Entretanto, continua questionável se por meio de total impedimento de todas as infecções surgem possibilidades melhores de controlar toda a temática infantil da agressão e da resistência e os necessários passos de amadurecimento.

Como sempre, a solução está no meio: vacinas não são boas nem más, às vezes são apropriadas e às vezes supérfluas e, então, ao mesmo tempo arriscadas. Sobretudo não vacinar e apenas confiar com certeza não é um ato de coragem, mas uma ousadia, numa época em que podemos vacinar sem problemas. Não se recomenda arriscar mais os filhos do que a nós mesmos. Mesmo apesar de toda vacinação, não vacinar os filhos por princípio nos leva a pensar muito, assim como vacinar sem pensar. Nesse ponto não somos poupados de pensar juntos e de tomarmos a responsabilidade em nossas mãos. O fato de podermos vacinar é uma chance e não um dever de fazê-lo cegamente. Confiar é bom, mas a confiança cega é perigosa. Quando atravessamos a rua, primeiro olhamos para a direita e a esquerda e depois depositamos confiança em Deus. Não olhar para ambos os lados por confiarmos em Deus é errado, pois não foi à toa que Ele nos deu olhos. No sufismo existe um ditado: "Amarra o teu camelo e confia em Alá".

Diversão no jardim-de-infância ou *stress* pré-escolar?

Como uma transição suave na direção da seriedade da vida que se aproxima inevitavelmente, em nossa sociedade de rendimento o jardim-de-infância corre o perigo de transformar-se numa pré-escola. Ele pode muito bem ser uma chance para os filhos únicos praticarem regras sociais de jogo e comportamentos de grupo. Se cair na influência da ambição da sociedade ou dos pais, ela pode igualmente degenerar em forja para os futuros empreendedores competitivos. Quando aqui — como no esquema APGAR pouco depois do nascimento — os direitos de pontuação do empenho continuam sendo usados, o jardim-de-infância serve como encurtamento da infância e é muito mais um lugar de lamentações e feira anual para a vaidade dos adultos. Assim, como essa tendência cabe tão bem em nossa época, convém proteger dela a infância.

O quanto as crianças e a sociedade desta época são insensíveis, revela-se especialmente na sua atitude diante das crianças. Desde o início, entre nós as crianças são aprisionadas em gaiolas, que chamamos de berço de grades, *chiqueirinhos* ou andadores. Nós as protegemos contra o ambiente perigoso nessas gaiolas e também nos protegemos delas. Nossas cidades transformam-se no paraíso dos carros. Mantemos poucas reservas de espaço para crianças, chamadas de parques infantis, que se parecem, de muitos pontos de vista (exceto para as crianças), com o tipo de espaços reservados aos índios. Nas antigas sociedades indígenas, podia-se conhecer a aparência de um mundo favorável às crianças. Em vez de brincar em barrancos polidos com cera de automóvel, as crianças podiam crescer tranquilas na paisagem natural, e os adultos tinham tempo para cuidar delas, porque o tempo ainda não se equiparava ao dinheiro. Hoje, os alemães consideram os norte-americanos e os italianos especialmente apreciadores de crianças, mas só em comparação com os que, entre nós, gostam muito de crianças.

Um jardim pode ser usado para plantar e cultivar muitos vegetais frescos de modo eficiente, mas também pode ser dedicado ao prazer do cultivo dos sentidos, oferecendo flores, aromas e beleza natural. Simbolicamente falando, só esta última variante se presta para um jardim-de-infância.

Tem de ser um jardim especialmente belo, que justifique a despedida diária de casa. Mesmo onde essa variante é concretizada, as crianças podem ter dificuldades consideráveis com o necessário desapego do ninho domiciliar. A saída da cama dos pais e o desmame obviamente são ótimos preparativos para essa prova de coragem. Também o abandono seguro da posição de bruços sobre a Mãe Terra e o primeiro *não* delimitador são etapas prévias necessárias; e então abandonar a confiança primordial trazida com elas ao nascer e, passo a passo, conquistar o mundo exterior.

Se as crianças estiverem espontaneamente preparadas por esses passos independentes, isso é um bom sinal do seu desenvolvimento até o momento. Justamente as crianças independentes, que freqüentemente se afastam dos pais e vão conquistar o mundo com os próprios pés, mostram o quanto confiam em seus pais e como dependem deles. Crianças que ficam medrosamente presas à saia da mãe, com isso registram muito menos o seu amor e muito mais uma dependência que revela insegurança. Quando, enraivecidas, as crianças pequenas batem no pai ou na mãe, isso também é sinal de que estão totalmente certas da dedicação dos pais e que não temem perdê-los por causa dessa explosão agressiva.

A recusa de ficar no jardim-de-infância também pode dever-se a um local inadequado ou a professores(as) exigentes demais ou muito aborrecidos. Se esse não é o caso, mesmo que a criança consiga uma vitória com sua recusa no momento, devemos nos lembrar de que essa vitória é relativa, pois quando ela for para outra escola surgirá a próxima crise. Nesses casos, durante o intervalo deve-se oferecer um bom espaço para brincar, fortalecer a (auto)confiança da criança e treinar a sua independência. Isso pode ser obtido com certos exercícios de ginástica, em que deixamos a criança cair para trás e ela sempre se vê apanhada; e períodos sempre mais longos em que aprende a ficar sem os pais e faz a experiência de que, apesar disso, ela não os perdeu. O jardim-de-infância inclui uma sociedade infantil em que saímos brincando um pouco mais para o mundo e lidamos com crianças desconhecidas, aprendendo na escola a preparar-nos para a etapa que antecede uma sociedade de adultos em que se trabalha.

O primeiro dia de aula

É aqui que começa definitivamente a *seriedade* da vida, às vezes ainda almofadada e preparada por um ano de pré-escola. Os grandes sacos de guloseimas não devem nos iludir. Eles só se destinam a adoçar um pouco a despedida da verdadeira infância e a ocultar um pouco a severidade da nova fase de vida que se inicia. Ao pequeno espertalhão de nada adianta enxergar o jogo antes da hora e anunciar: "Vem, mamãe, vamos embora. Não gosto daqui!" Mais cedo ou mais tarde todos chegam ao lugar reservado na escola prevista, aprendem primeiro a brincar de adultos e a sacrificar "voluntariamente" os direitos da infância. Apesar de todas as afirmações pedagógicas e dos planos de aprendizagem certos para as crianças, agora trata-se de abandonar a infância, superar as brincadeiras e tornar-se eficiente. "Não durma! Não sonhe! Não brinque! Não fique fantasiando por aí. Concentre-se!" é o duro mote escolar com o sucesso eficaz de que em algum momento isso é essencialmente concretizado. É com os frutos dessa (má) formação que os psicoterapeutas ganham mais tarde o pão e ensinam os adultos a fantasiar outra vez, a sonhar, a trazer novamente elementos lúdicos à sua vida e a redespertar a criança interior por tanto tempo reprimida, pois a vida é mais do que empenho e concentração. Até mesmo o dormir tem de ser arduamente reaprendido.

A tarefa significativa da escola, na verdade, é levar à conscientização do pensamento analítico, não como uma batalha de repressão, porém um processo lúdico que dá à criança a alegria de descobrir novas capacidades. Por mais importante que pareça ser elaborar a dura mudança que a escola traz consigo, naturalmente é desejável que se busquem os conteúdos de aprendizado e também que eles se orientem um pouco pela escola da vida. O atual curso preparatório, com nove até treze anos de duração da sociedade comercial, produz meios-homens espirituais, orientados pelo desempenho, eficientes e motivados pelo sucesso, que têm de reidentificar a parte feminina da sua alma, na melhor das hipóteses em caros campos de jogos psicoterapêuticos.

Quem acha que isso soa duro demais deve entender, por exemplo, que os grandes médicos alemães do passado não teriam obtido permissão para estudar medicina segundo os modernos processos de admissão orientados pela censura. A maioria dos prêmios Nobel para esforços científicos inovadores foi ganho pelos norte-americanos, que essencialmente vêm de escolas de elite em que se leciona por critérios muito diferentes, que estimulam a criatividade. Bandos de empreendedores na busca de idéias e visões tentam conseguir criatividade e leveza jovial em *workshops* psicoterapêuticos, para tornar agradável a tarefa de controlar os empreendimentos. Finalmente, devemos lembrar que se pode contar com enfartes do coração nos cursos superiores, uma marca registrada da sociedade da hipertensão.[33]

A afluência para as escolas particulares tem sido crescente, mas elas não são o último grito em matéria de conhecimento — muito menos para todos os alunos. Em última análise, devemos esperar, com a destruição do antigo conceito de mundo, graças à mudança de paradigmas em favor de um conceito puramente masculino de lógica, que eles amadureçam para uma pedagogia mais abrangente,[34] que não mais se assustem com o fato de os homens ter almas, mas incluam essa certeza em suas ações e a usem na prática.

PERGUNTAS SOBRE A INFÂNCIA

1. Até que ponto aprendi a me afirmar? Como o meu sistema imunológico foi treinado?
2. Como passei o jardim-de-infância? Ou por que não o freqüentei?
3. Até que ponto eu era independente na infância? Ou eu era apenas uma criança de colo? Acaso me esforcei para enfrentar o mundo lá fora?
4. Como foi o meu primeiro dia de aula?
5. O quanto fui independente na época de escola? Conseguia fazer minhas tarefas sozinho?
6. Qual a minha disposição de trabalho no início e no final da escola? O que as minhas notas revelavam?
7. Como andam hoje minha fantasia e criatividade?

Exercícios para as crianças

1. Uma possibilidade usada há anos, e que de muitos pontos de vista é compensadora, é permitir que a criança cresça com um animal de estimação. Assim ela tem precocemente a chance de assumir a responsabilidade por uma criatura dependente e de modo "não pedagógico". Ela pode compartilhar alegria e sofrimento com o seu companheiro e oferecer-lhe todo o seu amor, que é muitas vezes bastante profundo exatamente pela construção de uma ponte sobre a grande brecha até o reino animal. Assim a criança conhece na hora certa as fases da vida e as suas mudanças até a morte e, então, a despedida associada a ela.
2. O seguinte exercício mexe menos com a vida familiar: quando se dá uma árvore para o filho cuidar, ele também cuida de um ser vivo e sente com muita consciência as fases da vida durante as estações do ano. Uma árvore pode tornar-se uma amiga e trazer um pólo de tranqüilidade à vida. Algo semelhante pode ser transferido para um cantinho de jardim, que pode florir sob a responsabilidade da criança; ou pela limitação de espaço numa moradia na cidade, um aquário ou terrário.

5. A puberdade

A preguiça na juventude
é a prova geral da incapacidade na velhice.

Sabedoria sufista

Problemas e quadros mórbidos

Em vez de terminar extra-oficialmente com a entrada no colégio, a infância deve encerrar-se oficialmente com a puberdade. A criança, que até então era neutra, transforma-se na mulher ou no homem. Na Antigüidade e em culturas arcaicas, essa transição levava a uma pausa decisiva na vida, que não podia deixar de ser observada. Ao contrário, nós, os modernos, ignoramos amplamente o fato e esperamos ter o menor aborrecimento possível com os filhos nessa "época difícil". De preferência não queremos tomar conhecimento da puberdade. O efeito disso é que os filhos também sabem pouco sobre ela e acham difícil classificá-la. Por um lado, é surpreendente que encerremos a infância demasiado cedo com exigências excessivas de aprendizado, mas, por outro, que não consigamos finalmente deixá-la quando está mais do que na hora.

O corpo preocupa-se pouco com essa desatenção e falta de orientação. Ele deixa o teor de hormônios subir, os seios inchar, a voz se quebrar, os pêlos pubianos surgir, o sêmen jorrar e a menstruação irromper no mundo só aparentemente perfeito da infância. Se o desenvolvimento psíquico não corresponder ao físico, surgem, como sempre, os sintomas da crise.

A primeira menstruação

O começo das regras na vida despreocupada da menina naturalmente não é um sintoma de doença; no entanto, por falta de esclarecimento e de introdução no reino do feminino, a menstruação pode transformar-se nisso. Em plena era da informação, ainda há meninas que são surpreendidas pela hemorragia, ficam com medo de doenças e morrem de medo da morte. A desatenção aí expressa para com as necessidades da juventude felizmente tornou-se rara, mas com freqüência ainda existe o menosprezo pelo período que é definido com expressões negativas como "embaraço", "dias sanguinolentos", "indisposição" ou "incômodo". As tentativas de substituí-las por definições neutras como "aqueles dias", "regras" ou "período", pela expressão "época lunar" não encontram muita ressonância. A diminuição desse acontecimento feminino primordial prepara o solo em que espreitam muitos males da menstruação, os quais já têm início ou suas raízes na puberdade. Conseqüentemente, distúrbios menstruais muitas vezes estão associados aos problemas não resolvidos da puberdade.

Nos últimos anos, a atenção dada ao pólo feminino da realidade está aumentando, o que se reflete na crescente autoconsciência de muitas mulheres. Ao mesmo tempo, contudo, existe uma consolidação dos velhos preconceitos, de cuja formação as mulheres participaram; por exemplo, em juízo, o período das regras é considerado como um período de diminuída capacidade de raciocínio, como se verifica nos Estados Unidos com sucesso.

A menstruação ainda traz uma série de segredos. Ao lado do seu significado ginecológico, com certeza ela é um período de limpeza do organismo, no sentido de uma sangria bem-vinda, e estimula, assim, a regeneração e a recuperação. Os sintomas da maioria dos males exigem calma e descontração. Se o corpo pudesse confiar em que os teria voluntariamente, ele não teria de exigi-los. "Os dias" podem ser um espaço para a *imprevisibilidade* no sentido mais profundo, pois não se pode contar com a mulher nesses dias, visto que ela tem de cuidar de si mesma.

Por certo o efeito físico regenerador das regras é o motivo pelo qual as mulheres de diferentes sociedades vivem mais do que os homens, apesar de uma vida bastante esforçada. Um período para poupar e curar o corpo e também para assegurar uma correspondência psíquica é a pretensão predominante dos problemas menstruais. Se "os dias" se tornassem garantia de um espaço livre, em que não se pudesse contar com as mulheres, elas seriam *imprevisíveis* no tempo central da sua vida. Mas isso corresponde totalmente ao arquétipo feminino.[35] Calcular tudo é uma pretensão do pólo masculino. Enquanto ele determinar as regras da vida, a imprevisibilidade continuará sendo uma vergonha e prolongará a existência num mundo de sombra da espontaneidade.

Mudança de voz

A mudança de voz é uma ruptura inofensiva e mostra que algo não está mais de acordo com a afinação e voz do rapaz. As cordas vocais têm de ser afinadas outra vez e numa tonalidade alguns estágios mais grave. A situação da voz reflete a situação da afinação e oscila entre o nível costumeiro e o novo. O timbre antigo não serve mais, e a voz grave que arranha ainda não está perfeita. A voz profunda já mostra que a fixação à terra está vencida; nos intervalos, os "incômodos" guinchos demonstram recaídas no céu das crianças, que deve ser abandonado. Se esses sintomas se estenderem para além do tempo normal, isso revela os problemas persistentes que o garoto tem com a passagem para a idade adulta. O crescimento da laringe com o desenvolvimento do pomo de Adão como atributo de masculinidade é a base física do acontecimento. Nos guinchos e saltos da voz torna-se claro o quanto a voz infantil é subitamente inadequada num corpo que se torna adulto. O garoto sai do coro infantil, mas infelizmente nem sempre sai do reino da infância.

Os garotos e os pais devem aprender que, com a nova voz, deve haver uma nova disposição de viver. Manter os jovens artificialmente no reino infantil ultrapassado é desumano, no sentido literal do termo. Como isso acontece no âmbito psíquico, os príncipes da Igreja tratavam de realizá-lo antes no plano corporal, ao mandar castrar os garotos no tempo certo para mantê-los no coro da igreja com as suas vozes angelicais. O que consideramos um horror no plano físico também não é certo no plano da psique.

Acne da puberdade

A acne que ocorre muitas vezes na puberdade traz uma mensagem clara. Em vez de irromper a sexualidade típica dessa fase, irrompem as espinhas. Como pequenos vulcões elas se erguem no solo de uma tensão crescente que está relegada ao segundo plano — até que a ponta se rompe e dá lugar ao alívio da descontração. Quem está na puberdade dificilmente consegue esperar por essa irrupção natural e a provoca com toda força com os próprios dedos, de modo que como lembrança desse período intenso restam pequenas cicatrizes. Em vez de reprimir seus desejos, eles espremem a espinha. Caracteristicamente, estas marcam exatamente as regiões por meio das quais a pessoa quer expressar sexualidade na puberdade. O que fica exposto num vestido de festa com decote ousado, pode ser entendido como um campo para a tarefa que se apresenta e é marcado pela inflamação.

As espinhas no rosto, no colo e nas costas concretizam o que é a tarefa dos jovens. Elas superam os limites, elas se abrem e com isso *expressam* uma sinceridade que ainda falta aos seus possuidores. Os jovens espremem as espinhas da pele para não serem forçados a abrir limites, mas dar-lhes aquela dedicação de que precisam no momento. Seja como for, isso só acontece no corpo e, principalmente, no campo da dedicação marcial. A parte venusiana só fica visível à margem no cuidado com as feridas e cicatrizes. Também o calor intenso da exposição aos raios de sol pode mitigá-las, assim como o banho de luz artificial. A melhor terapia naturalmente é uma ida à praia, um correspondente bronzeado e um flerte, que oferecem a necessária dedicação à pele e ajudam a resolver essa temática.

Em todo caso é necessário que a pessoa crie coragem e ceda aos desejos intensos em algum momento. Seus contra-argumentos são tão impressionantes como os de todas as pacientes: "Quem vai querer beijar espinhas?", protestou um garoto visivelmente irritado. Enviado à discoteca como terapia, correspondendo ao seu programa de insucessos, só levou chá de cadeira. Quando recebeu o encargo de voltar ao local da sua humilhação e buscar dez rejeições documentando-as por escrito, ele se viu preso numa armadilha. Vencido, contou que, apesar de todo esforço, até as três horas da manhã só conseguiu oito rejeições, pois contra todas as expectativas algumas garotas haviam dançado com ele. O programa de fracasso foi posto em questão por meio da contagem de rejeições. O conselho final foi procurar uma amiga com acne, o que primeiro foi recusado veementemente e com bons argumentos, mas que depois lhe trouxe o sucesso almejado. Apaixonado até as orelhas, a acne foi eliminada, pois perdeu a razão de ser. A menina que não estava sendo terapeuticamente tratada também conseguiu eliminar a acne.

O vício de magreza da puberdade

O vício da magreza na puberdade revela no nome a sua pretensão e, com o seu mau prognóstico, é bastante problemático. Limitando-se quase exclusivamente às meninas, segundo as estatísticas esse vício aumentou particularmente nas últimas décadas. De fato, o venerado espírito da época durante séculos — e, parcialmente, hoje também — louva uma figura magra ideal na adolescência. A (boa) forma por definição não tem curvas, e estas são o terror para as pessoas viciadas em magreza. A menina esbelta é um objetivo específico ideal. Obviamente, o sonho de muitos homens e também o das mulheres não é a mulher, mas a bela garota (igualmente imatura). As mulheres anoréxicas vão atrás desse ideal e isso, conseqüentemente, não só as impede de assumir a sua feminilidade física, mas também a psíquica. Assim que adquirem formas femininas, elas passam fome para eliminá-las. Na maioria das vezes a menstruação também é eliminada pela fome com sucesso, e os seios que surgem com os hormônios também têm seu desenvolvimento impedido. Elas não querem ou só querem semiconscientemente tornar-se mulheres, mas preferem continuar meninas, ou seja, rapazes, e não querem dar os passos necessários com a puberdade. O envolvimento mais profundo com a polaridade para elas é uma monstruosidade. Em suas fantasias anseiam manter a esfera intacta de sua vida angelical e destituída do sexo. Comer, o que as transformaria em mulheres, marcaria o seu caminho direto para o reino da sexualidade feminina, considerado impuro. Caso sejam alguma vez vítimas do pólo oposto da sua ascese assexuada, tornando-se infiéis à sua figura ideal de rapaz, e comerem normalmente, isso pode ser tão incômodo que logo vomitam tudo outra vez. Depois de vomitar, em geral elas têm um sentimento de libertação, de pureza reconquistada e de alívio.

Bulimia

Se o costume dos vômitos torna-se uma rotina é superado o limite estreito para a bulimia ou o "vício de comer e vomitar". Esse quadro mórbido é assim a totalização ou o pólo oposto do vício da magreza e está intimamente ligado a ele. Ambos os estados são, com razão, chamados de vício, pois em sua profundidade são equiparados ao vício pelo caminho do desenvolvimento e o objetivo da unidade. Visto de modo superficial, chama a atenção principalmente a fuga, em ambos os casos, da polaridade considerada impura com toda a feminilidade importuna. Especialmente quando há tendência à maternidade, a rejeição é elevada. O que diz respeito à concepção e vivacidade fértil desperta horror, consciente ou inconsciente, pois lembra a disposição pessoal de rejeição.

Como a ascese e com ela o ideal elevado da pureza florescem no solo da recusa ao próximo passo de desenvolvimento, este não pode ser dado. Nos momentos de fraqueza o pólo oposto orientado para o prazer rompe desinibidamente as barreiras, na proporção do tempo e do sucesso com que foi reprimido. Geladeiras inteiras podem ser esvaziadas de alto a baixo, da esquerda para a direita sem consideração pelo conteúdo. Quanto mais intensa a "orgia de alimentação" tanto pior os sentimentos de culpa resultantes e tanto maior a ansiedade com que se procede à purificação e também aos vômitos vividos como penitência.

O ato de engolir uma quantidade tão grande de alimentos geralmente acontece como que em transe e não provoca prazer nem satisfação; de fato, a palavra "orgia" só é parcialmente apropriada. Na verdade, é precisamente o elemento orgiástico da vida que é recusado na sexualidade, mas também nos prazeres dos sentidos, como o comer. No sintoma, ele é expresso como a caricatura de uma ambição que sempre fica insatisfeita, e indica o caminho pelo qual é preciso reconciliar-se para tornar-se realmente são: a sensualidade autêntica, que *satisfaz*. O objetivo distante é a satisfação na religião, que transmite aquela leveza religiosa, que a pessoa implicada desde cedo encarece.

Rupturas orgiásticas semelhantes também surgem na sexualidade, quando o passo desinibido para fora da ascese é lamentado com a mesma intensidade. Também nesse caso, na maioria das vezes falta o prazer, e segue-se a decisão de ser agora mais severo consigo mesmo.

Sugestões de terapia

Basicamente nada há a dizer contra o ideal de pureza e de superação da polaridade, pois em última análise ele é o objetivo de todo o desenvolvimento humano. Mas a unidade só pode ser alcançada pela superação, e não pela fuga da polaridade, como os viciados em magreza e também em parte os compulsivos pela comida tentam fazer.

Aos viciados em magreza só resta a reconciliação com a sua disposição feminina e, com isso, o caminho de volta à vida. É preciso abandonar a torre de marfim da pureza física e entrar no rebaixamento da vida polarizada. Simplesmente "emagrecer" e fugir da vida, além de levar à morte, leva também à unidade, mas por muito pouco tempo e de modo insatisfatório. Na transformação dos próprios quadros, que continua além do limiar da morte, mostra-se que na compulsão de fuga pelo suicídio por meio da fome o erro cometido não pode deixar de ser visto e ele fica desagradavelmente muito claro. O único modo de conquistar definitivamente e para sempre a unidade, passa pelos pólos e, nesta vida, também pela feminilidade.

Em muitos vícios a superdose pode matar. Isso é muito visível no caso dos viciados em magreza e nos viciados em drogas. Para eles, viver parece oferecer risco de vida. A única chance verdadeira está na conscientização da recusa da própria metade (feminina) da vida com o objetivo de, em algum momento, ter alegria com a totalidade.

Os viciados em magreza podem ensinar muita coisa aos seus semelhantes. Por um lado, que a repressão de uma metade da realidade a longo prazo é incompatível com a vida. Assim como a respiração não existe sem a expiração e sem luz desaparece a sombra, sem o pólo feminino não pode haver vida. Por outro lado, os viciados em magreza mostram o significado destacado e insuperável do poder dos programas para a alma. As pacientes jovens, na maioria das vezes muito inteligentes, podem ser intelectualmente convencidas de que têm de comer a fim de sobreviver. Mas na refeição seguinte já se mostra o modelo espiritual mais forte do que a razão, e a comida desaparece por toda parte, só não entra na própria boca. Como acontece com todos os sintomas, a verdadeira chance, também no vício da magreza, está na reformulação da energia contida no sintoma, sem reprimir o tema existente. Se o segundo plano da recusa do feminino, e principalmente do princípio da maternidade, for reconhecido e concordar-se em manter o objetivo na forma de feminilidade, mas sabendo que o caminho tomado tem de ser modificado, tudo o mais se torna mais fácil.

Tanto o caminho consciente para o pólo feminino recusado quanto a tentativa ofensiva de mergulhar na ascese consciente, talvez na forma de uma estadia num mosteiro, oferecem chances de desenvolvimento. A vida monástica como uma "estratégia de evitação" igualmente ritual apresenta duas vantagens para as clientes, se comparada com a recusa diária inconsciente da vida. Por um lado, existem exercícios que elevam o grau de consciência e oferecem, portanto, a possibilidade de reconciliar-se com o segundo plano da própria vida e, a longo prazo, com a tarefa feminina de aprendizado. Por outro lado, na forma severa de uma vida ascética, o pólo voltado para o prazer até então reprimido pode apresentar-se com tanta força que, aos poucos, ele se eleva à consciência, porque o caminho para o excesso inconsciente está trancado. Finalmente, num caminho que quer integrar tudo, o próprio papel sexual pode ser aceito e a puberdade entendida como uma chance. Nessas "situações de terapia" fica especialmente clara a falta contundente de rituais correspondentes de passagem.

A reconciliação com o feminino que é exigida certamente também é dificultada, bem como a sua desvalorização sofrida em nossa época. Para muitas meninas nunca é muito atraente tornar-se mulher na nossa sociedade e, portanto, elas inconscientemente recusam o fato e obrigam o corpo a manifestar essa recusa.

Também os **comedores compulsivos** em última análise têm de reconciliar-se com tudo o que lhes provoca náuseas. A solução para ambos os quadros mórbidos é semelhante. Como sempre, os sintomas mostram problemas e tarefas ao mesmo tempo: é preciso engolir a vida, mas a fartura de víveres no âmbito concreto provoca muito mais *ânsia de vômito*. A fartura orgiástica é o objetivo de aprendizado, mas naturalmente não só com relação à comida e não como reação a uma estagnação do prazer motivada pela ascese. É indiferente se a experiência extática devida ao fato de termos tudo em nós e em tudo o mais é vivida no caminho monástico da ascese ou na experiência de domínio da vida diária. Em todo caso é certo que a tentativa de concretizar esse estado engolindo tudo o que pode ser comido, até hoje nunca levou ao objetivo. A consciência humana está predestinada a captar em si toda a criação, mas o estômago humano obviamente não.

Originalmente, ascese significa trabalhar de modo artificial e significa arte de viver; entre outras coisas, viver significa dar e receber numa troca rítmica. Rudolf Steiner disse que a vida é ritmo. No caso do vício da magreza esse ritmo é desmedidamente acentuado no mundo montanhoso se comparado ao dos vales; no caso da bulimia, a ênfase recai no vale. Comer e vomitar em si mesmos estão corretos. Sobretudo, comer é importante para a sobrevivência, e vomitar causa bastante alívio quando comemos algo que nos fez mal. Como forma de receber, comer é certo, e vomitar, em caso de necessidade, é uma forma apropriada de dar. Mas é preciso encontrar o centro com urgência, quando a comida — consumida na medida certa — mantém a vida e leva mais próximo ao objetivo da unidade e estabelece o equilíbrio necessário ao dar e não o torna um abuso mas apenas um caso de necessidade. Todo o tema trará mais prazer às pacientes se for representado num âmbito não tão físico. Exercícios práticos que visam ao centro, como o Tai Chi, a cerâmica ou a pintura de mandalas são muito úteis.

Os comedores compulsivos reprimem o aspecto saturnino da vida, que podem aprender por meio de rituais de temperança e ascese. Os anoréxicos negam o seu corpo junto com o lado lunar da vida, e aproveitam para tirar prazer dos rituais de sexualidade. Muitas vezes a anorexia é o passo anterior da bulimia, como mostra novamente a proximidade dos dois pólos. O tema central é idêntico, pois tanto os comedores compulsivos como os anoréxicos experimentam uma sensualidade satisfatória como etapa anterior à plenitude sensual e realização final.

Rituais da puberdade

Rituais tradicionais

As sociedades arcaicas desconhecem os problemas da puberdade que descrevemos; em compensação, têm uma fartura de rituais de transição. Essas iniciações no mundo dos adultos têm o efeito de que os quadros mórbidos relacionados com a recusa da puberdade e a problemática de uma sociedade de crianças crescidas não iniciadas são praticamente desconhecidos.

Para os homens das modernas sociedades industriais, esses rituais na maioria das vezes assumem um caráter assustador. Às vezes as meninas são intencionalmente mantidas em cavernas escuras e os meninos enviados à floresta, com medo da morte e muitas vezes também visivelmente feridos. Do nosso ponto de vista comparavelmente mais complacente, essas provas de coragem que parecem terríveis se equiparam à transigível despedida dos pais. Seria impensável que os pais socorressem os filhos em pânico. Ao contrário, toda a tribo se une, a fim de realizar o ritual em sua forma adequada e sob os olhos dos deuses. Os membros mais idosos da tribo, por exemplo, com o uso de máscaras horrorosas, transformam-se em espíritos e criam o necessário pânico, enquanto outros lamentam alto a perda dos filhos e ajudam os pais a passar pela iniciação, que com freqüência é vivida paralelamente à dos seus próprios filhos num tipo de comemoração da morte, para de uma vez por todas despedir-se ritualmente deles. As crianças têm de morrer para renascer como adultos. Depois de cumprido o ritual, os pais não têm mais filha nem filho. A tribo tem uma jovem mulher, um homem jovem e, assim, a tristeza e a alegria andam quase juntas.

Entre os aborígines da Austrália, antes da puberdade conta-se aos rapazes, como se fosse um boato, que na passagem para o mundo dos adultos a carne infantil é arrancada dos ossos pelos demônios e eles têm de morrer dessa maneira. Quando chega a hora, numa escura noite de Lua Nova, eles são retirados do lar paterno pelos homens adultos da tribo ou levados das fogueiras para o centro da floresta, de olhos vendados para que o destino da viagem fique oculto. As mães seguem os ladrões de crianças chorando alto e gritando até a fronteira da aldeia, onde dão vazão a toda a sua dor em manifestações emocionais catárticas. Enquanto se despedem dessa maneira, aliviam sua alma e não têm de carregar os respectivos sentimentos de abandono pelo resto da sua vida, como tantos pais modernos.

Enquanto as mães realizam o ritual dos mortos para os seus filhos agora perdidos, estes são levados para um determinado local de culto na floresta escura, onde têm de cavar a própria sepultura. Cada um deles, por sua vez, tem o corpo enterrado, só a cabeça fica fora da terra. Como despedida, dizem aos meninos que eles têm de esperar os demônios, que podem ser reconhecidos pelo seu choro desumano, e que estes irão arrancar-lhes as carnes. Os jovens ficam deitados em suas covas e ouvem os ruídos noturnos da floresta. De longe a princípio e aproximando-se devagar, homens vestidos como demônios assustam os garotos durante toda a noite com o som de lamentos horrorosos tirados de instrumentos destinados a esse fim. Só quando o pânico dos garotos chega ao auge durante a aurora, os homens voltam, acendem uma grande fogueira, libertam os meninos crescidos de suas covas e lhes dão solenemente a mão como uma aliança de homens.

Nós nem sequer podemos imaginar algo semelhante e tendemos a enfatizar ou a ignorar o primeiro plano, o grande efeito dos campos de consciência que agem aqui, devido à falta de experiência pessoal. Sua influência vai tão longe que os jovens iniciados nem mesmo precisam aprender as regras do mundo dos adultos. Com a introdução no campo de consciência da idade adulta eles compartilham o seu conhecimento e os usos dessa esfera como que por si mesmos. No verdadeiro sentido da palavra, eles participam da iniciação e a *influência* do mundo dos adultos acontece além da lógica causal na sua consciência.

Como gostamos de diminuir a importância de tempos de transição como a puberdade, mas valorizamos demais o mínimo ferimento na iniciação, muitos homens ocidentais alegram-se de ter deixado para trás essa "horrível superstição". Mas o que significa a perda de um dente, uma ferida na carne e a resultante cicatriz ou o susto correspondente contra a oportunidade de realmente tornar-se adulto?

"Rituais" modernos

Gostamos de interpretar mal a "impiedade" com que os nativos às vezes arremessam seus jovens para fora do ninho. Depressa demais falamos em pais desnaturados. Os corvos cuidam muito bem dos filhotes, inclusive do mais novo. Mas quando todos os estímulos falham, eles lançam os retardatários para fora, jogando-os da borda do ninho. Então lhes restam, conforme a altura da árvore, cinco ou seis metros de tempo para pensar se querem ou não tornar-se um corvo. Na maioria das vezes isso dá certo, e o jovem transforma a queda do seu paraíso no vôo livre para a independência da fase seguinte da vida.

O que fazemos com os nossos jovens, que muitas vezes ficam além do tempo aninhados no lar paterno é a verdadeira catástrofe. Agraciados com honras acadêmicas e enfeitados com chapéus de doutorado, eles ainda permitem que as mães cuidem deles e cozinhem para eles. Diante do inverno assustador os corvos não sobrevivem a algo assim, e, se analisarmos mais profundamente, os seres humanos também não. Os jovens não crescem e os velhos, de fato, não seguem em frente. Nesse contexto, os psicanalistas falam de "catástrofe insalubre". Ela tem algo de não espetacular e, assim sendo, nem mesmo chama a atenção. A assim chamada prova de maturidade é hoje exatamente um recibo de imaturidade. A chamada prova de maturidade acontece ao tirar-se a carta de motorista, que na verdade abre acesso à sociedade dos automobilistas, mas apesar disso não dá nem um pouco de maturidade.

Antigamente, também havia entre nós uma série de rituais para a fase de transição da puberdade. Os oficiais tinham de ir para o estrangeiro depois de encerrar seu aprendizado, quer quisessem, quer não. Mesmo que sofressem necessidades nesses anos de peregrinação,[36] de certos pontos de vista tornavam-se independentes e experientes do mundo.

Quando as meninas *au-pair* iam para o exterior, o longo tempo longe de casa significava uma necessidade semelhante de fazer experiências e conhecer o mundo. Subitamente, em ambiente estranho e dependentes só de si mesmas, em primeiro lugar as meninas tinham de aprender a língua local. Esse foi durante muito tempo o motivo de se continuar com essa prática. Atualmente, só em raros casos tanto tempo precioso é "desperdiçado".

Os homens jovens, que há pouco tempo não passavam de garotos, antigamente tinham certas chances de amadurecer durante o serviço militar. Enviados no início a guarnições distantes, tinham de se virar sem a ajuda paterna num mundo um pouco melindroso de homens. Naturalmente é muito mais prático enfiá-los na caserna mais próxima, como acontece hoje em dia. Então, eles não conseguem mais demolir o vínculo na volta para casa, o Estado poupa o dinheiro das passagens, e eles dependem mais da ajuda financeira dos pais do que da ajuda do Estado — só que assim não se tornam maduros.

Algo semelhante acontece no âmbito estudantil, onde as condições de acesso foram reformadas tantas vezes que os jovens modernos podem estudar perto da cidade natal e terminar o curso em menos tempo. Na pior das hipóteses, antigamente eles tinham a chance de sair de casa, de mudar de universidade e de conhecer outras cidades e costumes, talvez até de ir para o exterior durante um semestre. Hoje estuda-se mais depressa, pelo fato de se morar em casa é poupado o dinheiro de hospedagem e, pelas limitações de acesso, planeja-se de forma mais eficiente o *numerus clausus*. As universidades se transformaram em escolas, porém certamente não em escolas para a vida e, ao freqüentá-las, ninguém mais se torna adulto. Como acontecia nas culturas arcaicas, em que os ritos de transição eram parte do culto e com isso coisa dos pajés, xamãs e sacerdotes, também entre nós antigamente a religião assumia essa responsabilidade. Com a nossa queda *cultural,* no entanto, o culto tornou-se cada vez mais uma coisa secundária e passou ao segundo plano. Com ele os rituais de transição também perderam a influência e o caráter obrigatório. Em princípio, na comunidade cristã temos rituais típicos ao mundo dos adultos até hoje: a primeira comunhão no âmbito do catolicismo e a confirmação[37] também entre os protestantes. A partir dessa iniciação, os que fazem a primeira comunhão e os confirmados podem participar dos cultos como membros valiosos, principalmente da comunhão. Na verdade, entre a maioria dos jovens a necessidade de tornar-se um membro integral da comunidade atualmente é mínima, e já não se ajusta nem um pouco à idéia de tornar-se adulto. Esse inter-relacionamento saiu amplamente da consciência e é bem pouco enfatizado, inclusive pelos sacerdotes. Os jovens e os seus parentes acham o evento cada vez menos importante e com isso tiram a força dos rituais que se degeneram em festas de família. Como tais, são agradáveis. No que se refere a tornar-se adulto, não têm nenhum significado. Assim que os rituais não são mais carregados durante um tempo mais prolongado com a energia da consciência, o seu efeito diminui.

Os antigos rituais e costumes foram racionalizados e eliminados de uma vez por todas, principalmente para economizar tempo e dinheiro, bem como por comodidade ou falta de fé. Tudo corre tão depressa quanto possível rumo às manjedouras e a segurança estaciona longe da experiência. A religião contribui pouco com relação a isso, ela tornou-se indigna de crédito e, ainda por cima, representa um papel secundário. O conseqüente resultado é uma sociedade de pessoas que não ficaram maduras a tempo ou que nem chegaram a ficar, que fingem com mais ou menos descontração serem adultos, para se afirmarem como homem ou mulher.

Sociedades infantis modernas

A falta de possibilidades rituais de transição para tornar-se adulto e as tentativas igualmente empenhadas, bem como inconscientes de recuperar os passos perdidos, levam exatamente a uma sociedade perigosamente infantil, ridícula. Pelo fato de não conseguirem amadurecer, as qualidades adultas dos seus membros quase não podem ser alcançadas. Por outro lado, as qualidades infantis degeneram para *tipos de jogos* cada vez menos solucionáveis e ameaçadores. Quanto a isso, diz C. G. Jung: "*A humanidade ainda está psicologicamente num estado infantil quanto às coisas principais... a* maioria das pessoas precisa da autoridade, da orientação e da lei."[38]

No primeiro mundo podemos encontrar indícios de sociedades infantis em todos os lugares. Isso fica ainda mais visível em locais como a Disneylândia. Ali é feito um altíssimo negócio com a propagação de um mundo infantil (tipicamente norte-americano). A empresa preencheu uma lacuna no mercado e floresce magnificamente. Por um lado, é um verdadeiro país das crianças num mundo de outro modo hostil às mesmas, uma espécie de oásis. Por outro lado, com a sua mistura de infantilidade e ideologia infantil norte-americana, Walt Disney nos presenteou uma visão refrescante num mundo burocratizado e estagnado: "*If we can dream it, we can do it!*" [Se pudermos sonhá-lo, podemos fazê-lo!]. As bases materiais do império de milhões de dólares são muito indiretamente as próprias crianças. De fato, o objetivo são sobretudo as crianças interiores de todos os visitantes pseudo-adultos, que, sob o pretexto de oferecerem algo aos filhos, tomam consciência da oportunidade de extravasar a própria criança interior. Podemos reconhecer que por trás dessa diversão não existe somente amor pelas crianças. Os preços da entrada são diferentes e adaptados ao nível dos adultos, as crianças não podem entrar desacompanhadas e o enorme gasto em propaganda nesses parques não se destina à mesada infantil.

Antes de tudo, nos parques dos EUA, mas crescentemente também nos da Alemanha, brotam do solo inúmeros temas que invocam *a criança no homem*. A crescente oferta de tempo livre, que gira em torno do tédio e da falta de rituais de transição, promete bons lucros. Se quisermos conhecer o futuro desses projetos, temos de dar uma espiada nos temas desses parques. Em espaço gigantesco para brincar são oferecidas provas de coragem para adultos em brinquedos como "*Magic Mountain*" [Montanha encantada], "*Six Flags over Texas*" [Seis vôos sobre o Texas], e muitos outros semelhantes. Aí é o lar das montanhas russas com múltiplos *loopings* e muitas cavalgadas que mexem com os nervos. O velho sonho norte-americano de que se pode amadurecer para a idade adulta pelos ritos de bravura no Oeste Bravio, é retomado aqui, mesmo que já não possa mais ser tão verossímil. Em perfeitas viagens intelectuais com monstros dirigidos por computador podemos ser montados pelo diabo ou controlar o nosso medo em trens desgovernados, nas jangadas perigosamente instáveis em águas espumantes. Há ritos, em que, acorrentados a uma estrutura metálica, somos arremessados com enorme aceleração para mundos distantes do futuro; outros em que podemos experimentar a queda livre em jaulas de ferro. A Montanha Encantada, pode nos fazer esquecer totalmente o mundo dos negócios diários e nos levar a uma infância encantada, em que por meio de ousadas provas de coragem nos comprovarmos como um herói adulto no último momento. Na maioria das vezes, as esposas e amigas têm de assistir os seus homens adolescentes quererem provar-se diante delas, mostrando que ainda podem ser verdadeiros homens.

O que leva moços e moças a querer provar do que são capazes a não ser a necessidade de provar a masculinidade diante do risco de vida, além de ainda pagar para serem submetidos à náusea e aos suores frios ao se arremessarem nessas "aventuras"? Todas as tentativas de demonstrar sua masculinidade já denunciam literalmente que ainda não são homens.

O que mais empurraria os jovens para os trens-fantasma, onde com figuras fantasmagóricas vivificadas com todos os truques possíveis, monstros luminosos com braços esqueléticos e nuvens de luz controladas pelo computador e onde animais monstruosos com semelhantes simulacros fazem o sangue gelar nas veias, se não uma profunda necessidade de horror e pânico? Os jovens ainda querem e precisam sair de casa para aprender a ter medo. Eles não medem sacrifícios para encontrar o deus Pã e, assim, seguem inconscientes o padrão bem conhecido dos contos de fada: o jovem príncipe precisa sair para o mundo e viver aventuras para reconhecer os seus limites. Somente assim consegue libertar-se das estruturas do lar paterno e tornar-se livre, voltar um dia com a autoridade de ter passado pelas provas e conquistado a princesa, assumindo então seu reino e a herança imperial.

Os exemplos desses parques para pseudo-adultos são uma legião, cidades inteiras como Las Vegas, nos Estados Unidos, e Lost City, na África do Sul, são dedicadas ao desejo dos "adultos" de brincar e se descontrair e à desesperada necessidade de provar que são adultos. Seja como for, ali nos tornamos mais pobres do que adultos. Naturalmente, essas festas populares como a Oktober Fest (Festival de Outubro) de Munique, bem como todas as similares, visam às mesmas necessidades, embora com menos possibilidades de realização. A Oktober Fest de fato tem a questionável vantagem de podermos provar a nossa coragem bebendo tanto quanto possível. O quanto as possibilidades mencionadas faltam existencialmente para muitas pessoas, revela-se no fato de que com toda a seriedade "adultos" de todas as partes do mundo, especialmente dos Estados Unidos e do Japão, viajam milhares de quilômetros para sentar-se com seus semelhantes em bancos de madeira e, balançando ao som das bandas de música, encher-se de cerveja supercara. Nesse caso, a prova de coragem não é o que ocupa o primeiro plano, mas o desejo de poder perceber, deliciosamente embriagados, o mundo como redondo e ordeiro. A Oktober Fest é um dos poucos lugares, ou melhor, ocasiões dentro do mundo moderno, onde o excesso coletivo de consumo de drogas é até mesmo estimulado pelo Estado e os homens modernos podem viver um resquício de êxtase sem serem presos. Acordar no dia seguinte é duro, porque a ilusão noturna não sobrevive à ressaca matinal de não se terem tornado adultos, mesmo depois de participar em uma das regularmente encenadas pancadarias. Também as outras atrações e aventuras noturnas — como balançar até o limite, voar em foguetes ou simular trombadas na pista de carros — em última análise não conseguem satisfazer essa necessidade básica.

Pouco antes de cada prova de coragem, como o salto de *bungee*, cada vez mais popular, o eu ainda fraco que precisa crescer sente-se um pouco melhor; mas, a longo prazo, continua o reconhecimento lúcido de que algo não deu certo outra vez. O salto de *bungee* é interessante nesse contexto, porque remonta a um ritual arcaico de iniciação, em que homens jovens se arremessavam nas profundezas amarrados pelos pés. O que ali indubitavelmente funcionava, entre nós é só um dia tenso na feira anual. A diferença não está só nos laços não elásticos e no perigo real de uma dura aterrissagem, mas principalmente no enquadramento ritual e no campo carregado de consciência da iniciação arcaica. Mesmo assim, a nossa variante ainda apresenta vantagens, visto que se trata de um passo aparentemente consciente no vazio, quando nos arremessamos de cabeça na aventura da queda livre.

Algo semelhante é o caminhar sobre brasas, em moda no cenário esotérico. Essa prova por certo provém de imagens das tradições espirituais anteriores, onde, ligadas aos rituais, também causavam efeitos profundos. Tirada desse contexto, e sem enquadramento ritual, o efeito entre nós é apenas limitado. Por melhor que seja sentir a superação do próprio medo a cada vez, o campo que surge é muito efêmero, isso sem falar em ficar adulto.

Os esportes radicais tão populares nos últimos decênios cumprem função semelhante. As provas de coragem são impressionantes, mas as ações muito espetaculares e arriscadas do alpinismo livre (*free climbing*), dos vôos em asa delta ou a canoagem em corredeiras não podem tornar o jovem herói um adulto se faltar o respectivo campo ritual.

Como a necessidade de crescer continua existindo, tentam-se atos heróicos cada vez mais perigosos a fim de alcançar o verdadeiro objetivo, mesmo que inconscientemente. Como se trata do crescimento com todos os seus exigentes atributos, como são descritos no capítulo "A adolescência", muitas vezes isso nem está claro para o ousado herói. Muitas vezes o desejo de despertar admiração numa amiga e o anseio de pertencer aos "iniciados" ou de ser admitido como membro numa comunidade de homens ocupa o primeiro plano. Por meio da escalonação do perigo, esse caminho não raro leva ao vício, pois o perigo pode causar dependência física devido à adrenalina. Por último, continua sendo um sinal de imaturidade só podermos nos sentir vivos se corrermos risco de vida.

Sobre os jovens eternos e as donzelas de todos os tempos

Nesse contexto surge o modelo do jovem eterno, que nossa sociedade infantil valoriza demais. O pequeno príncipe[39] encontrou numerosos imitadores, príncipes pequenos e de meia-idade, que passam elegantemente pela vida e que preferem se matar de modo espetacular do que viver realmente. Saint-Éxupéry, o pai do *Pequeno Príncipe*, imitou seu pequeno herói. Marilyn Monroe e James Dean seguiram esse modelo, e Robert Redford o representou exemplarmente no filme *cult Out of Afrika* [Entre Dois Amores]: melhor tornar-se uma lenda, do que suportar um relacionamento e empreender toda a viagem do herói. Naturalmente, os jovens eternos também têm um lado liberado, que se revela muito bem no pequeno príncipe. O problema, como sempre, está na fixação. A leveza do ser, as qualidades infantis do espanto e da recusa de julgar pertencem ao reino da tarefa de *tornar-se outra vez como as crianças*. O problema é continuar criança, isto é, a recusa de tornar-se adulto. Quem não consegue fazer isso, não pode tornar-se *outra vez* como as crianças.

Os *playboys* e também algumas *playgirls* encarnam uma versão especialmente despretensiosa do jovem eterno, em que a versão tipicamente masculina tem muito mais assistência. O império dos *playboys* que surgiu ao mesmo tempo que a revista do mesmo nome, mostra com o seu sucesso[40] quantos homens ficam parados nesse plano. A vida inteira é negociada como um excitante jogo silencioso. Os *jovens jogadores* vêem nas mulheres sobretudo companheiras de jogo e, de fato, um brinquedo, e estão longe de relacionamentos responsáveis com conseqüências de longo alcance. No entanto, só uma pequena parte de todos os leitores, que chegam a cem mil, estão de fato presos nesse padrão. A grande maioria de todos os leitores masculinos há tempo envolveu-se em relacionamentos, mas secretamente sonha com esse passo retroativo para essa prazerosa irresponsabilidade. Significativamente, o inverso, a *playgirl*, não tem chance quer na revista ou como modelo social. A revista repleta de homens pelados não tem o mesmo sucesso entre as mulheres e talvez só consiga sobreviver se for aprovada pelos homossexuais. A estagnação nessa fase infantil é menos atraente para as mulheres: por um lado, porque elas têm à disposição oportunidades melhores, isto é, rituais para amadurecer; por outro, porque a sociedade de garotos jogadores de meia-idade pode lucrar algo, mas garotas jogadoras de meia-idade consideram até pessoas pouco conscientes desagradáveis na sua infantilidade. De um ângulo de visão atento para o segundo plano, naturalmente os *playboys* que chegam à meia-idade (o meio da vida) só despertam pena.

O jardim-de-infância na televisão

Querem apostar que a infantilidade desta sociedade também se mostra em seus hábitos de vida, especialmente na televisão, o meio de comunicação da grande maioria? Cada vez mais pessoas assistem mais televisão e programas cada vez mais infantis. A inflação de possibilidades à disposição não consegue disfarçar o fato de que o oferecido está se tornando cada vez mais homogêneo e infantil. A rigor, o horário infantil só termina muito depois da meia-noite. Espetáculos de jogos, em que nunca se sabe se ainda se trata da propaganda ou se já é o verdadeiro programa, porque na verdade nunca é real, e no final os próprios apresentadores sequer sabem porque ganharam algo: os tediosos jogos de bola por preços absurdos e os filmes bobos de ação dominam o cenário e denunciam uma visível infantilização. Especialmente o gênero dos filmes de ação, que fascina de preferência as pessoas meio fortes e aquelas que se mantiveram intelectuais, exige um temperamento infantil selecionado. Toda pessoa medianamente inteligente sabe que alguém que dá um soco com toda a força no queixo de outra a faz sangrar. Ela vai parar no médico ou no cirurgião, como seu adversário. Nas produções cinematográficas do ramo, os heróis se batem durante todo o filme, e isso visivelmente não chama a atenção de ninguém. Nisso já se pode descobrir um aspecto resolvido, pois esse gênero aproxima-nos da morte como nenhum outro, visto que aí se morre como numa esteira e dos modos mais espetaculares.

Ao lado dessa tola fantasia, existe o verdadeiro gênero de contos de fada para saciar a grande necessidade que as crianças grandes têm de histórias de fantasia, aquelas que satisfazem a vida de toda infância. Temos de atestar um grande progresso da indústria cinematográfica nesse âmbito, no que diz respeito à mudança técnica dos mundos de fantasia. Diretores como Steven Spielberg lançam competentemente a magia de sonhos arquetípicos de milhões para milhões na tela. Somente os gastos financeiros com esses projetos mostram como por um lado é séria a perda da infância e, por outro, como o homem não consegue desapegar-se dela.

E tudo isso não é nada em comparação com a onda do espaço cibernético,[41] que com certeza nos atingirá em seguida e possibilitará excursões à fantasia infantil que terão mais aventuras do que viagens reais.

A onda dos filmes de horror, ao contrário, mostra o já mencionado anseio primordial pelo medo e o susto. Nesse caso, Hollywood atende a uma necessidade autêntica sem, no entanto, conseguir atingir o verdadeiro objetivo do anseio infantil. Ninguém cresce com filmes de horror. Antes, há uma escalada de exigências: os filmes tornam-se cada vez mais horrendos e as crianças (as adultas) cada vez mais fãs de filmes de horror. Elas ficam presas aos seus problemas não solucionados na forma dos respectivos filmes. E, apesar disso, a necessidade em si está certa, o que se vê na palavra "pânico" que em todo caso sempre tem um deus como padrinho. Exatamente aquele Pã, até a linha da cintura um jovem belo que toca flauta, mas abaixo da cintura aquele homem sempre excitado que causa pânico nas ninfas com sua parte inferior, ninfas atraídas pela sua atraente parte superior. Certa vez ele foi uma figura central como deus da natureza e tanto era procurado como temido pelas ninfas. A palavra grega *daimon* [da qual se origina a palavra demônio] também significa prazer divino e indica a mesma correlação.

Ao lado de programas entregues em casa, podemos falar sobre as crescentes possibilidades individuais. Por meio de jogos de vídeo e do computador, as crianças e os adultos que continuam infantis desse modo doloroso, entregam-se a versáteis viagens de heróis. Como cavalheiros e viajantes do espaço, como corredores e lutando contra dragões eles podem dar o melhor de si — mas com certeza isso não será suficiente. Então aqui existe inegavelmente um potencial de vício; pois por mais hábeis que se mostrem no jogo do momento, não se tornam adultos.

Alimentação infantil para todos

Um outro rico campo de indícios da infantilidade inconsciente é revelado pelo nosso modo de comer. A própria oferta de alimentos revela a crescente influência do paladar infantil; a palavra "paladar" aqui é um pouco forçada, pois o paladar infantil, na verdade, ainda não é paladar. Num quarto de criança podemos encontrar muitas coisas, mas por certo nenhum bom gosto ou mesmo estilo e, analogamente, de vários pontos de vista acontece a mesma coisa nos modernos mercados. Cada vez mais bonitas, maiores e sem gosto as frutas e verduras, mas também os outros comestíveis, são apresentados com muita cor e decoração. Quando só a aparência é atraente, o gosto fica em segundo plano. Aqui se reflete drasticamente um tema da nossa sociedade, para a qual a forma exterior é cada vez mais importante e o conteúdo cada vez menos.

Nos restaurantes da nossa época isso se expressa de modo ainda mais grosseiro; o nome já é uma zombaria. Como uma pessoa pode encontrar descanso (em inglês: *rest*) num restaurante de Fast-Food, e como ela pode restaurar suas forças comendo apressadamente e em pé? Ali ela não deve esperar encontrar alimentos; na melhor das hipóteses, apenas comestíveis. Para sobreviver, com certeza isso é suficiente durante certo tempo; mas a vida precisa de mais e, principalmente, de outras coisas. Adultos não costumam ser encontrados nesses lugares, pois em geral eles renunciam a ingerir o seu franguinho na forma de tirinhas como *chicken-nugget*. Como conseguem lidar com as batatas normais, não precisam empurrá-las goela abaixo, bem como o peixe, em forma de bastões. Na maioria das vezes eles também não apreciam a carne como um produto homogêneo, sem estrutura, prensado entre fatias elásticas de pão branco e com molhos também homogêneos que nada têm a ver com a massa de carne. No que deve haver sabor, por certo nem pensam em regar o prato sempre com a mesma "massa vermelha de tomate". Mas que esses pontos de alimentação em que, ainda por cima, os alimentos são servidos em recipientes e caixas de plástico não atraiam somente as crianças só pode dever-se ao fato de que muitos adultos se tornam honestos ao comer e deixam aflorar a sua criança interior.[42] Trata-se de alimentação infantil para grandes cabeças de criança que não gostam de mastigar, mas preferem ingerir tudo na forma amassada ou de pudim — o principal é que escorregue bem.

No caso das bebidas a situação é semelhante, visto que por trás de todas as limonadas escondem-se livremente águas açucaradas com corante em todas as cores do arco-íris. Isso sem mencionar que todo esse material grudento comprovadamente faz mal à saúde, não consegue aplacar a sede, mas apenas satisfazer por pouco tempo as necessidades infantis.

O paraíso da moda infantil

A moda que chega até nós é cada vez mais infantil; e ela se orienta muito pouco pela moda infantil, mas pelo fato de quase só existir esse tipo de moda. O ramo da moda parece ter esquecido a tendência social, parece fugir ao conteúdo por trás da forma exterior conforme a natureza. As roupas, como sempre, ainda fazem pessoas; porém hoje, principalmente pessoas infantis. Os adolescentes prestam menos atenção ao material da sua vestimenta do que às etiquetas de grife, impressas do lado de fora e que são especialmente grossas e ficam bem visíveis. Antigamente, os fabricantes tentavam atuar por meio de seu estilo e linha e serem reconhecidos por eles, e felizmente, alguns ainda tentam fazer isso. A grande maioria, no entanto, faz todo o possível para os seus clientes fazerem propaganda dos seus serviços e filmarem sem custos a sua marca registrada. Algo parecido à cultura da cor foi por muito tempo algo natural. Se antes havia determinadas cores da moda, hoje se pedem cores em desordem. Também aqui revela-se com toda a sinceridade a já mencionada mentalidade de quarto infantil. Essa tendência de cores alegremente infantis torna-se muito perceptível principalmente no esporte e mostra o quanto as necessidades infantis são um traço característico.

Onde os babadores e as calças para espernear dominam a cena, como acontece no cenário alternativo e, em parte, também no cenário feminino (movimento), qualquer interpretação torna-se desnecessária, visto que as concernentes cabeças infantis reconhecem voluntariamente a sua infantilidade e, além disso, ainda a idealizam. A moda do *baby doll*, cujo nome já diz tudo, mostra que todo esse fenômeno não é tão recente, pois festejou triunfo precoce nos Estados Unidos.

O que pode parecer uma crítica ao ramo da moda, não tem esse sentido. Do mesmo modo como somos gratos à indústria do cinema também o somos à indústria das roupas, pois ela aceita e dá forma aos problemas existentes de modo muito criativo, o que é visível em toda parte. Se não tivéssemos a moda infantil, teríamos de viver o tema de maneira ainda mais drástica em outros âmbitos, e há poucos tão inofensivos quanto esse.

Uma moda, que pouco tem a ver com o ramo correspondente, mas não deixa nada a desejar quanto à sua clareza, é a tendência a suportar a chupeta entre os jovens da sociedade próspera. Os professores relatam desesperados, que metade dos alunos da classe fica sentada diante deles com uma chupeta de vidro pendurada no pescoço e parecem sentir-se muito bem com isso. O que deixa uns tão felizes e os outros tão irritados, é a exagerada sinceridade da mensagem: "Afinal, ainda somos bebês e o mostramos com toda a franqueza." Como índios, eles trazem o seu remédio pendurado no pescoço. O remédio deve tornar são, na medida em que traz à vida o que lhe faz falta. Desse ponto de vista, a moda da chupeta também é honesta. É como recuperar a infância perdida, o que pode tornar essas pessoas jovens saudáveis.

A criança no empresário

Até mesmo nos lugares mais inimagináveis, a necessidade de rituais de puberdade festeja os seus estranhos triunfos, por exemplo, no empresariado. Nos treinamentos da força de liderança os diretores podem tornar o trabalho fácil, ao elaborar esse déficit. Também os homens com sérios poderes de decisão sentem grande alegria quando são embarcados para regiões distantes e abandonados ali sem dinheiro ou cartões de crédito. À semelhança de índios jovens, eles passam dias inteiros no centro de seminários e, depois de realizar um feito sentem-se maravilhosos — só que, ao contrário dos índios, não se tornam adultos. Para isso é necessária mais consciência, isto é, o todo tem de ter um caráter de ritual. Mesmo se isso for cumprido, ainda terá acontecido na época errada. Principalmente esta última coisa só pode ser compensada com muita atenção e dedicação consciente. Todas as tentativas de experiências extremas trabalham consciente ou inconscientemente com esse tema. Se deixamos os que buscam iniciação pendurados numa corda na montanha, os animamos a atravessar o deserto ou a passar por outros tipos de privações, entregando-os às duras realidades psíquicas ou físicas, sempre existe a esperança de que isso lhes "traga" algo. No entanto, esse "algo" quase sempre é o passo seguinte de desenvolvimento. As esposas são deixadas em casa, com a esperança de que nada lhes acontecerá. Em segredo, contudo, eles sonham com que finalmente aconteça alguma coisa, ao menos alguma aventura que valha a pena e de fato possa satisfazê-los. No entanto, a maior aventura de todas é seguir o caminho do desenvolvimento e aceitar os obstáculos da puberdade em atraso a fim de tornar-se um adulto independente, autoconsciente que não tem mais medo de que possa acontecer algo, mas, ao contrário, espera ansiosamente que a vida o confronte com todas as suas tarefas.

Heróis infantis das montanhas

Neste contexto também está enraizada a impressionante preferência dos homens das sociedades destituídas de cultos ou de cultura por escalar as montanhas mais altas. Dominar uma montanha para muitos obviamente significa dominar simbolicamente a sua vida. Como uma montanha, a vida é um motivo antigo e, contemplada de cima, "do ponto de vista divino", ela representa realmente uma mandala com o pico como ponto central.[43] Não são poucas as pessoas que arriscam a vida por esse símbolo. Quanto maior a reivindicação à vida, tanto mais alta é a montanha escolhida. Num único dia no ano de 1993, 38 pessoas se encontraram no topo do monte Everest. Quanto à escalada, deve haver montanhas mais interessantes de escalar, mas só existe um topo mais alto no mundo e aquelas pessoas que têm necessidade disso têm de subir ali. Quando se adiciona consciência à verdadeira preocupação, nada há a obstar, e dá mais resultados do que ficar tomando conta de um montão de resíduos ao pé da montanha.

Os povos enraizados no seu culto, que vivem no sopé desse cume, nunca acharam necessário escalá-lo, pois na maioria das vezes sentem grande respeito pelos cumes, que transformaram na morada dos deuses. Além disso, rituais eficazes os ajudam a escalar os degraus do caminho da vida e eles sentem-se adultos sem terem de arriscar a vida nas escarpas das montanhas.[44] Só depois do *boom* das aventuras ocidentais os nativos começaram a levar as suas mochilas até o cume. Enquanto isso, formou-se ao pé do monte Everest um imenso depósito de lixo que os jovens escaladores do céu deixaram atrás de si. Os muitos sonhos que deram em nada correspondem a esses montes de lixo. Apesar disso, as *vivências de chegar ao topo* têm grandes vantagens, pois elas encerram ilusões; na descida, fica claro para a maioria dos "heróis" que a vida continua diante deles, como uma montanha. Também o simbolismo de um sucesso pode aumentar muito a coragem para a segunda e mais importante tentativa de dominar o cume da vida. Realmente satisfatórias só são as experiências de pico (*peak experiences*) na concepção do psicólogo Abraham Maslow, que designa com essa expressão os momentos de felicidade eterna que acontecem com as pessoas em momentos especiais.

Pessoas que continuam bebês

Mas a coisa mais trágica de todas, e também a mais sincera, são os clubes de bebês/infantis para homens "adultos" na Inglaterra. Eles são a ponta de um *iceberg* muito esquisito e trágico da sociedade. Para aí fogem aqueles que não conseguiram aceitar os obstáculos da puberdade, bem como aqueles que não puderam gozar suficientemente a infância e a época de bebês. Esse pedaço de paraíso lhes faz tanta falta que não poupam tempo nem tarefas para mergulhar num mundo infantil para adultos nos finais de semana e nas férias. Como têm dinheiro, ali eles recebem o que lhes falta: experiências de bebês. Eles trocam suas roupas por calças para espernear e fraldas, recebem confecções especiais de chupetas e bebem o seu leite em mamadeiras superdimensionadas. Eles cavalgam em grandes cavalos de balanço e são ninados ao som de músicas infantis, levados à cama com histórias de boa noite, podem até se lambuzar com a comida e fazer xixi nas fraldas por um pagamento extra. Nesse grande negócio, só é proibida a regressão, porque esse seria um trabalho demasiado e muito intensivo para a dirigente do clube. Ela avalia que na Inglaterra há mais de cinco mil desses bebês crescidos; e sabe, por experiência, que eles provêm na maioria das melhores classes sociais: trata-se de diretores de banco, vigários e funcionários da polícia, e muitos vêm do âmbito militar. Os dados numéricos não esclarecem nada, visto que as cifras no escuro são totalmente incalculáveis. Na Alemanha não existe nenhuma pesquisa sobre o fenômeno, mas com toda a certeza ele deve existir.

Mundo infantil ameaçador: a sociedade do vício

Além do sinal divertido dessa infantilidade coletiva, existe uma série de fenômenos menos divertidos, que revelam tentativas duvidosas e até assustadoras para crescer e se afirmar. Algumas vezes já existe o perigo do vício em todas as tentativas necessárias para alcançar o objetivo certo com meios imprestáveis, destinadas ao fracasso. O princípio "sempre mais do mesmo" com freqüência pode transformar a busca em vício, como vemos com clareza no vício do fumo. No lar da sociedade indígena, esse é um ritual reservado aos adultos. Ao menos isso copiamos dos índios. Crianças que ardem de vontade de serem adultas, naturalmente são tentadas a copiar esse comportamento típico e, assim sendo, o fumo se oferece para isso. Por um lado, fumar ainda lhes é proibido, por outro, os cigarros podem ser encontrados em toda parte. Acrescenta-se o aspecto de prova de coragem, pois finalmente o vício do fumo é considerado de risco à vida. Apesar disso, muitos adultos arriscam-se a fumar, e por isso as crianças algum dia também querem saber como é. Todos os avisos fazem o efeito exatamente contrário, pois elas estão em busca do risco. Desafiando o perigo, elas saem para aprender a ter medo, e esperam tornar-se adultos. E quando se encontram com seus iguais a fim de realizar um ritual de puberdade num lugar secreto, estão dispostas a tudo. Os efeitos horrorosos da primeira tragada são disfarçados de forma heróica. Se os pulmões se defenderem por meio da tosse, esse significativo reflexo de revolta desce do mesmo modo e há uma revolta dos intestinos. Naturalmente, as crianças *ficam com as calças cheias* e não raro têm diarréia, mas o medo é um verdadeiro desafio. Mas também o fato de ficarem com náusea, vomitarem e ficarem tontas tem de ser levado em conta pela conveniente ousadia. A *tontura* é tão sincera quanto a *diarréia*, visto que estão tontas com relação ao fato de se tornarem adultas. Todo protesto do corpo é combatido e reprimido em favor do grande objetivo de parecer adulto, ao menos num pequeno círculo. Naturalmente, esse ritual de substituição não cria adultos, mas antes fumantes em série, graças ao enorme poder viciante da nicotina. Pois até perceberem que a tentativa não dá resultados, eles já tentaram muitas vezes e estão viciados há muito tempo.[45]

Algo semelhante acontece com o crescente **problema do álcool** entre os jovens. Também nesse caso trata-se de um vício reservado somente aos adultos. Como típica droga entorpecente de caráter repressivo, o álcool é ainda apropriado para reduzir por pouco tempo os limiares da inibição e os medos. Mas os que entram na puberdade e foram deixados na mão com relação aos genuínos rituais de transição estão fartos disso, tanto que descobrem uma porção de motivos para beber a fim de ter coragem. Quem os levaria a mal, quando nessa situação difícil eles lançam mão de meios como beber socialmente, aprovado por falta de coragem? Aqui também o uso de sempre mais do mesmo leva muito mais ao alcoolismo do que a tornarem-se adultos. A propaganda às vezes usa essa ilusão, talvez no antigo *slogan* "Puschkin para homens durões". Até os jovens terem descoberto a sensação de tontura e perceberem que nada torna a pessoa tão impotente como o abuso do álcool, já é tarde demais. Eles não são mais adolescentes e também não são adultos, mas em compensação muitas vezes são dependentes.

Provas de coragem ao volante

A tentativa de aprender a ter medo depois da permissão de sair às ruas dirigindo por ter passado no exame da carta de motorista também é perigosa para os espectadores. O efeito colateral é que os heróis impedidos ensinam os outros participantes do tráfego. No primeiro ano depois de tirar a carta os acidentes não são racionalmente justificáveis, como descobriu um psicólogo da polícia. No entanto, são muito compreensíveis, mas não do ponto de vista da tecnologia do trânsito. Quando um motorista sem freio se lança diretamente contra o pilar de uma ponte na auto-estrada, trata-se muito mais de uma prova de coragem levada longe demais do que de uma falha simultânea da direção e dos breques. James Dean mostrou essas direções problemáticas no filme *Rebel without a case* [Juventude transviada]. Os adolescentes correm na direção de um recife em velhos carros. Vitorioso é aquele que pular do carro em movimento o mais perto possível do abismo. No filme há um morto e um vencedor, que não se torna adulto pela vitória.

Quando cada vez mais freqüentemente os jovens vão parar do lado errado (da auto-estrada) e dão o que falar como motoristas-fantasmas, do mesmo modo isso tem pouca relação com o conhecimento insuficiente dos sinais de trânsito ou os problemas de orientação no trânsito urbano. Seus problemas de orientação estão muito mais no seu caminho de vida, e aqui eles passaram para o lado errado. Deve tratar-se de provas impressionantes de coragem e de apostas feitas nas mesas do bar: "Quem conseguir fazer mais de dois passeios de carro, é um cara..." Na verdade, ele é um pobre-diabo, talvez logo seja um desordeiro, assassino ou um morto, se não aceitar o desafio supradimensional de provar ao outro que ele é esse cara, um verdadeiro homem. O perigo de vida é o prurido e a publicidade anônima especial um outro atrativo.

Diante dessa situação, quem quer resolver os problemas dos limites de velocidade no primeiro ano com a carta, só revela como a sua percepção da problemática é limitada. Isso apenas espicaça ainda mais o destemido "herói", porque fortalece o aspecto da coragem e aumenta o desafio.

A busca do perigo pelo perigo

A mesma problemática é ainda mais fácil de ser vista no assim chamado surfe de trens. No Brasil já é um *hit* entre os valentões; o salto sobre o teto dos trens em movimento também virou moda na Alemanha. Em pé, na embriaguez da velocidade, eles se abaixam no último momento para escapar aos fios de eletricidade. Esse tipo de prova de coragem também fez vítimas mortais na Alemanha.

A esse tipo de risco também pertence o surfe sobre os carros, em que a pessoa se arremessa pulando sobre os carros em movimento com o intuito de se manter sobre o teto à medida que a velocidade aumenta. Uma mania semelhante é usar mal as tábuas de *skate* para correr "*montanha abaixo*", quando são alcançadas velocidades por volta de cem quilômetros horários.

Essas provas de coragem são tratadas na Alemanha como acidentes e muitas vezes também dolorosamente ocultadas, porque os que ficaram para trás as interpretam como tentativas juvenis de suicídio. Não há interpretação mais errônea visto que, ao contrário, se trata da tentativa convulsiva de finalmente chegar à vida e exigir o seu lugar de herói tornado adulto.

Juntos somos (meio) fortes

Comparadas com as modernas provas de coragem as ligas de estudantes parecem antiquadas e inofensivas. Seguindo uma longa tradição, deformam-se aqui os alunos que chegaram atrasados à puberdade, que negam veementemente esse fato com combates de espadas e floretes. Suas cicatrizes, orgulhosamente chamadas de cuteladas, não são para eles sinais de tola imaturidade, mas de masculinidade adulta. Essas pessoas marcadas por cuteladas por certo não são adultas, mas como seguem suas ambições profissionais num trabalho ombro a ombro e podem contar com a camaradagem comprovada dos outros, como grupo eles têm bastante sucesso. Também aqui fica difícil intuir a pretensão original. Por meio de rituais de combate, em que tem de mostrar coragem e prudência, o jovem guerreiro conquista a sua inclusão na roda de homens, os quais, depois de vencer a prova de coragem, ficam juntos como unha e carne. Essas ligas e "cordames" ainda exercem uma influência enorme na nossa sociedade moderna, o que documenta mais uma vez a necessidade de afirmação e consistência masculina entre os homens.

Esse anseio por ligas de homens na maioria das vezes é a expressão de problemas de amadurecimento. Em geral essas associações e outras semelhantes prometem resolver os problemas urgentes de crescimento da forma mais fácil pela congregação de forças. Os alunos que trocam a mãe biológica pela *alma mater*, parecem ser exclusiva e especialmente receptivos, como comprovam muitas uniões de estudantes. A idéia do escoteiro já traz essa pretensão no nome. As meninas tendem menos a formar essas bases, mas também dispõem de outros métodos em parte mais maduros de tornarem-se adultas.

Grupos ou associações parecem ter uma função semelhante de substituição. Aos homens que não se consideram de valor integral, a comunidade com os companheiros de infortúnio transmite a sensação de serem mais fortes e de talvez ainda conseguirem obtê-lo. O sofrimento compartilhado é meio sofrimento e na comunidade podem fingir algo para si mesmos e para os outros. Brigas por presidências e funções sem importância são indicação de lutas como rituais de substituição. Por outro lado, também aqui existe o plano liberto. De fato, na comunidade *se é* mais forte, o que deve ser uma experiência antiqüíssima do início da humanidade, onde a sobrevivência só era possível com a solidariedade. Essa intuição deve ser a base profunda para muitas uniões — desde as profanas, como os irmãos do Lions ou do Rotary, até as dos maçons, que determinam a nossa civilização como nenhum outro grupo.

Em ligas de futebol o efeito sobre todos os planos fica especialmente nítido e aqui ele deve ser naturalmente explicado como substituto, uma vez que se trata do ritual predileto de muitos homens civilizados. O teatro muitas vezes encenado não só com moderação, mas também com surpreendente obstinação, pode ser observado desde a ponta da organização até a infantaria. A desavença pela cadeira da presidência corresponde à do banco dos treinadores e aos tumultos nas tribunas. O que interessa menos ainda é a luta dos 22 milionários no lugar. Que esses problemas tenham relação com o seu *status* de adultos é conhecido há muito tempo/não é segredo para ninguém. Eles não são tão influentes que a associação ou o treinador não possam determinar a hora de eles irem para a cama e apagarem as luzes. Eles nem devem mencionar a sua própria opinião, caso contrário são punidos. Se podem levar as mulheres nos torneios e dormir com elas não é decidido por eles nem pelas mulheres, mas pelo treinador. Mas é exatamente essa situação que deixa os rapazes tão irritados na puberdade e, assim sendo, entre os jogadores de futebol sempre há pequenas rebeliões de índios. A imprensa há tempos relata os golpes dos rapazes, mas trata-se do ritual preferido pela maioria.

O grupo numérico mais importante nos acontecimentos relacionados com o futebol é o dos torcedores, dos quais o todo se nutre. Eles acompanham febrilmente os jogadores milionários, mas objetivamente só levam desvantagens, ao pagar ingressos caríssimos por jogos em geral monótonos[46] ou muitas vezes ir atrás de seus times para os jogos no exterior em jornadas cansativas, enquanto as estrelas voam na frente. O que torna os atores no topo da escala hierárquica do futebol cada vez mais ricos, faz a base da pirâmide, os torcedores, ficar cada vez mais pobre, também e em especial mentalmente. O grupo dos torcedores, que se esforça por ocupar vagões inteiros de trens e partes da tribuna em bloco, deve ganhar algo que compense todo o trabalho e as privações passadas no empreendimento do futebol. O motivo mais profundo deve estar na esperança de ser alguma coisa com o seu time, por exemplo, o melhor do país, o melhor da Europa, ou talvez o campeão mundial. Por trás disso está o problema, o fato de não serem nada, ao menos nada com o que valha a pena identificar-se. Realmente, eles também só têm custos com o conquistado campeonato mundial, e com isso não se tornam nem um pouco mais campeões ou adultos. Por um breve momento eles se sentem mestres, e o problema da própria infantilidade fica em segundo plano com os uivos do espetáculo. Segundo o seu tipo, os brinquedos, os instrumentos ruidosos e os mascotes dos torcedores são emprestados do quarto infantil. O desejo de ser alguém respeitável pode justificar todas essas desesperançadas tentativas — torcedores jovens podem até ser engraçados nos seus trajes, mas os mais idosos apresentam traços trágicos que podem ser reconhecidos.

O todo só se torna perigoso quando a horda infantil entra na fase da birra. Quando não acontece nenhum sucesso na sua vida ou na vida do clube, eles podem ficar realmente irados. Muitos nem conseguem mais sair dessa fase e como *rowdies* tornam cidades inteiras inseguras. Os assim chamados *hooligans*, que só usam o futebol como pretexto para descarregar a raiva e destruir e para ter comportamentos de guerra, mostram o inter-relacionamento com o desemprego e a frustração. São pessoas inseguras de si mesmas, pessoas que não cresceram, que precisam do grupo para compensar o seu fracasso na vida real com os sucessos na vida da associação ou nas matanças de rua. Quando são muitos, eles bebem para obter a coragem que lhes falta, eles até ousam lutar, não a luta pela vida, mas ações de substituição. Quando finalmente estão sós diante do juiz, é uma choradeira e o medroso entra em cena. Às vezes os limites do que é tolerado pela sociedade são ultrapassados e há mortes nessas lutas, e muitos *vadios* que participam das matanças as aceitam conscientemente como inevitáveis. Mas os cidadãos são atingidos, porque o segundo plano aparece muito nitidamente por um momento. Depois de uma matança no futebol com mais de trinta italianos mortos, na manhã seguinte publicou-se em Liverpool: "FC Liverpool — FC Genua 34:0", e isso obviamente foi longe demais. Mas, por outro lado, mostra que aqui não se trata do esporte sadio para a melhoria do corpo, mas de matanças rituais nacionais. Elas são usadas como válvulas de escape para a frustração acumulada e a raiva com o próprio fracasso e se igualam às matanças de substituição nas guerras militares.

Fenômenos bem semelhantes acontecem nas comunidades de roqueiros e em todos os grupos que tentam convulsivamente disfarçar a falta de auto-estima dos seus partidários por meio de uma ideologia agressiva e da diminuição dos outros, como talvez os comandos de ataque dos radicais da direita. Neles, bem como nos seus modelos históricos anteriores, é evidente a discrepância entre a dureza e a brutalidade do grupo de marginais e a lastimável figura isolada. São prejudicados os que tentam fazer algo de si nas costas de outras pessoas por meio de projeções. A tentativa sempre fracassa e, com freqüência, custa a vida das vítimas da projeção.

Rituais de substituição mais exigentes e mortais

Naturalmente, esses fenômenos não existem somente nos planos primitivos, embora aí seja mais fácil descobri-los, mas também no nível mais elevado da sociedade. Grande parte daquele fenômeno que é conhecido como caça aos troféus, tem suas raízes aqui. Se em tempos antigos realmente era um sinal de masculinidade adulta abater uma fera numa luta (pela sobrevivência), a caça moderna às feras é muito mais uma tentativa lamentável de se afirmar como um herói adulto. Nos assentos estofados dos seus Landrovers muitos caçadores modernos de troféus atiram nos últimos grandes animais de uma distância segura e sem nenhuma necessidade. Só quando a fera está morta, eles se atrevem a tirar a foto de vencedor; o guia ergue a cabeça da criatura abatida e o lamentável herói se coloca na pose de vencedor. O que parece lamentável aos outros, obviamente dá ao caçador um sentimento de orgulho e importância. Eles pagam quantias enormes por esse tipo de auto-afirmação infantil, por um momento de matança, pelos chifres e a pele das suas vítimas. Estas eles penduram na parede como troféus e esperam a admiração das pessoas de temperamento simples. Uma vez que isso até certo ponto funciona, mostra quantas outras pessoas são abatidas por um problema semelhante de valor pessoal e caem no arranjo lamentável graças à sua cegueira. Naturalmente, tudo isso pode ser transcrito pretensiosamente e até mesmo empacotado literariamente por Hemingway. Mas o tema sobre tornar-se adulto continua amplamente sem solução. Hemingway o tornou o seu empreendimento principal, talvez por estar pessoalmente implicado — basta olharmos sua predileção pelas touradas, pescarias em alto mar, caçadas ou guerras. Ele tratou essencialmente o tema da masculinidade e, particularmente, tentou o possível para elaborá-lo em si mesmo. O fato de chegar a velhos modelos ritualizados como caçadas, lutas e guerras entre povos e sexos, mostra como o seu sentimento sobre a problemática estava afinado. Mesmo as touradas, que recusamos como uma crueldade com os animais, a uma melhor observação mostra a proximidade entre a luta e o ritual masculino.

Uma possibilidade socialmente irrelevante, mas bastante típica para homens frustrados lutarem com o fato de tornar-se adultos, são as legiões estrangeiras de diferentes países. Nessas tropas de serviço a dureza, a disposição para a luta, a agressão e o estado de soldados em geral são muitas vezes propagados e vividos como ideais de masculinidade. Embora a guerra seja uma possibilidade clássica para os rituais de masculinização, mesmo no caso de uma vivência tão franca/direta, o efeito pode ficar muito aquém do esforço, quando falta a necessária consciência.[47]

A guerra por certo é o pior plano para exteriorizar o problema de tornar-se homem. Quando os homens jovens jogam futebol com cabeças decepadas em lugar de bolas, isso é guerra; quando milhares de mulheres são violentadas, também. Um homem adulto, que tem certeza da sua virilidade, não precisa violentar mulheres e machucá-las com esse tipo pervertido de masculinidade. Um ser humano maduro não tem condições psíquicas para usar uma cabeça humana em seu jogo de bola. Só os rapazes miseráveis, aos quais falta toda forma de maturidade humana e que são tudo menos adultos, são capazes de fazer isso. A necessária desinibição só surge nas épocas de guerra. Todos os rebaixamentos que se infligem a outros seres sensientes, só objetivam elevar injustamente a si mesmo. Isso, por sua vez, é do que homens inferiores necessitam. Todas aquelas figuras de Rambo que descarregam cartuchos no peito nu dos rapazes em todos os lados das fronteiras da Iugoslávia e de todo o mundo tentam ansiosamente dar um peso à sua existência insignificante por meio dos atos violentos e dar a si mesmos um sentimento de poder e masculinidade.

O fascínio que filmes e narrativas de guerra exerce sobre muitos "homens", certamente tem relação com a problemática da viagem do herói. Nenhuma outra situação dá aos "homens" juvenis tantas possibilidades de crescer e superar-se, no sentido negativo e no positivo. No entanto, crescer é o seu anseio real, quando não são adultos. Como explicaríamos que homens velhos ainda contem décadas mais tarde e sem que lhes peçam os fatos sobre a guerra? Obviamente, foi o fato mais importante de suas vidas, uma época em que o crescimento era possível e eles sentiam-se vivos com a proximidade direta da morte. Mesmo os homens que não passaram por nenhuma guerra na sua vida, ficam fascinados com os jogos de guerra no vídeo, e quando se trata de transmissões ao vivo, como as da Guerra do Golfo, a situação é ainda mais excitante.

Em todas as associações com esse tema, das horríveis até as horrendas, chama a atenção que a guerra representa um grande papel como possibilidade de amadurecimento até nas religiões. Entre os índios, "guerreiro" é uma denominação honrosa e, no Islã, a morte em Guerra Santa é recompensada com o sétimo céu. O cristianismo também mostra um número imponente de cruzadas, nas quais igualmente era propagada a Guerra Santa. Se acreditarmos na tradição dos sufis, a orientação esotérica do Islã, trata-se da mudança de fora para dentro. Para eles a Guerra Santa é um acontecimento interior, no qual os crentes lidam com os seus demônios interiores — em última análise com a sua sombra —, e essa guerra acaba realmente na iluminação. Além do mais, essa guerra interior é realmente a única que merece a denominação "sagrada", visto que termina na perfeição. Ela permite que os homens se tornem perfeitos, à medida que a sombra é dominada pela luz da consciência. Guerras exteriores, ao contrário, tornam os homens tudo menos perfeitos, e quando os homens amadurecem graças a elas é porque passam pelos correspondentes processos interiores. Além disso, o plano solucionado pela guerra sempre é um plano interior e a guerra santa interior é totalmente recomendável.

Rituais para tornar-se mulher

Nas mulheres existe a tendência coletiva, portanto menor, de executar rituais pervertidos de substituição, porque na gravidez e no ato do nascimento já está predeterminado um ritual natural, que vivido consciente ou até mesmo inconscientemente pode assegurar o amadurecimento no âmbito feminino, mesmo que não tenha de fazê-lo. Isso não só leva a um número relativamente maior de mulheres maduras, mas também ao fato de elas poderem em geral dar às filhas e meninas jovens mais espaço e orientação, no que diz respeito a este tema. Que muitas mulheres depois de uma cesariana queiram ter um segundo filho imprescindivelmente de modo natural apesar do perigo existente, por certo tem a ver com a intuição inconsciente do mistério do nascimento. Antigamente esse aspecto não era abordado diretamente. Hoje, o nascimento é visto principalmente de pontos de vista técnicos e exteriores e, apesar disso, o ritual obviamente continua sem muita diminuição.

Para as meninas a primeira relação sexual também é muito mais uma experiência de iniciação do que para os meninos. Nas sociedades "primitivas" encontramos muitos exemplos transparentes de como esse passo essencial para a idade adulta, se dado ritualmente, pode transformar-se numa festa. Essencialmente, isso ainda é possível hoje. Se analisarmos o "comportamento de cio" dos jovens modernos na puberdade, fica evidente que os rituais de substituição, orientados para a "frieza" prevêem pouca profundidade psíquica. Essa até mesmo é excluída e recusada como sinal de fraqueza. Assim, a situação moderna continua insatisfatória. As tentativas fundamentalistas de retrocesso aos inícios devem ter aí as suas raízes. Assim existem outra vez, principalmente nos Estados Unidos, movimentos de jovens que recusam o sexo antes do casamento e entre os quais a donzela no sentido anatômico é novamente admissível na sociedade. Na cidade grande é normal que depois da puberdade uma menina ainda deva calar envergonhada essa condição, se não quiser ser considerada proibitiva. Certamente, no fundamentalismo não há chance de crescimento espiritual, para isso o movimento inteiro é inimigo do desenvolvimento. No entanto, mais consciência relativa à sexualidade abre grandes possibilidades. Pela própria natureza, a primeira relação sexual tem tudo o que dá vida a um ritual: é ultrapassado um limite em que as barreiras são derrubadas, soma-se aí a força marcial de todo início, e corre sangue. Um novo campo de experiência abre-se com dores e, assim que o gelo é quebrado, ele proporciona alegria e prazer. Mesmo se essa experiência quase não for apreciada conscientemente como um rito de passagem, o modelo natural é tão forte, que — à semelhança dos nascimentos tardios — ela contém um caráter de iniciação para muitas meninas.

Rituais limítrofes especificamente femininos são por isso relativamente desconhecidos entre nós, porque atribuímos ao caminho de desenvolvimento masculino um significado de muito mais importância na história documentada. Dignos de menção especial talvez sejam os bailes de debutantes que introduzem as meninas de boas famílias na vida social. Em acontecimentos como o baile dos crisântemos ou o baile da Ópera de Viena, essas "filhas de gente rica" são apresentadas à sociedade. Aqui os velhos modelos continuam vivos, pois desse modo as meninas são oferecidas pela primeira vez ao mercado do casamento e declaradas adultas. Nessas ocasiões os homens jovens são apenas o cenário, quando se observa que eles representam alguma coisa. Antigamente, podíamos chamar os cadetes das escolas de oficiais, hoje está um pouco mais difícil apresentar homens que de algum modo pareçam respeitáveis e tenham aparência de adultos.

Em busca de rituais de substituição

Rituais de busca

A falta de rituais de puberdade torna-se cada vez mais consciente no curso da observação geral, inclusive para cada vez mais pessoas da nossa sociedade. A cópia resultante dos rituais arcaicos, além disso, é uma tentativa de compensação questionável, porque mesmo nas repetições idênticas dos antigos rituais quase não temos acesso ao campo original e por isso não conseguimos obter a consciência necessária. Se prensarmos um jovem entre as duas metades cortadas de uma árvore nova, como muitos ciganos fazem, isso talvez provoque a morte da árvore, mas não o nascimento de um adulto devido à morte simbólica da criança. Para conseguir eficácia, é preciso estudar durante mais tempo o mundo dos ciganos e tornar nossos o seu modo de pensar e sentir, para assim termos acesso aos modelos que estruturam a vida deles. As próprias criações, que só levam em conta elementos antigos, de início não têm nenhum campo e por isso são muito menos eficazes. Elas exigem enorme consciência para compensar a falta do campo.

O caminho mais simples para nós por certo é a reanimação dos antigos rituais cristãos de transição, simplesmente porque podemos lançar mão do campo existente há dois milênios. Além do mais, os modelos de confirmação e crisma têm de ser energizados novamente e para os jovens bem como para os adultos acompanhantes, dos pais aos padrinhos, o sacerdote tem de deixar clara a importância do seu significado e profundidade. Carregá-los significa encaixá-los na vida com seu valor central, vivê-los com consciência e mudá-los de lugar com a necessária pausa obtida por meio do ritual. Isso significa concretamente que depois do ritual os confirmandos não só são tratados como adultos, mas também considerados como tais. Para nós isso já não é tão simples como para os nativos, que nascem sem alternativas na sua ordem mundial hereditária, porque o intelecto duvidoso constantemente cria um obstáculo, por não acreditar que alguém possa tornar-se adulto unicamente por meio de um ritual.

Se o retrocesso aos rituais hereditários está trancado pela própria religião que definha,[48] seja como for, todas as outras tentativas carregadas de consciência são melhores do que nenhuma. É provável que nessa época de ruptura estejamos dispostos a trilhar novos caminhos. Ao que parece, trancamos o caminho de volta por meio do nosso desenvolvimento intelectual e pela história das organizações que representam as religiões.

Somente quando ficar claro o que está simbolicamente por trás de uma volta pelas montanhas, ela se transforma um pouco em ritual. Quer queiram quer não, os alpinistas se tornam mais conscientes dos acontecimentos dessa viagem e começam a questionar o seu significado. A consciência do simbolismo está profundamente arraigada no ser humano, tanto antes como agora, mesmo que só se expresse como superstição. Nesse caso, a ciência foi a única a ter esse acesso totalmente prejudicado.

Assim também podemos transformar toda viagem numa peregrinação. Aqui se oferecem, além disso, alternativas para a pobreza de rituais e a perplexidade. Os jovens podem partir sós para uma *grande viagem* e vivê-la com toda a consciência como um caminho para a maturidade. Mais apropriada é uma viagem com o objetivo e a duração em aberto, em que as estações resultariam espontaneamente da viagem — uma peregrinação com o objetivo de encontrar a si mesmo. Os jovens podem declarar-se dispostos a receber indicações para seu caminho de vida nesse caminho, podem tomar conhecimento dos seus sonhos e aceitá-los e aos acasos com mais consciência. Com a posição interior correspondente e a expectativa de um grande sonho no sentido da visão que os jovens indígenas procuram, aumenta a probabilidade de sucesso. Quanto mais forte a tensão que jorra numa viagem de autodescoberta, tanto maior é o poder que se irradia da visão encontrada. De fato, entre nós todo ser humano tem sonhos importantes, só que eles são esquecidos, guardado na gaveta dos "sonhos são espumas", ou eles naufragam nas pressões materiais das assim chamadas realidades. Todo paciente de análise sabe que é possível igualmente sonhar por encomenda os sonhos que são importantes para o próprio desenvolvimento. Mesmo se não tivermos lembranças anteriores dos sonhos, podemos fazê-las voltar em grande número num momento tão carregado de energia.

Viagens que objetivam o próprio caminho ou buscam o sonho de vida, são também um aconselhamento profissional do próprio interior. Nada pode substituir o encontro da própria vocação. Deixar esse tema central da vida nas mãos de algum funcionário do Ministério do Trabalho, que organiza um *potpourri* matemático de notas escolares, pressões de aprendizagem e desenvolvimento financeiro de diferentes trabalhos profissionais, só apresenta desvantagens para os implicados e inclusive para a sociedade. Todos os desejos de mudança de escola, troca de estudos e interrupções do aprendizado acabam resultando em que a pessoa em questão não consegue harmonizar o seu trabalho com o seu caminho de vida.

O mero pensamento de enviar os próprios filhos nessa viagem assusta os pais modernos. A segurança manobra bem longe da vivacidade. Todas as férias depois da puberdade, no entanto, oferecem uma possibilidade. Levar automaticamente essas "crianças" em empreendimentos familiares não é sinal de amor, mas uma intromissão no seu espaço de vida, que é um obstáculo para elas numa fase de desenvolvimento essencial, mesmo que elas mesmas ainda não articulem isso. A permanência no estrangeiro a fim de conhecer o mundo e a vida é recomendável e pode preparar a rendição definitiva.

Depois de terminar os estudos ou o ginásio, hoje ainda há a possibilidade de fazer uma "viagem pelo mundo" a fim de se reencontrar, depois de ter se dedicado por longos anos aos planos de instrução. Um ano livre depois do tempo necessário ao estudo sem liberdade é uma oportunidade de autodescoberta. Antigamente os jovens artesãos iam dançar depois do seu aprendizado, e entre os estudantes era costume estudar algum tempo em universidades do exterior.

Os jesuítas honram um costume correspondente com muito sucesso. Depois de anos de estudo cada um pode dedicar-se durante um ano ao campo de sua predileção, mesmo que seja mergulhar no âmbito de uma outra cultura, num outro continente, com religião diferente. Esse costume, em todo caso, amplia o horizonte espiritual e a consciência e facilita assim o encontro do próprio caminho de vida. Naturalmente, a viagem é principalmente uma viagem interior, mas ela também pode levar ao espaço externo.

Rituais para evitar o vício

Mesmo que encontrar rituais positivos de transição hoje seja mais difícil do que nunca nas modernas cidades industriais,[49] podemos no mínimo enfraquecer os mais perigosos rituais de substituição com consciência e coragem. Essa é a tarefa dos padrinhos de batismo ou daqueles adultos que se comprometeram a responsabilizar-se também pelo caminho de vida das crianças que lhes foram confiadas. Mas essa intromissão dos adultos só dá frutos quando acontece na hora certa e as crianças ainda ouvem os conselhos.

O primeiro cigarro

Mesmo que a sociedade dos fumantes esteja aos poucos *dando os últimos tragos*, recomenda-se urgentemente esclarecer logo os filhos sobre o mau costume do fumo, para impedir que fiquem presos nessa tentativa falha de um ritual de puberdade. Que as crianças de hoje não entrem em contato com os cigarros está praticamente excluído. Explicar-lhes os perigos do fumo muitas vezes não leva a nada e em nenhum caso as torna mais maduras. No entanto, nós podemos convidá-las cedo, isto é, claramente antes da puberdade, para um ritual de fumo, sendo indiferente se somos fumantes ou não. Caso contrário, esse ritual acontecerá em condições desfavoráveis sem a participação dos adultos e, assim, sem a sua ajuda.

Como preparação anterior, devemos informar exaustivamente o que está por trás do fumo e mostrar como é difícil tornar-se adulto. Vale a pena esclarecer que muitos tentam atingir a maturidade usando o fumo, porque esse é um hábito típico reservado aos adultos. Não se deve levar essa tentativa de ninguém a mal, o importante é saber que não dá certo e que os fumantes são tudo menos adultos; na verdade, não são livres e, sim, dependentes. Mas não se deve desprezá-los por isso, porém contemplá-los com compaixão como aos outros viciados. Finalmente, eles têm trabalho suficiente com sua dependência e sua disposição geral para as doenças, que infelizmente não se relacionam apenas com o câncer e o enfarte cardíaco. Mas como o fumo lhes será oferecido alguma vez, é bom que saibam antes tudo sobre isso, na teoria e na prática. E por isso, logo faremos juntos um ritual do fumo. Para isso é necessário fumar um cigarro inteiro, mesmo que passemos mal, mesmo que fiquemos com diarréia e, no mínimo, tenhamos um acesso de tosse. Tudo isso é desagradável, mas essa primeira vez é necessária para que mais tarde não aconteça de novo.

Quando ambos fumarem um cigarro juntos depois dessa introdução, a criança vive tudo como uma profecia. Talvez ela queira interromper o ritual, mas para o sucesso completo se deve impedir isso. O padrinho não fumante talvez também tenha algumas dificuldades com o seu cigarro e não precisa tragar a fumaça; mas para a criança são necessárias algumas tragadas para que ela sinta o efeito.[50] O padrinho fumante pode falar até com muito mais convicção, pois ele já viveu como ficou viciado mas não adulto no decurso da sua precoce carreira de fumante. Mas isso requer um bocado de honestidade da parte dele a fim de realizar harmoniosamente o ritual. Quando uma criança iniciada desse modo precoce no segredo do tabaco for convidada posteriormente por outra criança a fumar o primeiro cigarro sob promessa de sigilo, ela pode reagir com toda a calma a partir da própria experiência. Ela sentirá pouca atração, talvez até possa impedir a outra criança que não teve a sorte dessa introdução precoce de entrar mais fundo no projeto de fumar. Por sua vez, às vezes essa criança inicia os seus amigos desse outro modo consciente.

Naturalmente, a pressão a que estão sujeitas as crianças dessa idade é enorme e não deve ser subestimada. Mesmo que apesar do ritual conjunto de fumo aconteça uma orgia de nicotina na próxima excursão da classe, o ritual não foi em vão e pode ser um estímulo para abandonar precocemente o vício do fumo.

A primeira bebida alcoólica

Do mesmo modo deve ser o procedimento relativo ao álcool. Numa sociedade em que o álcool pertence à vida diária e muitas vezes até mesmo tida de bom tom, em que milhões de pessoas se consolam de suas preocupações com o álcool, fogem da rotina diária ou bebem para ter coragem, não se deve esperar que a criança não seja influenciada por isso. Portanto, é aconselhável, no contexto de um pequeno ritual por sua vez precoce, oferecer-lhe o primeiro uísque ou bebida similar. Depois da introdução sobre o papel do álcool nesta sociedade, é preciso mencionar com toda a clareza a sua função nas festas e o seu papel na idéia de tornar-se adulto e os seus efeitos sobre o corpo e a psique. Os poucos goles de uísque não farão mal à criança, mas deixarão claro para ela que a descrição confere. A cabeça gira, os joelhos amolecem e talvez haja mal-estar. Por meio desse ritual a criança também é preparada para as posteriores seduções de crianças da mesma idade que acontecerão com certeza; ela conhece os efeitos e não precisa impressionar ninguém.

Também nesse caso a tentativa de uma introdução sensível nunca faz mal, mas muitas vezes é útil. Contudo, como o álcool tornou-se uma incontestável droga de contato nesta sociedade, ele não será totalmente excluído da vida. Somente brindando, os homens civis ainda podem demonstrar alguma familiaridade e aproximar-se uns dos outros, sem sentir-se *indecentes* por isso. Além disso, gente jovem também usa o álcool para obter coragem ou consolar-se das mágoas. Nesse caso, a melhor prevenção naturalmente é fazer uma criança descobrir a própria coragem, para que ela não precise desse meio de ajuda.

A armadilha dos entorpecentes

De modo semelhante deve-se lidar com os produtos da maconha, a *marijuana* e o haxixe. O primeiro baseado fumado junto e num ritual[51] pode substituir muitas experiências isoladas posteriores da criança. E novamente a escolha não é se fumamos ou não, mas apenas onde e em que contexto. Em certas circunstâncias é preciso optar por uma ronda de experiência isolada, para poder informar sobre os efeitos de modo competente. Para muitos adultos eles são surpreendentemente inofensivos, o que se deve aos preconceitos dominantes sobre o assunto. Na verdade, os produtos da *canabis* são perceptivelmente mais inofensivos sobre o corpo e a psique do que as drogas sociais como a nicotina e o álcool. No que se refere ao amadurecimento, eles não solucionam problemas, mas levam a desvios e à margem da vida. Tão logo a criança constate na indispensável experiência pessoal que as informações dadas concordam com as experiências feitas, os pais e padrinhos adquirem competência e merecem a necessária confiança para falar sobre drogas como a heroína. Quando eles afirmam que elas são tão perigosas que nem se deve experimentá-las, é mais provável que as crianças lhes dêem crédito. A heroína (do grego *heros* = herói), que em seu nome faz alusão à viagem do herói, sempre leva a um beco sem saída e, na maioria das vezes, à morte. Nunca ninguém conseguiu dominar melhor a viagem do herói com a sua ajuda. O sentimento heróico que a droga transmite é pura ilusão. A heroína provoca muito mais a total recusa de fazer a viagem da vida em favor de um vegetar dependente e sem liberdade e da perda final. Poupamos os nossos filhos desse destino com tanta maior certeza, quanto mais honestos formos antes. Quem afirma que a marijuana leva à sarjeta e que é uma coisa do diabo, mas bebe álcool, é desmascarado como um mentiroso em numerosas oportunidades pelos filhos ou apadrinhados. Em todas as escolas deste país é feita constantemente a prova em contrário. Graças a essas mentiras as crianças naturalmente acreditam que as informações sobre as outras drogas são igualmente erradas. Advertências mentirosas e a falta de esclarecimento são uma armadilha perigosa para os que entram tarde na puberdade, que não conseguiram fazer a curva.

Revoltas necessárias

Em todas essas tentativas conjuntas de ritual do lado adulto deve-se pensar que a puberdade sempre tem a ver com reações e rebelião. Por isso, esses rituais não devem ser feitos com a intenção de impedir a crise, mas de estimulá-la, à medida que, no entanto, oferecemos certos indicadores de caminho. Por isso é melhor que os padrinhos de batismo desempenhem nessa época o papel de ajudantes. Dos próprios pais, dos quais é preciso soltar-se, principalmente agora é difícil aceitar alguma coisa. Como pais e mães é impossível estimular a revolta dos próprios filhos. Quanto mais compreensíveis formos com os adolescentes, tanto mais difícil lhes tornamos a vida. A geração dos *hippies* só apresentava aos pais cabelos mais longos em penteados essencialmente em ordem na forma de cogumelos e alguns baseados sobre as barricadas e assim demonstrava a sua revolta. Uma geração mais tarde, para fazer isso, as crianças tinham de perfurar as orelhas com alfinetes de segurança, tingir o cabelo de verde tóxico e injetar-se heroína. Outras etapas de escalada são difíceis de imaginar, mas é certo que cada geração tem de provar a sua revolta.

Eis aí também o motivo por que os heróis dos contos de fada têm mais facilidade com a sua madrasta má e principalmente com pais horrorosos. Esses pais deixam-se provocar com mais rapidez e é mais simples abandoná-los. Pais liberais que demonstram compreensão com tudo é que representam o problema. Aí já têm de ser usados os canhões pesados da heroína, até que se manifeste a verdadeira reação. Aqui deve prevalecer a decisão de não nos mostrarmos como pais mais liberais do que somos, e não negar a própria posição, apenas para não perder o vínculo com os filhos. O bom contato até precisa ser perdido ou desfeito paulatinamente, e então faz mais sentido não empurrar os revoltosos para fora, mas realmente lutar nos pontos em que há divergências de opinião. Por outro lado, naturalmente, não é apropriado mostrar-se mais autoritário do que se é só para oferecer pontos de atrito às jovens crianças. Em caso de necessidade, os adolescentes também procuram as imagens necessárias de inimigos fora da família, das quais podem se demitir.

Êxtase

Um ponto importante, cujas conseqüências chegam até a problemática da droga, é o tema do êxtase. Todo o campo de experiências ligado a ele é tabu entre nós, enquanto era componente natural da vida comunitária das culturas arcaicas. Em seus sapateados rítmicos, no canto de longos mantras, nos transes e rituais as pessoas chegavam espontaneamente ao êxtase e viviam a sua ligação com aquele cerne interior essencial em que todo homem é são e perfeito. Essa experiência também é importante para tornar-se adulto, pois ela mostra um objetivo que é preciso atingir em algum momento. Assim que se tem um grande objetivo é mais fácil dominar os passos menores, mesmo que se analisados em si mesmos eles não sejam tão impressionantes. Os jovens que enxergam o objetivo final sabem lidar melhor com os objetivos das etapas intermediárias. Por trás do problema das drogas, cada vez mais grave, em essência está a busca mantida na sombra pelo êxtase e o anseio de muitos jovens de dar uma olhada no objetivo da vida, sem ter de fazer muito esforço para isso. Por meio da química eles querem arrombar a porta. As drogas oferecem sempre uma parte do campo visual, e isso já vicia — especialmente numa sociedade que não tem mais nenhum culto unificador que possa enquadrar as drogas num contexto significativo.

Quando não existem mais espaços e exercícios para fazer experiências extáticas, as drogas tornam-se um perigo, visto que abrem quimicamente esses espaços a curto prazo ou apenas fingem fazê-lo. Nessa correlação, chama a atenção que a nossa sociedade busque impedir a mais inocente arrancada na direção do êxtase. Em vez de alegrar-se pelo fato de as crianças terem uma necessidade de entrar em transe dançando nas discotecas, ou ao menos de gastar suas energias, muitos adultos bloqueiam com severidade esse caminho inofensivo. No entanto, a experiência com a juventude que pratica esportes já pode mostrar-nos que aqueles que o praticam regularmente estão bastante seguros contra drogas como a heroína. Em momentos de entrega antecipada e engajamento total também é possível viver momentos de êxtase no esporte. Crianças que entram freqüentemente em êxtase dançando, e recebem estímulos positivos para a viagem de heróis da vida, conseguem atender iguais necessidades. Assim sendo, a melhor prevenção contra as drogas é conduzir as crianças a experiências de êxtase, lidando com aquilo que o homem busca em última análise, e a instrução no modelo de vida da mandala, no qual se reconhecem com clareza as estações e o objetivo da vida.

Os perigos do êxtase podem ser previsíveis. Todo o tema alcançou má fama porque entre nós ele praticamente só é vivido em correlação com a droga.[52] Entre os antigos existia o culto de Dioniso, uma religião cujos membros se embriagavam com a ajuda do vinho para fazer experiências orgiásticas. Naturalmente, naquela época o problema social do álcool não existia, pois esse entorpecente estava associado ritualmente ao culto — donde podemos ver que o problema não são as drogas, mas o *ambiente isento de cultos* e a falta de espaço para experiências extáticas. Neste ponto também podemos reconhecer como a nossa política das drogas se distanciou muito de qualquer tipo de solução.

O êxtase permite que a pessoa se afaste do ego e faça uma experiência pessoal. Sendo assim, ele é uma possibilidade impressionante de abandonar o enquadramento estreito da vida e chegar ao cerne do próprio ser. Quanto mais estreito esse enquadramento for mantido, tanto mais urgente será depois a necessidade de uma eclosão de êxtase. Por outro lado, um enquadramento instável ou ausente pode dar asas a esse desejo. Nisso deve estar a explicação para o fato de ambos os grupos mais ameaçados serem os das crianças amadas e "superprotegidas" e as que provêm de ambientes caóticos e da camada inferior da sociedade.

PERGUNTAS SOBRE A PUBERDADE

1. Como vivi minha primeira menstruação/minha primeira ejaculação?
2. Como vivi a entrada da sexualidade na minha vida? Tive orgasmos desde o início? Como me explicaram a questão? Qual a minha disposição neste momento?
3. Quanta infantilidade não resolvida existe ainda hoje na minha vida?
    — Como e bebo como um adulto ou como uma criança?
    — Quais jogos infantis impedem minha vida profissional?

— A que conclusões o meu modo de vestir leva sobre isso?

4. Que papel as provas de coragem têm para mim?

5. Como me relaciono com os grupos de pessoas do mesmo sexo? Como me sinto no grupo?

6. De quais revoltas participei durante a minha vida?

7. Qual a minha opinião sobre a ascese e o prazer mundano, sobre o jejum e a glutonaria? Quanto a isso, encontrei meu equilíbrio?

8. Existem momentos de êxtase para mim? Qual é meu relacionamento com as drogas entorpecentes?

Exercícios durante a puberdade

1. Festas da puberdade: Por ocasião da primeira menstruação os pais podem fazer uma grande festa para a filha, convidando as suas amigas e conhecidas mais importantes. Se o fato for compartilhado dessa maneira, logo tudo o que é desagradável nele desaparece.

Uma festa correspondente pode ser festejada no círculo familiar; nessa ocasião os pais podem aproveitar a oportunidade para relatar que a filha a partir de agora está na posição e tem o direito de representar a mãe em diversas situações. Eles também podem discorrer sobre o que significa para eles distanciar-se desde esse momento um pouco mais do papel de pais, e o que significa paralelamente para a filha ser considerada mais madura. Especialmente importante também é um esclarecimento oficial dos pais, de que é bom e correto que os filhos superem os pais de vários pontos de vista. Algo semelhante também deve ser posto em cena para os meninos.

2. Viagens da puberdade: Elas oferecem para os viajantes e os que ficam em casa uma chance igualmente incomparável de se encontrar na nova situação e fazer contato com a mudança de papéis. Os filhos saem de casa para exercitar as asas e aprender a assumir responsabilidade pela própria vida. Podemos seguir a trilha da história de Ícaro como advertência e a de Percival para inspirar coragem. Viagens com mochilas nas costas oferecem a vantagem de obrigar os jovens titãs a carregar o próprio peso e o da mochila com as coisas necessárias desde o início e a responsabilidade de aprender a economizar o dinheiro por tempo mais prolongado, cuidando pessoalmente de que as próprias necessidades sejam atendidas. A independência e o cuidado de si mesmos também fazem parte, bem como a coragem e a alegria com a conquista de novos âmbitos de vida. Ganhar pessoalmente o dinheiro necessário para a viagem aprofunda ainda mais o ritual. Um tempo como babá dá igualmente uma chance para um recomeço em novo plano usado e carregado ritualmente.

Pressupostos importantes que devem ser atendidos previamente são algo como o encerramento de tarefas infantis, a entrega dos bichinhos de pelúcia e de outros brinquedos prediletos a outras crianças e, principalmente, a despedida de tudo o que ainda restou no país da infância e no lar, enquanto se *vai embora*.

3. Viagens dos pais: Naturalmente, também é possível virar significativamente o feitiço contra o feiticeiro, e assim os pais podem viajar sozinhos e entregar aos filhos a responsabilidade pelo lar. Enquanto os jovens brincam de adultos em casa, os "velhos" podem gozar uma segunda lua-de-mel e, com toda a tranqüilidade, podem lembrar-se dos tempos movimentados pelos quais acabaram de passar.

4. Ritual da árvore: Para festejar a puberdade, podemos plantar uma árvore, que cresça com o menino ou menina e se torne o reflexo de suas fases de vida. Especialmente adequadas são árvores como a nogueira, que precisa de muito tempo para dar frutos.

5. Ritual da roda da medicina: A roda da medicina da tradição indígena adapta-se a muitos rituais de orientação. A própria construção dessa mandala, que em lugares da natureza não apresenta problema, pode ter caráter ritual. O leste representa a menina pequena, o oeste a mulher crescida, o sul o menino pequeno, o norte o homem adulto. O exercício mais simples é meditar nos lugares dos seres novos e velhos e observar as imagens que surgem durante a meditação.

6. Ritual dos balões de ar: Isso pode ser encenado como viagens reais de balão, em que somos carregados pelos ventos de cada momento, seja para onde for que eles levarem. Realmente, dessa altura algo se deixa modificar. Além do mais, essa viagem é um espelho muito nítido da viagem da vida, em que podemos determinar o plano, mas não o modelo.

De modo mais infantil, mas também muito mais fácil, é possível concretizar esse ritual com um balão de gás especialmente grande e bonito. A criança pode enchê-lo com seus desejos para a nova etapa de vida, e os pais podem dar-lhe simbolicamente a liberdade. Ficar olhando o balão que sobe até ele desaparecer pode constituir a meditação final do ritual. Correspondentes competições entre crianças (qual balão vai mais longe?) são preparativos e etapas prévias para a própria viagem e decolagem.

7. Ritual para os pais dos adolescentes: uma meditação conjunta sobre as duas grandes tarefas dos pais, como o jornalista Hodding Carter formulou: primeiro deixar que os filhos criem raízes e então deixar que lhes cresçam asas. Se essa meditação for realizada no tempo certo e regularmente pelos pais na forma de uma viagem interior e na profundidade do transe, eles poderão concordar mais facilmente sobre muitas questões de educação e cuidados com a prole no plano das imagens interiores.

Fases de rituais típicos da puberdade:
— abandonar a família, a pátria;
— suportar privações, provas de coragem, rituais de busca;
— rituais em grupo para festejar a nova identidade da pessoa que acabou de tornar-se adulta;
— fase do enraizamento: introdução nas regras da nova vida.

6. A adolescência

Os seres humanos não nascem no dia em que sua mãe os dá à luz, porém,
quando a vida os obriga a trazer a si mesmos ao mundo.

Gabriel García Márquez

Você me pergunta, o que devo fazer?
Eu digo: viva selvagem e perigosamente, Arthur!

Clemens Walter

Culturas jovens e arcaicas obviamente estão em condições físicas e psíquicas de
criar o passo definitivo de desapego do ninho paterno. Entre os jovens modernos esse não parece ser mais o caso. Em alguns aspectos eles estão à frente dos seus
irmãos e irmãs "primitivos"; em outros, estão atrás. O fenômeno da aceleração,[53]
da constante e crescente aceleração física, estabelece um paralelo de maior lentidão do desenvolvimento psíquico. Os jovens modernos alcançam a puberdade
mais cedo do que nunca, mas estão cada vez mais atrasados no desenvolvimento
psíquico. Os cientistas consideram a nutrição melhor, no sentido de mais proteínas e albumina, a responsável pelo primeiro fenômeno. Se a nutrição melhor é decisiva para a aceleração do desenvolvimento físico, ficamos com a suspeita de que
o retardamento do desenvolvimento psíquico pode ser responsabilidade da pior
alimentação psíquica. Disso podemos encontrar provas em abundância. Em vez
de receber alimentos para a alma, os jovens também nesse sentido recebem apenas *fast food*, o que basta para a sobrevivência, mas não para a vida. A conseqüência lógica é o retrocesso no desenvolvimento. Mesmo a sobrevivência não é mais

tão certa, e os altos índices de suicídios nas sociedades incultas se relacionam crescentemente com seres humanos bem jovens. Nas culturas arcaicas o suicídio era praticamente desconhecido.

Os jovens de hoje estão sufocados com o corte definitivo do cordão umbilical na época da puberdade e, assim, com relação à puberdade e ao amadurecimento corporal total, oferece-se a oportunidade de realizar esse difícil processo. Esse segundo grande corte umbilical do ninho exterior corresponde em muita coisa ao primeiro, do ninho interior do ventre materno. Ele acontece mais ou menos no tempo da prova de maturidade escolar. O que começa na puberdade, deve encerrar-se no máximo na adolescência, caso contrário, os caminhos de desenvolvimento de ambas as gerações implicadas são bloqueados.

No que se refere ao corte umbilical de casa, as mulheres em muitos aspectos têm mais facilidade do que os homens, exatamente porque o seu caminho parece exteriormente mais difícil. Correspondendo a um modelo profundamente arraigado em nossa sociedade e em muitas culturas, a mulher sai do lar e segue o homem para a casa dele. O que na maioria das vezes é sentido como dureza, a longo prazo apresenta diversas vantagens. Mesmo que ela apenas substitua a tutela paterna pela do marido, isso leva automaticamente a um corte umbilical, enquanto ele, depois de curta excursão, entre outros motivos a busca de uma noiva, cai de volta no lar paterno e continua confrontado com todos os velhos padrões. Esse é um dos motivos pelos quais a prole masculina é preferida em muitas culturas arcaicas. Temos algo dela a longo prazo, os rapazes ficam; as filhas, no entanto, em algum momento têm de ser entregues. As mulheres quase sempre trocam de casa e muitas vezes também de vizinhança.

Mesmo que esse modelo na maior parte do mundo continue totalmente indiscutível, no geral ele nos parece amplamente ultrapassado. Diante de uma observação mais atenta, descobrimos, não obstante, como continua eficaz entre nós e é difícil de eliminar inclusive em jovens muito conscientes. Mesmo quando ambos os parceiros já se libertaram cedo de casa, com freqüência mantém-se os papéis tradicionais e não parecem menos cunhados por causa de seus novos trajes. Com certeza entre nós mais esposas do que esposos sofrem com a sogra, simplesmente porque se sentem mais ligadas à casa e não conseguem fugir com tanta facilidade. A culpa dessa ligação mais íntima com o ninho é principalmente dos filhos. Aquelas mulheres que se libertaram totalmente desse modelo, graças à emancipação, têm por isso problemas semelhantes aos dos homens em geral.

A segunda vantagem do lado das mulheres está, como mencionamos antes, na possibilidade de ter filhos e, dessa maneira, sair do modelo de Vênus, que de muitos pontos de vista corresponde à fase do amor de *playgirl* e *playboy*, para chegar à esfera maternal, na qual com o amor materno naturalmente surge uma maneira mais madura de dedicação. Porém, mais importante é a própria vivência do parto, que quase sempre traz consigo um passo de amadurecimento. Além disso, por meio do parto é revivido o próprio trauma do nascimento, mas antes de tudo trata-se de uma iniciação no mundo adulto. Ela obriga ao mesmo tempo a passar do eu para o tu.

A adolescência é a última chance determinada pelo tempo de tornar-se maduro. Mas o que isso significa realmente? Trata-se da maioridade, que há pouco tempo diminuímos dos 21 anos para os 18? Essa mudança por certo foi acertada, visto que se conquista a carta de motorista e a condição de membro da sociedade motorizada aos 18 anos, aos 21 o direito ao voto e a capacidade para os negócios, porém nada de mais essencial. Em todos os casos esses três acontecimentos têm pouca influência sobre o amadurecimento, eles apenas o pressupõem.

É óbvio que há pessoas que já são bem maduras aos 15 anos, e outras que aos 15 estão distantes disso. Obviamente, não é possível definir o amadurecimento no tocante à quantidade de tempo vivido, mesmo que socialmente não nos reste outra alternativa. Se quiséssemos fazer uma verdadeira prova de amadurecimento, quase não haveria acordo quanto aos critérios, e vigiar seu cumprimento parece totalmente impossível. É evidente que é muito mais a *qualidade* do tempo vivido que permite avaliar o amadurecimento. Mas não podemos medir a qualidade, no máximo avaliá-la. Com a falta de critérios objetivos elimina-se a possibilidade da prova e, assim, as coisas importantes como o acesso à formação da família e ao poder sobre outras pessoas fica sem controle. Não obstante existem certos critérios com os quais podemos avaliar a nós mesmos, para verificar se o tema do amadurecimento foi solucionado. Esses sempre terão caráter subjetivo e não num único ponto, mas antes em sua generalidade devem ter força de afirmação.

Ser adulto liberto contém a disposição essencial
— de desistir de idéias infantis de um mundo perfeito,
— de abandonar exigências anteriores de sustento,
— de avaliar e sofrer as conseqüências das próprias ações, isto é, ver
— as situações de pacto na vida diária e mais abrangente,
— de assumir responsabilidade por si mesmo e pelos outros,
— de entender o ambiente como um espelho, isto é, desistir das projeções,
— de orientar sua vida pela perfeição em vez de pelo bem-estar,
— de se incluir no modelo de vida da mandala.

Ser adulto liberto também significa ter vontade
— de crescer e se desenvolver,
— de chegar aos limites e, se for preciso, ultrapassá-los,
— buscar sua vocação e aceitá-la,
— percorrer seu caminho de modo independente,
— alegrar-se com a ponto alto do dia, o zênite da vida,
— gozar a própria maturidade.

No que se refere à parceria, ser adulto livre implica a disposição
— de investir física, corporal e material, psíquica e
  espiritualmente na parceria,
— ver o parceiro como um espelho, tanto nos bons como nos
  maus momentos,
— passar pelas crises em vez de trocar de parceiro,
— visar a um relacionamento para a perfeição em vez de para o bem,
— desenvolver-se do eu para o tu.

PERGUNTAS SOBRE A ADOLESCÊNCIA

1. Até que ponto estou livre dos meus pais?
   — Onde passo os pontos festivos da vida, como o Natal e a Páscoa?
   — O quão voluntariamente volto para casa?
   — Onde é o meu lar? Consegui montar um próprio? Ou ainda é o velho lar
     dos pais?
   — Com que freqüência e em que situações eu penso: "Não quero ser nunca
     como meu pai/minha mãe"?
2. Posso confiar na vida?
   — Fico no relacionamento só até surgirem exigências e dificuldades ou agüen-
     to firme?
   — Há tendências na minha vida de fingir de eterno jovem ou donzela eterna?
   — Consigo seguir o meu caminho profissional? Ou desisto quando surgem
     problemas?
3. Tenho tendências para o vício?
   — Os hábitos tornaram-se compulsivos?
   — Fico com medo quando não recebo determinadas coisas?
   — Vivo momentos de êxtase?
   — Que papel representa a busca de um caminho de vida para mim?

4. Posso sentir-me parte de um grupo de parceiros do mesmo sexo?
5. Entro em contato com o outro sexo de maneira franca e direta?
    — A minha sexualidade está no nível adulto?
    — Ou procuro homens paternais ou mulheres maternais?
    — Preciso me firmar constantemente pelas conquistas?
    — Minha sexualidade é plena e satisfatória?

7. Casamento

Unidos vós nascestes,
e unidos devereis ficar para sempre.
Continuareis unidos, quando as asas brancas da morte
partirem os vossos dias.
É verdade, continuareis unidos mesmo no silêncio
das lembranças de Deus.
Mas deixai espaço entre o vosso estar juntos,
e deixai o vento do céu dançar entre vós.
Amai-vos um ao outro, mas não façais do amor grilhões:
criai antes um mar que se movimenta
entre as margens das vossas almas.
Enchei a taça um do outro,
mas não bebei da mesma taça.
Dai um ao outro do vosso pão,
mas não comei do mesmo filão.
Cantai e dançai juntos e sede alegres,
mas deixai cada um de vós ficar a sós.
Assim como as cordas de um alaúde estão separadas,
elas se elevam na mesma música.
Entrai nos vossos corações,
mas não no esconderijo do outro.
Pois só a mão da vida pode prender os vossos corações.
E ficai juntos, mas não tão próximos um do outro:
Pois as colunas do tempo estão isoladas,
E o carvalho e o cipreste não crescem
na sombra um do outro.

Khalil Gibran, Sobre o Casamento

O casamento em si não é uma crise existencial, mas muitas vezes o começo dela. À medida que se faz mau uso dele para fugir da casa dos pais, por exemplo, ele é, com grande probabilidade, o impulso inicial para uma crise duradoura. Se queremos fugir o mais cedo possível da tutela paterna ou mesmo se casamos mais tarde com o mesmo intuito, no que se refere ao potencial de crise isso é quase indiferente. Nessas situações, muitas vezes acontece de a pessoa casar-se com o primeiro que aparece. Quase ninguém duvida de que se trata de um casamento de conveniência, e que, por exemplo, como a busca de asilo para fugir de um país cujo regime político é desagradável, tem poucas chances de sobreviver. Por que um casamento que tem o objetivo de escapar ao regime opressivo da casa dos pais teria mais chances? Em todos esses casos, o objetivo do casamento é preenchido pela cerimônia do matrimônio, e depois dela não existe mais nenhum motivo para ficarem juntos. Mas, se apesar disso ficarem juntos a fim de manter as aparências, o crescimento necessário em *cada relacionamento* estará amplamente bloqueado. Muitas vezes também só perseguimos um determinado motivo e enganamos consciente ou inconscientemente as expectativas justas do parceiro por uma vida e crescimento comuns. No sentido mais amplo e sob contemplação mais atenta a fraude conjugal parece ser muito maior do que se presume.

Em resumo, podemos constatar que no passo para o casamento a desonestidade consigo mesmo e com o parceiro fica visível no curso do tempo e é responsável por alimentar o problema. Casamentos especulativos, que são contraídos com vistas ao dote, à influência, ao *status* ou outras vantagens, têm a tendência de se transformar em prisões que impedem o desenvolvimento e o desdobramento em vez de estimulá-los. Se ainda houver um selo ritual como, por exemplo, o do casamento religioso, a armadilha se fecha.

A idéia de que se pode dissolver uma união selada por uma decisão judicial ou assinada com entusiasmo é uma ilusão muito difundida. O poder dos rituais é ingenuamente subestimado. Numerosos pares sofrem devido a esse erro. Anos após a separação, eles definem os outros parceiros(as) segundo o parceiro original de que se separaram espacial ou juridicamente há tempos, mas do qual não conseguem separar-se no sentido ritualístico. Os judeus executam um ritual afinado de separação. A Igreja católica conhece algo semelhante, mas trata-se muito mais de um ato burocrático do que de um ritual e, na prática, só está em questão para fiéis ricos (de influência).[54] Aqui se revela como a eficácia dos rituais é subestimada até mesmo pelo lado responsável por eles. A Igreja evangélica não dispõe de nenhuma cerimônia correspondente, mas não precisa tão urgentemente dela, visto que os seus rituais perderam, por ocasião da Reforma, tanto a forma unificadora como a força de ligação.

Por outro lado, o número de casamentos firmados ritualmente aumenta com rapidez, o que leva a que os noivos não consigam mais manter o que prometeram. Esse fenômeno pôde ser observado principalmente nos países com ideologia atéia. De modo grotesco, ali até se chegou a tentar realizar cerimônias semelhantes às da igreja, visto que constatavam a suspeita de que casamentos firmados sem um rito não conseguem sobreviver.

Quanto menos as assim chamadas crises existenciais foram dominadas, tanto maiores são as "hipotecas" introduzidas no casamento. Justamente num assim chamado casamento por amor o tempo mostrará no parceiro características que não podemos suportar em nós mesmos. De início, nos apaixonamos pelos maravilhosos traços de caráter que também vemos em nós mesmos ou gostaríamos de ver ou que ainda esperamos desenvolver. Com o tempo, surge o conhecido efeito do hábito e, então, surgem aos poucos todas aquelas características que nunca imaginávamos encontrar nele ou nela. Trata-se justamente daqueles traços que recusamos em nós mesmos, aqueles dos quais não tomamos conhecimento e por isso mesmo não queremos tomar, que nos repugnam tanto que nós os reprimimos amplamente. Quando surgem então em ambos os parceiros, isso é especialmente aborrecido e perturbador. Em princípio, gostaríamos de um parceiro que não refletisse nenhuma sombra, mas que iluminasse o nosso melhor lado. Isso corresponde ao sonho vão da paixão duradoura. Numa parceria como essa, haveria muito gozo, mas nada a aprender.

O junguiano Adolf Guggenbühl-Craig[55] subdivide os relacionamentos em duas categorias essenciais. Ele fala da "parceria para o bem", que transcorre de modo agradável e não obriga ao confronto constante com a sombra, e aquela "para a perfeição", onde nada progride sem o trabalho com a sombra. A voz popular formula o mesmo em dois ditados em torno dos quais gira toda parceria: "Os semelhantes se atraem", visa uma parceria para o bem sem grandes tendências de desenvolvimento; "os opostos se atraem" que indica a parceria para a perfeição, em que sempre surgem sombras que são elaboradas e que devem ser integradas.

Nos relacionamentos para o bem existe em primeiro plano a exigência de que o parceiro cuide para que nos sintamos bem. Muitas vezes desenvolve-se uma sintonia superficial, que vive da semelhança do parceiro e que contém o perigo da pseudo-harmonia. Esse relacionamento é vítima da ilusão de que se trata principalmente da harmonia ou do reino dos céus na Terra, isto é, criá-la no exterior. A verdadeira harmonia — mesmo que seja difícil — é muito mais concretizar a perfeição do relacionamento. Ela precisa de um tempo de desenvolvimento e não tem nada de superficial. Está ligada à deusa Harmonia, que por sua vez é filha da deusa do amor, Vênus, com o deus da guerra, Marte, e que vive sensivelmente dos dois.

Esse último modelo deve corresponder finalmente ao nosso casamento, seja como for, ao casamento cristão que, coberto por um sacramento, contém um vínculo sagrado. Na medida em que ele quer ser sagrado, ele também deve orientar-se pela perfeição. A idéia básica é de que os verdadeiros casamentos são celebrados no céu, e de que os dois cônjuges estão em ligação com Deus. O céu e Deus simbolizam igualmente a unidade e esta corresponde à perfeição.

Na prática, naturalmente se trata mais de misturas dos dois pólos extremos "para a perfeição" e "para o bem". Podemos partir do fato de que os casamentos por amor tendem mais tarde ao relacionamento para a perfeição, ao passo que os casamentos ajuizados como os pais gostam de determinar, se desenvolvem antes em casamentos para o bem. Quanto maiores forem as diferenças entre os dois amantes, tanto mais intensa deve ser a paixão que supera esse abismo. Apaixonar-se significa entrar na ressonância, harmonizar-se num novo nível conjunto. Quanto mais longo for o caminho que tenhamos de fazer afastando-nos da nossa costumeira posição de vibração a fim de nos sintonizarmos com a vibração comum, tanto mais claro fica o sentimento de que estamos apaixonados. Mas este também é o motivo por que os amores especialmente ardentes com freqüência se transformam em frio ódio.[56] Quando o(a) ardentemente amado(a) começa a mostrar o seu outro lado muito diferente e a relação não é usada como chance para um crescimento conjunto através da integração dos aspectos que faltam, mas mal usada para fazer projeções, eis aí um violento material explosivo. A voz popular chama o parceiro de *cara-metade* e tem razão, na medida em que reflete o outro lado da realidade, estranho para si mesmo, e por isso importante. Quanto mais ardente o amor original, tanto maiores são as chances de amadurecimento num relacionamento, mas também tanto maior é a chance de recair no ódio por meio da projeção.

No casamento ajuizado, o abismo a ser superado na maioria das vezes é menor, visto que procuramos um parceiro ou deixamos que fosse escolhido aquele que combina conosco. O sentimento de estar apaixonado, se existir, é correspondentemente mais fraco, o que também diz respeito ao potencial de ódio e de chances de desenvolvimento. De fato, esses relacionamentos são muito mais duradouros na tendência básica dominante refratária ao desenvolvimento e no disseminado gosto pela projeção, por falta do correspondente material explosivo. Quanto mais sombras se formaram no decurso da vida até o momento, talvez por meio dos passos de desenvolvimento não integrados, tanto mais a parceria pode buscá-los, isto é, tanto mais difícil ela será; mas ela também é mais rica de oportunidades. Na visão do desenvolvimento espiritual, a integração da sombra é o principal sentido da parceria.

Se por acaso não foi possível desenvolver a confiança primordial na fase intra-uterina, também a confiança geral será mínima. Na parceria buscamos a confiança que segue a totalização e, de início, talvez a encontremos. No entanto, com o tempo a sombra inevitável se torna perceptível e começamos a projetar a falta de confiança sobre o parceiro. Por exemplo, de repente, o homem que esbanja autoconfiança começa a mostrar lados de medo e a oferecer à mulher exatamente aquilo que ela quis evitar por meio do casamento: a insegurança. O destino tem sempre de apresentar essa tarefa de aprendizado, mas escolhe para isso o caminho da parceria, caso a paixão pela projeção seja especialmente incentivada. Se uma catástrofe natural, como um terremoto, for o causador da insegurança, a maioria das pessoas pode reconhecer por trás disso o destino, elas até mesmo dizem: "Foi o destino! Nesse caso não há nada mais a fazer." Se uma crise social for a responsável pelo sentimento, muitos indivíduos logo a projetam sobre os políticos e buscam a culpa ali. Se for o parceiro, que nos aproxima de um passo de aprendizado, a maioria das pessoas tende à projeção, não obstante a situação seja a mesma em linhas gerais. Temos de reconhecer algo até agora desconhecido e não confessado em nós mesmos.

Se não elaboramos o medo e a opressão passados no canal do parto, logo tudo pode ficar demasiado opressivo para nós. É natural que na parceria existam os correspondentes desfiladeiros, só para atualizar esse tema. Todas as especialidades do próprio modelo de nascimento podem ser reencontradas aqui. Os problemas surgem onde esses temas não puderam ser elaborados até então. Podemos nos deitar de atravessado ou em oposição essencial diante de cada desafio, levar tudo em consideração rapidamente ou então adiar os problemas por tempo indeterminado; deixando-se destruir pelo parceiro ou então confiar na ajuda dele, sem fazer nenhum esforço pessoal reconhecível.

Uma puberdade não elaborada é uma hipoteca ainda mais pesada para o relacionamento. Quem não amadureceu de fato, naturalmente não pode ser um parceiro maduro. Se ele procurar outra criança como parceira, segundo o lema "os semelhantes se atraem", eles podem brincar prazerosamente juntos pelo tempo que quiserem, visto que nenhum dos dois continuará se desenvolvendo. Nessas constelações muitas vezes a psicoterapia atua rompendo o sistema.

Se o parceiro infantil, em vez disso, se ligar a um "adulto", o jogo fica muito mais excitante. Na maioria das vezes ele não encontra realmente um adulto, mas muito mais alguém que desempenha o papel dos pais.[57] Enquanto a criança busca inconscientemente o próprio futuro no parceiro, pelo qual sente igualmente medo e fascínio, o parceiro "crescido" valorizará nele a própria infância perdida e também o futuro no sentido cristão de "Se não vos tornardes como as crianças...". Portanto, as chances estão em que um se torne adulto, à medida que integra o que lhe falta e que é refletido pelo parceiro, e o outro descubra a criança "dourada" em si mesmo na forma de criatividade, espontaneidade, coragem e vivacidade, que lhe faltam e que são refletidas pelo parceiro, mesmo que não solucionadas, mas que em princípio são vividas. O perigo é que o parceiro infantil se sinta sobrecarregado pelo "adulto" e projete esse sentimento de mal-estar segundo o lema: "Deixe-me em paz com suas exigências descabidas e pare de destruir a alegria e o divertimento da minha vida com esse seu jeito superior de sempre ter razão." O parceiro "adulto" está farto da ingenuidade e infantilidade do outro e, em vez de agarrar a própria oportunidade de crescimento, devolve a tarefa segundo o lema: "Cresça primeiro, não sei lidar com criancinhas!"

Quem só conseguiu soltar-se da mãe e do pai exteriormente, casando-se com o seu duplo, vive com o constante anseio de ainda conseguir dar esse passo de desapego e ficar livre (do relacionamento). Em algum momento ele vê *nitidamente* o parceiro e descobre nele o que já o aborrecia no pai ou na mãe, porque na verdade é o próprio. Aqui, o verdadeiro passo adiante, sadio e possível, é uma ameaça para o relacionamento. A única chance é desenvolver um âmbito totalmente novo no relacionamento, num esforço conjunto, mas isso exige muita consciência e empenho de ambos os lados.

Uma adolescência que não foi usada para cortar o cordão umbilical na maioria das vezes pode ser percebida pelo fato de o parceiro mudar diretamente da casa dos pais para o casamento, sendo nele igualmente infeliz. A falta de responsabilidade própria é nesse caso o lema orientador. As mulheres pedem ao marido o dinheiro para a manutenção da casa, como antes pediam a mesada ao pai. O antigo ritual cristão do casamento firmava esse modelo essencial, em que o homem tratava a mulher infantil como um pai e ela tinha de obedecer-lhe como uma criança obedece ao pai. Tipicamente, na cerimônia ele a recebia também das mãos do pai dela, para então assumir o papel dele, tendo antes pedido a mão dela em casamento.

Mas tampouco o inverso é hoje tão raro assim. Uma mulher mais madura ajuda o homem infantil a dar os seus saltos. Do ponto de vista erótico isso significa um modelo muito apreciado para os jovens, pois sem ele não teriam dado os primeiros passos sem medo, enquanto a mulher assume a responsabilidade básica. Na Antigüidade, esse procedimento tinha uma posição oficial. As sacerdotisas dos templos, chamadas de vestais, iniciavam os homens jovens nos segredos do amor. Desde então sua profissão sofreu tanto na aparência, que essa possibilidade só existe excepcionalmente e tampouco faz sentido hoje em dia. No entanto, o modelo se mantém, até certo ponto involuntariamente, visto que no sentido do desenvolvimento as meninas são mais maduras do que os meninos da mesma idade; do ponto de vista erótico, elas tomam a iniciativa com mais freqüência do que convém à ideologia predominante. Se dessas constelações surgem relacionamentos e até mesmo casamentos, o problema está em que o posterior desenvolvimento de um parceiro põe em risco o equilíbrio do relacionamento. Esses relacionamentos tendem a excluir os desenvolvimentos, a fim de não questionar-se.

Ao lado dos temas específicos, as parcerias também podem atualizar uma abundância de outros problemas, que ficaram em aberto até então no caminho do desenvolvimento. Assim que descobrimos um novo lado desagradável no nosso parceiro, temos a chance de reconhecer um pedaço da sombra e de aprender a integrá-la. Na prática, no entanto, na maioria das vezes exigimos que ele espontaneamente pare de revelar esse lado irritante; e em certos casos, até ameaçamos trocá-lo por alguém que não faz isso. Se um parceiro acredita, por exemplo, estar tão desenvolvido que tem a pretensão de possuir outra pessoa, no caso de um ciúme pessoal inesperado, com bastante certeza ele projetará esse problema sobre o parceiro que o traiu ou ao menos entreterá esse pensamento. Em vez de ser grato por existir somente esse tema difícil que ainda faltava aparecer, cuja existência ele pretendia não ver, ele projeta a decepção consigo mesmo sobre o outro e o torna responsável por ela. Na realidade, o parceiro foi apenas o disparador de uma tarefa de aprendizado ainda não resolvida. Em vez de reconhecer a decepção como um fim da própria ilusão, ela é transformada num problema do outro. Contudo, em princípio é indiferente o que o parceiro fez: mesmo que ele nunca tenha ido parar em cama alheia, ele continua o disparador.

A crise conjugal sempre é também a chance de tornar-se honesto e de se decidir. Eu quero projetar os problemas e fugir do meu próprio desenvolvimento ou quero crescer com as dificuldades? Toda crise oferece a possibilidade de lidar com o desenvolvimento dos temas em aberto até o momento. Com isso deve relacionar-se também a experiência de que nos sentimos fortes depois de superar uma crise e o relacionamento amadurecer.

Em vez do ciúme, podemos associar esse exemplo a qualquer tema predileto como as lutas de poder, o vício de valorização ou ambição e chegamos ao mesmo resultado. No outro somente nos pode perturbar o que tem relação com nós mesmos. Quanto mais algo nos perturbar, tanto mais forte é a própria implicação, mas também tanto maior é a chance de crescimento contida nele.

Em todos esses perigos e oportunidades contidos no casamento, não é de admirar que em todos os tempos tenham sido usados rituais preparatórios para esse grande passo de desenvolvimento. Ainda hoje encontramos seus resquícios talvez na véspera do casamento, quando os noivos e seus convidados quebram a porcelana velha. "Quebrar louça traz sorte", diz o velho ditado, e essa é a esperança dos descontraídos convidados ao casamento. Quebrar o velho para que o novo possa durar deve ser outra motivação da orgia do quebra-quebra. Possivelmente, também a idéia de se acalmar antes do dia, o que também se expressa em muitos usos da despedida de solteiro. Se toda a energia desordenada e perturbadora for gasta pouco tempo antes, as águas navegáveis podem ser mais tranqüilas no porto do casamento. Isso também pode estar por trás do fato de o noivo receber rapidamente uma prostituta especialmente bela como presente encomendado pelos amigos na despedida de solteiro. Se depois dessa tentação ele ainda estiver disposto a dar o passo atravessando o limiar para o casamento, ele deve estar disposto a resistir a ela. Possivelmente, esse também já é o fim do casamento, quando inadvertidamente a noiva descobre esse "ritual". Então essa foi realmente uma prova de maturidade, e o candidato não passou.

PERGUNTAS SOBRE O CASAMENTO

1. De qual ponto de vista eu repito no meu casamento o modelo de relacionamento dos meus pais?
2. Eu *encontrei* o meu parceiro e *eu* encontrei o meu parceiro?
   — Meus pais tiveram o direito oficial de opinar?
   — Com que sentimento eu lhes apresentei meu(minha) parceiro(a)? Qual a importância da aprovação deles para mim?
   — Eu me casei com "minha mãe/meu pai" ou com o oposto exato? Que semelhanças e diferenças existem no que se refere a isso?

— Eu tenho a tendência de adaptar meu(minha) parceiro(a) ao meu pai ou minha mãe?

3. Luto por um mundo perfeito no casamento, ou arrisco um "casamento para o bem?"

4. Eu poderia desempenhar o papel de mãe/pai?

   — Nesse caso, com freqüência recaio no modelo infantil outra vez?

   — De muitos pontos de vista sou a filha mais velha do meu marido, correspondentemente o filho mais velho da minha esposa?

   — Por que eu tenho filhos? O que eles me dão? O que eu lhes dou?

5. Estou disposto a cuidar sensivelmente da educação deles?

6. Quais modelos de papéis predominam no meu relacionamento? Quais papéis eu delego?

7. Até onde vai o meu compromisso, até onde vai a minha disposição para o conflito? Existe algo como cultura de luta no meu relacionamento?

8. Em torno do que gira o meu casamento?

9. O que os meus filhos significam para mim? O que me faltaria com relação a eles?

Idéias para rituais de separação

1. Representar os pontos essenciais do relacionamento como um jogo de papéis; o conhecimento, o apaixonar-se, a primeira decepção, reviver o início do fim.

2. Realizar uma separação ritual na igreja em que se casou: tirar novamente os anéis e dá-los de volta, soltar um lenço de seda que amarra as mãos, cortar um cordão que existe entre os ex-casados, soltar ritualmente um nó.

3. Dividir: primeiro repartir as fotografias entre os dois, depois repartir os pertences pessoais, em seguida as coisas valiosas, por último as posses materiais.

4. Ritual da separação interior, concretizada num ritual festivo: com todo o cuidado, cortar uma fotografia de casamento em duas partes e destruir ambas as metades com intenção, por exemplo, queimando-as e jogando as cinzas na natureza, enterrando-as e plantando esperançosamente uma planta (menos não-te-esqueças-de-mim ou amor-perfeito) ou enviando-as ao parceiro.

5. Remover conscientemente as coisas do parceiro ausente, enquanto interiormente o removemos do primeiro lugar no próprio coração e o colocamos conscientemente em outro espaço. Não faz nenhum sentido banir totalmente um parceiro ao qual estamos unidos por um filho, pois então ele ganhará espaço no âmbito das próprias sombras. E ali ele se tornará de fato incômodo.

6. Derreter a aliança.
7. Remover, queimar ou enterrar ritualmente as certidões de casamento.
8. Depois de realizados o divórcio e a separação fazer ritualmente as pazes; escolher um símbolo adequado para fazer as pazes, por exemplo, algo pelo que se brigava e pelo que se lutava constantemente.
9. Depois da separação, dar-se um tempo para a fase da viagem ao país de ninguém.

Idéias para rituais de casamento

Eles são encontrados em abundância em cada cultura. Na multiplicidade das possibilidades oferecidas, que contrastam sensivelmente com a escassez dos rituais de separação, a importância dos rituais torna-se perceptível mais uma vez. Mesmo nas sociedades totalmente não religiosas, como a antiga sociedade comunista, ainda são feitos gastos consideráveis com pseudo-rituais. Nos registros civis do primeiro mundo, que sempre pede mais rituais conscientes, quase tudo é oferecido, desde música de órgão até a máquina de fumaça, para espalhar ao menos um pouco de atmosfera "cúltica". Os casais modernos querem ter a sensação de que o seu passo no casamento é mais importante e mais envolvente. Mas isso não deve estar somente escrito no papel. Uma notável abundância de variantes de rituais de casamento são empregados, embora não muito carregados de energia, e encontram-se em Las Vegas, onde em todo cassino existe uma correspondente capela para realizar os casamentos.

8. Profissão

Eu procuro manter o passo com a Terra e as almas da Terra.
Pois ficar ocioso significa tornar-se estranho às estações do ano
e sair da circulação da vida, que caminha com dignidade
e resignação orgulhosa na direção do infinito.
Se vós criardes, sereis uma flauta, por meio de
cuja alma os sussurros das horas se transformam em música...
O trabalho é o amor tornado visível.
E se não puderdes trabalhar com amor,
mas apenas a contragosto, é melhor abandonardes o vosso trabalho
e vos sentardes no portal do templo,
a fim de receberdes as esmolas dos que trabalham alegremente.
Pois os que assarem o pão com indiferença, assarão um pão amargo,
que só sacia a fome humana pela metade.
Os que prensarem as uvas resmungando,
impregnam o vinho de veneno com sua raiva.
Se vós cantardes para os anjos e não gostardes de cantar,
vós empanareis os ouvidos dos homens
para ouvirem as vozes do dia e as vozes da noite.

Khalil Gibran, Sobre o trabalho

Eu dormi e sonhei que a vida era alegria,
Acordei e vi que a vida era dever.
Eu cumpri o dever e vi
Que o dever era alegria.

Rabindranath Tagore

As crises profissionais também podem levar ao crescimento psíquico, pois, assim como nos relacionamentos, também aí são elaborados os temas relacionados com o desenvolvimento. Como na parceria, ele pode tornar-se opressivo e a responsabilidade representar o tema decisivo. Os chefes prestam-se, tanto quanto os maridos e esposas, a assumir figuras paternas e maternas que, em algum momento têm de ser combatidas com verve — não porque sejam tão objetivamente maus, mas porque *o filho* tem de vencer a luta. Os companheiros de trabalho podem assumir o papel dos irmãos e impulsionar uma luta de concorrência entre os funcionários antigos e os recém-chegados, que subitamente recebem mais atenções e os fazem temer perder a posição conquistada e assim por diante. Se contemplarmos as empresas com distanciamento, muitas vezes vemos conflitos estranhos, em que grande parte dos operários está envolvida. Não é à toa que falamos em empresas de família quando a atmosfera familiar dominante é elogiada ou os chefes falam que somos como uma grande família.

Se esses enredamentos forem vistos pela pessoa concernente, pode-se usar a situação das empresas como possibilidade de terapia. Em vez de ficar sempre pedindo demissão, a fim de ter de lidar com os mesmos problemas em outro plano sem perceber, podemos aceitar a tarefa diante de nós e abordar o já existente conflito não solucionado com o irmão mais velho falando diretamente com o diretor do departamento.

Que o destino se torna cada vez mais refinado na fuga, a fim de trazer ao jogo as mesmas tarefas de aprendizado em novos trajes exteriores, não é revelado apenas do ponto de vista profissional, mas também nos relacionamentos. Mal nos despedimos de um parceiro, já se apresenta o próximo relacionamento, no qual nos sentimos seguros contra uma queda parecida por sentirmos tanto amor por ele. Na maioria das vezes é mera questão de tempo até que a temida problemática se instale novamente. Eis aí a chance de aprender sem ajuda psicoterapêutica. Quando desanimamos *n* vezes no mesmo ponto, ao menos em algumas pessoas germina a suspeita de que talvez os outros não sejam os únicos culpados. Disso, segue que nos momentos de tarefa e resignação na terapia, os relacionamentos e as situações de trabalho sempre são os mais importantes. Aqui é possível aprender o essencial no momento, mas em qualquer lugar é tão difícil quanto aqui.

Às vezes, como as famílias, as empresas precisam de terapia e não raro são os colegas que estão em condições de dar esse passo. A sociedade, o trabalho e a família podem ser modificados como instituições, mas os passos substanciais só acontecem com a ampliação da consciência de cada um dos indivíduos. Estes podem reconhecer muito bem os problemas mais profundos da própria história de desenvolvimento nas estruturas momentâneas e trabalhá-las — naturalmente, não no sentido de "a sociedade é culpada", como muitos sociólogos e políticos preferem entender mal, mas na medida em que reconhecem as estruturas superordenadas como superfícies de espelho e as usam como impulso para o próprio crescimento. De resto, sempre existe por trás a consciência, também quando uma estrutura de ponta da hierarquia é modificada, nesse caso, o portador da responsabilidade em posição elevada. Também a sociedade ricamente considerada culpada se compõe apenas de indivíduos.

Conflitos agravantes acontecem quando não escolhemos a profissão correta, mas nos agarramos à primeira oportunidade ou seguimos de fato as indicações dos pais. Se os pais já definiram um plano definitivo de vida para o filho, em geral é muito difícil que ele encontre o próprio caminho. Por mais difícil que seja para o filho e a filha se soltarem da imagem do parceiro que os pais consideram feito sob medida para eles, é muito problemático pular fora do curso profissional planejado. Se a família quer que a filha seja costureira e o filho padeiro, na maioria das vezes só restam duas possibilidades; os filhos podem seguir as afirmações ou entrar em oposição. Nos dois casos, a afirmação paterna é decisiva para a decisão. O próprio caminho muitas vezes é apenas o negócio paterno existente, que presumivelmente deve ser assumido, ou que já é mal construído pelo caminho escolhido para os estudos. Quando tudo já está previamente determinado desse modo, não se pode mais falar em liberdade de escolha; às vezes é melhor seguir um trecho do caminho previsto e, se for o caso, ultrapassar o conceito estreito demais, do que contrariar tudo numa oposição cega. Quando nos livramos de um espartilho, podemos ter certeza de ter deixado a temática para trás. Na postura da oposição, que os jovens gostam mais, pode acabar acontecendo que se deixe os pais decidir durante toda a vida, à medida que sempre fazemos o contrário do que eles consideram o certo.

Muitas vezes não reconhecemos mais essas compensações de fora. Um paciente, que como professor regular tinha uma cadeira numa universidade alemã, definiu-se como "não eletricista" — ele não havia assumido o ramo de negócio da família. Em seus relatos, ao ouvido treinado chamou de fato a atenção por quantas vezes o tema do eletricista tornou a surgir nos mais diferentes pontos, apropriados ou não. O implicado relacionava o seu senso de valor profissional mais com a renúncia ao negócio da eletricidade do que com sua carreira de professor.

Um outro cliente deveria assumir a padaria da família. Apesar de um certo mal-estar ele aprendeu a profissão praticada por quatro gerações de homens da família e a fez a sua especialização. Em virtude do seu interesse pela saúde, ele logo transformou a empresa tradicional na primeira padaria com pães e doces naturais e os pais ainda puderem aprender com ele. Quando isso não lhe bastou mais, depois de certo tempo ele cursou a faculdade, estudou odontologia, arrendou a padaria e trabalhou como dentista. Mas isso também lhe pareceu muito limitado depois de certo tempo e ele estudou medicina humanitária e aprendeu, finalmente, a medicina natural. Quando pôde cuidar dos seus pacientes, como médico e dentista, com todos os métodos modernos disponíveis na medicina natural, a nutrição sadia e com ela o pão, com que tudo havia começado, desempenhou o seu papel. Um caminho como esse é longo, exige muita força e coragem, mas por isso mesmo é muito compensador, especialmente quando não se está muito seguro de si mesmo no início do caminho.

PERGUNTAS SOBRE A PROFISSÃO

1. Como escolhi a minha profissão?
2. Quanta vocação vibra na minha profissão?
3. O que ela tem a ver com os desejos profissionais dos meus pais?
4. O que dizer a favor da profissão dos pais? O que dizer contra?
5. O que eu sempre quis ser quando criança?
6. Existe algo como a profissão sonhada?
7. Ou existe a profissão dos sonhos?

---

9. Crises espirituais

Deus mora no coração, no inconsciente.
Ali fica a fonte do medo do indizivelmente assustador
e da força de resistir ao susto.

Carl Gustav Jung

As crises espirituais[58] são difíceis de delimitar no tempo e quanto ao conteúdo. Elas podem acontecer na primeira juventude, mas na maioria das vezes surgem entre a adolescência e o meio da vida, caso em que a crise da meia-idade também recebe os traços de uma crise espiritual. É mérito de Christina e Stan Grof ter tirado essas crises do âmbito da psiquiatria. Não obstante, não é fácil delimitá-las dali, principalmente porque entre nós a psiquiatria, que quase não tem compreensão para os temas espirituais, controla uma grande mistura de sofrimento humano que com freqüência está relacionado com problemas espirituais. Somente devido à nossa lida inconsciente com os estados posteriores à morte surge uma abundância de problemas que, de certo modo, não são nem um pouco relevantes do ponto de vista psiquiátrico. Por último, são enviados para a psiquiatria todos os homens que não conseguimos classificar ou que se tornam muito chocantes para a sociedade. Isso vai de criminosos até pessoas em busca de si mesmas.

Muitas vezes outros problemas espirituais se escondem por trás de diagnósticos bastante insuspeitos. Há anos fiz terapia numa menina "autista" de 5 anos, que não mantinha mais nenhum contato verbal com o seu ambiente, embora antes tivesse feito isso. O teste da resistência cutânea mostrou desde o início que ela reagia a todas as minhas histórias, em especial e por mais tempo quando eram contos de fada que envolviam a natureza. Depois de explorar cada vez mais as fantasias de um mundo de elfos e fadas, chegou o tão ansiado momento em que a pequena paciente rompeu o seu silêncio. De início muito hesitante, ela quis saber se eu podia realmente ver todos esses seres. Depois que eu lhe expliquei que, infelizmente, eu só podia vê-los nos pensamentos, mas que havia pessoas que conseguiam percebê-los lá fora na natureza, ela revelou o seu bem guardado segredo. Ela de fato podia ver todos esses seres incomuns e muitas outras e coisas, mas ninguém a tinha entendido. Ao contrário, a repreenderam e ridicularizaram. Assim sendo, ficara ofendida e se recolhera ao próprio mundo interior e já o estava suportando durante um ano. Naturalmente, nunca houve autismo. Mas se o encantamento não fosse rompido na hora certa, ela poderia ter desenvolvido uma carreira psiquiátrica. Um psiquiatra já havia dado um diagnóstico delimitador.

Além do mais, recomenda-se atenção em todos os diagnósticos psiquiátricos. Mesmo por trás dos quadros mórbidos clássicos, como a esquizofrenia ou a ciclotimia, sempre podemos encontrar uma porção de ligações espirituais, à medida que pudermos espiar nas profundezas da alma. O psiquiatra norte-americano Edward Podvoll executou uma obra de mestre, que ele apresenta em seu maravilhosamente esclarecedor livro *Verlockungen des Wahnsinns* [Atrações da loucura].

Por fim podemos contar entre as crises espirituais os fenômenos como a possessão, as crises não trabalhadas de experiências *post-mortem*, mas também os problemas de vício que acontecem principalmente devido a buscas fracassadas. Aqui também devem ser incluídos todos aqueles problemas causados por técnicas de repressão como o pensamento positivo[59] e doenças de loucura paranóica que aumentam com a onda do esoterismo.

Mas, antes de mais nada, deve tratar-se aqui daquele fenômeno que os Grofs chamam de processo da kundalini. Enquanto a grande maioria das pessoas dessa sociedade demonstra uma recusa muito grande pelos processos psíquicos, alguns estão abertos para eles. Conforme a natureza, muitos provêm do cenário esotérico. Eles consumiram com muita veemência todas as técnicas possíveis ou se enredaram em uma única. Uma pessoa sensível só precisa começar com uma técnica eficaz de meditação, associada a algum aterramento, por exemplo, uma meditação com mantras como a MT.[60] Quando ela primeiro faz belas experiências em seu mundo interior e contra todas as advertências do seu instrutor medita cada vez mais, pode acontecer de ela em pouco tempo elevar-se de um modo que assusta as pessoas ao seu redor. Mas isso não deve ser atribuído de nenhum modo à técnica de meditação, esta é apenas eficaz. O que pode ser maravilhoso durante algum tempo, se houver exagero logo desenvolve dimensões desagradáveis. Quem faz ininterruptamente exercícios destinados à dissolução do ego, sem se fixar à terra durante os intervalos por meio das correspondentes atividades, não deve admirar-se quando perde o contato com o chão e acaba tendo uma vivência psicótica.

O que *floresce* em seu íntimo, depende exclusivamente da sua paisagem psíquica. Podem alternar-se experiências maravilhosas com as de sombra. Disposições eufóricas a farão possivelmente viajar nas vibrações dos sonhos loucos com uma riqueza de sentimentos de sufocante intensidade, ou nuvens escuras obscurecerão o seu caminho. Em poucas palavras, as imagens interiores adquirem poder sobre ela e inundam a sua alma desprotegida. Por trás das experiências desses pacientes podemos muitas vezes claramente reconhecer o componente espiritual, o que não explica com clareza a sua situação. Quando eles são tomados pelos sentimentos intensos e arremessados num nada, ou se sentem dissolvidos pelo vento ou têm medo de se dissolver no universo, uma explicação terapêutica sobre o significado do nada no Budismo está totalmente fora de lugar. Enquanto as imagens do paciente o inundam, para ele não tem sentido nenhum um terapeuta interpretá-las. Querer classificá-las como vidas anteriores ou algo semelhante também é impróprio. Para os que estão de fora pode ser fascinante, quando os pacientes de modo quase sobrenatural se sintonizam com outras pessoas e também podem sentir as disposições de ânimo e os sentimentos alheios como se fossem seus. Naturalmente, essas constituem as experiências bonitas do caminho, na medida em que estivermos aterrados e delimitados em certa medida. Para os implicados, contudo, trata-se de sintomas assustadores de falta de delimitação. Aquela abertura que todo o cenário esotérico venera — e que a pessoa implicada talvez venerasse também há até pouco tempo — agora transforma-se numa maldição. Somos lembrados da afirmação: "Cuidado com o que você deseja, porque você pode obter o que quer!" Também a decantada energia kundalini, que dá nome ao fenômeno e pela qual quase todos aqueles que não a vivenciaram estão sequiosos, surge em ondas poderosas, arruína o sono e às vezes faz o corpo estrebuchar inconscientemente e agitar-se de um modo que enche as pessoas de medo e até de pânico. Elas não são mais senhoras do próprio lar, e isso lhes é mostrado de modo drástico. Gopi Krishna descreve como até mesmo os banhos com água gelada não conseguem apagar o fogo interior. Mas o que dá mais medo na maioria das vezes é a mistura de imagens e sentimentos, essa mistura quase indiferenciada de experiências pessoais, temas arquetípicos, modelos místicos e religiosos que, conforme o histórico psíquico anterior, podem misturar-se com pecados e idéias loucas de culpa e todos os possíveis complexos desagradáveis. Tampouco as experiências em si agradáveis de luz e de momentos de inacreditável transcendência podem ser gozadas, visto que o medo lança uma sombra sobre tudo. É provável que esse medo seja o tema central e o pior do estado que o implicado recebe com relativa clareza. O mergulho completo num outro mundo, que traz consigo muitas psicoses, falta aqui e com isso falta também o alívio por fases. Por mais estranho que possa parecer, numa psicose profunda muitas vezes estamos protegidos do sofrimento espiritual devido à perda de quase todo contato com a realidade.

Na viagem noturna da alma pelo céu, como é imposta pela crise espiritual, existe suficiente consciência para sofrer com todas as aparições e sentir continuamente o medo de perder a si mesmo. Por fim entramos em pânico, com medo da dissolução do ego. Pois é o ego que vive da delimitação, que sempre tem de separar e organizar e que só se sente bem quando se diferencia dos outros. Na tentativa de transcender o ego, o que significa ficar totalmente perfeito, é encontrada a própria sombra. Mas isso, na verdade, está totalmente em ordem, pois ela pertence ao todo. A auto-realização implica a integração da sombra. Seja como for, trata-se de um longo caminho, que precisa de orientação segura e que não deve ser precipitado. Nesse caminho o encontro com a sombra é imprescindível, mas não de repente, senão a nossa segurança é rompida e caímos vítimas do próprio lado escuro. Em geral não são as técnicas, os exercícios e nem mesmo as drogas que estimulam esses estados que têm culpa; responsáveis são apenas o seu abuso e muitas vezes a falta de condições de enquadramento nesse caminho. Temos de aprender a assegurarmo-nos melhor de aos poucos acostumar o sistema nervoso com essas experiências para depois ousar dar os correspondentes primeiros passos. Na Bíblia há várias passagens que advertem que o homem não está em condições de suportar diretamente a visão de Deus; nem mesmo Moisés, o maior iniciado de Israel, pôde olhar impunemente tanta luz e baixou os olhos. Disso não temos de concluir que Deus e a luz são perigosos ou maus. Precisamos "apenas" do método certo, da correspondente orientação e do momento adequado, para entrarmos em contato com Ele.

As experiências da crise espiritual, como todos os sintomas, estão corretas, mas pertencem a um estado superior de consciência em que se transcende o ego. Então não dá mais medo sentir que não sou nada, que não existem limites e que o tempo e o espaço são ilusões. Para fazer a experiência de que não sabia nada, Sócrates primeiro teve de tornar-se sábio.

Para que esses estados possam ser repetidos e, então, não só suportados, porém também apreciados, primeiro é *necessária* uma regressão ao lado escuro. Na maioria das vezes, os que vivem essa experiência depois se mostram fartos de fazer outras excursões para as profundezas da alma e gostam de se recuperar da *overdose* da psique com atividades bem profanas. Nestas também existe a chance de um aterramento durante a crise. Medidos pelo excesso de energia, e com isso pelo elemento Fogo, a profundidade e a intensidade dos sentimentos que têm de ser atribuídas ao elemento Água e o fluxo de pensamentos com ênfase no elemento Ar, fica faltando o elemento Terra.

Um contato bem concreto com o chão, talvez num trabalho de jardinagem, pode ser uma experiência maravilhosa de aterramento. Além do mais, os implicados no início terão pouca vontade de fazer isso e precisarão ser intensamente motivados. Todas as atividades artesanais simples, que não exigem muito raciocínio, mas que prendem a pessoa para que ela não possa se desviar e partir para a sua viagem que no momento não é sadia, são significativas. Tudo o que leve a suores suaves por meio do movimento também pode ajudar. Além disso, precisa-se estar atento para que os pacientes não se esforcem demais e percam as imagens por suores excessivos ou fiquem livres depressa demais da inundação de sentimentos. Intermináveis idas à sauna são especialmente perigosas nessa situação. Atividades simbólicas como arrumar e limpar fazem sentido, do mesmo modo que longos passeios ao ar livre. Tudo deve estar orientado para o contato com o chão e sempre ter relação com a matéria.

Isso também vale para a alimentação, que bem que pode ser mais *forte*. A comida vegetariana, todas as dietas sensibilizantes, como alimentos crus e coisas semelhantes, são impróprias e devem ser temporariamente substituídas por comida saudável, porém pesada. No momento, um assado de porco é excepcionalmente melhor do que as frutas. A dieta psicoespiritual também deve ser mantida pesada. Todos os exercícios espirituais, cujo objetivo seja em geral o de ficar mais leve, devem ser abandonados, principalmente as meditações de olhos fechados. Uma meditação árdua como o Zazen, em que olhamos para o chão com os olhos abertos, pode ser significativa com a correspondente orientação terapêutica. Em todos os casos, as drogas devem ser deixadas fora do jogo. Drogas como o LSD e o Peyote podem desencadear esses surtos e são perigosas no momento. As drogas como a nicotina e o álcool nunca são boas, mas neste caso as drogas de escape são as mais suportáveis. Um fumante pode envolver-se em fumaça, é possível encharcar-se de álcool, mas, seja como for, tudo o que leve à embriaguez é imediatamente contraproducente. As drogas médicas em geral são mais fáceis de largar, pois não encurtam a experiência, mas a reprimem, e desse modo até a prolongam. Além disso, às vezes isso não será possível sem soníferos e tranqüilizantes.

Uma ajuda bem essencial é um bom relacionamento com o parceiro e o contato físico intenso, que em geral é considerado agradável, visto que transmite a sensação de existir e de estar presente. Além disso, o sexo é recomendável, não no sentido "tântrico",[61] mas sempre com o objetivo de descarregar no orgasmo a energia acumulada.

Sob a proteção desse aterramento podemos experimentar terapeuticamente o pôr ordem no mundo de imagens cujo excesso deixa o paciente doente. Isso tem sentido principalmente lá pelo final da crise, visto que então também aumenta a necessidade de organizar as experiências feitas e aprender a aceitá-las. Nesse momento, podemos pensar em métodos como os usados na terapia da reencarnação. Mas convém desaconselhar exercícios como o *rebirthing* e todas as outras técnicas que possam agitar ainda mais as energias.

A melhor prevenção dessas crises é preservar o centro entre as experiências de presença e as de transcendência. A calma e a atividade devem ser misturadas nas devidas proporções. Para isso também é necessário aprender a avaliar corretamente as técnicas usadas durante o caminho. O caminho mais simples muitas vezes não é o mais seguro; por exemplo, a sombra não deve ser reprimida, porém somente iluminada. O pensamento positivo com tendência à repressão é uma das mais eficazes catapultas para a loucura na forma da paranóia. Em geral vale a regra: não falar depressa demais, mas também não adormecer no caminho para o centro. Pode ser útil a imagem dos índios que partem do princípio de que temos de ancorar nossas raízes bem fundo na Mãe Terra, para podermos erguer a cabeça até o pai do céu.

10. A menopausa ou crise da meia-idade

Amém, eu vos digo:
Se vós não voltardes a ser como as crianças,
não podereis entrar no Reino dos céus.

Jesus Cristo

Os caminhos que levam à consciência são muitos,
mas eles seguem determinadas leis.
Em geral, a viagem começa com a chegada da
segunda metade da vida.

C.G. Jung

Se cumprimos a tarefa bíblica e dominamos a terra,[62] chegamos ao limite exterior da mandala. Aí está a única possibilidade construtiva no modelo do regresso. A decisão que tem de ser tomada nessa crise relaciona-se com o fato de conscientemente iniciarmos o regresso ou nos deixarmos virar sob a pressão do destino, enquanto insistimos espasmodicamente em ficar na borda da mandala. A possibilidade de continuarmos como até aqui não existe, mesmo que tantos homens modernos a estimulem. Podemos vê-lo na mais simples das mandalas: não existe um caminho que leve para fora do círculo da vida. Nunca nenhum ser humano ultrapassou esse limite, e, em princípio, isso não poderá acontecer no futuro. Quem continua buscando na direção antiga, de repente está com o rosto na parede e olha para fora, para a escuridão do nada. O caminho parece perdido, todo o resto não tem sentido. Não é raro que essa postura proibida acabe em depressão.

C. G. Jung recorreu ao curso do Sol como uma parábola numa palestra que deu em 1930 com o título de A mutação da vida: "Às doze horas começa o pôr-do-sol. E o pôr-do-sol é a mudança de todos os valores e ideais da manhã." Na mesma conferência ele disse: "O pior em todas essas coisas é que pessoas cultas e instruídas estão vivendo sem conhecer as possibilidades dessas mudanças... Nós chegamos à tarde da vida profundamente despreparados; pior ainda, nós o fazemos com a falsa suposição da veracidade das verdades e ideais que tínhamos até então." [63]

No modelo da mandala encontra-se a explicação do porquê de essa transição na metade da vida ser tão catastrófica para muitas pessoas. A palavra "catástrofe" vem do grego e significa regresso. De fato, temos a escolha de compreender esse espaço de tempo como ponto de regresso e de realizar voluntariamente uma mudança ou de nos colocarmos contra ela e involuntariamente sofrermos uma catástrofe no sentido normal do termo. Aqui é quase inevitável uma certa dose de sofrimento, visto que sempre precisamos desistir de algo conhecido e o velho tem de ser sacrificado; nesse caso, a direção de vida mantida há centenas de anos. Do mesmo modo que um parto "suave" planejado e de transcurso normal dói, também o novo nascimento no meio da vida ocasiona sofrimento. A medida desse regresso doloroso e, antes de tudo, o tempo que é usado nesse ponto crítico, dependem totalmente do posicionamento interior e da disposição de decisão.

O fato de a crise da meia-idade destacar-se em meio a todas as outras crises existenciais tem diversos motivos. De particular significado é a necessidade da mudança de direção. Em todas as crises até então mudava o nível do caminho restante, mas ao menos a direção continuava a mesma. No meio da vida não dá para continuar: temos de regressar. Com a menopausa, muda a direção da vida e isso é difícil por causa dos princípios existentes nela. Os suíços chamam esse tempo de alteração, e ele de fato altera tudo — o bom e o mau. Nada pode ficar como estava.

Um outro motivo da dificuldade da problemática oculta aqui está na exigência de um balanço relativo à vida até aqui e das futuras tarefas de vida. Depois do meio da vida há muito mais substância do que antes. Antes de tudo vêm à tona os negócios inacabados, como os chama Elisabeth Kübler-Ross — desde os relacionamentos não vividos até os honestos desejos infantis.

O motivo mais importante da ameaça desse período, no entanto, é o desafio de jogar lastro fora. Pessoas de orientação materialista acham isso extremamente desagradável. Se até agora se tratou da construção, a partir daqui trata-se de desapegar-se do que possa impedir a alma em seu caminho para casa. Agora é que o desenvolvimento é adequado no verdadeiro sentido da palavra. Até agora, tudo o que ocorria sob esse nome, era muito mais concretização. As complicações de vida que cultivamos com tanto empenho, devem ser deixadas para trás, as amarras que nos prendem ao mundo têm de ser soltas; enfim, é uma bela tarefa, e era valorizada como tal pelos homens da Antigüidade. Nós, os modernos, já odiamos o pensamento de termos de largar posições, lugares e propriedades.

Tudo isso não é tão ruim para todos nós, pois antes de chegar a esse ponto, nós chegamos à maturidade e à época da colheita com todo o prazer que elas podem nos trazer. É espantoso o quanto as pessoas desejam certas coisas durante toda a vida e como se sentem desamparadas quando chega o momento de gozá-las. Agora é o momento de tirar férias e de, finalmente, dar uma função à casa de férias. Agora temos o tempo de ler todos os livros exigentes que não tivemos ânimo de ler em meio às atividades mais importantes. Agora podemos usar o barco à vela, cavalgar e fazer jardinagem. Agora deve começar a vida de sonhos há tanto tempo desejada. Essas ações não representam a solução, mas sempre podem proporcionar aquela folga em que os pensamentos corretos têm uma chance melhor de se concretizar. Significativo é como obviamente é difícil resolver coisas tão simples e agradáveis. Depois de uma vida desempenhando e construindo, mudar para o prazer dos sentidos, a reflexão e a descoberta do sentido sufoca muitas pessoas. No climatério encontra-se a palavra "clímax", o auge, e essa fase da vida é considerada como tal. A palavra "menopausa" por sua vez acentua a pausa, à qual a partir de então temos o direito interior adquirido.

As organizações tornam isso involuntariamente fácil para algumas pessoas e as *liberam* no início dos 50 anos por motivo de falta de trabalho. Dotados em parte de pagamentos espantosos, esses outrora gerentes e líderes da organização têm sua vida à livre disposição e podem com toda a calma gozá-la e então, devagar, pensar no retorno ao lar. Depois de terem rumado durante toda a sua vida profissional e particular em determinada direção, não encontram agora o caminho. Em vez de ficarem satisfeitos com a chance oferecida, muitos reagem contra essa sonhada situação com desânimo e depressão. Não se sentem mais úteis e não querem aceitar que já são realmente supérfluos para sua antiga posição. Mas antes de tudo, eles deixam de ver que estão diante de tarefas importantes. Outros não sabem o que fazer consigo mesmos e, de tanto desespero, começam a se intrometer nas tarefas domésticas da esposa, a transformar o jardim numa amostra de parque, ou buscam ajuda psicoterapêutica. Por certo não é intenção desinteressada da indústria ajudar tantas pessoas a gozar uma segunda metade da vida pacífica e repleta de sentido. Mas quando isso acontece involuntariamente, eles ao menos conseguem fazer algo, porque vêem um sentido na vida: continuar fazendo como até aqui, o que é obviamente loucura tendo em vista a perspectiva de vida. Quem está unilateralmente voltado numa direção em que nada mais vai adiante, sofre muito. Todas as tentativas de iniciar uma segunda carreira fracassam, com muita freqüência porque não acontecem no tempo certo.

Por outro lado, pode ser o momento certo de encontrar aquele campo que é mais uma vocação do que uma ocupação. No entanto, o seu conteúdo está relacionado com o tema do caminho e da volta para casa. Nós conhecemos a grande volta no âmbito cristão, que muda toda a vida, isto é, dá uma nova direção ao jogo (da vida). Mesmo que essa vocação às vezes atue bastante no exterior, a execução interior é mais decisiva e, em última análise, a realmente essencial. Uma revelação interior dessas é a mudança literal de Saulo para Paulo ou a revelação de São Francisco de Assis, que representa a *guinada* de *playboy* para santo.

Os conselhos bem-intencionados para as pessoas que escolheram o lado não resolvido da crise e que se sentem mal e depressivos, não atingem o objetivo se tenderem para "mais da mesma coisa". Está na hora de fazer um balanço e jogar o lastro fora em vez de ajuntar novo.

Para os índios que envelhecem o problema é mínimo. Em sua cultura a velhice é muito respeitada e a morte considerada uma estação de passagem sem pavor para um outro mundo. Quando sente que sua hora está chegando, ele dá voluntariamente o *passo de retirada*, coloca jovens em seu lugar e se junta ao conselho dos velhos da tribo. Como as velhas índias em situação correspondente, ele só tem a ganhar, não para si pessoalmente, mas também na consideração da sua tribo. A índia sabe que quando cessa a menstruação, ela se torna mãe — quando cessa definitivamente, ela se torna a Grande Mãe. Enquanto a primeira é motivo de alegria, a última é motivo para uma grande alegria.

O mesmo vale para a maioria das culturas arcaicas. Entre nós, ao contrário, a retirada vem acompanhada de um ressaibo a fracasso, desistência e o fato de *pertencer ao grupo dos idosos*. Resignar-se é considerado totalmente negativo, mas, literalmente, significa retirar seu signo, seu sinal e sua assinatura, o que é muito adequado em determinadas situações. O cuidado com os pertences materiais torna-se supérfluo, e aqui é necessária a resignação no sentido positivo. De outro ponto de vista, na velhice trata-se exatamente de deixar um sinal (*signum*), trata-se de ser um sinal e, assim, de dar e de ter sentido. No Egito, conceitos como "velhice" e "sentido" são representados pelo mesmo hieróglifo.

Independentemente dessas reflexões, a depreciação do tempo depois da mudança é um fato do qual ninguém pode escapar. Ela se torna muito visível nos títulos que lhe são dados pela juventude. Mesmo que em tom de brincadeira, expressões como "pé na cova" e "putrefato" para os que passaram dos 50 anos, ainda é uma impressão da desvalorização dessas fases da vida.

Antigamente, também na nossa cultura havia regras para uma retirada organizada da frente direta da luta pela vida, que dava novas chances para ambos os lados — os velhos que saíam e os jovens que chegavam. No campo, essa transição às vezes dá certo ainda hoje. Quando chega a hora e o trabalho duro se torna pesado demais para ele, o velho agricultor entrega a fazenda ao filho e faz um ajuste, isto é, passa para a ala dos idosos. Também entrega agora toda a propriedade à próxima geração e mantém para si somente o direito de viver em casa com sua mulher, a camponesa idosa, sustentados pelos filhos. Essa separação no espaço pode exigir grandes sacrifícios materiais, mas é significativa e é relativamente seguida ao pé da letra. E o interesse do Estado é colocado acima do pessoal. Quando, por exemplo, não há mais concessões para agricultores em determinadas áreas, é aberta uma exceção. Automaticamente, agora que pôr e dispor na casa e no campo chegou ao fim, outros temas passam ao primeiro plano na vida do casal. Passeios prolongados no antigo campo (de trabalho) fazem parte do jogo da vida como também a ida diária à igreja. O tema poder e responsabilidade saiu do jogo, mesmo em ninharias o pai consulta o filho e em certos casos busca sua anuência, antes de tornar-se ativo na propriedade.

Nas seções de direção de grandes empresas a passagem do poder de uma geração para a seguinte só acontece quando todo o empreendimento entra em crise e se busca exaustivamente um bode expiatório. Para isso, os velhos acostumados às dificuldades da luta pela vida se prestam muito bem, e em vez de agradecê-los na época correta, eles são simplesmente mandados para casa por meio de certa pressão. Em crises estruturais da sociedade, os funcionários de todos os campos têm esse azar, que se manifesta como sorte na abertura do campo espiritual.

Esses planos intencionais de vida ou que resultam de crises têm ao menos temporariamente surpreendente semelhança com o modelo de vida, que talvez fosse a base da cultura clássica indiana. Ali, com uma perspectiva de vida de cerca de 84 anos, partia-se de que os primeiros 21 anos são reservados ao crescimento e aprendizado, os próximos 21 anos à formação da família e do trabalho, os 21 anos seguintes à consolidação dessas estruturas e os últimos 21 anos se destinavam unicamente ao desenvolvimento espiritual. Quem tivesse alcançado a correspondente idade de 63 anos, separava-se de tudo e seguia para Benares com o intuito de passar os anos restantes às margens do rio sagrado Ganges, dedicando-se somente ao crescimento espiritual e psíquico.

C. G. Jung disse que as pessoas que descobrem a espiritualidade antes da meia-idade facilmente têm problemas e que as pessoas que não encontram a espiritualidade depois da meia-idade entram em profundas crises de significado. A primeira parte desta afirmação visa à primeira metade da vida e a experiência de que um início precoce nos temas espirituais facilmente leva ao abandono das verdadeiras tarefas de aprendizado existentes. Meditar em vez de viver a puberdade não é solução. Tudo tem o seu tempo, e o que vale ouro no tempo certo, em outro momento pode levar totalmente ao afastamento. Descoberto cedo demais, o esoterismo facilmente transforma-se numa justificação. Em vez de enfrentar a vida, nos enfiamos num *ashram*. Em vez de nos ancorarmos com segurança na polaridade, fugimos para nossa própria nuvem, para o próprio lar de mentirinha nas nuvens. Nas culturas orientais, pátria dos ashrams, isso não é um grande problema, porque ali os respectivos gurus cuidam para que a vida espiritual não se torne um idílio cedo demais, e só permaneçam nele os que realmente pertencem a esse lugar. No curso da onda de esoterismo ocidental isso não é mais tão fácil, visto que na luta por adeptos muitos que se intitulam gurus [64] simplesmente aceitam qualquer um.

O modelo clássico de passagem para o corte do cordão umbilical, para a vida orientada para o exterior, nem mesmo na Índia funciona tão bem; entre nós, é sobretudo uma exceção. Isso se torna visível nas empresas familiares e na política. Na medida em que o poder e a influência se sobrepõem a todos os outros valores, a geração mais antiga se agarra com todos os meios ao comutador do poder. O mundo é momentaneamente dominado pelos anciãos que perderam a hora da saída (demissão). Quando, além disso, eles têm de renunciar prematuramente ao poder por medo, mas cuidam para que nenhum sucessor possa crescer até sua posição, isso se torna perigoso. Por longo apego ao poder, até mesmo o salto sobre toda uma geração pode ocasionar um ameaçador vácuo de poder, como talvez na Iugoslávia depois de Tito ou na China depois de Mao. Essas gerontocracias também são cada vez mais comuns nas empresas e nas famílias, para prejuízo de todas as gerações.

O escritor suíço Max Frisch escreve sobre velhos marcados: "... à medida que sua capacidade para o prazer desaparece, a política é momentaneamente o último recurso em que uma pessoa assim subjugada se sente marcada. Nenhuma espontaneidade a seduz, o cérebro calcificado não se irrita com nada; suas decisões políticas não são tomadas por imprudência, mas por calcificação; ela funciona como um aparelho; ou ela se apaixona pelo risco, ou ela o teme; ela já sobreviveu a tantas decisões erradas; o desaparecimento da força de imaginação lhe permite uma ousadia material sem medo das conseqüências, ela não consegue achar a vida das pessoas tão importante, tão decisiva, ela mesma quase não tem vida a perder e se ajusta cada vez mais ao papel de cabeça do Estado".[65]

A perda da retirada do âmbito do poder mundial concreto e dos negócios diários naturalmente impede também a tomada do poder espiritual no sentido de indicação da direção, como está contida no conselho dos anciãos em muitas comunidades.

A casa real britânica oferece no momento involuntariamente a representação pública de uma transição perdida de gerações e, ao mesmo tempo, amplamente estragada, que por isso torna-se um conflito clássico entre gerações.[66] Quando alguém é instruído durante toda a infância e juventude para ser um príncipe e futuro rei e depois, ano após ano, os frutos desse rígido treinamento não são colhidos, ninguém deve admirar-se se ele começar a fazer travessuras e atos inconscientes de sabotagem. Sem o longo e intensivo adestramento durante as duas primeiras décadas de vida é quase inviável ficar junto ao pau da bandeira, como se vê na princesa que pertence ao contexto. Quanto mais a rainha, obviamente despreocupada com seu reino retarda a transmissão do poder, tanto mais sem esperança é a situação. Enquanto isso, ela esperou tanto, que se juntaram motivos suficientes para adiar a transmissão de poder por uma geração. Mas com isso, ela tirou o sentido de vida do filho de dois pontos de vista, primeiro pela infância e depois pela sua vocação; dos netos ela tira a *avó*, e a si mesma ela engana pela volta ao lar da sua alma. Mas a responsabilidade por tudo isso ela projeta certamente sobre o filho, sua mulher e o estilo de vida deles. Mas isso ela tem em comum com todos aqueles que, possuídos pelo poder, não se desapegam dele na hora certa. Sempre se descobrem motivos para se considerarem insubstituíveis, embora nós procuremos quais sejam com intensidade e obstinação.

Numa sociedade que ignora com todas suas forças o modelo de vida contido na mandala, talvez até haja anuência a um comportamento tão irresponsável; basta que as pessoas se mostrem tão hábeis, que se pense que tomam parte altruisticamente e fazem sacrifícios por uma causa maior, o bem da nação, do partido, da firma ou da família. Isso é *irresponsável* porque não estamos mais em condições de responder aos desafios do (modelo) da vida. Quanto mais nos desviamos do próprio caminho, tanto mais perdemos a capacidade de dar uma resposta adequada, tanto menos responsáveis nos tornamos. O sofrimento que causamos a nós mesmos e aos outros é a medida da própria confusão.

Em essência, cada um dos envolvidos sente na crise da meia-idade a exigência que existe na qualidade do tempo para o retorno e a mudança. Quanto maior, no entanto, for o medo do desapego e, em última análise, da morte, a supervalorização da própria pessoa até o sentimento de ser insubstituível, ou também a falta de perspectivas sem a posição almejada, tanto mais se ignorará essa tendência natural.

Manobras de distração

Da parte dos espectadores, que ainda não fizeram essa passagem, mal se pode esperar compreensão ou um conselho apropriado. Eles aconselharão, nos verdadeiros sentidos da sociedade, erigir mais uma empresa, completar mais um projeto desenrolando-o do velho padrão ou buscar um novo desafio. O novo "projeto" então será mantido pela opinião enganosa de que algum dia tudo ficará melhor e, nutridos por esse conhecimento duvidoso, de que se trata da última chance de recuperar o que não se viveu. Na prática tudo continuará realmente o mesmo.

Com raras exceções é possível viver a cura e concretizar os verdadeiros desejos do coração depois que o dever foi cumprido. Mas isso é tipicamente o que desejam aqueles que mudam no exterior por causa do seu pânico, só para não terem de *se modificar*. A mudança de direção seria a maior e a única mudança satisfatória nessa situação. Todo o resto não pode resolver os problemas.

O candidato à crise da meia-idade continuará abatido e não encontrará sentido na vida enquanto não tomar o rumo correto. Todas as tentativas cômodas e superficiais não satisfarão sua alma. Uma variante existente e facilmente visível para os espectadores oferecem aqueles homens da Idade Média, que realmente sentem a passagem do tempo, mas interpretam de modo muito cômodo e materialista o "se-vocês-não-mudarem-e-se-tornarem-como-as-crianças". Vestir-se nas boutiques com moda jovem, dirigir um carro esportivo e conquistar uma *amante jovem*, isso só faz a pessoa parecer infantil e revela que uma cabeça de criança está fixa sobre velhos ombros. Mas não resolve o problema. Que uma desproporção correspondente funcione durante certo tempo, está no fato de existirem moças jovens com complexo de pai, que estão em busca de um parceiro-pai, e que caem sobre os velhos senhores grisalhos que estão passando pela crise da meia-idade. Trata-se de uma espécie de negócio, que não é a solução para nenhum dos dois no sentido do desenvolvimento, mas que, devido a uma decepção, pode fazê-los dar um passo adiante. As meninas na maioria dos casos se deixam sustentar financeiramente pelos senhores e para isso têm de agüentá-los em sua viagem de auto-afirmação pseudojuvenil. Nesse caso, problemas não solucionados adiam uma fase anterior da estagnação para uma posterior.

Essa mesma apresentação com papéis trocados acontece, ainda que com menos freqüência, à mulher que, não tendo ainda vivido suficientemente esse tema, sob a ameaça da menopausa que se aproxima vê a solução num amigo mais jovem. Ele pode lhe dar a ilusão de que ela é jovem outra vez e que ainda tem toda a vida diante de si. Na época da "igualdade de direitos" ter um jovem amigo muitas vezes se torna quase uma obrigação para muitos movimentos femininos, segundo o lema: "O que os homens podem fazer, nós podemos fazer há muito mais tempo." Tendo como exemplo muitas atrizes de Hollywood, que não podiam sustentar essa situação de envelhecer com dignidade porque investiram pouco no conteúdo interior e dependeram de aparências exteriores, esse modelo até se tornou algo como uma confirmação pública.

Naturalmente, os relacionamentos com parceiros muito mais jovens podem ter seus lados luminosos, desde que haja satisfação psíquica e ambos os lados sintam um verdadeiro amor. Eles até podem contribuir para compensar os déficits existentes no âmbito da sexualidade antes da mudança definitiva da direção da vida. Problemática é somente a ilusão de se tornar jovem outra vez, no sentido mais profundo.

Por meio da inevitável mudança física durante a menopausa, o pânico pode se tornar especialmente intenso e fazer com que ilusão e realidade se confundam. Antigamente, os reis que estivessem nessa situação buscavam virgens que levavam para a cama com a esperança enganosa de colorir-se com as tintas da juventude das mesmas. O louco ditador romeno Ceausescu defendia transfusões com sangue de recém-nascidos. Esse "tornar-se como crianças" não significa naturalmente tornar-se infantil, mas é mencionado no sentido psicoespiritual, e se relaciona com o caminho de volta da alma.

Mas quais são os critérios dessa infantilidade madura, pela qual também anseiam aquelas pessoas que estão em busca da criança interior? Na mitologia, menciona-se a criança dourada que vive em cada ser humano, e nós também conhecemos a expressão "crianças de ouro" destinada às bem pequenas. Cristo falou da criança como o objetivo da nossa vida. Como acontece com os critérios dos adultos amadurecidos, também a criança interior concretizada não pode ser reconhecida por uma característica isolada, mas antes pela sua situação psíquica geral e, apesar disso, só nos podemos aproximar dela por meio de características isoladas. O que Cristo queria dizer com sua admoestação, pode ser intuído pelo pensamento na amabilidade de crianças pequenas.

Características e especialidades da infância resolvida em pequenos e grandes:
— sua capacidade de viver no momento,
— sua espontaneidade,
— sua franqueza incondicional, seu coração aberto,
— sua confiante *felicidade*,
— sua coragem,
— sua imperturbável honestidade,
— sua alegria de viver em todas as coisas,

— seu repouso em si mesmo,

— a falta de valorização, julgamento e condenação,

— sua capacidade de não se deixar impressionar por fatores exteriores,

— sua disposição incondicional de crescer,

— sua capacidade de dar significado a tudo, de encantar tudo e todos,

— sua disposição de aprender com alegria, não pelo senso de dever,

— sua simplicidade e falta de complicação,

— sua alegria pelo movimento e fluxo, pois o castelo logo será destruído outra vez,[67]

— suas emoções vivas: curtas, intensas, rapidamente mutáveis,

— a disposição de perdoar, de ser bom de novo a cada momento,

— sua unidade com o jogo, sem esquecer-se de que se trata de um jogo,

— seu comportamento natural diante da atividade e do descanso, sua ligação natural com o numinoso.

Quadros mórbidos da crise da meia-idade

Depressão

A depressão que muitas vezes acompanha a crise da meia-idade está aumentando de modo vertiginoso. Aos estatísticos interessa saber que o risco da depressão para os nascidos depois de 1955 é três vezes maior do que para seus avós. A palavra "depressão" significa repressão e se relaciona com as energias vitais. No entanto, as energias vitais não podem ser reprimidas a longo prazo, pois voltam como pressão. O que suprimimos por muito tempo, nos oprime; o que nós recalcamos, nos aflige. Assim, no quadro geral da depressão, a agressão desempenha um papel significativo. De fora mal se pode sentir energia vital marcial dos envolvidos, o que se deve ao fato de eles dirigirem essa energia contra si mesmos no interior. O passo terapêutico próximo seria movimentar essas pessoas rumo à redescoberta da sua energia vital de Marte. Pois já é um progresso, ainda que potencialmente perigoso, quando num primeiro passo eles começam a voltar essas energias agressivas para fora. Com o direcionamento da energia contra si mesmos *eles já se tiram* amplamente *a vida*; se voltarem essa carga para fora, isso se torna desagradável para os outros e, em certas circunstâncias, até mesmo uma ameaça. Por sorte existe a chance de transformar essas energias em forças construtivas e torná-las disponíveis para o caminho de vida. No caso da depressão na metade da vida isso significa usá-las para o corajoso regresso e o caminho de volta com suas exigências.

Tomada literalmente, a palavra "depressão" também poderia ser lida como "longe da pressão". Como todos os quadros mórbidos das doenças, a depressão também expressa o certo, ela obriga a descontração e o desapego do físico e, com isso, do campo problemático. "Longe da pressão" também pode ser compreendido como uma indicação de mudar-se na direção do centro da mandala, o lugar em que não existe tensão, mas a paz perfeita do centro. No auge da vida, na periferia da mandala, a tensão da polaridade é máxima. Quem amontoou tesouros, vive com a tensa perspectiva de poder perdê-los a qualquer momento. Se quiser impedir isso, terá de cuidar da sua administração e continuar enraizado no mundo polarizado. Enquanto a tensão na periferia da mandala na altura da meia-idade é máxima, ela tende ao zero no ponto central. O nosso destino é voltar a essa paz, longe de toda tensão. A pessoa depressiva objetiva obter descontração, mas de modo problemático, na medida em que inconscientemente estica os quatro membros para a frente e fica pendurado. De fato toda a sua força de tensão física e psíquica diminui tanto, que muitas vezes não sente mais nenhum impulso ou energia vital. Na tentativa de tirar sangue para fins medicinais, mal se tem sucesso, porque a tensão das suas veias é diminuta. O fluxo de energia vital, tanto no concreto como no transmitido, quase sucumbe. A depressão é um modo de se dar por morto, uma tentativa não executada de suicídio.

Os pensamentos sobre a morte que em geral acompanham a depressão são adequados e, a seu modo, corretos. De fato, convém voltar o olhar para a morte, a grande "crise existencial" seguinte. Mas isso já pressuporia a volta, contanto que os pensamentos sobre o suicídio levassem na direção certa e ao próximo grande tema. Seja como for, a lida com a morte também é possível nas formas solucionadas, como ainda se verá na elaboração desta última crise.

Na terapia da depressão devemos prestar atenção a qual dos dois temas está em primeiro plano. Se for a repressão da agressão, a terapia resultará numa explosão ao surgirem os desafios. Se a ênfase recair no desapego da tensão interior no plano psíquico em vez de no físico, pode-se visar antes a uma implosão, em que as energias se voltam para dentro. Em cada caso, contudo, existe um confronto com o tema saturnino da morte, e a redução ao essencial.

A repressão da problemática pela medicina convencional com remédios psicofármacos segue o simples caminho alopático, que não contribui em nada para o caminho da vida; ao contrário, atrapalha esse caminho e por vezes o impede. É admissível que a depressão tire o impulso do ser humano que chega à meia-idade. A pessoa se move com muito impulso na direção errada, e precisa ser detida a fim de conseguir a necessária calma para a reflexão sobre o seu tema e encontrar sua tarefa. Está totalmente certo que ela não tenha mais vontade de participar da vida social e das costumeiras distrações, pois uma certa solidão faz parte desse momento e é adequada. Prescrever-lhe estimulantes em forma de tabletes não está certo, e não traz o envolvido mais depressa à ordem, isso sem falar em cura. Isso até mesmo tornará a situação pior, visto que o impulso continua sendo para a direção errada. A "terapia" apresenta risco de vida quando a energia flui na direção correta da "morte" e a pessoa usa o impulso quimicamente produzido para se matar. Quem diz A, também tem de dizer B e adicionalmente aos estimulantes também adota meios que melhorem sua disposição.[68] Mas isso afasta o implicado do necessário confronto com o tema da sua mortalidade e seu último ficar sozinho. Desse ponto de vista, não é de admirar que pessoas depressivas queiram tomar seus remédios por tempos infinitamente prolongados. A voz popular conhece isso pela experiência: "transferido não é guardado". Enquanto o tema por trás da depressão continuar à espreita, ele pressionará e abaterá a pessoa.

Mas isso não quer dizer que os remédios psicofármacos não sejam apropriados em alguns casos. Muitas vezes eles podem salvar vidas e impedir que alguém, que não consegue mais suportar a si mesmo e ao tema que o desanima, chegue ao suicídio. Só que naturalmente eles não podem curar uma depressão. Às vezes, quando o sintoma *pressão* é insuportável, pode ser até mesmo útil aproximar-se do tema desanimador sob a proteção de medicamentos.

Como todo quadro mórbido, também a depressão tem seus lados bons e ensina temas existenciais essenciais. Podemos compreendê-la como um freio de emergência da alma, que nos breca quando se corre demais e se vai na direção oposta, o que obriga a retirada da situação que se tornou imprópria e nos confronta de modo existencial conosco mesmos e com o objetivo da nossa vida: a morte. Muitas vezes as depressões conseguem levar a própria vida outra vez para o ponto central, à medida que criam uma solução para a compulsão pelo prazer, abrem espaço para a tristeza e o trabalho do luto, dando um tempo para si mesmos, em que simplesmente não é necessário que aconteça nada.

Finalmente, não devemos nos esquecer, de que sem abismos não haveria cumes. Não é só o clima que se compõe de altas e baixas pressões. Uma pressão sempre alta esgotaria a Terra, uma sempre baixa a inundaria. Assim, o alto sugere o próximo baixo, e o baixo o próximo alto. Um baixo demasiadamente prolongado nos deixa supor que se trata da compensação para um alto igualmente duradouro. O ideal está no meio-termo. Mas encontrar o meio da vida é nossa principal tarefa, o centro de todos os pontos de vista — também de acordo com a disposição.

Depressão da involução

Um tipo posterior que o nome já deixa claro é a depressão da involução. Involução é a regressão natural da idade no âmbito físico. Trata-se, portanto, da depressão da época de regressão que temporalmente está ainda mais perto do tema da morte. Na infância e na juventude trata-se predominantemente do crescimento físico, em que naturalmente acontecem também os crescimentos psíquico e espiritual.[69] Da adolescência até a meia-idade o crescimento psíquico é o tema predominante da vida; fisicamente só acontece na gravidez e, em outros casos, em pouco agradáveis efeitos colaterais, quando surgem cicatrizes ou outros tumores indesejáveis. Depois da menopausa o que predomina é o crescimento espiritual, o físico cessa de vez e até desenvolve um balanço negativo paulatino. Portanto, cada uma das grandes fases da vida começa com uma espécie de nascimento. O primeiro nascimento diz respeito principalmente ao corpo; o segundo, a puberdade, em primeiro plano à alma, ao passo que o terceiro, que diz respeito à menopausa, objetiva o crescimento espiritual.

Quando na involução da idade se formam menos tecidos do que os que morrem, e o balanço físico se desenvolve negativamente, no caso ideal isso será mais do que compensado pelo balanço positivo do ponto de vista espiritual. O crescimento espiritual até a sabedoria e a maturidade torna insignificantes a regressão de estruturas corpóreas. A capacidade de desempenho físico agora se torna sem importância, porque só é necessária de modo muito limitado. Os músculos não usados regridem naturalmente. A regressão física só é perigosa quando não existe muito desempenho espiritual. Se o corpo é a única coisa que temos e à qual nos apegamos, sua desintegração pode ser considerada como uma catástrofe. A psicose é muitas vezes uma tentativa de fuga, em geral de uma realidade insuportável. Quando não podemos mais ter esperanças de sobreviver com nossas idéias sobre a vida e não temos mais nenhuma outra perspectiva, oferece-se aqui uma saída para um outro plano, à primeira vista agradável para o envolvido.

Quem, por exemplo, tenta demonstrar para si mesmo e para seu ambiente que a idade não tem poder sobre ele, por meio de desempenhos esportivos,[70] nesta fase sofrerá tão facilmente um *naufrágio* como a pessoa que não acredita na existência da vida após a morte. Se a ameaça da demolição física tornar-se existencial para a pessoa implicada e se ela não tiver nenhum outro apoio, isso pode ser o impulso para a fuga inconsciente na depressão ou psicose. A queda do corpo é para todas as pessoas símbolo da queda básica do material, mas isso ameaçado por todos os materialistas. O sentido da depressão da involução, portanto, é reconhecer a temporalidade do mundo material, isto é, do corpo, e descobrir apoio em planos mais estáveis. Em última análise, ela visa mais intensamente do que a depressão da meia-idade ao princípio saturnino da redução, que só dá valor ao essencial, como a alma imortal e o espírito (santo) infinito.

Inchaço da próstata[71]

Com esse sintoma o crescimento físico acontece num tempo e num lugar em que não é oportuno. Com a glândula prostática atinge-se uma região especialmente delicada para os homens, aliás, inequívoca na segunda metade da vida, nos anos maduros dos homens, em que "maduro" deve ser entendido no sentido de "maduro para a mudança". O quadro mórbido arruína não poucos homens nesses anos maduros, pois pelo seu crescimento ele pressiona a próstata que também abrange a uretra, o que pode bloquear crescentemente o fluxo da urina. O simbolismo é nítido desde as dores insuportáveis até a paralisação da bexiga. O implicado não suporta mais a situação. Ele não consegue mais urinar e está ameaçado de afundar nos fluidos da alma. De modo mais drástico não se pode mostrar melhor que estagnamos em problemas psíquicos e seus dolorosos problemas com o pólo feminino, que nos colocam sob grande pressão. Então não existe outra saída senão cuidar do elemento psíquico estagnado. A conscientização neste ponto poderia aliviar bastante a situação física opressora.

Enquanto esvaziar a bexiga ainda for possível, é preciso elevado uso (de pressão) para vencer a resistência da próstata que está inchando. Soltar torna-se um esforço e cada micção, um pequeno nascimento. Como a bexiga já não pode mais ser esvaziada até o fim, os incômodos *partos aquáticos* tornam-se cada vez mais freqüentes, e, finalmente, perturbam inclusive o sono. Aqui pode desenvolver-se uma problemática relativa às fases de sonho impedidas, que correspondem à mãe que amamenta.

Como animicamente problemático também se mostra, muito tempo antes, o esgotamento do jato de urina, mesmo que isso de início não tenha nenhum valor de doença física. Se, antes, urinar em grande estilo e curva era possível, agora só resta uma luta tensa e um córrego cansado. O orgulho da infância se foi. Com o desempenho restante não se pode mais ostentar e nem ganhar nenhuma competição.

Os banheiros públicos subitamente se transformam em cenários da guerra e tanto quanto possível são evitados. Mas isso dá cada vez menos certo, por causa do resto de urina na bexiga e a conseqüente vontade constante de urinar.

Mesmo que isso pareça ridículo para os que não estão nessa situação, os homens associam a sua fraqueza (de jato) com o fato de não poderem ir longe na vida, com o fato de que estão piorando rapidamente. Mesmo que os urologistas acalmem constantemente seus pacientes e expliquem que a interpretação deles não tem fundamento médico, subitamente o pensamento analógico festeja seu triunfo. E, naturalmente, esses homens têm razão; há tempo que o caminho de vida está piorando, pois o auge já foi transposto e ficou para trás. A irradiação, também no sentido transposto, não é mais a desejada, juvenil e dinâmica. Toda micção poderia trazer o conhecimento salvador e, assim, torna-se uma tentativa de terapia do destino. O fato de que recebemos, com o tempo, cada vez mais horas de terapia do destino, podemos entender como uma chicana, mas também como uma preocupação com a própria salvação da alma.

Da antiga posição masculina de urinar, que impunha respeito — de pernas abertas e irradiação ofensivamente voltada para a frente — resta uma posição sentada, que nos eleva negativamente ao sexo feminino. Se com sua postura superior ele sempre ficava pronto antes, agora ela muitas vezes tem de esperar por ele. Nisso está o *sexo fraco*, acostumado a uma posição submissa, de cócoras ou sentada, e agora também nesse plano se torna inegavelmente o sexo mais forte. Uma apresentação encenada com muita reim*pressão* e plasticidade é a da situação anima/animus. Para ele, trata-se somente de descobrir a sua anima, a sua parte feminina, enquanto ela espera pelo seu animus, sua parte masculina. Mas voltaremos a falar sobre isso mais tarde.

A próstata que incha pode significar, para os homens que não conseguem interpretar o tempo, um sinal para serem positivos e buscarem recuperar o chão perdido ao "mijar" em outro lugar. A expressão "mijar" provém de Martinho Lutero, que na sua tradução da Bíblia a usou no ponto em que se indicava esse tipo de micção como componente demonstrativo de poder.

Como sempre, o sintoma determina a tarefa: as pseudomasculinas fantasias de grandeza, que começaram na infância como competições para ver quem urinava mais longe e que foram adaptadas à situação momentânea de fase de vida, fracassam agora. Com o jato masculino e sua respectiva irradiação já não *se vai mais longe*, portanto, representa a aproximação do pólo feminino, a anima.

A história do surgimento do inchaço da próstata contém um outro aspecto: a próstata produz aquele fluido que permite que tudo escorregue bem durante o ato sexual e sustenta o sêmen em seu caminho para as profundezas do útero feminino. Como resultado, o reservatório de líquidos da glândula diminui a cada ejaculação. Conseqüentemente, o urologista muitas vezes recomenda atividade sexual mais freqüente. Além disso, durante o sexo ocorre o favorável efeito de massagem da glândula. Esta incha especialmente quando não tem nada que fazer. Se o paciente recusa a sugestão, o médico tem de pôr a mão. Introduzindo o dedo no ânus, ele pressiona a próstata, aumentando-a mecanicamente, e a comprime. Desse modo a ejaculação que traria o alívio não é conseguida. No mundo árabe, onde o cuidado intenso com o harém exige grande atividade sexual até a idade avançada, desconhecem-se problemas da próstata. Além disso, o problema também pode ser o resultado da impotência, quando a glândula produz secreções que não são usadas e que ficam estagnadas.

O sintoma diz mais respeito à sexualidade e ao contato com o sexo feminino. Exatamente porque depois da meia-idade algo se modifica com relação a isso, recomenda-se algum erotismo, que inclui o contato com o próprio lado feminino. Com o tempo (premente) os pontos de gravidade passam do encontro sexual para aquele encontro com a anima. O plano físico continuará importante na medida em que saiu com prejuízo até aqui, isto é, foi isolado do plano psíquico. A sexualidade sem amor é forma sem conteúdo, e a forma sozinha não satisfaz.

O ponto de gravidade da tarefa de aprendizado está na exigência de se dedicar ao próprio lado feminino, ao qual se acrescentam os restantes temas de aprendizado no plano masculino. Como em toda crise, aos novos temas urgentes presentes, ainda se acrescenta a elaboração dos antigos temas que foram deixados de lado. No que diz respeito às perguntas, com cuja ajuda poderíamos nos livrar dessa situação de sofrimento, indicamos o capítulo correspondente no livro *A doença como linguagem da alma*.

Queda de cabelo

Um sintoma típico dessa época é a queda do cabelo masculino até a formação da careca. Existe aqui uma correlação com a troca de penas, isto é, pagamos por algo com os símbolos da sua liberdade e poder. Quando, por exemplo, por comodidade ficamos por tempo demais numa situação já sobrevivida, precisamos deixar o cabelo pagar por isso. Ao mesmo tempo, a sintomática mostra a perda de símbolos essenciais de *status*, mostra que não somos mais livres e donos do nosso destino. Somos empurrados com força, em vez de nos desenvolvermos livremente na única direção aberta.[72] Outra vez estamos diante da decisão típica de todas as crises: abandono conscientemente minha pretensão de poder e liberdade no exterior, ou faço isso de modo inconsciente? No último caso, o destino cuidará para que o destino se manifeste no palco do corpo, pois em algum lugar tem de existir espaço para ele. A careca resultante é um pedaço do caminho determinado antes rumo à criança, sem dúvida de volta ao plano do corpo inábil, onde como bebês também começamos carecas.

As mulheres estão livres de que seus símbolos de poder, liberdade e beleza desapareçam enquanto estiverem sob a proteção dos estrógenos. Enquanto ainda tiverem a capacidade de ter filhos, o destino por certo lhes dá a chance de atrair o parceiro necessário para fazê-lo, portanto, de continuarem atraentes nesse plano. Quando o fluxo de estrógenos diminui com a menopausa, elas ficam ameaçadas com o mesmo destino que os homens. Se a *mulher* não tiver suficiente poder, liberdade e impulso para continuar bonita em planos concretos, os símbolos correspondentes se resolvem em sua cabeça.

Miomas

Aqui também o crescimento no tempo e no espaço se enganou. No útero devem crescer crianças, mas não depois da menopausa. Os miomas, que podem inchar até ficarem do tamanho de uma cabeça de bebê, simbolizam com toda a clareza o desejo inconsciente não vivido ou insuficientemente vivido de ter filhos. O apego à feminilidade biológica, a não aceitação de que se está velha demais para ter filhos, fica muito evidente aqui. Neste caso, a "terapia" ginecológica caminha na direção certa, removendo o útero, mesmo que inverta os planos. Uma mulher poderia se libertar do tema *útero* de modo muito mais simples e saudável, em vez de mandar removê-lo mecanicamente. A sensação de não ser mais fértil a partir desse momento seria mais facilmente resolvida quando a própria criatividade é levada a expressar-se em solo fértil. Em todo caso, a solução no sentido duplo da palavra é adequada.

Mesmo que uma mulher tenha tido muitos filhos, pode ser *natural* que, consciente ou inconscientemente, deseje mais um, talvez finalmente seu "filho idealizado", ao qual possa dedicar-se como sempre desejou. Como todos os outros sintomas, também os miomas mostram uma tendência significativa em forma problemática. Na verdade, trata-se de colocar filhos no mundo, mas obviamente agora não mais no sentido concreto, porém no figurado. O (não) costume de ter filhos *próprios* com ajuda ginecológica, mesmo depois dos 50 anos de idade, por meio de doação de óvulos de mulheres mais jovens é obviamente um estupro da (própria) natureza. Ele testemunha a incapacidade de se classificar corretamente no modelo da vida. Já está bem mais adiantada no relógio da vida do que a *mulher* está disposta a admitir.

Certos projetos, quadros, obras plásticas, livros ou simplesmente todos os trabalhos que requeiram esforço, podem se tornar como filhos gratos ao coração. No entanto, principalmente os interesses espirituais no sentido da religião, ajudam a elaborar o tema, à medida que levam ao crescimento mental e espiritual.

No entanto, o crescimento tem de ser levado a um outro nível — do baixo-ventre para o âmbito do coração e da cabeça. Ou então, a continuação inconsciente do desejo de ter mais um filho transforma-se em amor pelos netos, os filhos da geração seguinte, e tornam a mulher a *Grande Mãe*. O arquétipo da avó sofreu danos por meio do neto, da mãe e da avó em essência porque não sabemos lidar com as transições da vida no tempo e vamos acumulando milhas de atraso nas tarefas naturais da vida. Mães idosas geram avós muito velhas, para as quais é tarde demais crescer no arquétipo da grande mãe. Se a tendência de empurrar o tempo de geração dos 20 para os 40 anos continuar a se fortalecer, as mulheres só se tornarão avós com 80 anos, e com 120 serão bisavós.

O crescimento, que se expressa em todo mioma, está em ordem, mesmo que tenha escorregado para campos do corpo ultrapassados pelo tempo. A tarefa é elevá-lo para um plano psicoespiritual adequado. Grande Mãe podemos ser também no sentido figurado e assim tornar todas as crianças do mundo nossos netos. Enquanto o amor materno vive do princípio lunar, o dos avós está mais obrigado ao arquétipo solar, menos enredado no modelo familiar e diário e por isso é mais generoso e sábio. Miranda Gray[73] parte do pressuposto de que a determinação da mulher depois da menopausa deve ser a da líder espiritual, que vê em todas as mulheres antes da menopausa suas filhas, e em todas as mulheres depois da menopausa suas irmãs. Aqui também estaria a solução para a afirmação feita por C. G. Jung de que a mulher, depois da meia-idade, precisa se dedicar à libertação do seu animus, sua parte masculina da alma. Como mestre espiritual ela se preocupa com o espírito (original primordial masculino); como líder, ela desempenha um papel (arquetipicamente masculino), e o faz do seu modo feminino.

Remoção do útero

Não podemos afirmar com certeza se nos últimos tempos aumentou o número de miomas; o que sem dúvida cresceu como uma avalanche foi sua remoção cirúrgica. Há vinte anos uma cirurgia ainda bastante rara, a retirada do útero (histerectomia) feita pelas mãos capazes de um cirurgião e de muitos ginecologistas, tornou-se rotina. As justificações em parte são de arrepiar os cabelos e, num sentido mais profundo, muitas vezes não têm nada de medicinal. Um dos argumentos preferidos diante de mulheres de cerca de 40 anos é o seguinte: "É melhor remover o seu útero, o mioma de fato não é grande, mas o seguro morreu de velho; pelo menos ele não poderá tornar-se maligno." Mulheres assim "aconselhadas", caso venham a procurar outro médico, querem uma garantia de que seu útero não pode degenerar. É claro que é possível dar-lhes a segurança de que os miomas não se tornarão malignos, mas não se pode garantir nada na medicina, e principalmente com relação às outras estruturas do útero. Depois dessa informação o útero pertence com bastante certeza aos charlatões, que feriram seu dever médico infligindo medo por desejarem fazer mais uma operação desnecessária. Devemos aconselhar às mulheres que recomendem a esse médico uma amputação profilática das orelhas, pois afinal ali pode surgir um melanoma — o seguro morreu de velho.

Muitas vezes o tamanho do mioma é exagerado claramente e sem escrúpulos (visando a uma operação). O simples conselho de buscar uma segunda opinião proferido diante de um ginecologista sem provas, dolorosamente faz diminuir consideravelmente o tamanho de muitos miomas. A falta de interesse da parte do ginecologista em fazer uma cirurgia é uma boa proteção contra essas operações. Os métodos de tornar a paciente submissa por meio de fatores que despertam seu medo e assim atender aos próprios interesses por certo são um dos piores crimes, com que a medicina coloca sua posição em risco de difamação. A repreensão pode parecer muito dura, mas infelizmente constatou-se que nas últimas décadas em nenhum país foram feitas tantas amputações ofensivas de útero como na Alemanha. As más línguas até falam de uma correlação entre a diminuição do trabalho ginecológico e o aumento dessas operações muitas vezes supérfluas. O pior na situação é o fato de que muitos úteros precisam ser removidos. Mas como a mulher pode saber se em toda sala de cirurgia existe uma cruzada em favor da remoção do útero ou se por sorte escolheu um dos muitos ginecologistas responsáveis?

O argumento protetor de muitos especialistas, de que o útero na idade avançada é tão supérfluo como um bócio, é falho em todos os planos. De fato, um bócio não é de todo supérfluo, mas preenche uma função — mesmo que seja uma função incômoda. Mas, antes de tudo, esse argumento favoreceu uma injustificável licenciosidade no comportamento cirúrgico. Por anos a fio, depois dessa cirurgia apresentada como inócua, as mulheres se queixaram de males semelhantes aos da menopausa, e eram mandadas embora pelo ginecologista com a constatação lapidar de que isso era impossível, visto que os ovários não tinham sido retirados. Décadas depois, os pesquisadores descobriram que na operação tradicional, devido à interrupção de vasos importantes, a irrigação sangüínea dos ovários foi reduzida em até cinqüenta por cento, o que em parte se assemelha a uma castração. Enquanto isso, melhorou-se o método da operação, o que de nada serve para as mulheres operadas antes. Elas foram mais ou menos consideradas simuladoras e enviadas para casa sem terapia. Depois que a ginecologia desonrosamente se sujou nesse âmbito, no futuro é necessário ter mais cuidado com a vida e suas estruturas. Se o útero fosse inteiramente supérfluo nessa fase da vida, o organismo por si mesmo se encarregaria de provocar uma atrofia do mesmo, como acontece com os outros músculos que não são mais usados e em certa medida também com o útero.

Quem já sacrificou seu útero no altar da medicina científica tradicional, além das desvantagens já mencionadas ainda tem a vantagem de ter ficado livre de um cenário problemático para os conflitos de crescimento. Disso se segue a necessidade, tanto mais premente, de agora buscar outro palco para o crescimento ainda conveniente.

Distúrbios da menopausa

Eles têm antes de tudo que ver com o tema de fazer um balanço e indicam oportunidades perdidas e tarefas em atraso. A expressão bem aplicada "negócios não resolvidos" não se relaciona com tarefas objetivas, mas com aqueles projetos em aberto avaliados pela própria pretensão inconsciente. **Ondas de calor** (fogachos) e **erupção de suores** em si mesmos estão corretos e fazem parte exatamente do ato sexual. Ocorrendo no momento certo, com os homens, são agradáveis para todos os envolvidos. Ao fazer compras eles são em certa medida muito incômodos, mas ali e em outras situações inconvenientes eles só acontecem quando não conseguiram se expressar no palco previsto. O organismo elabora os temas em aberto de forma simbólica, até ter acabado com eles de um modo ou de outro.

O segundo plano médico é muito esclarecedor. No hipotálamo — uma importante estação de coordenação no cérebro — a temperatura do corpo é diminuída em pouco tempo. Interiormente, o organismo até mesmo sente frio, ou seja, o corpo está subitamente muito quente em comparação com seu interior. Então, com o aumento de calor os vasos da pele se expandem, o que provoca a vermelhidão da pele no assim chamado *flush* e introduz reações de transpiração, para por meio da rarefação do frio cuidar do resfriamento. Algumas mulheres nos períodos de recuo das fases de efervescência também têm sensações de frio e de *pele arrepiada*. O problema com raízes mais fundas é o da direção falha, isto é, reações corretas chegam em hora errada. O corpo mais uma vez mostra nitidamente em vários âmbitos do que se trata: essencialmente, do ponto de vista mais profundo estaria na hora de esfriar algo internamente, tornar-se mais calmo e manter a cabeça fria. Exteriormente, seria irradiar mais calor, caso em que se deve pensar em sentimentos calorosos, dedicação a uma tarefa e assim por diante. Para isso deveria surgir a consciência de que as sensações de calor só foram mantidas por pouco tempo na hora certa e então se destacam fora de hora. A tarefa seria, mesmo que não seja mais tão conveniente, dar-lhes um pouco de espaço em situações e horas menos apropriadas e, no sentido figurado, deixar-se levar, em vez de se desfazer em cada oportunidade.

Mucosas secas, ardentes e quentes de fato são desagradáveis, mas mostram tudo o que a mulher em questão, *quente, ardente*, ainda sente. Se a temática é trazida de volta à consciência e vivida no plano adequado, isso leva outra vez ao alívio do palco corporal. Este só é usado como medida excepcional de urgência, quando peças importantes não podem mais ser exibidas em outros locais. Esta desidratação (secura) de todo o corpo contém mais mensagens nítidas. Além da redução do peso ela também leva à assim chamada hemoconcentração, isto é, o sangue diminui de volume e fica mais concentrado. A energia vital concentrada no sangue não voltará conseqüentemente à sua essência, mas à sua proporção, de modo que as coisas mais essenciais (a hemoglobina, matéria corante do sangue) possam distinguir-se mais intensamente. Além disso, pode-se observar uma diminuição do assim chamado turgor, a pressão no interior da célula, o que aparece na pele menos intumescida, até mesmo murcha. Quando a pressão em cada célula se retrai, isso significa que a *mulher* deve reduzir toda a pressão interior.

A **incontinência urinária** tem como conteúdo a temática do desapego, isto é, da repressão. Quem solta urina constantemente é estimulado pelo organismo a deixar fluir constantemente a sua água, símbolo do plano psíquico. O que é terrivelmente desagradável no plano físico, seria especialmente agradável no plano da consciência. Todos esses sintomas se tornam perceptíveis para mostrar que exigem uma concretização viva ou uma mudança. Só então se tornam supérfluos como sintomas. Também neste caso a solução estaria no regresso consciente; a incontinência urinária, o deixar a urina fluir sem reserva, também é um sintoma dos primeiros anos de vida. A tarefa seria tornar-se como as crianças, não no plano físico, mas no sentido figurado. Algo semelhante vale para o caso mais raro do **relaxamento dos esfíncteres**, que levam a pessoa a defecar constantemente e a voltar ao uso das fraldas, com as quais começou a vida um dia. Aqui, ao lado do tema tornar-se como as crianças, também se vê o tema do desapego no âmbito material, pois as fezes representam simbolicamente os tesouros materiais e a posse.[74] Assim como na fraqueza da bexiga se trata de tirar o desapego das águas concretas passando-o ao desapego no plano psíquico, aqui está encarnada a tarefa de, por meio da constante soltura no plano material, destituir o ânus do seu papel de representante.

Uma direção de conteúdo semelhante é indicada pela ausência do hormônio do crescimento do sangue, que diminui paralelamente com o estrógeno na menopausa. A mensagem diz: o crescimento no plano corporal não é mais indicado. O hormônio do crescimento é a substância mais forte para a construção dos músculos nas mulheres que, assim, parece não ser mais necessária nesse momento. O hormônio também força a síntese da proteína, e esse efeito também deixa de existir. O corpo recebe menos de seu mais importante material de construção; em vez disso acontece a lipólise, a eliminação da gordura. Também aqui mostra-se novamente a tendência geral da redução ao essencial. Reposições de estrógenos podem impedir tudo isso, simplesmente porque impedem a menopausa e enganam o corpo sobre sua verdadeira situação.

Além desse efeito de truque, também se pode visar ao impedimento do enfarte cardíaco por meio do estrógeno. Durante o tempo da maturidade sexual, os estrógenos próprios do corpo fazem diminuir o *mau* colesterol (LDL) e aumentar o *bom* (forma HDL). Assim, a natureza protege o organismo feminino naquele que, do seu ponto de vista, é o período mais importante. Depois da menopausa esse efeito se perde, e a ameaça do enfarte feminino lentamente se aproxima da dos homens. Mas agora trata-se de mostrar melhor, como ainda veremos no capítulo "Anima e animus", o pólo masculino na vida da mulher. Quando ela fracassa na sua concretização, de modo semelhante a muitos homens, hoje, ela corre naturalmente o perigo de desenvolver os mesmos sintomas.[75] A melhor prevenção da *angina pectoris* e do enfarte cardíaco seria voltar seu coração aos temas correspondentes ao coração e às oportunidades no tempo certo e no sentido figurado, e não somente quando ele já dói e então somente no plano corporal.

De todos os sintomas resultantes da menopausa e suas interpretações, o conselho de praticar uma sexualidade ardente parece ser o mais problemático, visto que está em grosseira contradição com o regresso necessário na vida. Aqui devemos pensar que se trata de um fenômeno de fazer um balanço. Basicamente, trata-se de concentrar-se no essencial, de juntar melhor sua vitalidade, de tornar-se interiormente mais frio e esclarecido. Ainda se busca resolver às pressas a sexualidade praticada com prejuízo na primeira metade da vida. Mas tanta pressa nem é mais necessária, visto que a sexualidade não se esgota na possibilidade de ter filhos. A sexualidade da primeira metade da vida vive mais da tensão entre os sexos, e na segunda metade da vida pode estar mais no sinal de sua união. Basicamente a sexualidade é abrangente demais para poder ser dividida, mas os pontos de gravidade são claros. O caminho de ida na mandala da vida, que leva para fora da unidade, atinge a máxima tensão no meio da vida, e o caminho de volta leva outra vez para fora dessa tensão, de volta para a reunião no centro. Em cada fase da vida, a sexualidade seria uma possibilidade ideal para fazer justiça, de modo igualmente ritual, à atual estação do caminho da vida. A mensagem das mucosas que produzem pouco muco poderia ser a seguinte: "menos é mais" e deixar clara a exigência de, orientando-se da quantidade para a qualidade, elevar o erotismo a um nível superior.

A suspensão dos sintomas por reposição hormonal, ao contrário, seria um apego a uma fase da vida já ultrapassada. Embora sejamos aconselhados literalmente e há décadas a não fazer isso, no caso de sintomas intensos a atenuação com reposição hormonal seria aceitável. Mas isso não nos deve levar exatamente a agir como até aqui, mas o tempo livre de sintomas assim obtido deveria ser usado para realmente recuperar o que ainda quer ser vivido, e a mulher ardente deve ser vivida no plano adequado. Mesmo que esse não seja mais o tempo ideal, temos de confessar a nós mesmos que já na puberdade ficamos em suspenso e empurramos o amadurecimento para a adolescência. Realmente só estamos dispostos a largar o que já vivemos e realizamos e, assim, um adiamento que ainda abra espaço para o tema urgente e não resolvido torna-se válido.

Em todos os compreensíveis discursos em defesa da prorrogação de prazos deveríamos levar em conta que para a próxima grande crise, a morte, não há adiamento possível. O que a medicina intensiva prometer em relação a isso, comprovará ser uma ilusão. Na literatura, o tema *todo mundo tem de morrer* é tratado exaustivamente. Em vez de nos tornarmos cada vez mais generosos com as prorrogações que nos são concedidas, deveríamos nos tornar mais econômicos a partir da meia-idade.

Uma determinada prorrogação na metade da vida, no entanto, é muitas vezes *apropriada*, enquanto não se tornar uma recusa total de voltar. Mas isso fica bem próximo a uma "terapia", que é tão agradável e "natural". Agradável, porque ela nos tira tudo, desde os sintomas até o regresso; natural, porque o corpo conhece esses hormônios há décadas devido à produção própria. Enfim, pela primeira vez chegamos mais perto da realização do sonho da humanidade com essa forma de terapia: o poço da juventude. Não usá-lo voluntariamente a fim de fazer justiça à realização do modelo da vida, exige muita consciência e, hoje, muita coragem também.

A loucura dos estrógenos

Efeitos sobre as mulheres

Hoje, como no passado, há mulheres que percorrem o caminho da meia-idade sem sintomas incômodos e sem medidas de repressão. Mas isso parece não ser mais verdade para a maioria das mulheres modernas. De todo modo, ginecologistas esclarecem que se trata de um erro artístico não tratar as mulheres "na hora certa" com a atual terapia de repressão por meio de estrógenos. Eles falam em *déficit* de estrógenos na menopausa, o que supõe que a natureza ou Deus cometeram um erro de construção em todos os seres femininos. A repressão dos sintomas da menopausa é um mero efeito colateral da "terapia"; o fator principal é evitar o fantasma assustador da osteoporose, a descalcificação dos ossos. A lógica a respeito disso é surpreendentemente ilógica.

O ser humano ingênuo poderia aceitar que se receitasse cálcio quando este faltasse. Mas, via de regra, não é isso o que o corpo quer; ele o elimina e continua a descalcificar os ossos. Por isso os ginecologistas lançam mão do truque dos estrógenos. Se o espelho hormonal é mantido alto artificialmente por tempo maior do que o natural, o organismo praticamente não percebe que a menopausa ocorreu. Então ele constrói, com a opinião de ter de se esforçar mais tempo pela construção, mais cálcio nos ossos. As mulheres atingidas podem esconder melhor a menopausa de si mesmas e do mundo. Mas elas trabalham na direção oposta de atingir seu objetivo de vida, porque são mantidas quimicamente na periferia da mandala. Quando o ponto de gravidade da vida está na atividade e no esporte e ela quer provar a si mesma, ao homem ou a toda a sociedade que mulher jovem e ativa *ela* é, que não tem pouco ou nada a ver com a menopausa, essa é a terapia exata para ela. Em princípio, no entanto, isso nada mais é do que a tentativa de ter filhos mesmo com 60 anos de idade — uma confusão do tempo e uma perda das verdadeiras oportunidades do caminho no jogo. O adiamento bioquímico da menopausa é o pior preparo para a última crise da vida, a morte. O impedimento total da menopausa, terapia que é recomendada até a idade avançada pelos médicos especialmente esforçados, e com o que aliciam idosas com mais de 80 anos,[76] obviamente impede simultaneamente o progresso no caminho. Uma vida assim pela metade, por assim dizer detida logo depois da meia-idade, contra todas as expectativas, um belo dia acaba, e na maioria das vezes, de modo *terrível*. Pois, naturalmente, quando já não era esperada, a morte despertará horror nas pessoas próximas.

Na agitada euforia da terapia com estrógenos, fica difícil ver ainda as relações naturais. De fato, à primeira vista todos os envolvidos só vêem vantagens na reposição hormonal. As mulheres se vêm livres de seus distúrbios da menopausa e não são mais lembradas do tema do envelhecimento que causa sofrimento. Os ginecologistas enfim têm novamente muito o que fazer, pois ainda hoje muitas mulheres simples, especialmente no campo, controlam suas vidas sem reposições hormonais ou ginecologistas. E, finalmente, a indústria dos remédios naturalmente sente grande alegria em poder ajudar nessa medida. O observador ingênuo se pergunta como milhares de mulheres, na verdade todas, desde a primeira, Eva, até aquelas da última geração, conseguiram passar pela sua menopausa sem terapia hormonal. Mas aí os médicos de mulheres vêm com argumentos maciços: em nenhuma época as mulheres ficaram tão velhas como agora! Em primeiro lugar, esse argumento é falso, pois comprovadamente a expectativa de vida para os quarentões não aumenta há muito tempo; ao contrário, diminui levemente. Que a expectativa geral de vida aumente deve-se também ao número decrescente da mortalidade infantil. E, em segundo lugar, as mulheres de antigamente também sobreviveram à menopausa e, sem ser tachadas de "viúvas" ou "corcunda de bruxa", ficaram muito velhas.[77]

Essas duas apresentações de horror são utilizadas por alguns ginecologistas como argumento principal por seus estimuladores de medo mais testados no campo de guerra contra o útero. Sem estrógenos a *mulher* se tornaria uma bruxa corcunda. Essas ameaças tornam submissas mulheres muito ajuizadas. Uma formação de corcunda acontece na idade devido a colapsos da coluna vertebral, quando a espinha dorsal é sobrecarregada. Esses colapsos acontecem, mesmo que não com a freqüência aludida. De resto, a coluna não é o único órgão em que a osteoporose quer se fazer notar; principalmente estão ameaçados ossos como os da coxa, mas outros também. Mas nenhum relatório se presta tão bem a despertar o medo da velhice. Aqui, podem-se ver os anos que carregamos na corcunda, e é exatamente isso que hoje em dia se quer calar ou disfarçar, mas nunca acentuar.

Mas é de duvidar que a osteoporose, tão diagnosticada nos últimos anos, seja um fenômeno novo. É provável que ela sempre tenha existido de modo semelhante, só que não se procurava por ela. Um acúmulo de gibosidades não existia nos anos que antecederam a introdução da terapia com estrógenos. Devemos antes partir do fato de que durante a menopausa o corpo começa a se libertar naturalmente do lastro a fim de facilitar o caminho para casa. Para a tarefa que lhe cabe cumprir agora ele não precisa mais de uma ossatura pesada e tão estável. A favor disso também contribui o fato de que o cálcio oferecido não se acomoda. O organismo, portanto, não sofre de carência de cálcio, tendo até mesmo um excesso que elimina. Só a confusão e o simulacro de uma fase de vida discordante por meio da reposição hormonal permite que ele continue a cuidar de ossos mais pesados.

Se, de todo modo à própria situação no modelo da vida e a necessidade de jogar lastro fora na meia-idade para facilitar o caminho para o lar forem desconsiderados, também nesse caso o corpo pode se manifestar e, como representante, começar a se aliviar além da medida natural. É nisso que reside de fato um problema. Mas não é possível solucioná-lo, fingindo ainda não estar na hora, mas, ao contrário, começando a fazer o cálculo da necessidade de tempo. Simplesmente impedir o corpo de apresentar o problema, levará diretamente ao fato de ele surgir em outro ponto, pois em algum lugar ele tem de se manifestar. A impossibilidade de apresentar um problema não pode melhorar o problema. A pessoa em questão precisa de algum modo e em algum lugar aprender a se desapegar e a entregar o lastro. Em certas condições ela será obrigada no sentido figurado a largar e a perder coisas que ainda lhe parecem importantes, mas que não são obrigatoriamente necessárias para o caminho de volta. Ou abandona pessoas, de quem gosta muito, mas que o impedem de cumprir a verdadeira tarefa. De todo modo, o destino tudo fará para ensiná-la a desapegar-se das coisas de outro ponto de vista e a regressar. Logo surgirá a pergunta, se não seria muito mais simples, agradável e adequado submeter-se ao modelo e ali prestar seu tributo, onde ele era exigido originalmente.

De modo bastante semelhante, esse problema naturalmente diz respeito aos homens na crise da meia-idade, só que eles têm a sorte de ainda não existirem médicos para homens em número correspondente. De outro modo, também neles se encontraria uma certa descalcificação dos ossos, que finalmente daria um grato campo terapêutico. No efeito colateral, poder-se-ia com a reposição hormonal talvez evitar a freqüente falta de impulso nesta época e diminuição de necessidades sexuais. Quando mulheres com 60 anos ainda têm filhos, devagar também tem de acontecer algo para os homens. A sorte deles é que sabemos com muita exatidão que reposições hormonais melhorariam o inchaço da próstata, mas por outro lado também desenvolveriam o câncer de próstata. Reposição de estrógenos também estimula a formação do câncer da mama, mas esses efeitos os ginecologistas combatem com simultânea reposição de gestagem.

Basicamente, a regressão é compreensível. Quando não conseguimos nos arranjar com uma generosidade maior, primeiro voltamos para o plano seguinte mais profundo, onde isso ainda era possível de certo modo. Isso fazem os bebês, quando se viram momentos antes do parto e, com a cabeça para cima tendem a voltar para o útero materno protetor. Isso vivem os que chegam à puberdade, que pouco antes do passo decisivo descobrem que as meninas são bobas e os meninos imbecis, a fim de continuar gozando entre os iguais os jogos infantis. Isso faz com que a pessoa que cresce encontre mil motivos para ainda não sair de casa. E o mesmo podem fazer os candidatos à crise da meia-idade. Para uma fase de transição e com consciência desperta para esse passo também podem ser significativas as reposições de hormônios. Mas é triste constatar que as pacientes têm fortalecido sua recusa básica em regressar especialmente influenciada pelos médicos.

Como uma comunidade nós nos esforçamos para chegar a uma situação em que depois da metade da vida se possa parar. O grotesco disso é que nós, por outro lado, não nos detemos e não fazemos uma pausa. Tolice é somente o fato de que o destino, e com ele a roda da vida, não se preocupam o mínimo com essa incompreensão. Homens isolados sempre tentaram deter ciclos de desenvolvimento naturais em determinados momentos; mas isso nunca deu certo a longo prazo e nunca irá funcionar. O que distingue esse tempo é o vício coletivo de viver, que contém uma recusa de enfrentar todo o caminho de desenvolvimento. Se considerarmos como demorou até a medicina interior descobrir sua desordem de queda química do colesterol[78] que, comparativamente, trouxe poucas vantagens, temos de esperar o pior da moda dos estrógenos. Ela poderia ser mantida e nos conduzir no essencial.

Do lado da medicina, as poucas dúvidas são minimizadas. Extra-oficialmente podemos ouvir em congressos de ginecologia que na proteção hormonal até os 75 anos, do ponto de vista estatístico, a maior parte das fraturas já se decompôs. Enquanto isso, a opinião erudita deu um passo à frente e reconheceu que "a reposição de hormônios sozinha não constitui indício, ao menos não nas mulheres que não foram histerectomizadas, pois no endométrio os estrógenos estimulam uma constante proliferação".[79] Em outras palavras: em mulheres que, sejam quais forem os motivos, se recusaram a retirar o útero (não foram histerectomizadas), com a reposição hormonal têm constantemente a formação da mucosa uterina na expectativa de um novo óvulo fertilizado. Para impedir isso, os estrógenos são combinados com gestágenos, com o que diminui o risco de câncer da mama provocado se houver apenas reposição de estrógenos. Isso por sua vez leva a hemorragias periódicas. Como isso torna claro para muitas mulheres que algo não deve estar em ordem, o professor Husmann aconselha que "se as mulheres derem um especial valor a que sob a terapia não haja mais hemorragias",[80] que se ministrem os dois preparados separadamente. Nesse caso, a mucosa do útero pode ser controlada regularmente com ultra-som. "Se mesmo assim ocorrer hemorragia, ela não será tratável por *abrasio* (curetagem)." [81]

Que os gestágenos geram mais efeitos colaterais do que os estrógenos os ginecologistas não discutem, mas gostam de diminuir a importância do aumento de peso[82] e das sensações de tensão e inchaço do peito. "Os gestágenos podem causar náusea, tontura, mal-estar e dores de cabeça. Ao tomar o preparado antes de ir dormir, o surgimento desses distúrbios ainda pode ser vencido."[83] A interpretação completa desses sintomas pode ser encontrada no livro *A doença como linguagem da alma*, mas resumidamente eles revelam que muitas mulheres *sentem ânsia de vômito* com essa terapia, consideram sua situação *muito desagradável* e que se trata de uma *tontura* que gera dor de cabeça. O fato de lhes aconselharem levar esse mal-estar para o sono noturno, no qual (presumivelmente) não se sente nada, é humanamente compreensível, mas também pode mostrar de quem essa "terapia" é filha. E, sem dúvida, vemos que ela não quer diminuir o trabalho dos médicos no futuro.

Naturalmente, só as mulheres mais sensíveis lutam contra esses sintomas. Elas se sentem muito mal pois, com a menopausa, além dos hormônios diminuem também as endorfinas e os opióides endógenos (ópio produzido pelo próprio corpo), o que muda a sensibilidade à dor, isto é, a *mulher* fica mais melindrosa e sensível. Mas isso pode — como todas as modificações desse momento — ser sentido como um fardo ou como uma oportunidade.

Efeitos sobre o mundo — um novo tipo de poluição ambiental

Depois que a terapia com hormônios femininos trouxe mais vantagens a todas as mulheres que desejam passar pela menopausa sem sentir os sintomas, as médicas e a indústria farmacêutica, que têm trabalho ou lucram com isso, até os maridos das mulheres em questão, que gostam dos seus hábitos e continuam fáceis de tratar, esse mau costume infelizmente se tornará um componente fixo da medicina preventiva. Pode-se esperar ajuda nos próximos tempos somente dos protetores do ambiente, pois essa loucura dos estrógenos da medicina também atinge o meio ambiente e, por meio deste, os seres humanos numa medida cada vez mais considerável. Às quantidades de hormônios que são usadas para a assim chamada prevenção da osteoporose acrescentem-se os prescritos na puberdade para evitar a concepção; e como os hormônios no corpo feminino não são totalmente neutralizados, por meio da urina das mulheres em todo o mundo uma quantidade inimaginável de hormônios femininos eficazes chegam ao meio ambiente por meio das águas de esgoto. Uns poucos crentes no progresso já vêm há tempo alertando que isso não acontece sem causar efeitos. Enquanto isso, também temos alguns fatos sobre a mesa. O fato de que a águia marinha, animal heráldico dos Estados Unidos, e os crocodilos da Flórida não sejam mais capazes de se reproduzir, e que essas espécies estejam fadadas a desaparecer nesta geração, pode inquietar alguns protetores da natureza. Que isso seja devido às estranhas modificações, até mesmo deformações, sofridas pelos animais machos em suas partes genitais, pode causar menor impressão. Quando os biólogos afirmam que isso se deve ao crescente envenenamento das águas com hormônios femininos, isso se torna ainda mais inquietante, pois em algum momento o efeito atingirá também os seres humanos.

De fato, temos de pressupor que isso já aconteceu há tempos, mesmo que com todo o rigor até agora só tenha atingido os animais que se alimentam exclusivamente da água. Desde 1940, o conteúdo médio da ejaculação no homem diminuiu em trinta por cento, passando de 113 milhões para 66 milhões de espermatozóides por mililitro. O professor R. Dougherty da Universidade do Rio

Tallas, na Flórida, partia do princípio de que no ano 2000 só a metade dos homens norte-americanos seria capaz de reprodução. No momento em que este livro está sendo escrito, nos países industrializados já são vinte por cento. Só na Alemanha já existem três milhões de casais infecundos, sendo que na maioria das vezes o problema é dos homens. Apesar disso, essencialmente muito mais mulheres passam por tratamentos. Isso não se deve ao fato de haver mais médicos de mulheres do que de homens, mas ao fato de as mulheres sofrerem mais por não terem filhos. Os homens sofrem mais com a idéia de não serem capazes de conceber, o que interpretam como problema da sua masculinidade e, portanto, preferem evitar os médicos que poderiam confirmar esse horror. Muitas vezes as mulheres já mandaram examinar várias vezes as trompas antes que eles façam a contagem de espermatozóides, caso em que não se requer nenhuma cirurgia, mas apenas uma pequena e indolor recaída na masturbação da puberdade.

Por certo, outros fatores entram nessa problemática. Mas atribuir toda a responsabilidade unicamente ao *stress*, que já leva a culpa da maioria dos outros problemas, é uma atitude que não pode mais ser mantida diante dos resultados dos exames. O homem das cavernas também já vivia o *stress* em suas cavernas, que ofereciam pouca proteção contra os animais selvagens. Mas, apesar disso, é ao fato de ele ter mantido a sua capacidade de conceber que devemos a nossa existência. Deveríamos livrar o *stress* da culpa e pesquisar mais profundamente qual é o seu efeito exato, pois, em última análise, é natural para o organismo masculino viver sob *stress* num ambiente saturado de hormônios femininos.

Em vez de enfrentarmos o mundo com pensamento feminino nós o enfrentamos com hormônios femininos. A lida com o feminino não resvalou amplamente para o pólo material somente nesse plano. Se resolvermos acordar e, principalmente, pararmos de perturbar o equilíbrio da natureza, o nosso problema de povoação poderia solucionar-se por esse caminho inesperado. Nós estamos prestes a controlar isso por meio do controle global da natalidade de um modo com que jamais sonharíamos.

Animus e anima

A volta, no modelo de vida, não se relaciona unicamente com a direção do caminho, mas também com o próprio papel sexual. C. G. Jung partiu do princípio de que toda mulher deveria preocupar-se com o seu lado masculino, chamado animus, do mesmo modo que todo homem com suas qualidades femininas na forma da anima. Essa integração com o pólo oposto não tem tanta importância quando ambos os lados ainda se esforçam suficientemente em seu papel sexual nato na primeira metade da vida. Mas, na segunda metade, quando se trata da volta e o próprio papel sexual deve estar dominado, o pólo oposto transforma-se na tarefa. Só uma pessoa que se sente segura em seu papel sexual e se sente pleno, tem a capacidade de concretizar também o pólo oposto em si mesmo. Mas este é o objetivo, que o esoterismo chama de casamento químico.

Se a dedicação ao pólo oposto acontece cedo demais, antes que o pólo pessoal tenha sido suficientemente vivido, surgem grandes problemas. Os homens degeneram em *softies*, que nem mesmo agradam *às feministas*, que a princípio os estimulavam, simplesmente porque tendem a continuar indolentes em toda a linha, o que no mínimo traz pouca alegria nos planos do masculino primordial. As mulheres tornam-se mulheres macho, que não gostam nem das outras mulheres nem dos homens. Exteriormente elas defendem sua masculinidade, mas recusam todas as fraquezas femininas e com freqüência deixam de ver que é ali que estão suas verdadeiras forças. No efeito final, não impera sua dureza masculina, apenas a perda da suavidade feminina.

O ideal seria esperar o momento certo e então não hesitar por muito tempo, mas seguir corajosamente os impulsos do próprio íntimo. A tarefa aponta na direção do hermafrodita psíquico, que une em harmonia ambos os lados em si mesmo. Do ponto de vista físico, esta seria uma criatura digna de pena — nem peixe, nem carne — mas no sentido psicoespiritual ela está no auge do desenvolvimento.

Caso se renuncie a essa tarefa de vida, o tema, como tantas vezes, mergulha no corpo e se torna dolorosamente perceptível aí. Nas mulheres, começa a nascer barba e seus traços se endurecem. A expressão "mulher barbada" mostra como o fenômeno é freqüente. A luta que surge imediatamente contra essa energia masculina opressora mostra como a mensagem é transmitida e não deve ser vista. Os pêlos são combatidos com pinças, como se fossem inimigos pessoais; mas, teimosamente, como é o destino na realização do modelo da vida, sempre surgem novos pêlos. Nos homens na mesma situação surgem verdadeiros seios e os traços do rosto adquirem tipicamente certa suavidade. A voz popular fala sem respeito e acertadamente em velhos afeminados.

A solução é mais fácil em teoria do que na prática: do ponto de vista espiritual cabe crescer no pólo oposto. No relacionamento, isso significaria esforçar-se por uma troca de papéis, de que já se mostram aqui os limites. Quando *ele* insiste em vestir sozinho as calças, o desenvolvimento *dela* na direção do animus já deteriora o relacionamento. Se animus e anima não forem simultaneamente buscados por ambos os parceiros, isso leva a considerável animosidade.

É por isso que maridos refratários ao desenvolvimento são um grupo adicional, que aproveita fortemente a terapia de estrógenos das suas esposas. O estrógeno é por assim dizer a parte feminina do hormônio sexual feminino. Ambos os sexos têm essencialmente em si os hormônios dos dois pólos. A mulher tem um hormônio acentuadamente feminino no estrógeno e, com o gestágeno, um hormônio que atua na direção masculina. Mas ambos, em última análise, são hormônios femininos. Da puberdade até a menopausa o estrógeno predomina visivelmente, depois o gestágeno passa cada vez mais ao primeiro plano e leva a uma modificação psíquica que facilita a conquista do animus. Ela estimula de modo poderoso um marido que não quer abrir espaço e não quer seguir o próprio caminho. Os estrógenos mantêm as mulheres carinhosas e pacíficas, e a diminuição da sua influência pode ser vivida como algo muito ameaçador.

Se, ao contrário, o homem começar a dedicar-se à sua anima e a mulher não estiver disposta a assumir a responsabilidade pelo seu pólo masculino, ela pode ser confrontada com exigências de decisão e realização desagradáveis por não serem costumeiras. Ela também pode não se sentir mais protegida e defendida por ele como antes. Quando ele descobre seus lados suaves, seu instinto de luta diminui e, com o seu modo de impor respeito, também o seu cavalheirismo deixará de existir.

Por outro lado, quando ambos ainda estão dispostos a *caminhar juntos*, existem enormes chances de crescimento nesse capítulo de desenvolvimento. É isso que objetiva a pergunta "você quer ir comigo?", que ele já fazia como adolescente. Eles podem iniciar-se mutuamente na conquista do país desconhecido momentâneo, sendo cada um deles um perfeito guia para uma vida realizada do outro. Na melhor das hipóteses, eles se assemelham um ao outro no plano interior. Sua compreensão cega leva a uma confiança igualmente cega. Cada um encontrou tudo em si, e a continuação da sua vida em comum será um puro luxo. Eles não precisam mais um do outro, e se têm apesar disso.

Seja como for, este tornar-se-cada-vez-mais-parecidos pode ter ocorrido de forma problemática também, à medida que, por assim dizer, concordam na menor plataforma comum e excluem todo o resto. A disposição básica aqui não é corajosa, mas resignada e medrosa. Esses parceiros, por necessidade, mantêm-se juntos em seu aperto como pixe e enxofre, enquanto relacionamentos *abertos em sua amplidão* criam um crescimento comum livre e confiável. Eles conseguem agüentar quando o parceiro se destaca em determinados âmbitos. Todas essas expedições em território espiritual desconhecido no final servem para a ampliação do horizonte comum. Quanto mais amplo ele se tornar, tanto maior e mais rico torna-se o plano comum de vida.

Muitas vezes a reconciliação com o pólo oposto só acontece quando um parceiro, seja qual for a razão, fica sozinho. Subitamente também aqueles âmbitos da vida que naturalmente o parceiro cobriu, se tornam uma tarefa e fazem exigências (no rumo tomado).

PERGUNTAS SOBRE A CRISE DA MEIA-IDADE

1. Como inicio o meio dos meus dias?
    — Eu me dou a permissão de tirar uma soneca?
    — Faço um intervalo maior?
    — Dou um tempo para me regenerar?
    — Há tempo para uma rápida interrupção (*fast food*)?
2. Como reajo nas férias, quando já se passou metade do tempo?
3. O que significa a metade do tempo para o esporte?
4. Tenho a tendência de levar as coisas até o fim?
5. Tenho uma boa percepção sobre quando é hora de voltar — por exemplo, em caminhadas, viagens de carro e pelas montanhas?

Exercícios

1. Uma festa para festejar ter alcançado a metade da vida.
2. Fazer um balanço consciente: festejar o alcançado, trazer à consciência as contas em aberto.
3. Esclarecer os objetivos para o futuro.
4. Estudar o mapa da vida — especialmente o caminho de volta: pintar os episódios mais importantes da ida numa mandala (círculo vazio).
5. Exercício da mandala:
    — Pintar a mandala de fora para dentro; escolher as cores aleatoriamente.
    — Pintar a mandala de fora para dentro com o parceiro; cada um pinta uma camada. Pintar ao mesmo tempo, observar as reações ao passar dos limites.
6. Manter a volta diante dos olhos e planejá-la; visar a uma retirada organizada.
7. Exercícios do centro e do equilíbrio; meditação, tai chi, cerâmica e fatia rotativa.
8. Meditar sobre coisas que não deram certo, especialmente a polaridade do sexo oposto.
9. Tirar roupa de trabalho e devolvê-la, entregar ou passar adiante os instrumentos ou símbolos de trabalho.

10. Entregar ritualmente a responsabilidade: a batuta, o cetro, a certidão de posse, entregar a tocha à geração seguinte.
11. Presentear os mais jovens com aparelhos esportivos.
12. Remover conscientemente as antigas placas de nome e de escritório, colocando-as em nova posição.
13. Sacrificar conscientemente os símbolos da primeira metade da vida; encontrar outros para a segunda metade.
14. Rituais de balanço: reconhecer pontos de orgulho ainda em aberto e encerrá-los.
15. Suaves excursões como rituais de volta ao pico; viver o centro como o ponto mais alto.
16. Aprender a gozar uma pausa no almoço e uma soneca.
17. Enfrentar a fase de viagem pela terra de ninguém, que é mais dramática que qualquer outra crise, com tempos especiais de solidão. Meditar sobre a continuação da vida e refletir, dar-se um tempo.
18. Tornar o símbolo do yin e yang o centro de uma meditação diária.
19. Reservar um espaço da casa para temas de volta ao lar e regeneração.
20. Deixar de dormir uma noite a fim de ver as transições da natureza: a despedida da luz à noite e seu ressurgimento pela manhã. Na noite cada vez mais escura meditar sobre o que vale a pena deixar para trás; na penumbra da manhã deixar vir à tona o que poderia preencher o futuro.
21. Livrar-se do lastro: sacrificar o excesso de peso por meio do jejum, preparar-se saudavelmente para a viagem de volta.
22. Modificar a alimentação usando alimentos mais leves, adaptados ao andamento mais leve dos acontecimentos.
23. Exercícios para donos de um jardim na metade da vida:
    Encomendar um lote de terra e esperar para ver o que nasce sozinho na próxima primavera.
    — Cavar um lago e deixá-lo simplesmente em paz: deixar que a vida, isto é, a natureza siga o seu curso; contemplar o biotopo que acontece como local de contemplação.
    — Transformar a horta, total ou parcialmente num jardim, que tenha espaços livres, que não dêem mais trabalho e nenhuma chance às ervas daninhas.
    — Cuidar do corte das árvores e deixá-las no seu caminho improdutivo, acabar com a relva e deixar surgir um campo de flores.

11. Velhice

O ser humano com certeza não chegaria aos 70 e 80 anos
de idade se essa longevidade não correspondesse ao sentido da sua espécie.
Por isso, também a tarde da sua vida deve ter o seu próprio sentido
e objetivo e não pode ser um lamentável penduricalho
da parte da manhã.
O sentido da manhã indubitavelmente é o desenvolvimento
do indivíduo, sua fixação e procriação no mundo exterior e
a preocupação com a prole...
Quem sem necessidade leva a lei da manhã e, portanto, o objetivo
da natureza, para a tarde da vida, precisa pagar por isso com perdas psíquicas...
conquista de dinheiro, existência social, família, descendência são
ainda natureza pura, nenhuma cultura.
A cultura está além do objetivo da natureza.
Portanto, a cultura poderá ser o sentido e o objetivo da
segunda metade da vida?
Em linhagens primitivas vemos, por exemplo,
que quase sempre são os velhos os guardiões dos mistérios e das leis, e é neles
que em primeira linha se expressa a cultura da raça.
Desse ponto de vista o que acontece conosco?
Onde está a sabedoria dos nossos velhos?
Onde estão os seus segredos e os rostos dos sonhos?

C. G. Jung, A Mudança da Vida

À crise da meia-idade e ao tempo da colheita segue-se a despedida consciente ou inconsciente que chamamos de envelhecimento. Na maioria das vezes ele acontece de modo relativamente consciente, visto que nós o recusamos com tanta veemência. Praticamente todas as pessoas da nossa sociedade querem ficar muito velhas, mas quase ninguém quer ser velho. Essa contradição deve levar a problemas.

Como não podemos evitar a velhice apesar das inúmeras tentativas, ao menos os seus vestígios são combatidos com todos os meios disponíveis. Ninguém deve se lembrar de que estamos velhos. Ser considerado *ferro velho* é mais ou menos a pior coisa que nos pode acontecer. Assim que surge um traço visível da idade, ele é camuflado ou disfarçado. Os cosméticos que cobrem e martirizam a pele velha que está por baixo ainda é a variante mais suave. A indústria de cosméticos usa o medo do fantasma terrível da velhice de modo muito habilidoso e, por exemplo, lança no mercado os cremes assim chamados de controladores da idade para os espíritos mais ingênuos. A idéia de que é possível controlar o envelhecimento passando esses cremes, isto é, deter o processo da idade, é mais ou menos tão transparente quanto a tentativa de prolongar a vida fazendo um seguro de vida. Na guerra mundial contra as rugas, em que todo o mundo ocidental é aliado, sempre são alcançados novos conhecimentos e relatam-se vitórias, que se tornam realmente ridículas diante do poder e da dignidade da velhice. Algumas rugas são eliminadas com injeções, ensopadas com águas milagrosas e descontraídas sob inúmeras máscaras diferentes, para depois voltar com o *velho* poder.

Quem não ficar mais esperto depois de todas essas tentativas, pode permitir que o cirurgião estique outra vez a sua pele. Uma vez, duas ou tantas vezes quanto possível até que, no final, de tanto esticá-la, a pessoa nem consegue fechar as pálpebras. Finalmente chegou a hora da descontração e do desapego. Quem vive alisando o rosto com operações plásticas obviamente não tem outra coisa em mente.

O que nós deixamos pendurado ao longo do tempo, é cirurgicamente erguido e não só no rosto. Sempre que não conseguimos mais deixar algo elevado e rijo, os cirurgiões podem ser de ajuda. A testa é alisada outra vez, apesar de que algumas rugas de expressão talvez nos caíssem muito bem. As rugas provocadas pelo riso logo desaparecem sob o bisturi, a época das risadas descontraídas passou. Todos os traços são liquidados. O que se juntou em bolsas sob os olhos como pranto reprimido é amputado; no verdadeiro sentido da palavra, somos separados da tristeza não vivida.

Em momentos espiritualmente difíceis e épocas materialmente prósperas as camadas de gordura acumuladas são aspiradas — de sob o queixo e do ventre, das nádegas salientes e das coxas.[84] Os anos que trazemos na corcunda são disfarçados com treinamentos de postura, e por necessidade também contemos o sistema extenuado com espartilhos. Quando os acessórios da juventude eterna ameaçam esgotar-se, como acontece de preferência na cabeça masculina, com o transplante e entrelaçamentos de cabelo, a impressão verdadeira desaparece mediante o embelezamento aparentemente obtido.

O que cede e perde a forma precisa ser substituído ou restaurado, de modo que ninguém ou ao menos o menor número de pessoas perceba. O dono conhece o cavalo velho pelos dentes. Para que isso não aconteça com as pessoas que estão envelhecendo, mandam-se recapear os dentes. O que há tempos é um cemitério de dentes, por fora parece um novo parque para aventuras. Que o radiante sorriso juvenil com dentes brancos resplandecentes num rosto marcado pela idade avançada muitas vezes cause uma impressão grotesca é aceito como um fato inevitável. As articulações enferrujadas são trocadas, antes de permitir que elas nos obriguem a um descanso. Quando a catarata[85] cobre a vista com o seu véu cinzento e retira as cores da vida, operam-se os olhos e substituem-se as córneas. Que as partes substituídas em sua maioria são retiradas de cadáveres deveria nos tornar mais honestos, mas é reprimida. Nós não deixamos morrer as coisas há muito tempo mortas, mas as deixamos continuar vivas em nós para eliminar a impressão de morte próxima, que já transmitimos. Se pensarmos em todos os disfarces realmente falsos na forma de próteses (em grego: iludir, disfarçar), como óculos, dentaduras, articulações e marca-passos artificiais e nas doações de órgãos dos mortos que a moderna medicina tem a oferecer hoje, a velhice mostra aquele rosto horrendo que lhe impomos. Limitações e definhamento nos cercam e colocam diante de nós um espelho adequado. Esse jogo de não pensar na idade com todas as nossas intervenções, naturalmente não significa que é melhor abandoná-la, ou que não é bom ir ao dentista ou ao ortopedista. Ele só deve mostrar o quanto nós lutamos contra a idade. Naturalmente podemos tratar dos dentes e, apesar disso, enfrentar as tarefas que a vida nos apresenta na velhice.

No âmbito psíquico não somos nem de longe tão bons em tapar e disfarçar, e cada um de nós está sujeito diretamente à idade. Quanto melhor conseguimos ocultá-la no exterior, com tanto maior rigor ela nos atinge interiormente. A velha índia que carrega suas rugas e pregas com toda a dignidade pode tornar-se interiormente jovem outra vez. Nós, que impedimos todas as possibilidades de expressão da nossa idade, ficamos desamparados interiormente e temos de aceitar, rangendo os dentes, que ela nos espreita com a sua forma feia, não resolvida.

O mandamento de honrar a velhice provém de tempos há muito esquecidos, em que a idade avançada e os seres humanos idosos representavam algo especial. Hoje "honramos" os velhos, isto é, quando os honramos, de modo tão transparente, que lhes afirmamos que nem tudo *ainda* está tão mal com eles; com isso, dizemos indiretamente que vai ficar pior e que os tempos em que eles *parecerão velhos* ainda estão por vir. A palavrinha "ainda" é a palavra-chave nessa afirmação: "Você *ainda* não parece tão velho." Ou: "*Ainda* não dá para perceber a sua idade." Ou pior ainda: "Ele tem o espírito de um jovem." Esta última frase coloca a força espiritual da puberdade acima da da velhice e — por mais usual que pareça — é antes de mais nada ridícula. Nosso respeito não se deve à idade, mas à capacidade de negar seus vestígios, isto é, de mascará-los com habilidade.

Entre nós, muitas pessoas caem em depressão quando se tornam avô ou avó, em vez de se alegrarem com a honra e a nova tarefa. Para elas, isso significa somente ser velhas e, então, culpam os filhos por terem-nas tornado avós. Não é de admirar que o relacionamento com os netos também sofra devido ao medo de envelhecer. A proximidade natural dos netos é o que facilita exatamente o "tornar-se-como-as-crianças". Ambas as gerações podem encontrar-se num plano mais profundo na mandala da vida, pois ali elas se movimentam olhando em direções opostas, mas na mesma esfera. Às vezes, esse também é o motivo para a compreensão mais profunda entre essas duas gerações do que entre pais e filhos. Estes estão a caminho na mesma direção na mandala, mas em lugar bem diferente.

Caracteristicamente, as semelhanças entre o início e o fim da vida são profundas. Na mandala ambos os capítulos da vida se tocam, e provêm e terminam no mesmo ponto do centro. Na espiral da mandala ambas as fases se confundem. O que começa sem dentes, na maioria das vezes termina de modo igual, caso não exista a medicina odontológica. Isto é, a agressão abre seu caminho aos poucos e se recolhe novamente antes do fim. Ela é a força do recomeço, que tem de crescer no início, mas que é pouco usada no final. Na homeopatia, com freqüência são usados os mesmos meios para a tenra infância e a idade tardia dos anciãos. De fato, o ser humano passa por importantes fases de desenvolvimento, também no sentido contrário. Esse "tornar-se como as crianças" pode apresentar-se no plano corporal não resolvido e por isso desagradável, ou nos salva no plano psicoespiritual. Fisicamente, o caminhar inseguro da criança, assim que começa a ficar em pé, assemelha-se ao arrastar dos pés das pessoas idosas, antes que elas se deitem definitivamente. A fala ininteligível acontece tanto no início como no fim da vida. As fraldas necessárias no início da vida também podem ser usadas outra vez perto do final. O sistema imunológico de início fraco também fica mais fraco no final. Há uma identidade inclusive no plano psíquico. Há uma fase em que a criança pequena não consegue parar de falar; o que acontece com o ancião que vive resmungando não é muito diferente, e ambos babam ao comer. Mas o que achamos desculpável no início da vida, mesmo que não nos agrade muito, não é mais tão doce no final, por falta de perspectiva. As semelhanças psíquicas produzidas, ao contrário, valem o esforço além das medidas.

Uma ligação essencial entre o início e o fim é, por exemplo, a falta dos impulsos produtivos e a enorme pressão, que se acumulou antes na periferia da mandala. Perto do centro da mandala ainda é possível viver bem menos agitadamente, mesmo numa sociedade de alta pressão. As pessoas idosas *voltam* a ter tempo para contar histórias, e os jovens *ainda* têm tempo para ouvi-las. É aquela fase em que a seriedade da vida ainda não começou ou, respectivamente, já terminou, e assim existe o direito de se divertir e se alegrar. Ainda não existe ou não existe mais o planejamento dos estudos, o lazer e o sono da tarde são possíveis a qualquer momento e até mesmo são vistos com prazer, pois o meio ambiente, que se aborrece com a seriedade da vida, prefere ser deixado em paz pelos muito jovens e pelos bem velhos, que não contribuem com nada, mas atrapalham tudo com facilidade. Eles ainda têm tempo ou têm novamente tempo para admirar-se com as maravilhas da criação — com grandes e velhos olhos de criança.

Os sinais da idade, que encaramos como inimigos, podem ser bons amigos. As fotografias do álbum de família também não são vistas como inimigos só porque nos lembram de fatos importantes que deixaram seus vestígios. Enquanto virmos a velhice com animosidade, não podemos realmente reconciliar-nos com a infância, pois ambas se pertencem de perto.

Nós não consideramos as crianças como completas e também os idosos não o são mais. Esse pode ser o motivo da nossa tendência de questionarmos, em ambos os capítulos da vida, as leis e as regras da nossa humanidade conquistada com tanto esforço. Apesar de depreciarmos os povos arcaicos (erroneamente) porque eles expulsavam os velhos e os deixavam morrer no isolamento, nós fazemos exatamente o mesmo. O deslocamento da vida para o asilo é somente uma transcrição do fato. Na maioria das vezes, não se trata de asilos em que os idosos podem sentir-se em casa, mas de locais de conservação, que oferecem materialmente todo o necessário, mas onde de resto falta tudo de que os idosos precisam. Sua principal tarefa é retirar as pessoas idosas de circulação e desobrigar os jovens da responsabilidade por elas; sim, tirá-las de sua vista constante. Quem tem medo da velhice, afinal, não quer encará-la olhando constantemente para um rosto sulcado pelas rugas e, com isso, ser lembrado da própria mortalidade.

A conservação e enfim, a separação dos bens jovens em berçários, em creches, em jardins-de-infância e locais parecidos, em princípio é semelhante. Quase tão raramente como se cuida bem da vida dos idosos no asilo, ali se prepara mal a criança para a vida. Na maioria das vezes a possibilidade de livrar-se temporariamente das crianças de modo legal e reconhecido pela sociedade é decisiva, na verdade, *ti-*

rá-las do caminho, pois na nossa organização típica da sociedade elas muitas vezes nos atrapalham. E como nessas organizações de conservação elas ainda aprendem alguma coisa, não precisamos ficar com a consciência pesada. De fato, aí também se juntam outra vez um plano solucionado e outro menos solucionado.

A temática torna-se ainda mais clara e difícil quando contemplamos fases ainda mais precoces ou tardias. No início, quando a nova vida muitas vezes nos parece tão incômoda, podemos à vontade expulsar o feto nos primeiros meses; no fim da vida temos mais inibições, mas certamente pensamos sobre o modo de encerrar prematuramente o sofrimento. O aborto e a eutanásia ocupam o mesmo plano na mandala da vida.

Quadros mórbidos da velhice

Os fenômenos típicos da velhice que podemos constatar em alguns dos nossos idosos e que surgem com mais freqüência entre os negros e índios velhos não precisam surgir obrigatoriamente. Eles realmente são típicos da nossa época e forma de sociedade, como talvez a **hipermetropia da velhice**,[86] cujo pólo oposto na juventude é a miopia. Por meio do quadro mórbido a pessoa jovem deve ser obrigada a observar melhor o que está próximo (meio ambiente) e a própria vida; ver o que está próximo é sua tarefa, ver o futuro lhe é recusado. O distante, com que ela gostaria idealmente de se preocupar, lhe aparece com cores confusas e indistintas. Ao mesmo tempo, o quadro mórbido lhe mostra como ela coloca o véu suave de um desenhista sobre a distância e o futuro, para poder sonhar ainda mais transfigurada e ilusoriamente, e disfarçar as durezas e arestas agudas da vida.

Nas pessoas idosas, o jornal diário é retirado das mãos delas pela presbiopia, no verdadeiro sentido do termo. Logo os seus braços não são mais suficientemente compridos para reconhecer algo com precisão. Elas têm de manter tudo o mais longe do corpo possível para conseguir ver alguma coisa. Sua tarefa é livrar-se do que está próximo e desenvolver a impressão vaga à distância. Devem manter o que está mais próximo longe do corpo. Seu tema é desenvolver as perspectivas de vida. O que está próximo se confunde na falta de clareza e por isso se oculta à sua visão. A idéia é livrar-se das preocupações do dia-a-dia e deixá-las para os jovens. O velho camponês que se retira para a ala dos velhos não precisa mais preocupar-se com ganhar o pão de cada dia; disso cuidam os outros. O seu reino não é mais inteiramente deste mundo. Seja como for, o trabalho e a preocupação diários não lhe cabem mais. Em última análise, é essa a idéia de todos os capitalistas e aposentados. Eles cuidaram de si mesmos (no caso ideal), e o país ou a antiga firma assumem o sustento da sua vida, para que todos os idosos tenham o descanso para preocupar-se com outros temas mais importantes, como a salvação da alma. A presbiopia é uma tentativa de ajudar essa visão mais ampla que, no entanto, é habilmente frustrada pelos oculistas e ópticos. Entre nós, normalmente o ser humano é demasiado inconsciente para enfrentar essa temática, pois isso pressupõe enfrentar a sua velhice.

A uma observação mais profunda, algo semelhante é revelado com o esquecimento crescente que vem com o avanço da idade. Os fatos recentes desaparecem rapidamente, os antigos ficam muito tempo na recordação. Caso típico é o do idoso que vai a um estabelecimento comercial e que, chegando lá, esqueceu há muito tempo o que foi comprar, mas em compensação *relata* pela milésima vez os acontecimentos da guerra. De fato, ele deve libertar-se das ninharias presentes mais fortemente e com mais consciência, e voltar-se para os acontecimentos decisivos. Pode parecer triste, mas obviamente as experiências de guerra estão entre as melhores que muitos homens têm a oferecer. Lá eles estavam longe da pátria e sujeitos à ameaça de não voltar vivos e isso nunca mais aconteceu. Mesmo quando o esquecimento e quadros mórbidos como a demência pré-senil, a esclerose cerebral ou a doença de Alzheimer regridem, o esquecimento segue esse padrão, no qual as ninharias do cotidiano são esquecidas mais depressa, enquanto que, ao contrário, os grandes traços da vida são mantidos por mais tempo na memória. No **morbus** Alzheimer, o grande esquecimento, isso torna-se especialmente claro. Esse quadro mórbido nos confronta com uma intensificação dos processos de envelhecimento e com a ganância do tempo, e muitas vezes antes da hora. Seu aumento prodigioso em nossa sociedade nos mostra mais uma vez que temos um problema coletivo com o envelhecimento.

Todos esses quadros mórbidos, bem como os que os seguem, encarnam a perda das capacidades do nosso ego: por meio do cérebro cada vez menos potente, os atingidos são cada vez mais obrigados a ficar no presente. A falta de distanciamento mostra visivelmente, do modo mais grosseiro, o rompimento de todos os limites. Quando as crises espirituais mostravam de antemão que problemas poderiam surgir no caminho espiritual, os quadros mórbidos ligados à demência mostram que a tarefa do ego tornou-se supérflua e que o corpo já começa a funcionar e sacrifica a base material ao ego. Nesse caso, naturalmente também é muito mais saudável percorrer o caminho psicoespiritual em vez de obrigar o corpo a uma compensação.

A **arteriosclerose cerebral**,[87] além do crescente esquecimento, acarreta uma perda paulatina das capacidades do cérebro. A história do desenvolvimento aqui é invertida e a pessoa que está envelhecendo é remetida de volta ao solitário mundo das emoções e dos sentimentos, onde obviamente o que falta tem de ser recuperado. Por outro lado, também a qualidade saturnina do endurecimento e da rigidez persevera e tem sua solução na clareza e estrutura, na simplicidade e no retorno ao essencial. Para o envolvido e o seu meio ambiente a exigência absurda muitas vezes insuportável é a tarefa especialmente emocional de aprendizado no frio mundo intelectual dos modernos. O asilo ou a clínica para idosos na maioria das vezes é a única saída salvadora que, no entanto, não tem condições de salvar a vida do idoso. No simbolismo da esclerose aparecem nitidamente a dureza e a estrutura da pedra calcária e, com isso, também a tarefa a ser cumprida: clareza e estrutura. Saturno, o princípio do tempo e da velhice, faz suas exigências com toda a dureza, que ele sempre consegue ver atendidas de uma ou outra forma.

Uma corcunda que surja na velhice mostra com clareza o quanto a vida nos curvou e que não nos deixamos dominar. Ela mostra que desmoronamos sob o peso acumulado por nós mesmos ou pelo destino e, afinal, até estamos quebrados. A falta de flexibilidade aqui se expressa pela dureza contra si mesmo e pelas exigências da vida. Quem se curva voluntariamente é menos rigidamente curvado pelo destino. Em todos os casos, com a corcunda o orgulho foi vencido. O corpo não consegue revelar até que ponto a humildade exteriorizada corresponde a uma postura interior. Ele mostra a cada vez somente o tema, e este, com incorruptível nitidez.

A perigosa **ruptura do fêmur** trai os selvagens saltos no concreto e, como sempre, acontece devido a uma queda, mostrando também o problema do homem primitivo com a queda. A extensão da faixa vai do pecado original até uma queda não elaborada da escada da carreira profissional. O acidente gera calma e tempo para pensar sobre eventuais *quedas* simbólicas, que ainda precisam de elaboração. Como a assim chamada **queda por cansaço**, ela só atinge ossos velhos, que de preferência querem descansar e preservar-se para o trabalho interior de desenvolvimento que ainda está diante dos idosos.

Com mais clareza do que qualquer outra ruptura, essa ruptura típica da velhice mostra o rompimento de uma forma e postura rígidas. Um conceito de vida que corre nos velhos trilhos aqui é interrompido, um padrão de vida adotado é posto abaixo. A tarefa é clara demais: ela indica que é preciso sair das velhas estruturas, obriga externamente à calma e desse modo algo pode entrar em movimento no interior.

No que se refere ao lugar da ruptura, trata-se de uma temática do ir e, portanto, do caminho. A ruptura da coxa com a articulação coxofemoral bloqueia a possibilidade de caminhar a passos largos e de ultrapassar determinados limites vigiados por Saturno. Mas quando nenhum passo mais pode ser dado, o progresso exterior é bloqueado e o caminho para o interior fica livre.

Na redução dos órgãos dos sentidos (até o seu *déficit*) está uma intimação para libertar-se do mundo exterior e voltar-se para o interior, dirigir o olhar para dentro, para as visões e imagens internas.

No caso de **cegueira**, certamente se trata da visão interior. No sentido da mandala e também na concepção cristã, toda solução esteve e está no interior: "pois, na verdade, eu vos digo que o reino celeste do Pai está em vós". Quando as cores externas empalidecem, essa é a indicação da "coloração interior", a vivacidade primordial no interior, que a vista não pode abranger. Na mitologia, os grandes videntes, como Tirésias, que previu o destino de Ulisses, muitas vezes eram fisicamente cegos. A sua atenção não estava voltada para o mundo exterior; eles eram muito mais capazes de enxergar os outros mundos por trás das coisas. Na velhice, que sempre se refere ao mundo do além, com a aproximação da morte trata-se de chegar do ver ao observar, e de desenvolver uma visão interior que, tornada independente do mundo exterior, também não precisa tanto dos órgãos dos sentidos.

A **surdez** é a indicação correspondente da voz interior, que se torna mais importante para o posterior desenvolvimento do que todas as vozes exteriores juntas. O que leva a depressões e desespero, quando é vivido de mau grado, inconscientemente e sem compreensão, pode possibilitar um contato voluntário e consciente de acordo com o ser interior e tornar-se a melhor preparação para a última crise da vida, em que os indicadores essenciais do caminho provêm do interior. Quem aprende a ver, ouvir e obedecer interiormente, está preparado do melhor modo para a última crise. A ameaça da surdez mostra que algo vai mal com a audição e a obediência decisiva. Ela ameaça tanto os homens que não conseguem obedecer, como aqueles que só ouvem o exterior. A solução é obedecer à própria voz interior e, orientados por ela, percorrer o próprio caminho.

Também o **sentido do paladar** muitas vezes diminui na velhice. No sentido figurado isso se torna claro na tocante "falta de gosto" na arrumação da casa, que é inferior àquela dos quartos infantis. Especialmente a tendência à sobrecarga e coleção de coisas supérfluas é um sinal de que a redução ao essencial, que a idade e seu princípio saturnino exigem, ainda está prejudicada. Em última análise, não se trata aqui do gosto, mas de uma redução e de simplicidade. As lembranças só querem ser interiorizadas ou, pelo menos, não ser guardadas em vitrines na forma de lembranças. O que não pode mais ser mantido vivo no interior, também exige o desapego exterior ou, na melhor das hipóteses, deve ser dado de presente aos netos. E mesmo o que ainda está vivo no interior pode ser doado no exterior. O reino dos idosos não é mais deste mundo, mas está no interior, ali onde o Cristo habita o reino de Deus.

Com os sentidos exteriores o mundo de Maia[88] é retirado com seus dois grandes enganadores, o espaço e o tempo. Se esses dois estimuladores de ilusões perdem a força, o desenvolvimento interior prossegue com mais facilidade. Quando o véu de Ísis[89] é tirado das coisas, elas podem aparecer no interior com a sua forma verdadeira, e o seu ser revela-se com muito mais clareza. Não mais distraídos com o exterior, é muito mais fácil chegar ao essencial. Portanto, a tarefa é chegar dos sentidos ao verdadeiro sentido, a partir das impressões dos sentidos e da sensualidade. A transformação dos sentidos exteriores leva ao sentido interior. Esse desenvolvimento é obtido pela paulatina retirada dos sentidos exteriores, mas também pode acontecer voluntariamente e sem prejuízo dos cinco sentidos exteriores.

Os quadros mórbidos, que só surgem na velhice ou especialmente então, como o **mal de Parkinson** ou, dentro de certos limites, também o **câncer**, têm sempre ao lado do sentido especial do sintoma essa relação com o fazer um balanço e a volta ao lar no padrão da mandala da vida. No caso do câncer, que na verdade pode surgir nos anos da juventude, embora tenha maior relação com a velhice, o tema do caminho da vida e da tarefa original especial representa o papel dominante. Trata-se de viver a vida, até mesmo de cometer erros. Viver uma vida tão boa sem cometer erros pode passar longe da própria tarefa da vida e levar a um beco sem saída, cujo final em vida é o câncer. Quase se pode dizer que o câncer faz um balanço e deixa claro que o caminho percorrido até então não corresponde ao caminho pessoal. Muitas vezes ele corrige a vida também nessa direção, ao menos nos homens que lhe escapam. "Escapar dele" aqui se refere não só à morte, mas também ao outro, o caminho que não pertence ao nosso ser.

Em todos esses horríveis quadros mórbidos da velhice mostra-se sempre a chance de entender *a doença como caminho* e de tirar dela o melhor proveito. Quanto mais tarde uma crise surge no modelo da mandala, tanto maior e mais assustadora pode tornar-se a pressão que parte dela, mas também tanto mais poderosas são as chances de aprender e de orientar-se de novo pelo próprio padrão.

Ao lado dos quadros mórbidos da velhice, que em sua fase final ameaçam encurtar ainda mais a vida, existe uma série de sinais e indicações sem o risco do envelhecimento, que oferecem indicações de longo alcance sobre o padrão ainda por ser solucionado no seu simbolismo.

Esses mensageiros inofensivos da idade são talvez as assim chamadas manchas senis da pele, que são combatidas com veemência e energia, mas continuam indestrutíveis. A pele recebe as manchas com o passar do tempo, e a limpeza e os truques não ajudam mais. Tudo isso também é mais do que supérfluo, pois trata-se simplesmente de sinais do tempo.

Igualmente claras e — sem levar em conta o simbolismo — tão inofensivas quanto as manchas da pele são as protuberâncias mais numerosas na velhice, desde as **verrugas da velhice** até as elevações indefiníveis e as impurezas da pele. Nós cuidamos da nossa pele durante toda a vida e isso deixa sinais e cicatrizes. Enquanto os garotos, os alunos do exército e os adultos que gostam tanto de ser marcados ostentam as suas cicatrizes cheios de orgulho, as pessoas idosas ocultam esses sinais do tempo, muitas vezes envergonhadas. As verrugas trazem à superfície adicionalmente traços escuros e não vividos do caráter e nos recordam das nossas raízes mágicas na infância, onde elas tiveram seu outro ponto culminante no tempo. Nós as conhecemos no nariz da bruxa, e com meios mágicos as eliminamos com sucesso outra vez.

Os **cabelos** também nos pregam peças *características* na velhice. Enquanto eles estão na cabeça, onde são símbolos bem vistos de *status*, ao tornarem-se mais ralos eles brotam subitamente de orelhas e narinas, tampam a falha entre as sobrancelhas ou dançam, desenvolvendo comprimentos mais longos, fugindo da sua própria ordem. Quando as pessoas idosas envergonhadas renunciam a todas as protuberâncias, em vez disso os seus cabelos enlouquecem, e agora, na velhice, em que não se dá tanta importância ao fato, parecem gostar de *representar* todas as suas loucas possibilidades e impulsos.

A tarefa claramente indica que é preciso retirar do corpo todos esses jogos e nós mesmos pularmos a corda, dançarmos fora do compasso e fazermos loucuras. Que os cabelos, como símbolos da liberdade e do poder, representem esse papel é um acaso legal, pois eles não caem por acaso, nem brincam absurdamente de loucos.

Os arquétipos da velhice

O autor suíço Max Frisch desenvolveu em seus diários[90] uma irônica psicologia da velhice na forma de um sistema de três degraus, em que cada pessoa pode descobrir facilmente em que estágio está. Frisch faz uma distinção entre pré-marcados, marcados e anciãos.

Sobre a primeira categoria, ele escreve:

"O pré-marcado gosta quando lhe atribuímos menos idade, nem que a diferença seja de apenas um ano e, ao mesmo tempo, também não aprecia isso. Apesar disso, ele tem exatamente 40... se praticar esporte (por exemplo, esqui), o pré-marcado percebe que esquia mais rápido do que na verdade tem vontade quando há jovens presentes.

"De vez em quando ele se trai pela falta de tato; diante de pessoas que são décadas mais velhas do que ele, o pré-marcado enfatiza que já não é mais tão jovem — enquanto que diante dos jovens ele gosta de enfatizar tudo o que já realizou. O pré-marcado sempre traz à baila o tema da velhice.

"De nenhum modo ele permite que se segure o seu casaco para ele vestir. Sempre que faltarem assentos numa reunião agradável, ele é daqueles que se acocoram no chão. De modo nenhum ele usa a escada da piscina, mas pula na água. Quando tem de usar um *smoking*, ele mostra uma postura jovial, com as mãos nos bolsos da calça. Ao viajar com os jovens, ele carrega a mochila etc., e ao mesmo tempo chama a atenção para os seus primeiros cabelos grisalhos ou brancos como se isso fosse uma curiosidade natural no seu caso... Ele não suporta piadas de velhos senhores. Isso não é novidade. Agora elas lhe ocorrem.

"Se ele sobreviveu a um acidente grave... relata constantemente todo o processo de sua quase-morte; o pré-marcado sabe: daqui a alguns anos não será o mesmo — a nossa chance de ter uma morte trágica está aprazada.

"Deixar os colegas jovens e os mais jovens conterrâneos serem bem-sucedidos quando entram na sua área, é mais difícil para os pré-marcados do que para os marcados. Ele se pega dizendo que tudo o que vem dos jovens é moda — sendo que esse conceito para ele começa exatamente onde não consegue mais acompanhar o passo, apesar da tentativa de adaptação.

P. S. — O marcado, por sua vez, tende para o contrário: ele imediatamente presente tudo o que está na moda, o que a época faz e aprecia-se como um paladino.

"Reconhece-se o marcado no fato de ninguém invejá-lo, mesmo que desfrute de uma posição ou tenha riquezas, portanto, possibilidades que os mais jovens não têm; apesar disso, ninguém quer trocar de lugar com ele... O marcado começa a invejar cada vez menos os esforços dos seus contemporâneos do que a sua classe; e as suas reservas no futuro.

"O marcado percebe ou não percebe que a sua presença inibe os outros; nós lhe estendemos a mão quando ele chega, e não é preciso que seja uma noite perdida, só que a noite será diferente; quando um marcado está presente, o efeito é instantâneo; qualquer coisa representa um esforço — ele não quer ser poupado e as coisas só funcionam desse modo... a mudança visível, que o irrita ao máximo: onde quer que chegue, pela profissão ou pelo companheirismo, a maioria dos contemporâneos é mais jovem do que ele; nem todos são mais jovens do que ele, mas principalmente aqueles contemporâneos que lhe interessam.

"O marcado começa a formular frases: Afinal, já vimos uma vez que... Nós também já... Quando você souber do que se trata... Na minha época...[91] Na nossa época... Hoje todos acham que... Com a sua idade, eu teria vergonha... Pela minha experiência, só existe uma... Temos de dar uma chance aos jovens... etc.

"O marcado pode ser reconhecido por seu novo tipo de tédio. Se anteriormente ele às vezes se entediava, na maioria das vezes a culpa era das circunstâncias: na escola, no escritório, no serviço militar... Enfim, ele podia a cada momento (anteriormente) pensar numa situação em que nem sequer se aborreceria. O que é novo: a concretização dos seus sonhos começa a entediá-lo também.

"Se alguém conta uma indecência, ele ri com certo atraso, visto que tem de analisar se não está envolvido, então ri um pouco demais, o que o desmascara.

"O marcado em geral sempre acorda antes do romper do dia — na hora da execução — ele acorda porque não está nem um pouco cansado. Ele se torna um madrugador — para quê?

"O marcado agora se torna rigoroso por capricho, para manifestar-se como personalidade ao menos diante de si mesmo; o que não convence o seu meio ambiente, ele faz por birra (estágio tardio). Teimosia da velhice.

"Como vocês podem, pensa ele com uma censura, ficar vagabundeando por aí todo o dia? Um marcado não pode fazer isso: desfrutar apenas o prazer — sua capacidade de gozar não é mais suficiente para tanto."

Sobre a terceira e última etapa da escala antes da morte Frisch escreve:

"O ancião é conhecido como um fenômeno exterior. Ele arrasta os pés, os calcanhares mal se erguem do chão; ele só dá pequenos passos, como se em toda a parte caminhasse sobre gelo escorregadio; ao sentar-se numa cadeira, ele abre as pernas e parece um pouco indecente. Todos os seus movimentos, tanto os incidentais como os urgentes, acontecem no mesmo ritmo. Quando toma uma cerveja, ele não pode esperar muito para urinar. Quando não ouve o que se fala ao redor da mesa, isso não lhe importa mais. Não só temos de falar mais alto para que ele entenda, mas também simplificar a nossa conversa, e o que ele finalmente compreende, para ele só prova que não perdeu nada. Quando ele mastiga, perdemos a vontade de comer a mesma iguaria... Quando mais anciãos estão sentados juntos, pensamos em batráquios; eles não têm nada a ver conosco. Se ajudamos um ancião na rua ou na escada, ficamos encabulados; não gostamos de tocar no seu corpo. Quando dorme, ele parece um cadáver; e nesse momento não sentimos pena dele. Num banco de parque ele não incomoda. Se já o conhecíamos, distraímo-nos ao conversar com ele; nós só o vemos por fora: as veias das suas mãos, os olhos aguados, os lábios..."

Nas observações sutis de Frisch fica claro exatamente que a metade da vida gira em torno da velhice e que nós não gostamos disso. E o que é mais desagradável de tudo: o sofrimento muito tempo antes da verdadeira velhice. Então voltemos aos arquétipos clássicos da velhice em suas formações solucionadas e não solucionadas.

Por certo, o arquétipo mais conhecido e apreciado é o do **velho sábio**, correspondentemente ao da **velha sábia**, que representa um papel bastante secundário no Ocidente e que, na melhor das hipóteses, se desenvolve raramente. Mas entre nós também é um objetivo de vida para muitas pessoas. Além disso, os arquétipos sempre valem para ambos os sexos, mesmo que aqui sejam apresentados no seu papel sexual mais típico. Na mandala, o caminho da vida aponta para o velho sábio. Ele é aquele ser humano que, depois de dominar suas tarefas na vida, recolhe-se conscientemente da polaridade e concentra suas forças na volta ao centro. Ele se desapega ao menos interiormente de todas as posses materiais e de tudo o que não é essencial e preocupa-se muito mais com a viagem para o interior. Seguindo as pegadas de Sócrates, ele pode reconhecer que com todo o seu conhecimento ele nada sabe e que a sabedoria nasce da simplicidade. Seu pensamento abandona a superfície e mergulha nas profundezas, em que o modelo do mundo é tecido de princípios primordiais e onde a unidade aparece por meio das estruturas da polaridade. Ele não conhece as coisas só intelectualmente, mas vive as experiências do seu verdadeiro ser interior, que existe além da polaridade e é sentido como clareza e pureza. Ele não age mais no nosso sentido, pois vive naquela postura espiritual que o budista chama de Upekkh: impassibilidade. Como o sol, que irradia seus raios sobre o belo e o feio, o velho sábio pode contemplar tudo, sem ter de avaliá-lo ou julgá-lo. Enquanto descansa em si mesmo, ele olha com conhecimento e boa vontade para o mundo, e sente que tudo está em (perfeita) ordem.

Antes de tudo é aqui que está o motivo das nossas dificuldades com esse arquétipo ambicionado. A próspera sociedade ocidental juntou enorme conhecimento e com a sua Física chegou àqueles limites em que o conhecimento se encontra com as doutrinas antigas de sabedoria. Mas, conseqüentemente, deixou de abrir espaços de experiência ou ao menos de mantê-los, em que esse conhecimento pudesse ser vivido e mantido vivo no próprio interior. Aqui o Oriente está à nossa frente com um grande número de práticas, meditações e exercícios, motivo pelo qual tantas pessoas se voltam para o Oriente em busca da sabedoria. O velho sábio é um ser humano que se torna novamente uma criança num novo plano, que entende a ilusão do tempo e vive na unidade. Ele chegou ao centro da mandala e deixou o mundo (da polaridade), mesmo que fisicamente ainda viva o seu tempo nele.

Mas quando a tentativa de tornar-se *velho* e *sábio* só dá parcialmente certo, ou o objetivo é perdido prematuramente de vista, com muito mais freqüência surge a caricatura do velho sábio. Trata-se do idoso insensato, um idiota, o "professor distraído", que por certo acumulou conhecimentos e que, no entanto, não possui sabedoria, e perde devagar, mas com certeza, a visão geral e o contato; ou é o velho cronicamente insatisfeito, um ser humano que ficou pendurado em suas projeções e que vive em guerra com o mundo. Ele não descobre seus próprios jogos e, ignorante, apega-se a tudo o que é material.

Na variedade de jogos não salvos da vida sempre se deve ansiar também pelo outro lado, neste caso, o lado salvo. Assim, junto com os sintomas típicos e disseminados do idoso distraído carregado de conhecimento, aparece nitidamente a tarefa. Há bastante tempo míope, ele também já é há décadas um presbíope. Ele deve, portanto, ver o todo de perto e de longe, encontrar a totalidade em si mesmo e no exterior. O "sábio moderno" é sábio no sentido tradicional do velho vidente bem como, por exemplo, de um sábio naturalista.

Um outro aspecto do arquétipo redimido é o do *velho* **tolo**, que descobriu a liberdade em si mesmo e não tem mais de provar nada. Nas histórias Zen é muitas vezes descrito o momento em que o praticante consegue a libertação (do mundo polarizado) e se transforma num mestre. Não é raro que nesses momentos as suas risadas ecoem pelo mundo, pois, olhando para trás, mal consegue entender como tudo sempre foi simples e como ele se portou de modo tão ridiculamente tolo.

Na Idade Média existia o cargo de bobo da corte que, com a sua literal liberdade de bobo, podia fazer o que quisesse. Conquanto escolhesse uma maneira divertida, ele até mesmo podia dizer a verdade na cara dos reis. Os índios norte-americanos tinham uma espécie de bobo da tribo, o *heyokah*, que sempre estava presente na roda dos sábios e preferia adotar as posições mais impossíveis e malcriadas. Fazia exatamente parte das suas tarefas em dado momento representar a opinião da oposição e de lutar por ela do modo mais louco possível. Isso tinha a imensa vantagem de que o pólo oposto sempre estava presente na conversação e a tribo não podia ser atacada pelas costas ou de modo inesperado. No caso ideal, os bobos da corte e os *heyokahs* mantinham as verdades mais profundas diante dos olhos e ignoravam conseqüentemente as posições cotidianas e as vantagens em primeiro plano. Naturalmente, só pessoas mais idosas especialmente inteligentes e despertas tinham condições de preencher essas posições com a necessária graça e a profundidade adequada.

Uma figura dessas também vale ouro na nossa época. Basta imaginarmos a política, independentemente dos partidos e suas mesquinhas brigas pelo dinheiro e seus visíveis interesses, obrigados ao grande e ao todo e além disso suficientemente engraçados e inteligentes para dizer o que é indizível e expressar o impensável nas piadas, rompendo tabus e rindo de si mesmos e do mundo. A política pode tornar-se interessante outra vez e ser divertida. De modo igualmente renovador, um velho tolo pode atuar na organização, quando todos estão quebrando a cabeça com os dividendos e ele pensa em voz alta sobre as perspectivas para os próximos milênios, com piadas que há décadas abalam a ordem intelectual e, com isso, talvez ele traga os sindicatos outra vez à ordem. Enquanto os **velhos abutres do poder**, um arquétipo especialmente difundido entre nós, ainda lutam pela compreensão, ele já poderia fazer o relatório anual sobre o cacau e divertir-se com o medo da tomada do poder por forças mais jovens.

Quando o desenvolvimento para tornar-se um perfeito tolo estagna, surge o **velho aluado, esquisitão**, que vive confuso em seu pequeno mundo e não pode mais ser entendido, porque ele se enredou e perdeu seu caminho. Em algum momento, ele considera o seu pequeno lote de terra o mundo propriamente dito, como talvez o colecionador de selos ou de tampas de garrafa de cerveja, que se dedica inteiramente à sua coleção e se esquece da vida real.

Uma caricatura igualmente antipática do velho sábio é o **velho desordeiro e crítico**, que sabe tudo melhor e que, na maioria das vezes, não consegue fazer nada. Se realmente já tivesse feito algo melhor alguma vez, ele não precisaria estar cronicamente insatisfeito. Em vez de estimular os outros com a sua provocação e idéias nada convencionais, ele se torna uma pessoa mal-afamada, que dá nos nervos, que aborrece a todos. Ele critica tudo e sobre tudo tem algo a dizer, embora, na verdade, nada tenha a dizer. Ele se leva amargamente a sério, e nisso ninguém pode acompanhá-lo. Todo o seu aspecto despertaria o riso assim que ele surgisse, caso isso não fosse tão triste. Ao contrário do bobo da corte ou do *heyokah*, que representa (conscientemente) o tolo, o crítico torna-se um tolo no sentido mais amargo do termo.

O **impassível**, que em tudo vê a função da lei e se reconcilia com as coisas aceitando-as como elas vêm, a seu modo encontrou o centro. Um bom exemplo é dado por aquele mestre zen, que uma mulher de um povoado próximo acusa de ser o pai do seu filho, por medo da família. Quando a criança nasceu, a comunidade da aldeia entregou a criança ao mestre tremendo e xingando. Mas este apenas disse: "Ora, ora" e pegou a criança. Quando, três anos depois, a mulher confessou a verdade, os aldeões procuraram o mestre zen e se desculparam eloqüentemente, pedindo a criança de volta. Ele disse: "ora, ora" e entregou-lhes a criança sadia e animada.

A **boa avó**, que despertou a criança dentro de si outra vez para a vida e com essa compreensão aceita todas as formas de vida com compaixão, a seu modo voltou ao centro da mandala. Uma avó é o melhor que pode acontecer às crianças que estão no início do caminho. A sua irmã sombria é a **velha solteirona**, a menina tardia, que ainda espera pelo príncipe, uma espécie de Cinderela que se resignou.

O **bom pastor** e professor de sabedoria, que transmite aos outros o conhecimento obtido e concretizado em si, por sua vez é muito mais raro do que o fanático religioso diligente, de cujo alento ardoroso ninguém está certo e que, evitado por todos, só se torna um seguidor inoportuno. O maior dos erros é o fato de o fanático religioso ainda abusar do nome de Deus nesse jogo egoísta.

A nossa cultura conhece os quatro arquétipos redimidos, predominantemente na forma masculina, como mestres, velhos sábios, tolos sábios e bons pastores. Naturalmente, também podemos vesti-los com trajes femininos: a mestra, a mulher sábia, a velha extravagante e a Grande Mãe. Entre os arquétipos redimidos existem muitas misturas e igualmente as variantes não redimidas. É claro que só existe um centro e, nele sempre está a libertação. Os quatro padrões certamente resultam dos matizes, que em dado momento surgem no caminho por meio dos elementos. Naturalmente, o tolo sábio também tem a oportunidade de ensinar. O bom pastor pode trazer em si a clareza do sábio e a compaixão da Grande Mãe que, por sua vez, pode ter encontrado também a liberdade do tolo e a pureza do sábio.

Dos padrões não redimidos existe um grande número que oferece variedades mais ou menos claras das variantes redimidas, mas a qualidade redimida sempre transparece ainda. O **velho grisalho**, que segue como um lobo solitário pela vida e que se alimenta da sua amargura, de certo modo é o pólo oposto do velho sábio. Enquanto o último não pode mais levar a sério a si mesmo e a superficialidade do mundo, o lobo cinzento é amargamente sério quanto aos seus anseios. Como o orgulhoso e velho guerreiro, na maioria das vezes passa despercebido ou é vencido pela maioria de votos dos jovens, o que torna a sua amargura e decepção ainda mais intensas. Em vez de exagerar divertidamente a realidade banal, ele está totalmente preso a ela e enredado nos seus problemas pessoais, como se lutasse como único lutador por alguma causa justa, ou seja, contra algum suposto inimigo ou seguindo pela vida como um velho salteador. Muitas vezes, ele perde o contato com a realidade dos outros e isola-se no seu mundo fictício. Na política, encontramos esse tipo entre as panteras grisalhas, que gritam mais alto do que os jovens lutando por posições e direitos dos idosos. A salvação na sua vida só está em concentrar todos em um.

O **velho solteirão**, que caminha pela vida inflexível e com suposta dignidade, é uma outra variante. Irreconciliável e rigoroso consigo mesmo e com o mundo, ele não tem piedade (consigo) e acha que está certo até o fim. O seu objetivo é caminhar lentamente mantendo a mais perfeita sinceridade pessoal.

Uma variante excitante e repleta de humor é a da **velha raposa**, cujo arquétipo impõe medo aos criminosos nos filmes de televisão, como o "velho" bandido. Ou, no plano mais livre, o do tolo grisalho, que impõe horror aos outros e foi descrito como o velho tolo de modo inigualável por Alfred Ziegler numa palestra.

A **velha bruxa** ou a solteirona amarga, que se vê como vítima do mundo mau e que por sua vez ficou má, está visivelmente presa nas projeções. Assim como a Inquisição projetou todo o mal do seu mesquinho mundo clerical sobre as "bruxas", ela atribui todo o seu fracasso ao mundo. Envenenada pela própria amargura, ela borrifa veneno e está convencida de que os outros a mataram ou tencionam fazer isso. Sua inveja e sua luta visam à juventude vital, que ela persegue nos contos de fada e na vida. Tornar-se outra vez como essas crianças é o seu objetivo. Seu erro consiste em que ela tenta fazer isso devorando-as, e não pela transformação interior.

O **velho avarento** se assemelha aos velhos urubus do poder em muitos aspectos, à medida que prende a sua alma ao poder material. Ele com razão tem medo do fim que se aproxima, pois isso também é o fim das suas ilusões, o que intuiu durante toda a sua horrível vida. Conseqüentemente, ele vive num inferno muito tempo antes da morte por confundir o ouro interior com o exterior.

O tipo **antes-tudo-era-melhor** obviamente ficou preso no passado e lamenta os tempos idos e as chances que perdeu. Com freqüência tem a sensação de ter desperdiçado a vida, porque os bons velhos tempos passados com suas fantásticas situações não voltam mais. Os tempos não serão mais tão bons a ponto de ele abrir-se mais uma vez, e é provável que ele nunca tenha sido aberto, pois o velho tempo bom por definição está sempre no passado. A busca pelo tempo dourado continua tão sem perspectiva como a busca do país dourado, "o Eldorado", enquanto não for transferida para dentro.

A **velha bisbilhoteira** lava a roupa suja das outras pessoas em público. Ela também é conhecida como a velha mexeriqueira. Falar sobre os outros, em vez de se desenvolver, é o seu modelo. Constantemente ela apresenta conselhos indesejados sobre como poderíamos fazer tudo melhor, sem nunca tomar ela mesma a iniciativa. Para não ter de ver a si mesma, ela olha permanentemente para os outros e, na maioria das vezes, os torna tão maus como ela mesma se sente (inconscientemente). A salvação para ela é entender o exterior ao qual está exposta como um espelho.

O **velho andarilho** conhece o mundo melhor do que conhece a si mesmo. Recusa-se a envelhecer, e transformou a mudança para aprender a ter medo numa viagem. Na união com gente jovem ele se deixa levar ao redor do mundo: como um *hippie* tardio, vai de lugar para lugar fugindo de si mesmo. Ele se orgulha por nenhum país e nenhuma mulher o terem retido, e não teme mais nada na vida tanto quanto teme um espelho, no qual tem de se reconhecer. Enquanto vai sobrevivendo, mais mal do que bem, torna-se cada vez "atrasado" para uma vida pessoal. Orgulhoso de sua liberdade, ele não percebe que os outros, que não vivem constantemente fugindo, gozam de mais liberdade que ele. Uma fase tardia de escalação desse modelo é o **velho vagabundo** que, transformado em gramínea que cresce nas costas marítimas da vida, foge desse conhecimento refugiando-se no álcool. Em sua fuga constante transformada num vício vale a pena descobrir outra vez a busca que visa chegar ao próprio centro.

O **velho bode lascivo** é o lamentável resíduo do jovem eterno, que não encontrou nenhuma saída ou desvio elegante da vida, mas também não quis largar o seu modelo. Ele continua tentando provar a sua virilidade com conquistas, o que fica cada vez mais difícil com o avanço da idade, e é também cada vez menos reconhecido pelo meio ambiente. Além do implante dos dentes e do cabelo, ele tende a cumprir rituais de ingestão de pílulas para potência. A **dama perfeitamente arrumada** é o pendente que não ficou pronto com a idade e a vida. Ela entrega o seu corpo como campo de pesquisa para a medicina cosmética. Apesar do custo desse sacrifício, a *playgirl* que envelhece tem uma dificuldade ainda maior do que a do correspondente masculino. Em algum momento, no entanto, ninguém mais quer brincar com eles, e muito menos tornar-se joguete dos mesmos. Tornar-se um com o outro pólo é novamente a tarefa de aprendizado aqui. O problema "só" consiste outra vez na unilateral execução corporal.

Como todas as outras soluções, esta última objetiva também o interior, o próprio centro. O exterior, a forma é apenas um instrumento de ajuda nesse caminho. Assim que se torna o próprio objetivo, começa a confusão e o sofrimento no modelo da vida. O próprio centro corresponde ao centro da mandala, que nessa fase da vida anseia por todo o desenvolvimento, redimido ou não.

PERGUNTAS SOBRE A VELHICE

1. O que sinto diante do pôr-do-sol?
2. Como eu lido com a fase final de umas férias?
3. Como me comporto diante do final de um jogo? Considero os últimos pontos mais difíceis ou mais fáceis?
4. Como tudo o que está no prato? Ou tenho a tendência de deixar sobras?
5. Como me sinto dizendo adeus? Posso libertar-me logo e gosto de partir? Ou sofro com isso? Costumo adiar despedidas (necessárias)?
6. Reconheço quando está na hora de me despedir, sei quando basta?
7. Gosto de me despedir dos outros? Eu os acompanho ao trem ou avião? Com que sentimentos eu fico acenando para eles?
8. Qual o valor que dou a uma conclusão redonda?
9. Com que freqüência costumo mudar e o que existe por trás disso?

Meditações como preparativo para o grande desapego

1. Imagine que está sendo levado para o mar alto: o que está em primeiro plano, o sentimento de prazer ou o aspecto do medo?

2. Imagine que está flutuando sozinho no espaço: você consegue gozar a liberdade ou ela lhe mete medo?

3. Uma viagem à montanha como retrato do padrão de vida: quais idéias e sentimentos ligam você a uma excursão às montanhas, para a qual tem de sair cedo, antes do nascer do Sol?

> — Imagine uma excursão como essa, desde o momento em que o despertador toca na hora desusada avisando que está na hora da aventura.

> — Vivencie os seus sentimentos quando o Sol sobe no horizonte, enquanto você escala a montanha, que representa este dia e esta vida.

> — Qual é o seu comportamento no pico da montanha? Você consegue aproveitar a vista daí de cima (crise da meia-idade)? Você concede a si mesmo uma pausa para descansar?

> — Com quais sentimentos você começa o caminho de volta ao lar? Como se sente em relação à descida? Ela lhe dá tanta alegria quanto a subida?

> — Como você chega ao pé da montanha? Como se sente à noite na hora de se deitar depois dessa excursão?

> — Você consegue se imaginar transformando essa aventura numa realidade?

Exercícios

1. Executar rituais de despedida para as coisas supérfluas, depois doá-las de verdade. Fazer uma faxina.

2. Soltar conscientemente o que não é mais adequado ao tempo. Por exemplo, dar o carro esporte de presente aos filhos ou à aldeia infantil SOS.

3. Fazer um testamento:
   > — das posses concretas
   > — no sentido psicoespiritual: o que deve restar de mim?

4. Executar rituais de despedida para coisas que ainda são necessárias (como casa, moradia) e certificar-se de que a morte também terá de tirá-las.

5. Visitar conscientemente pela última vez os lugares que têm um significado especial.

6. Meditar sobre o que podemos levar junto no fim da vida.

7. Fazer amizade com o arquétipo de Saturno:
   > — conhecê-lo na teoria

— vivenciá-lo na prática com o exercício da severidade e da simplicidade, ao jejuar, num convento com meditação severa e simples etc.

8. Tornar a vida mais leve, aceitá-la com mais leveza; um cajado como símbolo de ajuda.

9. Esclarecer os temas principais da velhice:

   — aprender a lidar com a perda: comparecer conscientemente aos enterros, reconhecer a diminuição da força física e da saúde como símbolo, planejar a necessária perda de posição pública e do *status*. Da lida consciente com a perda pode aumentar mais depressa a sabedoria.

   — Dar *conta* de si mesmo: o autoconhecimento e o trabalho com a sombra. O livro *A Sombra Dourada*, de William A. Miller, pode ser uma boa ajuda.

   — Reconhecer o Grande Todo e submeter-se a ele; classificar-se na criação e reconhecer os valores superiores: o que está acima de mim?

   — Tornar-se outra vez como as crianças, reconquistar a inocência: uma confissão como preparativo, emancipação dos negócios cotidianos, dar ao coração supremacia sobre a cabeça como na infância, voltar ao país dos mitos e mistérios, e construir uma ponte para os sonhos e ideais da juventude.

12. A morte

Vós quereis conhecer o mistério da morte.
No entanto, como podeis descobri-lo, se não procurais
por ele no coração da vida?
A coruja, cuja visão restrita à noite se torna cega à luz do dia,
não conseguiu desvelar o segredo sagrado da luz.
Se quiserdes realmente avistar o espírito da morte,
abri bem o vosso coração ao corpo da vida.
Pois a vida e a morte são o mesmo, assim como o rio e o mar.
Nas profundezas da vossa esperança e vontade está o
vosso silencioso conhecimento do além;
E como a semente que sonha debaixo da terra,
assim o vosso coração sonha com a primavera.
Confiai em vossos sonhos, pois o portal da eternidade está oculto neles.
Vosso medo da morte é somente o tremor dos pastores quando estão
diante do rei, cuja mão se estende sobre eles em sinal de boa vontade.
Não estará o pastor repleto de alegria com seus tremores,
pelo fato de poder carregar o sinal do rei?
E, apesar disso, não está ele muito mais consciente do seu tremor?
E então o que significa morrer, além de ficar nu ao vento e assim derreter ao sol?
E o que significa parar de respirar senão a vossa libertação das marés incansáveis,
para que vos eleveis e busqueis Deus, despreocupadamente?
Quanto antes beberdes do rio do silêncio, realmente ireis cantar.
E assim que o cume da montanha for escalado, vós começareis a subida.
E só quando a terra reclamar os vossos membros,
Vós verdadeiramente dançareis.

Khalil Gibran, Sobre a Morte

Morrer na época moderna

Poucos temas despertam em nós tanto pavor como o medo da morte. A morte e o tempo pertencem ao mesmo princípio primordial e, em última análise, todo o tempo se dirige para a morte, ou, como formulou Meister Eckart: "O que toca o tempo é temporal e mortal." Mitologicamente, a temática é representada por Crono-Saturno, que com a foice e a gadanha é o símbolo da colheita, mas também do fim. Ambos os símbolos deixam claro que nós colhemos o que plantamos e que morremos como vivemos; só sobra de nós o essencial. No mito, Saturno devora os próprios filhos, assim como o tempo devora seus filhos, e tudo o que nasce também tem de morrer.

Esse conhecimento na maioria das vezes presente de modo inconsciente, nos deixa cair numa série de truques estranhos que estão associados ao tempo. Tensos, tentamos economizá-lo com a irrefletida idéia de que no final ganhamos mais tempo. Mas quando no fim, de fato, nos sobra tempo, isso não nos importa, mas tentamos matá-lo com alguma distração qualquer. No entanto, é o tempo e seu princípio primordial que nos podem ajudar a resolver o dilema. Como o tempo, a morte, o guardião do limiar, a volta, a redução ao essencial, a depressão, os problemas ósseos, a doença em geral e a regressão pertencem ao mesmo princípio, temos a escolha: quando nos ocupamos intensa e conscientemente com o pensamento do regresso e da volta na vida, voluntariamente concentramo-nos no essencial e estamos relativamente seguros das outras variantes do princípio. A velhice tornou-se entre nós um tempo de doença. Esse é um plano primordialmente possível para formar essa fase da vida, mas por certo não é o único nem o mais hábil. O princípio de Saturno cobra o seu tributo na forma de atenção. A moeda com que nós o pagamos é totalmente da nossa conta. Os quadros mórbidos limitadores típicos são igualmente aceitos como limitação e modéstia conscientes, voluntária redução das necessidades, solidão buscada, reflexão retroativa sobre o essencial na vida e um exame de consciência. Mas em vez de satisfazer as exigências do princípio, tentamos principalmente fugir dos seus representantes desagradáveis e, aqui, especialmente da morte, pois gostaríamos muito mais de ludibriá-la.

Nossas tentativas nesse sentido vão de obras literárias exigentes, como *Jedermann* [Todo mundo] até recalques grotescos. Nos Estados Unidos, já passaram a maquiar os mortos de modo juvenil para não terem de confrontar-se com os sinais da morte. Todo esse grande aparato feito pela medicina e cosmética para eliminar os vestígios da velhice, em última análise, alimenta-se do medo da morte. Ele é tão poderoso, que nos leva à falta de bom gosto e faz-nos esquecer da nossa humanidade.

Assim, a maioria das pessoas (segundo o professor Student, entre oitenta e noventa por cento) da nossa sociedade supostamente humana e superdesenvolvida morre isolada e solitária em banheiros e saídas de hospitais. Segundo uma pesquisa, a maioria dos alemães prefere morrer em casa, contudo noventa por cento dos habitantes da cidade e sessenta por cento dos que moram no campo acabam num hospital ou em asilos. Só uma pessoa entre cinco consegue morrer entre as suas quatro paredes. O medo da morte está tão espalhado que quase não existem mais pessoas que concedam esse último desejo aos seus parentes. Antes de chegar a sua hora, eles são internados num hospital sob algum motivo médico qualquer. Nisso também se pode ver a esperança irracional de que a medicina ainda possa vencer a morte no último momento.[92] Como a maioria das pessoas não é paciente de médicos particulares, elas são internadas em enfermarias com várias camas. Quando alguém resolve empreender o caminho para o outro lado, os companheiros de quarto percebem o fato. Em seu medo de um destino semelhante, eles tocam a campainha chamando a enfermeira, e esta leva a cama para fora do quarto. Como nas clínicas alemãs em geral não existe uma câmara mortuária, além dos banheiros e de corredores quase não existe mais lugar para os moribundos. Por causa da sobrecarga de trabalho, a enfermeira moderna quase não terá tempo para aproximar-se do leito de morte; mas ela avisará os parentes que, muitas vezes — sejam quais forem os motivos — chegam tarde demais. Os médicos, educados para lutar contra a doença e a morte, não têm vontade de enfrentar a sua derrota. Se não houver uma das últimas freiras a serviço nessa ala, que com sua visão de mundo ainda possa olhar a morte de frente, com freqüência ninguém acompanhará a passagem ou estará presente para a última escolta.

Em seu livro *Estudos sobre a História da Morte no Ocidente,* o historiador francês Philippe Ariès fala sobre um embrutecimento das tradições na lida com a morte. Ele fundamentou isso em três pontos:

A morte acontece entre nós, em segredo e no isolamento. Os moribundos são escondidos, afastados dos olhares públicos. Poderíamos contestar isso, pelo fato de os filmes de ação e as exibições noturnas, ao contrário, oferecerem livremente a morte nos lares. Seja como for, aqui a morte só é mostrada em suas formas mais anormais. O espectador tem a idéia (na maioria das vezes com razão) de que uma morte assim nunca ocorrerá a ele. Imprudentemente, ele não raro acha que pode ser poupado da morte.

Mentem ao moribundo e o interditam. Segundo um estudo de Giesser sobre os enfermeiros em setenta hospitais alemães, 48 por cento querem falar às claras com os moribundos, mas somente trinta por cento são de opinião de que isso deve acontecer nas suas clínicas. O professor Student, que previu o movimento hospitalar alemão, parte do pressuposto de que os moribundos entre nós quase não são avisados da sua situação e, quando o são, com freqüência é tarde demais. Como os parentes praticamente estão sempre informados, disso resultam situações grotescas. Com muita freqüência, os que estão para morrer percebem o que está acontecendo, mas os seus temores não são levados a sério. Os próprios parentes disfarçam as suas observações sobre o fato, porque estão do lado dos médicos e atendem ao pedido deles para "poupar" o moribundo. Os pacientes sentem essa barreira e se calam como criancinhas que ainda não devem saber tudo, mas que o percebem muito bem. A situação — impregnada de medo por tudo isso — leva à interdição do moribundo "para o seu próprio bem". Os argumentos dos médicos, de que os pacientes não querem ser informados, de que o seu estado pioraria com a revelação, são muito mais afirmações de proteção. Os exames comprovados resultam em que os enfermeiros e médicos têm nitidamente mais medo da morte do que o ser humano comum. Mas o medo leva à repressão e à agressividade. A isso soma-se que os médicos e enfermeiros, que lidam com pacientes prestes a morrer, são essencialmente muito mais atingidos por graves distúrbios de saúde. Se isso é uma conseqüência, como acredita o professor Student, ou pode ser explicado pela lei da afinidade está em aberto. Em todos os casos, revela a alta problemática pessoal. Não só representamos algo diante do paciente, mas também diante de nós mesmos, e o restante é resignação. Esta também se deixa comprovar com o exame acima mencionado. Setenta e cinco por cento dos enfermeiros acham as condições de morte nas clínicas indignas e incômodas, porque o tempo para cuidar dos moribundos é insuficiente. A partir disso ainda há queixas sobre o preparo insuficiente e o fato de que no final se usa técnica médica em demasia e são tomadas medidas desnecessárias para prolongar a vida. Cinqüenta e um por cento das pessoas interrogadas acreditam que não é possível modificar nada, o que revela uma profunda resignação diante da última grande crise da vida.

Eliminação do luto. Também há um grande número de indicações sobre o terceiro ponto de Ariès. Rituais e usos de luto representam um papel cada vez menor. O clássico ano de luto, que abrange, por exemplo, os três dias de sofrimento tradicionais entre os judeus, o luto de sete dias, os trinta dias de paulatina retomada e os onze meses de recordação e recuperação, está cada vez mais fora de moda. Para o luto imediato entre nós quase não há tempo devido aos preparativos do enterro. Assim, o estado inicial de choque é prolongado desnecessariamente, muitos pacientes ficam meses a fio nessa situação doentia, sem derramar nenhuma lágrima. Não é muito raro que se desenvolva um câncer no solo do alquebrado sistema imunológico depois dessa perda não elaborada. A mortalidade comum dos que restam depois da morte de um parente é aumentada em quarenta por cento, segundo uma pesquisa; a taxa de suicídios é cinco vezes maior do que na população em média. Adicionalmente, as pessoas "de luto" muitas vezes têm problemas de vício, que não raro começam sob supervisão médica e, na verdade, por causa da insensata prescrição de medicamentos tranqüilizantes. Nesses casos a tristeza deve ser quimicamente reprimida, porque desaprendemos a suportar esse estado psíquico, e porque os médicos hoje só podem contribuir com a química. Por sorte, temos um número crescente de colegas como o professor Student, que vêm exatamente nisso a sua tarefa.

A maioria, contudo, ainda dificulta a manifestação de tristeza da pessoa com conselhos como: "Arrume logo o quarto do falecido e mande levar embora tudo o que o possa lembrá-lo dele, então fica mais fácil". Em estado de choque, pessoas muitas vezes trabalham como possuídas e recebem por isso a aprovação do meio ambiente que, do mesmo modo não tem vontade de pôr luto. Quando às vezes despertam do seu choque depois de semanas, todos os sinais foram eliminados e as chances espirituais psíquicas foram mal empregadas. Ainda pior é o *conselho*: "Mantenha-o na recordação como o conheceu. Depois do acidente você não suportará olhar para ele." Sem falar no desperdício da chance de despedir-se, associam-se nem tão raramente as dúvidas irracionais quanto à morte do parente nessas situações de morte não confrontadas.

As lágrimas de tristeza, ao contrário, são o melhor que pode acontecer à pessoa que ficou. Mas quando o luto é eliminado ou impedido, porque os que ficaram têm de voltar ao círculo dos normais demasiado depressa, muitas vezes as lágrimas deixam de rolar. Segundo o professor Student, o luto é um processo de uma vida inteira, que se torna uma parte de nós, aos poucos passa à memória e então perde todo o seu horror. Como quase sempre na vida, é melhor passar pelas experiências duras no tempo previsto pelo destino do que ficar estagnado. A tristeza reprimida não causa somente a doença física, mas também faz a alma ficar doente.

Nenhum ser humano (moderno) quer ter algo a ver com a morte, porque todos sabem ou ao menos intuem, que cedo demais serão uma das suas vítimas. Aqueles que têm de lidar profissionalmente com ela, os médicos, estão posicionados totalmente contra ela. Eles aprenderam a combater a morte, mais mal do que bem. Nesse contexto eles ainda não conseguem amar o inimigo. O pior é que os médicos sequer conhecem a morte, pois quando ela se aproxima, eles fogem. Mesmo nas clínicas de câncer, o esclarecimento dos pacientes muitas vezes é proibido, embora naturalmente via de regra todos saibam onde foram parar. Aparentemente, são exatamente esses pacientes que não suportam a verdade. No entanto, há a suspeita de que são mais os médicos que não suportam a verdade e não conseguem aceitar a sua derrota com dignidade.

Uma jovem paciente com leucemia, que já deixou para trás três tratamentos de citostase e que no jargão médico já está "terapeutizada", perguntou-me nessas circunstâncias, se ela morreria logo. À resposta em forma de pergunta, sobre por que ela pensou nisso, ela respondeu que as visitas ficavam muito pouco tempo com ela. Sua impressão e a conclusão a que chegou infelizmente estavam corretas. Do ponto de vista da medicina, nada mais havia a fazer por ela e, assim, os médicos se poupavam visitando-a tão depressa quanto possível, deixando figuras retóricas de esperança ao passar por sua cama. Ninguém gosta de se confrontar com fracassos, e os médicos não são exceção. A única diferença é que o fracasso deles é coroado pela morte. A repressão às vezes vai tão longe que ela nem mesmo é mencionada pelo nome. O paciente não é visto como alguém que está prestes a morrer, mas como o moribundo e, na pior das hipóteses, ele faz a sua saída, uma retirada. A notícia lapidar diz: "O paciente do 14 se foi."

Nas Unidades de Tratamento Intensivo, onde muitas vezes se nutre a esperança de que a morte possa ser vencida, todos os meios são empregados para lhe pregar uma peça, porém não se consegue mais do que um adiamento. Mas isso pode ser muito importante para o indivíduo. Os médicos e as enfermeiras que aí trabalham enquanto isso se tornaram muito cautelosos, desde que a sua medicina preventiva adquiriu a má fama de que se torturavam os pacientes em máquinas destinadas a prolongar a vida deles por algumas semanas em vez de deixá-los morrer em paz. Muitos daqueles que lutam corajosamente contra esse tipo de medicina, ficariam muito contentes com as suas possibilidades num caso grave. A medicina intensiva tem o seu lado de sombra e por certo em boa parte — como no campo restante da medicina — é movida pelo medo da morte; ela não pode curar, mas pode ganhar tempo de vida, e isso é tudo o que na maioria das vezes queremos assim que nós mesmos somos atingidos.

Os médicos não têm mais facilidade com a morte. Seus pacientes tornaram-se clariaudientes e desconfiam cada vez mais da sua luta a todo custo contra a morte. Mas isso ainda está longe de significar que eles adquiriram confiança na morte. Num caso grave, a maioria chama exatamente a medicina que antes recusou. Com isso os médicos se vêem em situações cada vez mais desagradáveis. Seu dilema não consiste unicamente no fato de não conhecerem a morte, mas vai tão longe a ponto de não poderem mais determiná-la sem dúvidas. Se antigamente a parada cardíaca era um sinal indubitável de morte, hoje, numa época em que se fazem cirurgias com o coração aberto, parado, a morte cerebral é muito mais importante. Apesar disso, existem casos bastante duvidosos, quando as pessoas ficam em coma durante meses ou só são mantidas "com vida" com a ajuda de máquinas. Por meio da já mencionada medicina dos transplantes, que está por sua vez sob o estigma da evitação da morte, algo se modificou para os médicos. Se eles pertencerem à equipe que retira órgãos, com freqüência lhes acontecerá de terem de esperar ao lado de pacientes mortalmente feridos, até que estes sejam "finalmente" declarados mortos por outros médicos[93] e eles possam começar o seu trabalho. Eles nem podem reconhecer publicamente o seu trabalho, pois são condenados por parte da população como molestadores de cadáveres. Provavelmente, entre estes não há poucos que num caso grave, isto é, no próprio caso, exigiriam um transplante de órgãos.

Hoje os pacientes acreditam ter determinados direitos com relação à morte; afinal, temos seguros de vida. Assim que são pessoalmente atingidos, eles acham que é um escândalo não haver número suficiente de órgãos à disposição para transplantes. Em vez de aceitarem esse prolongamento de vida doado desse modo espetacular com humildade a Deus e gratidão pelos esforços da medicina, hoje ele já é exigido como um direito. Lutar de modo tão arrogante e malcriado contra a morte em última análise não passa de mais um sinal de medo e, assim, de opressão. Falta-nos coletivamente a disposição de afirmar a necessidade da morte como objetivo da vida. Sobre isso diz C. G. Jung: "Como médico estou convencido de que, por assim dizer, é higiênico ver na morte um objetivo pelo qual se deva lutar, e que a resistência contra ela é algo insalubre e anormal, pois rouba o objetivo da segunda metade da vida. Por isso considero todas as religiões com um objetivo transcendental muito ajuizadas do ponto de vista de uma higiene psíquica... Do ponto de vista da medicina da alma, seria bom se pudéssemos pensar que a morte é apenas uma passagem, uma parte de um ignorado, grande e longo processo da vida."[94]

O problema é tão poderoso que mesmo no cenário esotérico existem movimentos carregados pelo medo (da morte), que buscam a saída com a esperança da imortalidade física. Eles partem do pressuposto de que o ser humano só morre em virtude das suas convicções e programas. O que teoricamente ainda parece digno de discussão, experimenta seus componentes grotescos por meio da louca tentativa dessas associações de convencer o maior número de pessoas do seu conceito e salvá-las assim da morte. Ou elas têm a sensação de que ainda não há pessoas suficientes neste planeta, ou seu medo da morte é tão sufocante que não conseguem suportar o pensamento da morte e por isso querem eliminá-la. O perigo de morte que parte desses grupinhos, no entanto, é muito modesto. Tipicamente, os sinais da velhice entre seus membros são imensos e muitas vezes claramente precoces. A lei da polaridade saúda através da sombra.

As profissões que em planos subordinados têm a ver com a morte, como preparador de cadáveres ou coveiro, são muito bem pagas na Alemanha por esse "desaforo". Também isso é expressão de nossa rejeição por tudo o que tenha relação com o tema.

Diante das nossas tentativas de ignorá-la, das contorções e estratégias para evitá-la, a dignidade da morte fica totalmente intocada. A morte pode se sentir comodista por ser desprezada por nós; a questão é se está ao nosso alcance ignorá-la para sempre. Seja qual for a resposta individual, *no final* ela sempre descansa na alavanca mais longa.

Um passo essencial quanto à morte deram os dois médicos Raymond A. Moody e Elisabeth Kübler-Ross com sua pesquisa sobre a morte. Eles não descobriram nada além do que sempre se pôde ler nos Livros dos Mortos de diversos povos. O livro tibetano e egípcio dos mortos e o Popul Vuh dos maias não deixam nenhuma questão sobre a morte sem resposta. No entanto, o Ocidente tem de confiar unicamente em seus resultados empíricos, e assim, tem de descobrir tudo outra vez. Apesar disso, ainda há dificuldades para a pesquisa da morte; e as afirmações daqueles que os médicos buscaram de volta à vida, os assim chamados pacientes reanimados, ainda parecem estranhas aos ouvidos ocidentais.

Estes não vivenciaram "sua morte" como algo horrível, mas na maioria das vezes como um ato digno de desapego. Eles foram recebidos por figuras luminosas e então levados para uma luz intensa indescritível. A *ars moriendi* natural do Ocidente há séculos tem imagens e descrições semelhantes a oferecer.[95] Na medida em que as novas pesquisas foram agregadas aos velhos conhecimentos, também logo começou a delimitação dessa direção da pesquisa, que, empurrada pelo lado oficial, aos poucos aterrou no cenário espiritual. Devido à arrogância que impera neste momento no gueto científico, ela ali não é levada a sério pelos outros cientistas. Isso é pena, porque aqui se abriria um caminho mais simples de o homem ocidental eliminar o medo da morte que é um obstáculo em sua vida.

Na nossa cultura sempre se repetiram essas afirmações, pois quase todos os mestres da sabedoria antiga reconheciam no medo da morte o obstáculo essencial à vida. Angelus Silesius formulou:

"Morra, antes de você ter de morrer...
Quem não morreu previamente, ao morrer
tem de deteriorar-se eternamente..."

Goethe disse o mesmo com outras palavras:

"E enquanto você não tiver isso,
este morrer e viver!
Você é um triste hóspede
da Terra escura."

Sêneca teria dito:

"Para não temerdes a morte,
pensai constantemente nela."

Para o Oriente, que considera o conhecimento da morte natural, Tagore formulou:

"A morte pertence à vida como o nascimento.
A vida se completa ao levantar e cair dos pés."

Apesar de afirmações semelhantes de místicos como Mestre Eckhard e de santos como Teresa de Ávila e Francisco de Assis, a arte de morrer e a morte continuam um tabu entre nós. A Igreja cristã não teve uma participação insignificante nisso, pois ela habilmente usou o medo que as pessoas tinham da morte para a sua política de poder. Se antigamente se extorquiam as indulgências, hoje aconselha-se uma igualmente estimulante política de doação para a salvação das almas ou se consegue a boa conduta por meio do medo do purgatório: o princípio é o mesmo. Homens com consciência do ritmo eterno do viver e morrer são essencialmente mais difíceis de manipular, como mostram os competentes "experimentos" dos budistas.

A lida consciente com a morte

Outras culturas podem dar-nos indicações de como se pode viver livre, descontraído e em pé de confiança com a morte. Muita coisa corrobora o conceito de Angelus Silesius de que a vida de fato só pode começar depois do encontro e da reconciliação com a morte em toda a sua profundeza. Muitas das pessoas reanimadas confirmam isso. Depois do encontro com a morte, elas não só perderam o medo dela mas começaram uma nova vida, sua verdadeira vida, como muitas enfatizam.

Os índios e os esquimós, que gostamos de inferiorizar e que enviavam seus velhos para a morte e os deixavam morrer de fome, na verdade têm um relacionamento muito reconciliado com a morte, que com freqüência consideram uma irmã. Quando o velho membro da tribo sente que sua hora está chegando, ele se prepara sem pressão externa para a última grande transição. Isso é fácil, como talvez o índio preso à sua tradição que acha que pode *sem dúvida* encontrar o grande espírito Manitu e que sua vida com a entrada nos terrenos de caça eternos é tudo menos um fim. Em última análise, essa idéia se assemelha à nossa idéia cristã, só que eles acreditam mesmo nisso, e isso lhes dá apoio e confiança.

O índio velho fala com seus parentes sobre a mudança para outro plano que está por fazer e, segundo a tradição, eles o ajudam a construir o seu último assento alto ou o leito correspondente. Então, com toda a calma, ele junta todos os seus poucos objetos totêmicos, que na maioria das vezes não têm nenhum valor material, porém um elevado valor espiritual, e se prepara. Ele espera relaxado e com dignidade ser buscado para o outro lado. Que ele não leve nenhuma provisão, não se deve à avareza da tribo, mas ao fato de que os índios sabem que o alimento físico não tem mais valor. Pesquisadores ocidentais, com o seu segundo plano material, deixam de perceber que aqui se trata de mais do que um piquenique.

De modo semelhante também o velho esquimó não é abandonado pela tribo com má intenção em seu último iglu, mas ele também se põe a caminho para a grande viagem, para a qual só precisa de alimentos espirituais.

A generosidade desses rituais revela-se também pelo fato de que um velho membro que tenha se enganado sobre a hora, é realmente aceito de volta e segue junto com a tribo até o chamado se repetir e ele poder de fato ser buscado para o outro lado. Comparados com esses ritos de passagem cheios de dignidade e compreensão, somos nós que deixamos os nossos moribundos morrer à míngua, justamente pela tão necessária falta de provisões espirituais.

Quando os hindus dedicam o último quarto de sua vida aos preparativos para a morte, nisso se revela para nós um surpreendente respeito por ela. A idéia de se despedir de todos sem exceção, para ir a pé, isto é, com humildade, até o Ganges para ali esperar pela morte, enquanto ajuda os outros que chegaram antes a incendiar as piras, enche-me de arrepios. Na maioria das vezes os turistas ocidentais curiosos observam com repugnância e incompreensão esses hindus supostamente primitivos em seu serviço funerário. Eles os consideram incivilizados e bárbaros e se acham muito superiores. Mas nenhuma cultura é tão bárbara quanto a nossa com seus *métodos* de morte.

A mais impressionante lida com a morte nós podemos observar entre os tibetanos, que no terreno da filosofia vajrayana do Budismo e armados com seu Livro dos Mortos, passam a metade da vida em preparativos para o outro plano. E, naturalmente, o lama acompanha os que vão para o além em seu caminho através do bardo ou pelos estados transitórios depois da morte. Apesar e na realidade por causa do seu intenso trabalho com a morte e o ato de morrer, os tibetanos são um povo extremamente alegre. As depressões, um outro plano de salvação do arquétipo saturnino, são um fenômeno da *nossa* sociedade moderna que, em vez de lidar conscientemente com esse arquétipo, o faz inconscientemente e, assim, de modo não redimido.

Morte voluntária

Diante dessa abertura perante a morte também é possível classificar melhor fenômenos tais como a busca consciente da morte. A queima hindu das viúvas continua um ritual bárbaro de uma sociedade patriarcal. Quando ainda hoje, quando é proibido, as mulheres saltam sobre o cadáver dos maridos na pira ardente, isso também mostra uma ausência de medo diante da morte, que nada tem em comum com os inúmeros suicídios entre nós.

No Japão existe inclusive a arte do suicídio ritual, o *harakiri*. Com toda a consciência e de modo fixamente determinado, o praticante do harakiri enfia uma faca longa especial no centro *hara* do ventre e depois, empregando toda a energia da sua última concentração, puxa-a para cima, na direção do coração. Sob esse segundo plano também devem ser compreendidos os ataques *kamikaze* dos jovens pilotos japoneses durante a Segunda Guerra Mundial. Numa sociedade em que a morte não é temida, mas é respeitada, e onde o imperador e o reino estão acima de tudo, é uma honra arremessar-se sobre os inimigos do reino como um vento divino (em japonês, *kamikaze*). Os jovens heróis que em sua maioria há haviam festejado suas homenagens fúnebres no círculo familiar, usavam uma mortalha e um lenço consagrado ao redor do pescoço quando iniciavam a sua última entrada na morte.

De modo semelhante devem ser vistos aqueles maometanos destemidos e às vezes saudosos da morte, aos quais foi prometido o sétimo céu caso morressem na guerra santa. Naturalmente, eles incorrem num erro grosseiro, do ponto de vista esotérico, se consideram seriamente a guerra santa um acontecimento mundano exterior. Os sufis conhecem muito bem a tradição esotérica do Islã, que aqui é considerada uma guerra interior. Por fim, a morte de muitos mártires cristãos cabe nessa categoria, ao menos aquelas em que os antigos cristãos desafiavam a morte certa a bem da confissão de fé.

Nestes e em tipos semelhantes de morte voluntária também pode existir por trás o fato de que o medo do limiar da morte é mínimo, porque a própria religião ou filosofia garante com convicção e segurança a continuação da vida depois da morte. Presumivelmente, nos suicídios rituais a confusão da alma é mínima, porque a morte foi aceita de modo muito consciente e porque se acredita expressamente na continuação da vida da alma. Além do mais, nesses casos também é inevitável um confronto com todos os erros no plano existencial seguinte.

Entre nós o suicídio quase sempre acontece por medo da vida e só raramente tem caráter ritual. Assim que o medo da vida supera o medo da morte, um ser humano corre o risco de se suicidar. A maioria das tentativas de suicídio na Alemanha é séria, mas realmente não visa à morte, tendo muito mais um caráter apelativo. Pessoas desesperadas querem lançar um sinal, querem chamar a atenção para a sua necessidade interior ou às vezes querem castigar os outros. Nos casos em que o suicídio deu certo, tratou-se em geral de pessoas cujo medo da vida era tão grande que superou o grande medo da morte. A isso acrescenta-se uma falta de conhecimento dessas pessoas, para as quais não está claro que elas só pioram sua situação com o suicídio.

Da experiência com a terapia da reencarnação resulta que a fuga na morte não traz nenhum alívio; ao contrário, dificulta muito a situação da pessoa. A posse de um corpo é uma grande vantagem, em geral subestimada, naturalmente enquanto dispomos de um. Em especial as pessoas que não acreditam na continuação da vida depois da morte ficam totalmente surpresas quando as percepções não cessam com o seu suicídio, mas, ao contrário, continuam sentindo tudo. As exceções são somente o tornar-se perceptível ou estabelecer contato com o corpo dos vivos. O grosso dos suicidas entre nós pertence a esse grupo e tem problemas para encontrar o caminho certo depois da "morte". Com freqüência, essas pobres almas se penduram nas que ainda têm um corpo e tentam convulsivamente estabelecer contato e exercer influência. As preocupações que existiam antes as levam adiante e transformam sua existência sem corpo num inferno na terra, isto é, naquele reino intermediário em que sua alma ficou suspensa. Com o seu desconhecimento do que fazer e sob a pressão da situação agora realmente sem saída, esses perdidos causam uma série de fenômenos que entre nós são classificados no campo psiquiátrico, sem que a Psiquiatria saiba lidar com eles. Fenômenos de assombração, possessões e coisas semelhantes têm suas raízes aqui. As tentativas terapêuticas da psiquiatria convencional, que vão desde o envenenamento com psicofármacos até choques elétricos, visam inconscientemente tornar a vida nesse corpo tão insuportável que as almas penduradas se afastem para longe. Durante certo tempo isso pode até dar certo.

Crises depois da morte

O problema mencionado aqui nos leva diretamente às crises depois dos limites desta vida. Assim como a primeira crise, a concepção, para muitos ainda acontece antes da vida e na maioria das vezes é bastante subestimada, o mesmo acontece com as crises depois do fim do corpo. O *mortal normal* não faz idéia do sofrimento que impera aí. Ele simplesmente evita pensar sobre esse plano, enquanto pode fazer isso, enquanto nega a sua existência. Mas quando é obrigatoriamente introduzido nessa esfera, a confusão em geral é total. A realidade nos permite aceitá-la, lutar contra ela e tampouco ignorá-la; em todos os casos ela existe e atua.

Uma sociedade que fixa seus membros no aquém e não lhes deixa nenhuma esperança além dele, por ignorância, causa uma infernal confusão e ilimitado sofrimento no reino depois da morte. Quem morre despreparado e sem idéia do outro plano que vem ao seu encontro, aterra no caos. É especialmente ruim para os que morrem de repente e não tiveram tempo de se preparar. Quem é jovem e imprevistamente morre num acidente de carro ou com grande rapidez, pode catapultar-se imediatamente do carro, isto é, a sua alma — e encontrar-se bem longe dali.[96] Talvez ele precise de algum tempo até encontrar outra vez o palco dos acontecimentos e tornar-se consciente do seu carro destruído e do corpo morto no acidente. Assim que ele finalmente compreende que morreu, em geral ele não sabe para qual direção se voltar. O trabalho do médico norte-americano Carl Wickland, apresentado em seu livro *Trinta anos entre os mortos,* pode dar testemunho desses planos e permitir uma certa visão do sofrimento que impera ali. Com certeza vai demorar bastante até que a nossa psiquiatria, que nessa questão deve sentir-se competente, admita finalmente a existência desses planos em sua consciência. No momento, ela luta com os fenômenos que provêm de planos em que os psiquiatras não acreditam. Não é de admirar que os seus sucessos de tratamento não sejam convincentes.

Possibilidades da aproximação da morte

O maior problema da morte e da problemática da morte em nossa situação é a gritante falta de conhecimento sobre ela. Como compensamos essa falta não é importante, comparado com o fato de que essa compensação realmente aconteça. Para muitos ocidentais pode fazer sentido começar com o conhecimento de que enfim o tempo é uma ilusão, de que num plano mais profundo da realidade ele não existe na forma linear. Experiências com concentração profunda, meditação ou mesmo filmes muito interessantes podem ao menos transmitir-nos uma impressão de como sentimos o tempo subjetivo. Ao mesmo tempo que ele parece voar, nos momentos de tédio ele parece ficar parado. No campo científico, nos resultados da nova física, deparamo-nos com paralelos e descobrimos que o tempo, de determinado ponto de vista, é relativo e em todo caso não é tão objetivo e independente como a antiga ciência sempre afirmou. Mas se a nossa percepção do tempo é relativa, o passo para a compreensão cíclica do tempo dos homens arcaicos não parece mais tão distante, e até mesmo o pensamento de um retorno no sentido da reencarnação chega mais para perto.

A mencionada pesquisa da morte realizada por Moody e Kübler-Ross pode oferecer uma primeira visão do país *além* do limiar da morte graças à profusão dos materiais disponíveis nesse meio-tempo. As concordâncias visíveis de tantos relatos independentes, das mais diferentes pessoas de diferentes sociedades, têm algo de convincente. O passo conseqüente seguinte para o livro dos mortos de antigas culturas ainda nos levará mais longe e trará luz ao reino dos mundos pós-morte. Aqui já é preciso invadir o simbolismo dos mitos, e a lida com a reencarnação nesses escritos torna-se natural.

Com relação a isso, a pesquisa sobre a reencarnação como ela é feita pelo pesquisador norte-americano Ian Stevenson é um bom ponto de partida. Ela torna possível hoje criar, também a partir de uma perspectiva crítica, um sentimento para essa temática. Podemos constatar, então, que os motivos que falam a favor da reencarnação são muito mais plausíveis do que quaisquer argumentos contrários. Enquanto isso, o material existente tornou-se tão abrangente que inclusive os peritos criminalistas talentosos quase não têm dúvidas em alguns dos casos bem comprovados. Provar realmente a reencarnação só é possível com dificuldade; em princípio, não é possível provar o contrário.

O caminho do livro dos mortos para o da filosofia e da religião daquelas culturas não é distante, pois naturalmente elas partem da idéia da reencarnação. Ao lado de todas as culturas arcaicas está a maioria de todas as grandes religiões. Quase todas concordam nesse ponto e, assim, logo nos sentimos curiosamente isolados com a nossa visão ocidental. A filosofia do Budismo, que não se compreende como religião, mas como ideologia, torna especialmente fácil obter acesso a esse pensamento por meio da imagem da roda do renascimento. Aqui se trata de uma versão do modelo da vida conhecido como mandala.

Quem não quiser afastar-se muito dos pensamentos cristãos, também encontra aqui possibilidades de acesso. Os primeiros grandes patriarcas da Igreja, como Agostinho, partiam naturalmente da doutrina do renascimento. De fato, mesmo na Bíblia existem pontos que, até hoje, sem os pensamentos de reencarnação ficam totalmente sem lógica. O mais conhecido é aquele em que os apóstolos perguntam a Cristo se ele era Elias, que teria voltado. Essa pergunta não teria sentido, se o pensamento do renascimento não fosse comum e natural entre os apóstolos. De fato, as seitas dos nasireus e dos essênios, que estavam bastante disseminadas na época de Cristo e que representavam a versão esotérica do judaísmo, partiam dele. Cristo responde à pergunta, sem censurar nem um pouco os pensamentos de renascimento, à medida que diz que aquele a quem se referiam já havia voltado e apontava claramente para João Batista. Alguns fatos atestam que a Bíblia foi "limpa" de pensamentos sobre reencarnação por ordem papal. Mesmo desse posto de vista, a idéia da circulação dos renascimentos está mais próximo do que supomos à primeira vista. Além disso, um estudo da *ars moriendi* natural do tesouro cristão de conhecimentos pode ser evidente e útil à compreensão mais profunda.

Se, com relação a essa temática, confiarmos unicamente na saudável razão humana, ela leva diretamente ao conhecimento de que a vida continua depois da morte. Uma vez que os físicos e místicos estão totalmente de acordo em que tudo neste universo é vibração viva, o pensamento de que a única exceção é justamente a vida humana é bastante estranho. Tudo vibra em seu próprio ritmo. Este com freqüência é grande demais para podermos abarcá-lo com a nossa limitada visão humana, mas também por isso ele está sempre presente.

Depois de um minucioso estudo das fontes apresentadas perde-se aos poucos a sensação de termos de exigir provas dos adeptos da reencarnação. Na verdade, a sua concepção do universo está tão de acordo com todas as antigas tradições e a nova ciência, ao seguir a razão lógica e oferecer comparativamente poucas contradições, que a posição que a rejeita recai na necessidade de apresentar provas. Quem afirma algo tão extraordinário como uma exceção dessa proporção, de que a vida humana é um acontecimento ocasional composto de todos os ritmos, deve afinal comprovar por sua vez essa hipótese tão improvável e contraproducente.

Novos raciocínios sobre a aproximação da morte

Por meio do muitas vezes citado trabalho de Elisabeth Kübler-Ross surgiu, nos países de língua alemã, principalmente a Suíça, com o acompanhamento dos mortos, o raciocínio muito saudável de libertar a morte da sua zona proibida. Pessoas que têm vocação, acompanham nesse último trecho do caminho as outras que vivem à espera da morte. O alívio para os acompanhados não deve ser subestimado, bem como a reconciliação dos acompanhantes com esse difícil tema. Para a sociedade, o segundo efeito pode ser ainda mais significativo, pois aqui crescem pessoas que não evitam mais medrosamente o tema, mas cuidam dele com respeito e competência.

Maiores esperanças geram o movimento hospitalar, que ao menos encontra algum apoio popular na Alemanha, e aos poucos abre caminho nos círculos médicos. O acompanhamento especial dos moribundos — comparado ao acompanhamento tibetano — continua sendo um filho adotivo, mas ao menos já é um início. Em todos esses planos mostra-se difícil a estrita separação de corpo, alma e espírito na medicina ocidental, enquanto todas as culturas arcaicas enfatizam naturalmente a unidade. Enquanto o médico-sacerdote, que é regra no Lamaísmo, sequer existir entre nós, haverá dificuldade no acompanhamento dos que morrem.

Rituais fúnebres entre nós

No fenômeno da extrema-unção revela-se o que é importante num ritual para a última e mais importante transição e cuja necessidade está intensamente enraizada nas profundezas da alma. O que geralmente é considerado um sacramento de morte nos países católicos, na realidade tem um sentido bem diferente. Começa com o fato de que esse sacramento não se chama extrema-unção, mas unção dos enfermos. Desde a época dos apóstolos, a Igreja sempre o considerou uma ação sacramental, que deve ser ministrado às pessoas doentes cujo estado físico e psíquico seja de extrema fraqueza. Baseia-se na instrução e promessa de cura como está na carta de São Tiago (Tg 5. 14-15): "Há entre vós algum enfermo? Que mande chamar os presbíteros da Igreja e estes orem sobre ele, ungindo-o com óleo em nome do Senhor. E a oração da fé salvará o enfermo e o Senhor lhe dará alívio. E, se tiver cometido pecados, ser-lhe-á concedido o perdão."

A necessidade dos seres humanos e a prática pastoral, principalmente nos países ocidentais, transformaram o sinal de cura para os doentes num sacramento para os moribundos e, com isso, surgiu a extrema-unção. Apesar das muitas indicações da Igreja querendo endireitar as coisas, como no Concílio de Trento e nos mais recentes catecismos, ela se ancorou firmemente na prática. Nas tentativas de correção, diz-se claramente que o ponto de sustentação da unção dos enfermos não é a morte que se aproxima. Ela não deve ser uma mensageira da morte, mas parecer uma salvação da mesma. O sacramento da unção dos enfermos deve ser recebido em toda doença grave que traga consigo um abalo para o estado geral da pessoa, portanto, mais vezes durante a vida, devendo mesmo ser repetida durante uma doença.

Assim, a Igreja católica tem oficialmente um sacramento para os doentes, mas, como na Igreja evangélica, não se trata de um ritual sacramental de transição o que, no entanto, não impede a população de considerá-lo um sacramento. Enquanto isso, como extrema-unção, a unção dos enfermos tem um certo caráter de ritual de transição. No campo da consciência dos católicos, todo o processo transcorre mais ou menos assim: o moribundo se alivia fazendo uma confissão (a última) e então, com a extrema-unção, ele recebe a consagração que lhe permite a entrada no outro mundo.

Depois de entrar na dimensão do além, o corpo é então cuidado de modo ritual. Entre nós, a maioria das pessoas apega-se a esse ritual, embora o cuidado ritual da alma seja muito mais importante. Nossa ênfase no material fica novamente muito visível. A ameaça de não ser enterrado conforme as regras da Igreja, já foi mal usada pelo lado evangélico como tentativa de impedir os membros decepcionados de se afastarem da Igreja. Se não se for enterrado religiosamente, de que outra maneira então, pergunta-se a alma assustada e ela fica mesmo contra a vontade. É provável que o medo de ser excluído das convenções habituais seja o motivo básico de as Igrejas oficiais ainda serem tão fortes. Elas mantêm o seu poder mundano entre nós, principalmente por causa da maioria silenciosa, que de fato não participa mais das atividades, mas tampouco tem coragem de se tornar ativa, e assim prefere ficar e continuar pagando. Não queremos renunciar totalmente à proteção da Igreja, mesmo que ela consista unicamente em cuidar dos nossos restos mortais. Sem poder provar por quê, mesmo os materialistas ainda consideram uma saída ritual da vida importante.

Na verdade, nos antigos rituais existe um profundo conhecimento, que até mesmo os padres que os executam ainda não conhecem bem. Os cristãos evangélicos, que mantiveram uma relação bem menor com os rituais, não renunciam a uma bênção do cadáver. Numa cultura intacta, este é principalmente o ritual para os que ficam vivos e a sua reconciliação com a morte, pois as almas dos que se foram já receberam cuidados. Entre nós, entretanto, os próprios funerais têm significado para a alma dos falecidos, porque estes com freqüência ainda estão desorientados e permanecem perto do corpo, e somente o enterro — observado da outra dimensão — afasta definitivamente a dúvida de que morreram. É especialmente muito significativo não esperar muito para fazer o enterro. Além disso, a expressão "do pó viestes e ao pó retornarás" encerra o ciclo de vida no plano material. As semelhanças entre as homenagens do batismo e as homenagens fúnebres também incluem a refeição festiva conjunta dos parentes. Então, tanto a refeição do batismo como a fúnebre têm um caráter de alegria, como se percebe na expressão "refeição dos defuntos". Se as vemos como uma refeição de saudação ou de despedida, de fato depende da perspectiva. O batismo é a saudação sobre esta Terra e, além disso, a despedida do além. O enterro é a despedida deste mundo e uma festa de saudação para o mundo do além.

Usos como a decoração do morto com suas melhores roupas ou uma mortalha especial atestam que, entre nós, parte do povo sabe que vai ser empreendida uma viagem. Temos pouco motivo para menosprezar os chineses que constroem casas confortáveis no cemitério e colocam comida e talismãs à disposição para a longa viagem. As casas têm a vantagem de criar espaço concreto para os parentes, que se encontram regularmente com seus falecidos em pensamentos e, assim, reconciliam-se com a própria morte. Os assim chamados primitivos às vezes têm a tendência de embalsamar o corpo dos seus falecidos e deixar que as múmias ainda fiquem com eles nas cavernas durante certo tempo. Isso pode parecer-nos horrível, mas trata-se somente de uma variante consciente daquele mau costume, tão propagado entre nós, de não soltarmos a alma do falecido impedindo a sua caminhada pelas diversas esferas da vida depois da morte. É justamente nos círculos esotéricos que se tornou uma prática apreciada não permitir que o falecido siga em paz, mas rasteá-lo com a ajuda de um médium e, assim, tornar a vida dele no além um perfeito inferno também.

Tanto no batismo, como na entrada e saída deste mundo podem ser usados os quatro elementos clássicos. Além do enterro, entre nós costumamos fazer a cremação com a ajuda do elemento fogo; e no mar, desde a Antigüidade, existe o enterro na água. Em nosso país só não conhecemos o enterro aéreo, costume dos parsas hindus e de alguns povos do Himalaia. Recusá-lo por isso ou menosprezá-lo não faz sentido. Quando as águias buscam os corpos em pedaços nos montes de cadáveres dos parsas em Bombaim e os carregam para cima no ar, isso não é nem um pouco mais anti-séptico do que quando os vermes começam a devorar os corpos depois do enterro. Cada um desses ritos elementares de enterro levanta mais um aspecto: o enterro coloca no ponto central a despedida do corpo; a cremação coloca a purificação da alma, que se levanta das cinzas como a Fênix; o enterro aquático enfatiza o retorno da alma ao mar primordial e o enterro aéreo, a ressurreição e viagem ao céu do pássaro da alma.

As missas pelos mortos para o tempo depois da partida são o acompanhamento das almas em muitas culturas arcaicas e orientais. A energia gerada pelo ritual cria condições de alcançar a alma e de apoiá-la nas transições pelas quais ela terá de passar. Assim sendo, as missas são uma espécie de proteção energética que as acompanha durante o resto da longa viagem. No Budismo tibetano, o lama faz um trabalho de acompanhamento semelhante, muito mais intenso, que afasta do falecido os assustadores estados bardo. Os ocidentais muitas vezes não dão muito valor a esse trabalho, simplesmente porque têm pouco ou nenhum acesso aos planos energéticos e sutis da alma. O desrespeito aos planos da realidade não lhes tira nem um pouco do seu efeito.

A idéia de que tudo chegou ao fim no cemitério, por sua vez, só se refere ao corpo, que encontra finalmente a paz. Porém a alma tem diante de si uma transição que, dependendo das circunstâncias da vida em dado momento, pode ser muito difícil. Especialmente as pessoas que não estão preparadas para essa situação, que na maioria das vezes não se voltaram para uma instância superior, têm aqui uma surpresa. Ultimamente e por um bom motivo, muitas pessoas desconfiam da paz dos cemitérios. Todas as estratégias supersticiosas possíveis de evitação impedem que até mesmo pessoas esclarecidas e críticas passem sozinhas pelo cemitério. A alma do povo sabe que a chance de encontrar a paz ali é relativa. Almas demais ficam sem objetivo por perto dos seus antigos corpos, agora em decomposição. Até mesmo para os corpos o aspecto de paz é mínimo, pois logo depois que a alma os abandona, começa a decomposição ativa.

A morte do ponto de vista espiritual

A partir das experiências da terapia da reencarnação, em que reviver as experiências da morte em vidas passadas e as correspondentes experiências pós-morte são algo natural, resultam amplas concordâncias com as apresentações de diversas religiões orientais. Como a última crise da vida, a morte realmente é o auge da vida; tudo caminha na sua direção. Podemos ver toda a vida como uma preparação para a morte. Ela é a verdadeira prova do amadurecimento. O que se aprende durante os anos pode ser comprovado nesse momento decisivo. Assim sendo, o medo da morte é uma espécie de medo das provas. Como se trata da maior prova da vida, por assim dizer de um exame final, existe também o maior dos medos. Para as pessoas que afirmam não ter medo da morte durante a vida, começa obviamente a mais honesta prova de competência.

Os mitos falam sobre o tema da grande prova: Hades-Plutão, o deus do inferno, faz os antigos se sentarem em juízo para o julgamento das almas no seu palácio sombrio. Entre os antigos egípcios era a deusa Maat que pesava o coração dos mortos para controlar desse modo se ele era leve ou pesado. Os cristãos têm o juízo final para esses fins, que adiam até o dia final.

Na morte consciente, isto é, lenta e que não seja causada por um acidente inesperado, a libertação da alma na maioria das vezes é sentida como uma sucção em forma de espiral, que puxa a alma para fora do corpo. Durante a separação do corpo físico ela continua ancorada no corpo etérico, que corresponde a um corpo de campos eletromagnéticos. No estado intermediário, geralmente curto, esse corpo etérico perde seu antigo suprimento energético, que provinha do corpo físico, e então busca energia onde consegue encontrá-la. Esse é o motivo pelo qual as pessoas que ficam perto do moribundo durante essa transição subitamente sentem-se muito fracas e esgotadas. Nessa situação os moribundos buscam a energia necessária tirando-a dos vivos. Esse seria outro motivo para não deixá-los sozinhos e sem assistência. Esse dispêndio de energia realmente não fará mal aos vivos, mas é de muita utilidade para os falecidos. É recomendável acender velas na câmara mortuária e colocar flores frescas ao redor da cama, visto que o corpo etéreo pode igualmente alimentar-se de energia etérica (*od*). Como se trata de um curto tempo de transição, em que a alma ainda está perto do antigo corpo e se liberta dos últimos elos materiais, não devemos exagerar nos gastos. Não se trata de reter a alma, mas de facilitar a sua passagem. Se uma alma ficar suspensa, começam a aparecer os fenômenos fantasmagóricos e ela continua tentando obter a energia etérica vital.

Em compensação, pode ser significativo escurecer a câmara ardente ou em todo caso impedir a entrada da luz direta do sol, visto que esta desligaria o corpo etérico depressa demais, dando à alma tempo de menos para essa primeira transição. No caso dos longos processos das doenças debilitantes, essa medida cautelar é desnecessária, visto que nesse caso o corpo etérico já foi se separando previamente. Sua libertação deve seguir-se tão depressa quanto possível, mas não depressa demais para a alma em busca de orientação. Lamentar-se ou chorar em voz alta, independentemente do sofrimento pessoal, como é costume em muitas regiões em que até são encomendadas carpideiras profissionais, tem o objetivo de afastar os maus espíritos. Nesse momento faria mais sentido acompanhar o morto com orações e pensamentos ou tocar um réquiem como música de acompanhamento. Essas ajudas, inclusive a leitura do trecho apropriado de um dos livros dos mortos podem tornar-se os guias do caminho para a alma.

Ao mesmo tempo, no plano físico o corpo etérico se desliga do corpo material, e a dissolução deste pode ter início, pois é o campo energético do corpo etérico que mantém o corpo físico em sua forma estável. No momento da morte, quando junto com o cessar da respiração cessa também o suprimento de energia, o corpo etérico começa a libertar-se e, com ele e nele, também a alma. Durante esse tempo em que repousa no corpo etérico, a alma está num tipo de inconsciência. Agora não devemos em nenhum caso tentar estabelecer contato com ela, mas deixá-la em paz em seu sono etérico. Quando a alma desperta desse sono, ela também já se libertou do corpo etérico e o mundo da matéria ficou definitivamente para trás. Ela acorda com a disposição de ânimo em que estava no seu corpo antes de morrer. Mas se ela for despertada enquanto ainda descansa no corpo etérico, isso novamente pode produzir fenômenos de assombrações; a alma fica *assombrando* por aí.

Depois da separação definitiva da matéria, a alma começa a "sonhar" no plano astral. Este é pois o mundo do qual provêm os relatos em parte espetaculares, onde também pode rodar o famoso filme da vida. Ainda perto das imagens da vida que acaba de se encerrar, mas por outro lado também já libertada, a alma pode passar em revista mais uma vez toda a sua vida. Para uma pessoa presa ao espaço e tempo é difícil imaginar isso, mas como esses dois grandes enganadores não têm mais poder no plano astral, o tempo não representa nenhum papel. Nós conhecemos esse estado do reino dos sonhos, que todas as noites nos prepara para a experiência do plano astral. Se contemplarmos o sono como o irmão caçula da morte, temos uma analogia útil que vai até a fase do descanso, que muitas almas vivem no além. Na verdade, Hipnos, o sono, é irmão de Tanatos, a morte, de acordo com a mitologia grega, e ambos são filhos de Nyx, a noite.

Tal como o espaço e o tempo, no plano astral a razão também tem de renunciar ao domínio e, assim, diante da alma é colocado o espelho das suas ações, sem que o intelecto com suas conhecidas racionalizações possa isentar-se. A alma se vê diante das ações passadas, analisadas agora com as medidas espirituais do seu plano mais elevado de vibração, o si mesmo. Quanto mais a alma se distanciou desse plano superior, tanto mais severa é a sua luta nessa revisão da sua vida.

Esse plano do além é chamado pelas religiões de purgatório e inferno; no entanto, no sentido literal sequer se trata de um lugar, mas de um estado de consciência, uma limpeza ou um fogo de purificação das almas. Esse estado é totalmente subjetivo e depende inteiramente das experiências pessoais que ficaram para trás. O purgatório dos cristãos aqui se diferencia do inferno do Islã e, além disso, cada cristão tem o seu próprio inferno individual. Ele já o criou durante a vida, e agora, depois da morte, pode tomar posse dele. Por outro lado, esse estado também apresenta uma característica comum, como toda religião possui uma essência comum e todos os seres humanos têm experiências primordiais comuns como desejo, fome e sede.

Esse é o lugar onde as almas têm de ver a verdade de frente, e isso pode representar a medida do seu purgatório ou ser sentido também como uma curta estação de passagem. Em todo o caso, aí é aprendida a lei do karma, de que colhemos o que plantamos. Mesmo que esse estado de consciência tenha mais relação com o mundo onírico do que com a nossa costumeira realidade física, aí os "sonhos", contudo, são tão animados, que não existe mais nenhuma possibilidade de escapar deles, como a maioria das pessoas prefere fazer à noite. Afinal, todas as noites os sonhos são boas possibilidades de exercício. Como o tempo não representa nenhum papel nos mundos depois da morte, inúmeras repetições ainda são o mais suave método de aprendizado.

Como aqui não se trata de um espaço no nosso sentido, mas de modelos psíquicos que constroem os respectivos espaços de consciência, juntam-se nesse espaço todas as almas com os correspondentes problemas. Estar num campo com todo o ódio, inveja ou cobiça já é uma experiência esclarecedora. Todos precisam estabelecer os domínios exatos, junto com todos os semelhantes, em que deixaram suas vidas suspensas. O tamanho do grupo eleva bastante a pressão do conhecimento. E, apesar desse considerável número de sofredores comuns, cada um passa por essa experiência por si e sem ajuda alheia. Orações e missas não podem e não devem poupar essa *caminhada* nos círculos das próprias imagens, mesmo que facilitem a passagem por elas, porque enviam energia perceptível para o resto do caminho. A continuação por todos os espaços de experiência de um plano para o seguinte já é praticado aqui na Terra por meio das transições existentes e, naturalmente, numa vida correspondentemente corajosa.

Como o fogo terreno limpa as feridas infeccionadas, do mesmo modo o fogo astral do conhecimento pode limpar as mágoas da vida. O sofrimento pode ser sufocante, mas depois a cura é muito mais segura. Então esse fogo não se destina à correção ou ao castigo, mas ao esclarecimento e conhecimento. Dion Fortune[97] diz sobre ele: "Ele não castiga, ele não perdoa, ele cura".

Analogamente como a alma passa com o fogo da purificação por um lugar da consciência do arrependimento, existe, por assim dizer, como pólo oposto, um campo de consciência dos sonhos realizados, que em geral consideramos o céu. Também a realização dos sonhos não realizados na Terra pode ensinar a alma. Então, é significativo realizar os sonhos já na vida terrena e aprender aqui mesmo. O que reconhecemos na vida terrena mas ainda não empregamos, nós podemos aprender nos reinos intermediários. Ao voltarmos na próxima vida, traremos as experiências assim feitas como aptidões e talentos.

Morrer normalmente não é um passo abrupto, mas um processo mais longo. No caminho para o outro lado, fecha-se no aquém uma cortina da consciência depois da outra, enquanto do outro lado uma se abre após a outra. Na analogia ao fato, um corpo morre depois do outro: primeiro o material, depois o etérico, o astral e, finalmente, o mental. É como a lenta travessia de rios. Na outra margem já estão seres auxiliares, figuras de luz ou anjos, sobre os quais se relata cada vez mais hoje em dia, e estes dão as boas-vindas de modo muito amoroso aos que chegam. Eles também os ajudam a dar os primeiros passos no novo ambiente, antes que a viagem tenha de continuar a sós.

Em tudo isso, o antigo corpo deixado para trás não tem importância do ponto de vista espiritual, e voltará tão depressa quanto possível aos elementos de que foi composto. Característico para nós que ficamos presos ao material é que, no caso da morte, quase só nos preocupamos com o corpo, com os convites aos parentes, as notícias da morte, a comida, o caixão e as coroas de flores e depois, naturalmente, com a lápide e a formulação do que será escrito nela. Normalmente, para os entes queridos próximos, um enterro representa um *stress* tão grande que, nesse tempo, eles mal têm tempo para o essencial, isto é, para a alma e o que se refere ao caminho de salvação.

Por exemplo, não faz nenhum sentido continuar imaginando o falecido como um ser corporal, preso ao corpo velho, conhecido e muito desgastado e, sendo assim, é pouco útil distribuir imagens dele na forma que ele acabou de abandonar. Faz muito mais sentido dedicar-se em silêncio à alma imortal. Conseqüentemente, também é insensato manter o corpo o máximo de tempo possível e deve-se renunciar a um caixão forte de carvalho maciço, isso sem falar do embalsamamento. A cremação devolve mais rapidamente as partes do corpo aos reinos elementares a que pertencem. O pó deve retornar ao pó — tão depressa quanto possível. Dion Fortune considera a cremação com a distribuição final das cinzas o método mais sensato. Segundo a experiência da terapia da reencarnação, as cerimônias do enterro não interessam à alma que partiu, ela se importa tão pouco com o corpo que deixou para trás como se importaria com um traje roto, que jogou fora. Exclusivamente quando ela não encontra o caminho ou não consegue compreender a sua morte, será útil se ela puder constatar que o sino da Igreja soou graças ao seu enterro.

Exercícios para lidar com a morte

1. Passear no cemitério na hora do crepúsculo.
2. Manter o tempo de luto pelos parentes livre de outras obrigações; usar roupa preta, assistir a missas fúnebres e acostumar-se com a passagem.
3. Recolhimento da lida cotidiana; em compensação, fazer o acompanhamento dos falecidos com a consciência de que logo os seguirá; aprender a acompanhar os moribundos no sentido de Elisabeth Kübler-Ross; ler os livros dela e os livros dos mortos de outras culturas.
4. Rituais de despedida no círculo dos que ficaram: cada um conta uma história de que se lembra sobre o falecido e que tem importância para ele.
5. Apresentar a própria história com o que se foi: escrever, fazer poesias, pintar, escrever cartas para ele, desde que isso não seja feito no sentido de prendê-lo.
6. Ritual de despedida por meio do trabalho da *Gestalt*: pensamos no falecido sentado na cadeira vazia perto de nós e lhe contamos tudo o que queríamos contar quando ele estava vivo, mas deixamos de lhe dizer.
7. Festa de lembrança com peças musicais prediletas, ou poesias dos mortos, velas; minutos de recordação, momentos de silêncio.
8. Plantar uma árvore a cada aniversário da morte do ente querido. Festejar o dia da morte como antes se festejava o aniversário. Transformar o cemitério em florestas. Hoje os túmulos são expressão de um pensamento de posse impróprio e limitador, pois eles são ainda mais limitados do que os pequenos jardins nos arrabaldes das cidades. Quem não conseguir deixar deles, mais tarde pode pendurar uma tabuleta na árvore como recordação.

TERCEIRA PARTE

1. O dia como espelho da vida

Segundo o princípio *da parte pelo todo,* em cada parte encontramos o todo e, conseqüentemente, no dia encontramos a vida. Quando observamos como os ocidentais passam o dia, em comparação com os orientais ou os povos arcaicos, algo sobre o peso da morte e dos outros pontos angulares da vida fica muito claro.

Em geral, estamos dormindo ao nascer do sol e, portanto, estamos dormindo no início do dia. Isso corresponde à lida inconsciente com a concepção e o nascimento na nossa sociedade, enquanto o Oriente presta claramente muito mais atenção às necessidades da alma que está chegando. Não foi em vão que Leboyer descobriu o parto suave na Índia. O Oriente sabe que ao nascer do sol a energia sutil disponível é mais forte, e é por isso que os orientais preferem saudar o novo dia com uma meditação ou oração. Nós, ao contrário, que ainda estamos dormindo no princípio do dia, depois desse início falho, temos de realizar uma relativa caçada de compensação. Quanto mais tarde enfrentarmos o dia e a vida, tanto mais agitado será o percurso restante.

À tarde, ao contrário dos povos mediterrâneos, não podemos conceder-nos nenhuma sesta, mas tentamos ansiosamente *recuperar o tempo perdido,* muitas vezes à custa da perda de energia e de toda possibilidade de recuperação por irmos a restaurantes que servem *fast food.* De modo igualmente inconsciente, e sem uma pausa para descanso, acontece a crise da meia-idade. Com freqüência, a mudança é disfarçada. Assim como o horário nervoso do almoço tem efeitos desagradáveis durante o resto do dia, a negligência da problemática do meio da vida impede a continuação do curso da vida. Depois de uma sesta, a segunda metade do dia e da vida pode ser dominada com toda a calma e concentração. Entre nós ela termina na maioria das vezes com um esforço final.

Quando voltamos para casa, à noite, com direito temos a sensação de não termos obtido nada do dia e, portanto, da vida, e buscamos uma saída. Se tomamos agora o pôr-do-sol como um sinal da vindoura regeneração no sono, como devem ter feito os homens primitivos, nós nos sentimos logrados pela vida, visto que diminuímos a noite com o seu significado. Então a transformamos em dia, e tentamos recuperar o que ainda é possível. Em sua maioria, os homens ocidentais passam as suas noites assistindo a filmes pela televisão. Nesse mundo de aparências e de ilusão eles despertam e vivem do modo habitual as histórias excitantes da vida dos outros, que são sempre interrompida muito tempo antes da meia-idade, exatamente com o primeiro beijo do casal que se encontrou no decurso do filme. Chamar algo assim de um final feliz é uma abreviação típica do modelo da vida. Na melhor das hipóteses, trata-se de um início feliz. Mas todo o resto nos interessa tão pouco que não serve para ser elaborado como material de filme. O resultado é muito deprimente: dormimos durante o início, só depois da puberdade mergulhamos totalmente na vida, para antes do meio já nos desligarmos outra vez. Quando pensamos no já mencionado caráter infantil da maioria das produções para televisão, sobra muito pouca coisa construtiva.

Muitas pessoas conhecem ou sentem o pânico do último momento, que sempre nos atinge na vida real e também no decurso do dia quando a noite se aproxima, causando aversão ao descanso noturno. Ele reflete aquele pânico que atinge muitos homens ocidentais ao fim de uma vida desperdiçada, repleta de patifarias. A vida noturna é a tentativa de viver o masculino na metade feminina do dia, o que impede a satisfação. Nós também sabemos que dormir antes da meianoite é mais saudável. Mas nós não permitimos isso, uma vez que não ficamos quites com o dia e a vida e não conseguimos parar a tempo. Nos filmes nós descobrimos como os homens arcaicos se entregavam ao descanso e ao mundo de imagens da sua alma sonhadora. As imagens aí oferecidas, em sua maioria imagens estranhas que nada ou pouco têm a ver com o nosso dia, nem sequer chegam à profundidade das nossas próprias imagens. Além disso, elas não são nem um pouco apropriadas para arredondar e encerrar o dia, mas levantam novos problemas. O filme do final da vida, ao contrário, é uma obra das próprias imagens interiores. A ele equivale fazer uma revisão das imagens interiores do dia à noite, um exercício que é muito estimulante para o nosso desenvolvimento. Quanto mais consciente for a passagem diária do estado desperto para o estado do sono, tanto mais fácil é depois a grande transição no final da vida. Não é à toa que falamos sobre a noite da vida. Todas as noites uma pequena parte da vida chega ao fim — o ocaso indica isso. A atenção chocante que desperta é a ocupação inconsciente com esse tema central da vida. Não existe nenhum acontecimento natural que seja tão envolvente e tão fotografado. Se as noites forem usadas como distração da própria vida, existe o perigo de que a grande saída seja feita dormindo. De modo inconsciente, o pequeno irmão sono é apressado, e, mais tarde, também a grande irmã morte.

Na nossa sociedade, muitos homens desejam ser surpreendidos pela morte durante o sono, do mesmo modo que muitos fazem questão de uma morte súbita e rápida em vez de uma morte lenta. De modo correspondente, a medicina não acha nada demais deixar os pacientes que sentem dor ir para o outro lado sob o efeito de entorpecentes. Mas isso sempre acontece por subestimar-se o significado do sono e a importância da última transição desta vida para a do além. Muitas pessoas associam ao sono a inconsciência que impera na Alemanha, e são exatamente elas que o desejam, por desconhecimento das oportunidades que existem especialmente na morte, mas também em outras transições desta vida. Um sono saudável nunca é inconsciente, mas repleto de sonhos vívidos. O objetivo distante, como é expresso no sono da yoga, é até mesmo manter a consciência desperta durante toda a noite. A isso corresponde, no plano superior, a consciência total durante a fase pós-morte ao passar por todas as provas convenientes até a próxima encarnação consciente. O filme da vida, em que todas as situações importantes do passado passam mais uma vez com toda a *clareza* diante da visão interior, não é nada diferente do balanço ligado a cada passagem relativa à vida até o momento. E também aqui — como em toda crise existencial — o processo de aprendizado é possível em grande medida.

É natural que o balanço final seja mais importante do que todos os balanços intermediários. Certamente, em dadas circunstâncias ele também é mais desagradável, em especial se as transições anteriores só puderam ser feitas com hipotecas e o abismo entre corpo e alma se tornou maior a cada transição. Se as fases da vida até então foram controladas com harmonia entre o corpo, a alma e o espírito, na maioria das vezes o homem também está disposto a ultrapassar o último obstáculo sem problemas. Mas se, por exemplo, sente-se logrado num capítulo importante da sua vida, não consegue viver as fases essenciais da sua vida ou não obtém as curvas importantes, no final ele só se desapega com dificuldade, porque é pressionado pelas tarefas não dominadas. Nesse sentido, agora os erros tornam-se visíveis, revela-se o que falta. As coisas que fizemos de errado em sua maioria são um problema menor em relação à oportunidade perdida ou à chance não aproveitada. Não ter ousado e tentado passar por uma crise, simplesmente ter se recusado a tomar uma decisão, isso a maioria das pessoas não perdoa com a mesma facilidade com que perdoa uma tentativa fracassada. Nesse ponto ressurge o modelo primordial como ele é expresso na parábola do filho pródigo: ousar viver a vida é a tarefa, fracassar é totalmente permitido.

Também as situações em que se deu prioridade à cabeça em detrimento do coração, podem dificultar a última transição, a morte. Quem renuncia a um grande amor por causa das reflexões e da falta de confiança, muitos anos depois, no leito de morte, pode sofrer por causa disso. O coração tem uma relação mais sadia e corajosa com as exigências da vida do que a razão intelectual. O instinto, o sentimento que provém das entranhas por certo é o guia mais natural, mas por isso mesmo um pouco menos exigente de desenvolvimento. No entanto, entre nós ele recebe muito menos atenção do que a voz do coração. Foi sobretudo a razão intelectual que nos levou à abolição dos ritos de passagem e dos rituais de iniciação. A razão pensa em economizar o que subtrai o seu campo de compreensão mais estreito. O ideal é uma pessoa com bem desenvolvido sentido instintivo, que aprendeu a usar o intelecto e que deixa a integração e a decisão final para o coração.

Certamente fizemos um bom progresso a partir do modelo primordial, o que não apresenta somente desvantagens. O ser da Antigüidade, intimamente ligado à natureza, ainda vivia a adolescência e a puberdade como uma só coisa. Com isso, era adulto e chegava à metade da vida na hora do almoço, quando o sol está no zênite. E assim como ia deitar-se ao pôr-do-sol, a sua vida não se estendia além desse ponto. A expectativa de vida ficava abaixo dos 40 anos. Nós, ao contrário, precisamos de mais, e essencialmente temos mais tempo. Já não ficamos adultos com a puberdade, mas, na melhor das hipóteses, com a adolescência; e assim, tampouco chegamos à metade da vida ao meio-dia, mas claramente muito depois. Não vamos nos deitar ao pôr-do-sol; de fato é noite de folga, mas na maioria das vezes não é o fim. A expansão temporal permite mais diferenciações, passamos do passo da natureza para o passo da cultura. Certamente estamos prestes a desistir dela outra vez e, apesar do ganho de tempo, não concluímos as nossas tarefas de vida.

Mas exatamente na nossa situação é bem possível um decurso livre do dia e da vida. Podemos começar o dia ao nascer do sol e despertar com novo frescor depois de uma noite bem dormida. Essa hora carregada de energia pela natureza se presta para uma meditação e oração matinal e como uma afinação para o dia. A toalete matinal é um ritual clássico de limpeza e é suficiente senti-lo como tal e carregá-lo de energia. O ditado diz "A hora da manhã é de ouro". E é a partir desse sentimento que ainda hoje se canta nessa hora e se festeja o novo dia nos nossos mosteiros. A hora matutina das ave-marias abrange principalmente o pão espiritual que é repartido nesse momento. Com o apropriado sentimento de alegre gratidão podemos romper o jejum da noite com o café da manhã,[1] sair de casa. Ao cruzarmos o limiar e sairmos para o mundo, acontece uma espécie de ritual do limiar, que também representa um papel na tradição budista. Na vida, trata-se da puberdade, que agora exige toda a nossa energia e que a controlemos com coragem para dominar as dificuldades. Durante o dia, é tempo de ir ao trabalho, causando assim uma ruptura. Da plenitude da nova força podem aumentar os desempenhos criativos e os objetivos podem ser concretizados. Nós nos aproximamos da mais elevada forma do dia em que o trabalho nos dá alegria. Ao meio-dia gozamos a merecida recuperação em forma de alimentos e um agradável sono para a completa regeneração das forças.

Depois de descansar e de ultrapassar a metade do dia, é recomendável o trabalho intelectual. Da visão geral obtida na parte da manhã resultam os passos necessários para elaborar o essencial. Na hora do chá das cinco horas também vem uma pausa, depois da qual já se pode pensar no dia seguinte, antes que o trabalho seja encerrado. Com "encerrar", aqui, queremos dizer encontrar o fim, ficar pronto e não levar nada para casa. É noite de folga (ou hora da aposentadoria) e é preciso festejar isso. O caminho para casa, o afastamento do trabalho, é um acontecimento alegre que acaba diretamente no tempo livre. Aqui se trata de um pólo oposto consciente do trabalho. O fim do trabalho diário é a hora do luxo, de poder divertir-se, e que quer ser bem aproveitada; é um tempo de cultura, no sentido de uma meditação noturna, ou também, no sentido profano da palavra, o tempo de tocar música e comer. Certamente ainda falamos de uma cultura musical e gastronômica, o que mostra o profundo relacionamento de ambos os planos com o culto. Não faz muito tempo que toda a música era sacra e toda refeição emoldurada por orações.

Com o crepúsculo e o pôr-do-sol, o dia e a vida ficam mais velhos e abrem espaços temporais para tudo aquilo com que nos alegramos durante um dia ou uma vida inteira. Em certos dias isso também pode ser um filme escolhido de modo totalmente consciente. Mesmo os antigos fãs inconscientes de filmes de ação ainda assistem ao tema da morte, mesmo se não o relacionam mais com a sua situação e a situação do dia. A noite tardia pertence ao preparativo para o sono e é hora de rever os acontecimentos do dia. É preciso fazer um balanço, talvez de forma bem concreta, num diário. Ao mesmo tempo trata-se de desapegar-se de tudo o que ainda nos prende e nos amarra com consciência. A toalete noturna é o ritual de encerramento do dia e não é por acaso que é dedicado à limpeza. Do dia é lavado o que restou na superfície e que, em todo caso, não tem nenhum valor duradouro para a alma.

Com o ir para a cama e adormecer, a atenção volta-se para a frente no sentido de dedicar-se ao reino dos sonhos. Adormecer e morrer, o encontro com os irmãos divinos Hipnos (sono) e Tanatos (morte), correspondem-se amplamente. Sua mãe Nyx, a noite, por sua vez, tem suas fases e etapas, mesmo quando não ligamos para isso. O sono antes da meia-noite, segundo conhecimentos científicos, é até saudável e refrescante, porque se trata principalmente do sono profundo, importante para a desintoxicação e a regeneração. A partir da meia-noite, as fases de sono profundo e de sonho se alternam. É a hora dos sonhos profundos e essenciais que chegam a visões e experiências lúcidas. A alma faz as suas viagens no plano astral. Nesse âmbito a consciência total corresponde ao sono da yoga. A voz popular também chama esse tempo depois da meia-noite de a hora dos fantasmas. A madrugada e a penumbra do novo dia trazem fases amontoadas de sonho ou REM: os temas tornam-se mais superficiais, como mostram os freqüentes sonhos sexuais dessa fase. Trata-se da elaboração dos devaneios diurnos, dos sonhos lascivos e assustadores, um âmbito de que Freud e seus discípulos gostavam muito. É uma espécie de preparação para o dia, num plano na maioria das vezes inconsciente. Ele termina com o despertar para uma nova rodada.

Nesse ponto podemos compreender por que os homens ocidentais esperam que a meditação matinal lhes traga o desenvolvimento espiritual no sentido mais profundo, enquanto a meditação noturna serve à regeneração e à recuperação. Aqui também deve ficar claro como dia após dia, ano após ano, vida após vida obedecem ao ritmo eterno dos vivos, ou como diz Manfred Kyber:

> "Sempre outra vez e outra vez
> tu desces para cá
> ao colo cambiante da Terra,
> até terdes aprendido a ler na luz,
> que viver e morrer são uma coisa só
> e que todos os tempos são intemporais.
> Até que a corrente penosa das coisas
> siga em ti
> formando círculos cada vez mais calmos
> na tua vontade há a vontade do mundo,
> há silêncio em ti — silêncio —
> e eternidade."

2. Da hora certa e da seqüência correta

Tudo tem a sua hora, cada empreendimento tem o seu
    tempo debaixo do céu:
um tempo para nascer e um tempo para morrer,
um tempo para plantar e um tempo para arrancar o
que se plantou,
um tempo para matar e um tempo para curar,
um tempo para destruir e um tempo para edificar,
um tempo para chorar e um tempo para rir,
um tempo para lamentar e um tempo para dançar,
um tempo para espalhar pedras e um tempo para
    juntá-las,
um tempo para abraçar e um tempo para abster-se
    de abraços,
um tempo para procurar e um tempo para perder,
um tempo para guardar e um tempo para jogar fora,
um tempo para rasgar e um tempo para costurar,
um tempo para calar e um tempo para falar,
um tempo para amar e um tempo para odiar,
um tempo para a guerra e um tempo para a paz.

Eclesiastes 3.1-8

Todas as crises de transição têm o seu tempo. Elas não podem ser criadas cedo demais e, tarde demais, só com muita dificuldade. O momento exato da concepção não pode ser controlado por nós e, por isso, não é tão problemático. Mas no parto já começam as dificuldades. Ele tem o seu tempo em que não é fácil, mas ainda assim é mais fácil. Se for induzido cedo demais pelos médicos, torna-se uma exigência absurda para mãe e filho. Se acontecer tarde demais, surgem os problemas de contágio com os seus riscos nada insignificantes. Nunca mais é tão fácil entrar na puberdade do que entre os 12 e os 14 anos. Tentativas correspondentes com 30 ou mesmo com 50 anos dão um bom sustento aos psicoterapeutas, mas são muito difíceis para os diretamente envolvidos. A crise da meia-idade com certeza não é tão precisamente distinguível e também tem individualmente o melhor tempo. Assim que surgem os sintomas conhecidos, ela já passou. Mas ela também pode causar danos bastante visíveis, no caso daqueles jovens que se recolhem cedo demais da vida indo viver num *ashram*. Naturalmente, a morte também tem o seu tempo. A eutanásia, mesmo realizada com a melhor das intenções sempre é problemática; ultrapassar o tempo da morte por meio da medicina intensiva na maioria das vezes leva a um sofrimento desproporcionado.

Numa cultura arcaica era fácil executar os correspondentes rituais no tempo certo. Protegidas pelo campo de consciência da tribo, as pessoas atingiam juntas os seus tempos de transição graças ao seu modo de vida em conjunto. Além disso, ainda havia nas comunidades tribais curandeiras e curandeiros que podiam sentir a qualidade certa do tempo. Assim que os rituais eram ligados à diminuição do faro para a qualidade do tempo, com a idade, começava a descida. Mais significativa era a ligação com determinados acontecimentos, como a primeira menstruação (menarca) ou a derrota numa luta. Muitas vezes os duelos de uma tribo pelo poder também tinham o efeito de mostrar ao cacique que era hora da mudança de orientação e da volta ao lar.

Nossa tentativa atual de acoplar essas transições decisivas, levando a sério a idade e, com isso, a quantidade de tempo, muitas vezes está destinada ao fracasso. O ser humano não é um ser medíocre. O todo torna-se especialmente problemático quando os homens que não conseguem lidar com as crises anteriores procuram compensar suas carências na idade tardia com iniciações esotéricas. Uma transição não elaborada da puberdade não pode ser substituída pela carreira numa comunidade espiritualista. Então fazem-se tentativas bem-intencionadas com impulsos orientados para os negócios.

Até mesmo os rituais harmônicos na seqüência errada de nada servem. No fundo da nossa alma parece haver um sistema de ordem e hierarquia semelhante ao do corpo, em que a seqüência dos passos é severamente resguardada pelo desenvolvimento hormonal. Tudo tem o seu tempo e o seu lugar. Isso é desagradável para nós, que não temos mais tempo e não conhecemos mais os locais de força adequados para a realização dos rituais de transição. Mas reconhecer isso é o primeiro passo para de novo apropriar-se do modelo da vida e procurar novos caminhos. Até que se formem novamente os campos coletivos, o tempo vai passar, até que não reste mais nada além de buscar caminhos individuais e orientar-se, na medida em que isso for significativo, por antigas formas coletivas.

3. Perspectivas

Reconhece Deus em ti, sobretudo como o antes e o depois, como a
transformação e a mudança do que existe, para que o
momento presente se estenda até a eternidade —
até aquele não-tempo que é Deus.

Hilarion

Critérios para o momento das transições individuais

O ponto conveniente do tempo para uma transição pode ser reconhecido pelos seguintes critérios:
— tensões que surgem súbita e inesperadamente,
— inquietação interior, que não é possível suavizar com exercícios antes eficazes,
— o sentimento de estar sentado num barril de pólvora, como antes de um ensaio de ruptura,
— surgimento de uma certa inconstância,
— sentimentos de estar sendo levado sem ter um objetivo diante da visão,
— subitamente, as coisas que eram importantes antes, não interessam mais,
— parcerias e amizades de muitos anos se desfazem, um não tem mais nada a dizer ao outro,
— o trabalho que antes nos realizava, não tem mais graça,
— rebeldia interior e exterior contra estruturas que até então não nos perturbavam,
— rebelião por conta da rebelião,

— divertir-se infringindo normas, ignorando proibições,

— surpresas e loucuras aparecem na vida,

— o sentimento de não saber o que fazer consigo e com as suas energias.

Instrumentos e elementos constitutivos para os próprios rituais de transição

Kathleen Wall, terapeuta norte-americana, que gosta de trabalhar com rituais, diz no seu recomendável livro *Lights of Passage* [Luzes da Passagem]: "Ler sobre rituais estimula o espírito, realizar rituais estimula a vida." Os rituais são uma espécie de saída que possibilita fugir do fluxo linear do tempo, estabelecer contato com as nossas necessidades mais íntimas e reconhecer e compreender as chances das fases mais recentes da vida. E poder penetrar nesse espaço-tempo é um pressuposto exclusivo de lugar. Praticamente em todos os contos de fada, mitos e em toda lenda os heróis atingem a verdade fora do enquadramento familiar costumeiro, num local especialmente estimulante. Igualmente importante é a exclusividade do tempo: todos os outros acontecimentos mundanos têm de ficar de fora. Em muitos rituais também a regularidade representa um papel que não deve ser subestimado.

O momento certo de tempo para essa saída resulta do fluxo da vida e pode ser descoberto com os critérios descritos acima; a execução adequada hoje depende amplamente da nossa própria iniciativa. O perigo não está tanto na realização do ritual, mas na nossa preguiça interior diante de tudo o que é novo, com a mentalidade de tomara que não aconteça nada. Em caso de dúvida, a maioria das pessoas decide-se a favor de um problema conhecido e contra uma solução nova.

As fases dos rituais de transição

As etapas podem realizar-se analogamente ao esquema alquímico do decompor e coagular (*solve et coagula*); na maioria dos rituais também devem ser visados os desenvolvimentos pessoais:

1. A separação: a ela corresponde o desapego dos idosos, o abandono consciente do costumeiro, até então corriqueiro. Convém certificar-se de que se deve desistir dos velhos papéis, posturas, modelos de comportamento e possibilidades. Passos simbólicos do desapego são:

— queimar com *Fogo* e espargir as cinzas, por exemplo, aos quatro ventos,

— enterrar na *Terra* e entregar à decomposição, à destruição,

— mergulhar na *Água*,

— deixar voar e entregar ao elemento *Ar*, por exemplo, na forma de balões de gás.

Ao lado dos caminhos clássicos dos quatro elementos entram em questão: rasgar, estraçalhar, cortar, amassar, triturar (almofariz da alquimia), pulverizar e espalhar.

2. A verdadeira transição: é uma viagem na terra de ninguém comparável às linhas de combate e aos tempos. Imperam a desorientação e os impulsos polarizados, os que buscam sentem-se puxados de um lado para outro entre os opostos. O aspecto positivo é o de uma fase de prova, da qual pode brotar o conhecimento de que todo crescimento surge das contradições. Nesse período é importante abrir espaço para as emoções e os sentimentos negativos. Se fugimos dos desafios, eles se transformam em demônios que nos perseguem por incumbência do destino, mas se os aceitamos, o medo e opressão se transformam em abertura e amplidão.[2] As verdadeiras conseqüências e custos da transição devem ser avaliados agora e devemos assumir a responsabilidade por eles.

Símbolos desta fase: a taça, a vasilha ou xícara vazia, a cova ainda vazia.

Exercícios

— Jogos de polaridade: experimentar ambos os lados possíveis de uma decisão no plano das imagens interiores ou na vida concreta, a fim de chegar a resultados mais harmoniosos.

— Refeições malucas como expressão da situação maluca: uma refeição composta nas cores branco e preto, ou pintar tudo de azul para o reconhecimento da fase azul (inclusive guardanapos, velas etc. azuis).

3. A religação com o novo: Ela começa muitas vezes como a descoberta de uma nova visão provinda da confusão da segunda fase. Anseios e paixões profundos, que não tinham espaço na velha situação mas que podem apresentar-se na nova, podem tornar-se conscientes. A segunda parte dessa fase é dedicada à integração. A nova visão precisa se afirmar — e enraizar-se na vida.

Os símbolos do novo devem receber lugar de honra na vida e no espaço vital. Para isso se prestam os quadros, as esculturas — de preferência aqueles feitos por nós mesmos — colagens, poesias, mas também todos os outros objetos que simbolizam a ruptura e o novo.

Exercícios

— Refeições carregadas ritualmente com alimentos que simbolizem o recomeço, como sementes (brotos de bambu), ovos, nozes, frutas. As cerimônias festivas só são assimiladas com uma refeição adequada (banquete nupcial, banquete do batismo, refeição fúnebre, refeição de negócios depois da sua conclusão). Nesse contexto também se pode pensar em cozinhar e assar juntos (biscoito de Natal, bolo de aniversário). Em questão entram os modernos rituais de refeição: *fondue*, raclettes, pedra quente, panela comunitária chinesa, bufê etc. Lidar conscientemente com a colocação das pessoas à mesa. Um lugar em geral representa um papel: na festa da puberdade, por exemplo: nessa noite, posicionar a filha no lugar da mãe. Criar o enquadramento adequado para o início e o final: oração, reflexão, música. Escolher cuidadosamente os temas da conversa, não associar nenhuma solução de problemas com o ritual da refeição. Resolver os problemas de preferência num ritual de mesa redonda (como na política), o que tem a vantagem de um círculo do Graal, no qual todos contribuem de igual maneira.

— Festas com dança. Muitas danças têm um elemento ritual, por exemplo, as ciladas e as valsas, as danças extáticas no transe.

— Rituais de plantio: semear as sementes, plantar árvores, flores, arbustos, canteiros (para delimitação simbólica), observar o crescimento das plantas e associá-lo ao nosso.

— Rituais de regeneração: massagens debaixo d'água, banhos termais, polaridade, shiatsu, yoga, tai chi.

— Roupas especiais; vestir-se ritualmente.

— Luz especial. Acender ritualmente as velas e por fim apagá-las outra vez; a luz da vida sobre o bolo de aniversário, as luzes da árvore de Natal etc.

— Tocar música adequada.

— Usar os aromas correspondentes: óleos aromáticos, bastões de incenso.

Elementos possíveis, elementos constitutivos e decurso dos rituais

1. Fazer ritualmente um balanço relativo à fase passada da vida desde a última transição:
   — anímico: passar na forma de uma viagem pelas estações mais importantes das imagens do passado; ler mais uma vez as anotações feitas no diário; olhar velhos álbuns de fotografias; terminar negócios e tarefas inacabados de forma consciente; despedir-se dos temas e coisas vividos que restaram;
   — fisicamente, por meio de um período de jejum.[3]
2. Ritual de limpeza referente às tarefas fracassadas do passado:
   — no sentido de uma confissão, que pode ser entregue à própria pessoa envolvida ou também à instância correspondente, como um sacerdote,
   — afastar conflitos em aberto por meio do perdão, da confissão etc.

3. Exercícios gerais de purificação:
   — animicamente, talvez com a ajuda de rituais dos elementos[4] (sempre no plano das imagens);
   — fisicamente: ritual consciente da sauna (limpeza pelo fogo; eliminar algo pelo suor), cura consciente com banhos (ritual da água), ritual consciente da respiração no sentido de uma respiração intensa, limpeza física pelo jejum ou dias de fruta para desintoxicação.
4. Cerimônia que seja adequada ao próprio sentimento de vida (na realidade exterior): escolher um lugar especial para o ritual, onde reine a paz absoluta; escolher a hora certa do dia de acordo com a correspondente crise existencial (no caso de um ritual de puberdade, pela manhã; um ritual da meia-idade à tarde; um ritual de volta ao lar ao pôr-do-sol); cuidar para que haja exclusividade absoluta; usar os quatro elementos, deixar que testemunhas assistam; usar símbolos carregados interiormente: quadros, formas, cores, tons, movimentos (gestos), aromas; praticar a coreografia desejada; planejar um tempo de meditação anterior e posterior ao ritual.

Outros exercícios
— Passeios temáticos: encontro como o elemento Ar e Terra.
— Ritual da Terra: descansar na Mãe Terra (como nos banhos de argila), recuperar a confiança.
— Peregrinações a lugares de força, que estão em relação com a crise de dado momento.
— Meditações com a roda da medicina: cada um dos pontos cardeais tem um significado.
— Busca de símbolos na natureza: um símbolo para aquilo de que queremos nos desapegar; um para aquilo que temos de largar com pena; um para aquilo que queremos preservar a todo custo; e um para a nova dimensão que queremos concretizar.
— Procurar pedras para negócios inacabados e usá-las num ritual.
— Escrever cartas (sem fim) e queimá-las ritualmente.
— Fazer colagens, que apresentem um aspecto de como será o futuro ou que ilustrem todos os três estágios de transição.
— Vida de prova no plano das imagens e na realidade; por exemplo, viver um dia na incerta terra de ninguém antes de tomar uma decisão, como se tivéssemos nos separado, um dia como se estivéssemos juntos definitivamente outra vez. Um terceiro dia para recolher-se à meditação sobre as experiências.

4. Perspectiva

Realizar entre nós os rituais de outras culturas é problemático por vários motivos, até mesmo em nossa sociedade desterrada no que se refere a essa questão. Infelizmente, não temos espaços exteriores nem interiores para executar esses ritos, e seu simbolismo é desconhecido nas profundezas da nossa alma. Nosso motivo psíquico para construir campos estranhos e reanimá-los outra vez exige mais tempo e paciência do que aqueles de que maioria de nós dispõe.

Melhores oportunidades surgem quando não usamos a nossa atividade de viagens para fora, mas para dentro. Nas asas dos nossos pensamentos e imagens interiores não só ficamos novamente em condições de viajar para outros países e culturas, mas também de voltarmos no tempo. Assim sendo, torna-se possível reviver os rituais de diversas culturas, mas, principalmente, os dos círculos culturais próximos em tempos mais antigos. Na terapia da reencarnação mostra-se com facilidade e regularidade com que eles surgem por si mesmos, como eles voltam diretamente à superfície. Se são revividos com consciência, eles podem tornar-se uma grande ajuda no controle das crises momentâneas. Intelectualmente, o mecanismo desse processo não é facilmente compreensível. Obviamente, a experiência antiga atualiza a situação de dado momento na mandala da vida; e vice-versa, a situação momentânea exorciza a situação antiga. Flui mais energia no tema, e a pessoa envolvida pode assimilar melhor e digerir a transição com a correspondente receptividade e disposição. Como já indicamos antes, o modelo atua independentemente de tempo e espaço e exerce o seu efeito até o presente. A mera observação desse modelo já causa um efeito surpreendente. É possível que o conhecimento da nova física, em que cada observação influencia o processo observado, encontre aqui um paralelo.

Além disso, na prática psicoterapêutica mostrou-se como é importante a elaboração dos problemas na seqüência correta. A crise da meia-idade também só pode ser dificilmente controlada com ajuda terapêutica, quando não se elaborou conscientemente a puberdade. Reviver conscientemente a seqüência correta e, assim, construir os passos um depois do outro, tem efeito curativo e possibilita voltar da estagnação ao movimento no processo de desenvolvimento. Esse é um dos motivos por que reviver a concepção e o parto têm um grande significado no início de toda terapia da reencarnação. Segundo a afirmação "no início está tudo" já estão neles os modelos essenciais da vida posterior. Mas ainda mais importante é a possibilidade de reviver de modo exemplar o modo como nós lidamos com as crises. Em essência, a vida posterior é uma cadeia ininterrupta de partos, e não é em vão que dizemos depois de cada tarefa difícil realizada com êxito: "Esse foi um parto difícil."

Pela limitação das nossas possibilidades exteriores dá-se um significado ainda maior às possibilidades interiores. Por sorte, comparativamente somos pouco limitados no campo das nossas imagens interiores. Até mesmo as pessoas que já não se lembram há muito tempo dos seus sonhos e perderam em grande escala o acesso ao seu pólo feminino, em geral conseguem retomar uma ligação com as suas imagens interiores em uma semana. É claro que a terapia é apenas um substituto para rituais que funcionam, mas no momento é o melhor, principalmente quando por meio dela é possível fazer a ligação com os antigos rituais eficazes.

De longe, a melhor solução de todas é transformar a vida diária num ritual. Quem percorre a vida sustentado pela consciência, reconhece as transições necessárias a tempo, e para essa pessoa abrem-se os caminhos para controlá-las com rituais. Sua vida está em sintonia com as imagens interiores e com o simbolismo exterior repleto de possibilidades de conhecimento. O meio ambiente se torna um espelho e o destino é o terapeuta.

Nós agradecemos às pessoas e editoras mencionadas a seguir pela amável permissão de reproduzir textos das obras:

Hermann Hesse: *Stufen, Ausgewählte Gedichte*
[Etapas. Poesias escolhidas]
© Suhrkamp Verlag. Frankfurt a. M. 1976 (p.11)
Khalil Gibran: *Der Prophet* [O Profeta]
© Walter Verlag AG. 1973 (pp. 49, 99, 174, 184, 248)
Rainer Maria Rilke: *Gedichte aus den Jahren 1902 bis 1917* [Poesias de 1902 a 1917].
© Insel Verlag. Frankfurt a. M. 1983. (p. 70)
C. G. Jung: *Vom Wachsen und Erwachsenwerden*
[Sobre o crescimento e o tornar-se adulto].
© Walter Verlag AG. 1991. (p. 227)
Die schönsten Geschichten von Hellmut Holthaus
[As mais belas histórias de Hellmut Holthaus].
Josef Knecht Verlag. Frankfurt a. M. 1970.
© Angelo Holthaus, Staufen. (p. 121)

APÊNDICE

Notas

Introdução/ Primeira Parte

1. Rüdiger Dahlke: *Herz(ens)probleme* [Problemas do coração]. Munique, 1992; Rüdiger Dahlke/ Robert Hössl: *Verdauungsprobleme* [Problemas digestivos]. Munique, 1992; Rüdiger Dahlke: *Gewichtsprobleme* [Problemas com o peso]. Munique, 1989; Rüdiger Dahkle/Margit Dahlke: *Psychologie des blauen Dunstes* [Psicologia das Ilusões]. Munique, 1992.
2. Sobre esta questão veja o segundo capítulo de *A Doença como Linguagem da Alma*. São Paulo: Editora Cultrix, 2003.
3. Na prática, segundo o modelo trata-se de: para dez masturbações, cinco pai-nossos e cinco ave-marias. É difícil imaginar que Cristo pretendesse que o pai-nosso, única oração provinda diretamente dele, fosse entendida como um castigo a ser praticado durante a confissão.
4. Jürg von Ins: *Ekstase, Kult und Zeremonialisierung* [Êxtase, Culto e Cerimonialização] Dissertação. Zurique, 1979.
5. Rupert Sheldrake: *Das schöpferische Universum* [O Universo Criativo]. Munique, 1991.
6. Neste contexto deveríamos pensar no que Mircea Eliade, cientista da religião, chama de tempo sagrado além da polaridade. Eliade diferencia entre a nossa compreensão linear moderna do tempo e o tempo transcorrido circularmente nas antigas culturas. Esse tempo circular sempre se refere ao centro da mandala e, com isso, tende a sair da polaridade. Os pontos decisivos no ciclo anual eram vividos pelos homens arcaicos de modo ritual, quando na maioria das vezes estavam em estado de transe e, assim sendo, transcendiam a polaridade do tempo e espaço. Em sua vivência, durante esse tempo o homem está totalmente livre das limitações da polaridade. Essa situação só pode ser comparada com a vivência das situações de quase-morte no filme da vida, em que o tempo e o espaço igualmente não representam mais nenhum papel.
7. Paul Rebillot/ Melissa Kay: *The Call to Adventure. Living the Hero's Journey in Daily Life* [O Chamado para a Aventura. Vivendo a Jornada do Herói na Vida Diária]. San Francisco, 1993.
8. Uma introdução na compreensão da polaridade também se encontra em Margit Dahlke/Rüdiger Dahlke: *Die spirituelle Herausforderung* [O Desafio Espiritual]. Munique, 1994, bem como também em Rüdiger Dahlke: *Der Mensch und die Welt sind eins* [O Ser Humano e o Mundo são um]. Munique, 1991.
9. O monumento mais conhecido é o gigantesco círculo de pedras de Stonehenge, no sul da Inglaterra, que entre outras coisas servia de calendário e com cuja ajuda se podiam estabelecer os quatro ângulos do ano.

10. Os equinócios representam o início da primavera e o início do outono; o solstício de verão, o ponto mais alto do sol, e o ponto mais baixo é o solstício de inverno.

11. Uma introdução completa a essas leis do esoterismo pode ser encontrada em Rüdiger Dahlke: *Der Mensch und die Welt sind eins* [O Ser Humano e o Mundo são um]. Munique, 1991.

12. Na tradição esotérica parte-se do equinócio da primavera, portanto de 0 grau de Áries, porque a partir daí a luz começa o seu irrenunciável curso da vitória. De fato, ele é simbolicamente apropriado, mas o dia 1º de janeiro, perto do solstício de inverno (21 de dezembro) também o é. O último corresponde à concepção, o primeiro ao parto. Em princípio, podemos designar ambos como um recomeço, assim como muitas vezes dizemos que a vida começa com o nascimento, embora saibamos que ela já existe com a concepção. Em última análise, nenhum dos dois é um começo genuíno, visto que se trata de um acontecimento cíclico. Nesse ponto também existe a dificuldade de que o Natal sempre é associado ao nascimento, para os cristãos, e, se observarmos bem, no Natal comemora-se o nascimento de Jesus. Cristo, o ungido, só entra em jogo depois da iniciação na sua obra. Simbolicamente, podemos ver o nascimento de Jesus como a concepção de Cristo. Mas aqui ele cresce amplamente às ocultas rumo à sua tarefa. De fato não nos foi transmitida muita coisa dessa época a não ser a menção de Jesus no templo, aos 12 anos.

13. Veja sobre isso mais minuciosamente: Miranda Gray: *Red Moon* [Lua Vermelha], Shaftesbury, 1994.

Segunda Parte

1. Neófito = "o recém-plantado"; com iniciação está ligada a idéia de ser plantado em nova terra para continuar crescendo nesse plano.

2. Isso por certo tem relação com experiências vividas antes por encarnações interrompidas por aborto, bem como as vividas pelo paciente como embrião em tentativas de aborto às quais sobreviveu.

3. Do ponto de vista das ciências naturais, o acúmulo de seqüelas hereditárias deve-se ao fato de os óvulos femininos, que existem desde o início no corpo da mulher, serem submetidos durante mais tempo a todas as influências nocivas possíveis no caso das mães mais idosas.

4. Depois dessa observação perguntamo-nos por que razão "resposta" deve estar contida em "responsabilidade", pois, de preferência, não queremos ter de responder a mais nada. Os ingleses dizem isso de modo ainda mais claro: "*responsibility*" quer dizer literalmente traduzido: capacidade de responder (*habilidade* de responder).

5. Com relação a isso podemos tirar estímulo e ajuda do livro de figuras de Bruno Blum/ Rüdiger Dahlke: *Die vier Elemente* [Os Quatro Elementos]. Munique, 1995, bem como das fitas cassetes que o acompanham (Editora Bauer, Freiburg, 1995).

6. O dano causado pelas medidas da medicina convencional muitas vezes é constatado muito tarde. Existe pouco motivo para expor-se e ao bebê como cobaias, uma vez que menos exames também são suficientes. Principalmente quando se recusa um aborto, muitos exames ginecológicos da gravidez são desnecessários.

7. Veja sobre este tema o livro de Rüdiger Dahlke: *Reisen nach innen* [Viagens para o interior]. Munique, 1994.

8. Leon Chaitow prova em seu livro *Natürliche Wege zu einem langen Leben* [Caminhos naturais para uma longa vida], Munique, 1994, que a expectativa de vida das cobaias que são alimenta-

das com os "alimentos normais" de criaturas civilizadas é reduzida em um terço. Na maioria das vezes, os animais contraem prematuramente as doenças humanas.

9. O apego ao fumo apesar da gravidez não acontece devido à má intenção, mas baseia-se em modelos psicológicos em que os pais foram enredados. Quanto a isso, o livro de Rüdiger e Margit Dahlke, *Die Psychologie des blauen Dunstes* [A Psicologia das Ilusões], Munique, 1992, pode ajudar um pouco mais, na medida em que informa sobre os correspondentes segundos planos do vício.

10. As mulheres dos assim chamados povos naturais, que gostamos erroneamente de apresentar como primitivos, em sua maioria podem perceber o ato da concepção; entre nós, de vez em quando, mulheres sensíveis estão em condições de fazê-lo.

11. Com o jejum desaparece apenas o que não é essencial, e mesmo quando depois dele conseguimos eliminar alguns quilos, não nos falta nada. No todo, tornamo-nos por isso mais essenciais.

12. Depois da descoberta dos raios X eles foram utilizados a torto e a direito, conforme a disposição — cada vez que os alunos trocavam de sapatos, uma vez por ano, etc. É simplesmente um mandamento da inteligência, nascido da experiência, sermos cuidadosos na Medicina e, em caso de dúvida, levamos as primeiras indicações de perigo a sério.

13. APGAR representa respiração, pulso, tônus básico, aparência, reflexos: quando uma criança grita, ela fica vermelha e respira mais profundamente, sendo ambas as coisas marcadas por pontos. Além disso, no teste do pulso podemos marcar mais alguns pontinhos. Se a criança ficar de fato com raiva por causa da tortura, no que se refere ao tônus e à aparência (por causa da vitalidade visível) ela pode marcar pontos a mais no livro.

14. Realmente, no nascimento trata-se de uma entrada no mundo polarizado, cujo senhor é o diabo, como Cristo constatou na última ceia de modo expressivo. É por isso que os médicos trabalham, mesmo que com um pouco de exagero, mitologicamente em sintonia. Além disso, não se trata, portanto, de não mais tirar o sangue do calcanhar, mas talvez de não fazê-lo logo como saudação.

15. Mesmo no caso do grito primordial ou terapia primária, em que podíamos ver os gritos à primeira vista como treinamento e exercício, o verdadeiro grito primordial só acontece numa situação da mais profunda tensão interior e necessidade, isto é, ele descarrega uma situação aflitiva há muito tempo acumulada. Esse alívio, então, também pode ser vivido com alegria e triunfo. Mas esses gritos não devem ser provocados com palmadas no traseiro.

16. Esse fenômeno não é tão surpreendente e não atinge isoladamente a ginecologia, visto que praticamente em toda parte onde os médicos se deixam arrastar para as greves, a mortalidade da povoação logo diminui nitidamente.

17. A tradução de *rebirthing* é nascer outra vez. Vivenciam o próprio nascimento (em inglês=*birth*) com a ajuda dessa técnica principalmente as pessoas cujo trauma de parto não elaborado pressiona a sua consciência. No *rebirthing* recomenda-se muito cuidado, visto que muita coisa estranha também se oculta por trás desse nome. Informações sobre as possibilidades apropriadas: Heil-Kunde Zentrum em D-84381 Johanniskirchen.

18. O Dr. Robert Mendelsohn prova em seu livro *Mal(e) Practice* [Prática Masculina]. Chicago 1981, que a pressão a ser alcançada é maior no parto de cócoras.

19. Depois os especialistas muitas vezes constatam surpresos que o sangue do recém-nascido não é nem um pouco ácido demais. Isto por sua vez é compreensível, visto que durante todo o tempo foi inundado de oxigênio, isso é, de energia vital por meio da respiração profunda da mãe.

20. Por mais que os médicos convencionais não estejam dispostos a desistir do direito à própria infalibilidade no caso concreto, com a mesma rapidez eles muitas vezes estão dispostos a pôr a culpa nos médicos alternativos. Muita coisa que fracassa na medicina convencional é premeditadamente transposta. Há pouca coisa mais difícil neste país do que acusar um médico de ter cometido um erro (em sua arte). Faz parte da naturalidade médica serem artistas infalíveis e, o que não é coberto pela arte, pode ser acobertado pela última posição da ciência, ou na pior das hipóteses, simplesmente não se encontra mais nenhum perito.

21. Esse exemplo não é inteiramente harmônico, visto que no parto, ao contrário, tem-se de lutar para sair do elemento Água para o elemento Ar.

22. Um fenômeno semelhante acontece no âmbito da cirurgia, em que cada cirurgião tem de fazer determinado número de intervenções cirúrgicas. O fato é que em nenhum país do mundo são feitas tantas operações de apêndice como na Alemanha.

23. Al Siebert, *The Survivor-Personality* [A Personalidade Sobrevivente]. Portland, 1993; a tradução alemã foi publicada pela editora Hugendubel, Munique.

24. REM significa em inglês *Rapid Eye Movement*, que quer dizer movimento rápido dos olhos e designa as fases de sonho caracterizadas por esse fenômeno. Com um simples eletrodo no ângulo do olho podemos registrar essas fases. Se o paciente é despertado a cada vez no início da fase e consegue dormir em seguida, ele pode dormir a noite toda sem mergulhar numa fase REM ou fase do sonho, porque esta sempre necessita ser antecedida por uma fase de sono profundo.

25. A medicina e a biologia conhecem esse fenômeno e dizem que a filogenese corresponde à ontogenese. O esoterismo vê na repetição do grande processo da evolução de cada indivíduo um exemplo do princípio *a parte pelo todo*, que afirma que cada parte contém o todo.

26. Realmente, a dupla abóbada dos pés e a coluna vertical ereta são o que temos de mais humano. Mamíferos marítimos como os golfinhos e determinadas baleias têm em parte cérebros maiores e mais diferenciados do que o nosso.

27. Aqui falta o espaço para nos dedicarmos mais exaustivamente à temática da reencarnação; não obstante, partimos da existência de uma longa corrente de vidas, como elas resultam sem pressão e de modo natural das experiências, como na terapia da reencarnação. Mais informações podem ser obtidas em Margit Dahlke/ Rüdiger Dahlke: *Die spirituelle Herausforderung* [O desafio espiritual]. Munique, 1990.

28. Às vezes "criar dentes" é usado para "rir", pois não é só na voz popular que rir e chorar estão próximos.

29. Sobre todo esse âmbito de temas recomendamos os livros de Irina Prekop como *Der kleine Tyrann* [O pequeno tirano], Munique, 1992, ou *Unruhige Kinder* [Crianças agitadas], Munique, 1994.

30. Sobre isso veja o capítulo correspondente no livro de Rüdiger Dahlke/ Robert Hössl: *Verdauungsprobleme* [Problemas digestivos]. Munique, 1992.

31. Uma série inteira de possibilidades de entrada e artimanhas para chegar mais depressa e com mais sucesso às profundezas dos mundos interiores de fantasia encontram-se no livro de Rüdiger Dahlke: *Reisen nach Innen* [Viagens para o interior]. Munique, 1994.

32. Trata-se de um instrumento de alimentação para crianças usado principalmente no sul da Alemanha, para elas *empurrarem* os bocados de alimento renitentes sobre a própria colher.

33. No ginásio, onde ainda pude fazer os exames finais com relativa tranqüilidade, anos depois dois alunos tiveram um enfarte na classe antes dos exames.

34. Isso significará classes menores também para as escolas públicas, em que os pedagogos também podem levar a personalidade dos seus alunos em conta. Algo assim custa dinheiro que, no entanto, não nos falta.

35. O rítmico, o cambiante pertence essencialmente ao arquétipo feminino. O fato de ser rebaixado à esquisitice e estranheza entre nós, deve-se aos nossos ideais masculinos. Em todas as religiões e doutrinas de salvação encontramos avisos contra desejarmos controlar tudo o que é de confiança, e somos alertados para a importância de viver espontaneamente o momento presente.

36. Assustado com essa necessidade, Adolf Kolping fundou as casas Kolping como associações locais.

37. Em ambas as palavras está o fortalecimento da fé (em latim *firmus*=forte), na comunhão (*communio*=comunidade) e a ênfase cai na comunidade com Cristo e sua igreja.

38. C. G. Jung: *Grundwerk, Band* 3 [Obras completas, vol.3]. Olten, Freiburg, l984, p. 122.

39. Veja Marie-Louise von Franz: *Der ewige Jüngling* [O jovem eterno]. Munique, 1992.

40. Quando o jornal nos últimos tempos chegou ao ramo ascendente, nisso não se mostra necessariamente um desenvolvimento do público leitor, pois ele perde a sua fatia do mercado para as revistas pornográficas.

41. Aqui trata-se de uma ligação da moderna técnica dos computadores como efeitos da máquina mental, que possibilitam o acesso à assim chamada realidade virtual. Com capacetes e luvas repletos de eletrônicos sensíveis, o viajante no espaço cibernético vive um mundo artificial nas telas minúsculas e sensações simuladas, que nos Estados Unidos fascinam muitas pessoas muito mais do que seria correto.

42. Infelizmente isso não acontece conscientemente, pois a redescoberta da própria criança interior pode contribuir com algo no sentido do desenvolvimento e oferecer uma base segura para as tentativas de amadurecimento.

43. Muitas culturas conhecem montanhas sagradas. Na Indonésia, com o Barabadur Stupa existe até mesmo uma montanha originalmente natural, que com seu terraço artisticamente construído representa o caminho da vida. Em curvas espiraladas, o caminho leva para cima passando por inúmeras estátuas de Buda, que representam as diversas estações do caminho. O objetivo é o cimo da montanha, o centro da mandala com um Buda especial. Entre nós muitos caminhos cruzados aproximam-se dessa idéia.

44. Por outro lado, visto simbolicamente, eles vivem no centro da mandala, e é possível que ainda tenham diante de si todo o caminho. Até aqui, eles só são importantes para nós como imagem, mas não como exemplo.

45. A problemática do fumo como ação substituta está descrita exaustivamente no livro de Rüdiger Dahlke/Margit Dahlke: *Die Psychologie des blauen Dunstes* [A psicologia das ilusões]. Munique, 1992.

46. Se essa menção parecer dura para os adeptos do futebol, devemos pensar que também segundo a opinião dos moderadores e treinadores a maioria dos jogos juntos não é interessante. Entre os bons, na realidade apenas algumas cenas são interessantes, exatamente aquelas que são repetidas muitas vezes no dia seguinte pelos "programas de televisão para crianças".

47. Sobre o tema dos rituais de masculinidade recomendamos o livro digno de leitura do norte-americano Ray Raphael, *Vom Mannwerden* [Sobre tornar-se homem], Munique, 1993, que no tocante ao tema segue as tentativas dos homens modernos e traz material ao mesmo tempo interessante e desanimador.

48. Somente a perda anual de membros de ambas as igrejas oficiais é prova dessa queda, mas também a crescente dificuldade de grande parte da população em aceitar Igrejas, cuja história é um canto de zombaria da própria Escritura Sagrada. No momento são sobretudo as mulheres que enchem as igrejas. Com seu constante despertar aqui também se verifica um movimento de demissão, pois foram principalmente as mulheres que mais sofreram sob a política da Igreja e ainda sofrem hoje. As Igrejas oficiais livremente se davam a conhecer como estruturas patriarcais ossificadas de poder, a ponto de não oferecerem mais uma pátria para as mulheres autoconscientes. Se por fim as mulheres fugirem em massa das igrejas, não restará ninguém que mantenha os rituais. Além disso, existe o fato de vivermos num tempo de profanização e desencantamento geral, uma tendência que atinge as Igrejas com especial severidade; não é à toa que de locais de culto surjam locais de arte.

49. Aqui o livro de Ray Raphael, *Vom Mannwerden* [Sobre tornar-se homem] dá indicações tanto do ponto de vista positivo quanto do negativo.

50. Quem se retrai dessa medida por motivos de saúde, deve ter certeza de que esse primeiro cigarro praticamente é fumado e que este não é perigoso, comparado com o que ameaça o fumante. Quem quiser mais informações sobre esse passo, deve procurá-las no livro de Rüdiger Dahlke/Margit Dahlke: *Psychologie des blauen Dunstes* [A psicologia das ilusões]. Munique, 1992.

51. Cigarros de marijuana, que são repartidos, isto é, passados adiante no círculo de fumantes, aos quais o nome alude.

52. Segundo uma pesquisa, mais de 60 por cento dos alemães adultos sentem mais embriaguez e êxtase por meio das bebidas alcoólicas e menos de 20 por cento por meio da sua vida sexual.

53. Essa consideração refere-se aos jovens nas sociedades civilizadas, pois nas comunidades arcaicas, em que a expectativa de vida era bem menor, eles ficavam sexualmente maduros em parte muito mais cedo do que os nossos jovens, apesar da aceleração do tempo.

54. Mesmo que seja ridiculamente transparente, sob pressão suficiente um casamento, como talvez o da princesa Caroline de Mônaco, pode ser classificado como não consumado e pode haver a separação com bênção papal. Mas essa possibilidade não existe para os católicos mortais comuns. Eles estão condenados a agüentar ou então a serem excluídos da prática religiosa caso aconteça a proibida separação mundana.

55. Adolf Guggenbühl-Craig: *Die Ehe ist tot, lang lebe die Ehe* [O casamento está morto, longa vida ao casamento]. Munique, 1990.

56. Veja a derivação minuciosa da ressonância como base do amor em Rüdiger Dahlke: *Der Mensch und die Welt sind eins* [O ser humano e o mundo são um]. Munique, 1991.

57. As crianças gostam de brincar e com freqüência de representar os papéis que lhes chegam às mãos. Quando treinam pai, mãe e filho ou outros jogos de representação, na maioria das vezes existe um peleja pelos papéis dos adultos que representarão no futuro.

58. O conceito se reporta a Christina e Stan Grof, que também publicaram um livro sobre esse tema: *Spirituelle Krisen. Chancen der Selbstfindung* [Crises Espirituais. Possibilidade de autodescoberta]. Munique, 1993.

59. Aqui é mencionado o método ingênuo que tenta cobrir os âmbitos da sombra, principalmente os quadros mórbidos com afirmações (sentenças positivas). Infelizmente, esse método funciona muito bem como a alopatia, sobre cujo raciocínio se baseia. Os sintomas são cobertos e, assim, aumenta a sombra. Veja Margit Dahlke/Rüdiger Dahlke: *Die spirituelle Herausforderung* [O desafio espiritual]. Munique, 1994.

60. MT simboliza Meditação Transcendental, que foi propagada entre nós principalmente nos anos 70 e 80 pelo yogue hindu Maharishi Mahesh e que ainda tem muitos adeptos.

61. Aqui trata-se da variante sexual erroneamente chamada "tantra", em que se busca evitar o orgasmo — erroneamente, na medida em que tantra significa muito mais.

62. Oralmente esse desafio pode ser entendido de modo mais exigente. "Tornar algo inferior" também significa elevar-se acima dele. Então o texto bíblico também pode significar elevar-se acima da polaridade do mundo, isto é, crescer na direção da unidade.

63. *Das C. G. Jung Lesebuch* [O livro de leitura de C. G. Jung]. Olten, Freiburg, pp.156, 158.

64. Neste contexto chama a atenção que alguns professores simplesmente queiram solucionar sua crise da meia-idade transformando-se em gurus e tornando-se assim a medida de todas as coisas. Aqui a própria sombra do poder não é observada nem elaborada, mas elevada a programa. Os resultados são penosos como se pode ver facilmente. Entre pessoas cuja busca pela autoridade assume traços de desespero, até mesmo esses "gurus" ainda encontram adeptos, exatamente pessoas que no verdadeiro sentido da palavra, ficaram suspensas.

65. Max Frisch: *Gesammelte Werke, Band 6, Tagebuch 1966-1971* [Obras completas, vol. 6, diário de 1966 a 1971]. Frankfurt am Main, 1986, p. 246.

66. Aqui temos de refletir se o aumento à disposição para a violência até a brutalidade entre os jovens, observado pelos pesquisadores sociais, não tem relação com o fato de eles receberem voluntariamente cada vez menos o espaço de desenvolvimento que lhes é devido. A geração mais velha pode então usar essa tendência à violência como argumento para não dar à geração seguinte ainda menos violência disponível.

67. Aqui a semelhança com os "primitivos" fica clara. Os indígenas e tibetanos lidam com as suas mandalas como as crianças com os seus castelos de areia: O criado com dedicação num dado momento, no momento seguinte é destruído com impulso — assim como se ganhou, assim se perdeu.

68. Eis o grande perigo, quando esses meios são ministrados sem competência no cenário da medicina alternativa. Se o efeito animador da propulsão crescente diminui, o paciente é empurrado para o suicídio, para o qual sem o aumento artificial da propulsão lhe faltaria a iniciativa. Se quisermos acusar de charlatanice o "destino dos terapeutas", precisamos conhecer muito bem os meios usados, o que é o caso da maioria dos médicos convencionais. Na psiquiatria, hoje, ambos são usados e retirados ao mesmo tempo.

69. Se, por quaisquer motivos, o crescimento físico é reduzido ou até mesmo impedido, como forma de compensação surgem impulsos de crescimento interior no plano psicoespiritual.

70. Aqui no máximo tem uma certa chance um tipo de esporte que visa ao tema arquetípico saturnino da velhice, como a maratona, uma solução que por certo não pode transmitir.

71. Do ponto de vista da medicina pode ser um tumor benigno no sentido do adenoma prostático ou de um tumor maligno, portanto de um carcinoma. No último caso, valem todas as reflexões que aparecem no livro de Rüdiger Dahlke, *Krankheit als Sprache der Seele*. Munique, 1992 [A Doença como Linguagem da Alma], Editora Pensamento, sobre o tema câncer e próstata.

72. Uma interpretação completa dos cabelos e o significado simbólico da sua queda podem ser encontrados no livro de Rüdiger Dahlke: *Krankheit als Sprache der Seele*. Munique, 1992 [A Doença como Linguagem da Alma], Editora Cultrix.

73. Miranda Gray: *Red Moon* [Lua vermelha]. Shaftesbury, 1994.

74. Veja sobre isto o capítulo correspondente no livro de Rüdiger Dahlke/ Robert Hössl: *Verdauungsprobleme* [Problemas digestivos]. Munique, 1992.

75. Sobre o significado dos enfartes cardíacos veja o livro de Rüdiger Dahlke: *Herz(ens)probleme* [Problemas do coração]. Munique, 1992.

76. Tudo fica muito louco quando as mulheres, que já deixaram a menopausa para trás, são tratadas com estrógenos numa luta impiedosa contra a osteoporose. Mas quando mulheres de 70 anos começam a menstruar, muitos ginecologistas não entendem mais nada.

77. O fato de a medicina nos ter trazido muitos benefícios não quer dizer que tudo o que ela propaga de novidade tenha sentido e muito menos que tudo o que existia antes era ruim.

78. Veja o capítulo IX.2 no livro de Rüdiger Dahlke/Robert Hössl: *Verdauungsprobleme* [Problemas digestivos]. Munique, 1992.

79. Citação do Prof. Dr. Friedrich Husmann em: *Gyne* — Revista especializada em ginecologia e medicina geral, p. 5.

80. *Idem.*

81. *Idem.*

82. Os argumentos indicam que o aumento direto representa cerca de um quilo como retenção de líquidos pelo efeito bioquímico dos estrógenos. O restante e considerável aumento de peso se deve à situação geral modificada. Os quilos assim adquiridos não têm um peso menor por causa disso.

83. Citação do Prof. Dr. Friedrich Husmann em *Gyne* — Revista especializada em ginecologia e medicina geral, p. 5.

84. Mais informações sobre o significado dessas camadas de gordura podem ser encontradas no livro de Rüdiger Dahlke: *Gewichtsprobleme* [Problemas do Peso]. Munique, 1989.

85. Uma interpretação completa está no capítulo 15 do livro de Rüdiger Dahlke: *A Doença como Linguagem da Alma*, Editora Cultrix, 2003.

86. Todos esses e outros quadros mórbidos típicos da velhice são abordados exaustivamente no capítulo 15 do livro de Rüdiger Dahlke, *A Doença como Linguagem da Alma*, Editora Cultrix, 2003.

87. Veja sobre isso Rüdiger Dahlke: *Herz(ens)probleme* [Problemas do coração]. Munique, 1992.

88. No Oriente, as pessoas partem do fato de que tudo na criação concreta é maia, ilusão. O espaço e o tempo, segundo afirmações da Física moderna, também não são tão objetivos e seguros como o Ocidente cientificamente orientado pensava nos últimos dois séculos.

89. "Véu de Ísis" é a expressão egípcia para maia.

90. Max Frisch: Gesammelte Werke, Band 6, Tagebuch 1966-1971 [Obras completas, vol. 6, Diário de 1966-1971]. Frankfurt am Main, 1986, p.107ss., 126ss.

91. Com as freqüentes expressões "no meu tempo" ou "em nosso tempo" a pessoa que fala revela que o presente não é mais o seu tempo, portanto que ela já se perdeu no passado.

92. Isso vale em geral para todos os pacientes norte-americanos, que mandam congelar o seu corpo ou, numa variante mais barata, a sua cabeça, com a esperança de que a medicina moderna encontre um remédio milagroso no futuro e, então, ao reanimá-los, ela os salve da morte. Deixando de lado o grotesco medo da morte, esse exemplo mostra como se recebe exatamente aquilo que mais se teme, nesse caso, a morte. O drama torna-se ainda mais intenso pelo fato de as almas envolvidas terem muita dificuldade de se separar das esperanças depositadas no gelo, isto é, dos cadáveres.

93. O legislador enfatiza particularmente que não são os médicos da equipe da retirada que podem estar "interessados" na morte rápida do doador, que devem determinar o momento da morte ce-

rebral. Em outras palavras, não existe confiança nos médicos nem mesmo oficialmente, no que se refere à morte.

94. *Das C. G. Jung Lesebuch* [O livro de leitura de C. G. Jung]. Olten, Freiburg, 1983, p. 162.

95. No estilo medieval, a luta entre os anjos e os demônios pela alma dos moribundos é representada em quadros comoventes.

96. Claude Chabrol rodou seu impressionante filme *Alice* sobre este tema, que como o assunto faz prever, não fez sucesso, embora traga uma maravilhosa introdução ao mundo dificilmente preparado do estado após a morte.

97. Em seu livro *Durch die Tore des Todes zum Licht* [Através dos portais da morte para a luz] (Neuwied, 1990), Dion Fortune apresenta uma completa observação das situações *post mortem* do ponto de vista do ocultismo.

Terceira Parte

1. No inglês *"breakfast"*(romper o jejum) isso fica ainda mais claro.

2. Veja a fita cassete *Angstfrei leben* [Viver sem medo] de Rüdiger Dahlke, Edition Neptun, Munique.

3. Veja sobre este tema: Rüdiger Dahlke: *Bewusst Fasten* [Jejuar conscientemente]. Neuhausen, 1993.

4. Veja sobre isso a fita cassete para meditação *Elemente — Rituale* [Ritual dos elementos] de Rüdiger Dahlke e Shantiprem, Editora Bauer, Freiburg, 1995.

Bibliografia

Ariès, Philippe. *Studien zur Geschichte des Todes im Abendland* [Estudos sobre a história da morte no Ocidente]. Munique, Viena: 1976.

Die Bibel. Altes und Neues Testament [A Bíblia. Antigo e Novo Testamentos]. Tradução unitária. Basel, Viena, 1980.

Blum, Bruno/Rüdiger Dahlke. *Die vier Elemente* [Os quatro elementos]. Munique, 1995.

Chaitow, Leon. *Natürliche Wege zu einem Langen Leben* [Caminhos naturais para uma longa vida]. Munique, 1994.

Champdor, Albert. *Das ägyptische Totenbuch. Vom Geheimnis des Jenseits im Reich der Pharaonen* [O livro egípcio dos mortos. O segredo do além no reino dos faraós]. Freiburg, 1993.

Dahlke, Margit/Rüdiger Dahlke. *Die spirituelle Herausforderung* [O desafio espiritual]. Munique, 1995.

Dahlke, Rüdiger. *Bewusst Fasten. Ein Wegweiser zu neuen Erfahrungen* [Jejuar conscientemente. Um guia para novas experiências]. Neuhausen 1993.

_____. *Der Mensch und die Welt sind eins. Analogien zwischen Mikrokosmos und Makrokosmos* [O ser humano e o mundo são um. Analogias entre o microcosmos e o macrocosmos]. Munique, 1991.

_____.*Gewichtsprobleme. Be-deutung und Chance von Übergewicht und Untergewicht* [Problemas de peso. Significado do excesso e da insuficiência de peso]. Munique, 1989.

_____.*Krankheit als Sprache der Seele. Be-deutung und Chance der Krankheitsbilder.* Munique 1992 [*A doença como linguagem da alma. Significado e chance dos quadros mórbidos*]. Editora Cultrix, 2003.

_____. *Mandala der Welt. Ein Meditations- und Malbuch* [Mandala do mundo. Um livro para meditar e pintar]. Munique, 1994.

_____.*Reisen nach Innen. Geführte Meditationen auf dem Weg zu sich selbst* [Viagens para o interior. Meditações orientadas no caminho para o si mesmo]. Munique, 1994.

Dahlke, Rüdiger/Margit Dahlke. *Psychologie des blauen Dunstes. Be-deutung und Chance des Rauchens* [Psicologia das ilusões. Significado, interpretação e chance do fumo]. Munique, 1992.

Dahlke, Rüdiger/Robert Hössl. *Verdauungsprobleme. Be-Deutung und Chance von Magen und Darmsymptomen* [Problemas digestivos. Significado e interpretação dos sintomas do estômago e do intestino]. Munique, 1992.

Dethlefsen, Thorwald/Rüdiger Dahlke. *Krankheit als Weg.Deutung und Bedeutung der Krankheitsbilder.* Munique, 1992 [*A doença como caminho*, Editora Cultrix, 2003].

Eliade, Mircea. *Geschichte der religiösen Ideen. 4 Bände* [História das idéias religiosas em 4 volumes]. Freiburg, 1994.

Fortune, Dion. *Durch die Tore des Todes ins Licht* [Através dos portais da morte para a luz]. Neuwied, 1990.

Franz, Marie-Luise von. *Der ewige Jüngling. Der Puer Aeternus und der kreative Genius im Erwachsenen* [O jovem eterno. O *puer aeternus* e o gênio criativo nos adultos]. Munique, 1992.

Fremantle, Francesca/ Chögyam Trungpa (org.). *Das Totenbuch der Tibeter* [O livro tibetano dos mortos]. Munique, 1993.

Frisch, Max. *Gesammelte Werke, Band 6: Tagebuch 1966-1971* [Obras completas, vol. 6. Diário de 1966 a 1971]. Frankfurt am Main, 1986.

Garritzmann, Hermann *et alii. Durch das Jahr — durch das Leben. Handbuch der christlichen Familie* [Pelo ano — pela vida. Manual da família cristã]. Munique, 1988.

Gibran, Khalil. *Der Prophet. Wegweiser zu einem sinnvollen Leben* [O Profeta. Guia para uma vida significativa]. Olten, Freiburg, 1992.

Gray, Miranda. *Red Moon* [Lua vermelha]. Shaftesbury, 1994.

Grof, Stan/Christina Grof (org). *Spirituelle Krisen. Chancen der Selbstfindung* [Crises espirituais. Possibilidades de autodescoberta]. Munique, 1993.

Guggenbühl-Craig, Adolf. *Die Ehe ist tot — lang lebe die Ehe* [O casamento está morto — vida longa para o casamento]. Munique, 1990.

Jung, C. G.. *Grundwerk 9 Bände* [Obras completas, 9 volumes]. Olten, Freiburg, 1984.

Das C. G. Jung Lesebuch. Ausgewählt von Franz Alt [O livro de leitura de C. G. Jung. Selecionado por Franz Alt]. Olten, Freiburg, 1983.

Klein, Nicolas/ Rüdiger Dahlke. *Das senkrechte Weltbild. Symbolisches Denken in astrologischen Urprinzipien* [O conceito vertical de mundo. Pensamento simbólico dos princípios astrológicos primordiais]. Munique, 1993.

Kübler-Ross, Elisabeth. *Interviews mit Sterbenden* [Entrevistas com pessoas prestes a morrer]. Gütersloh, 1992.

Kyber, Manfred. *Die Lichter der kleinen Veronika. Der Roman einer Kinderseele in dieser und jener Welt* [As luzes da pequena Verônica. O romance de uma alma de criança neste mundo e no além]. Munique, 1983.

Leboyer, Frédérick. *Geburt ohne Gewalt* [Parto sem violência]. Munique, 1992.

Mendelsohn, Robert. *Mal(e) Practice. How Doctors Manipulate Women* [Prática masculina. Como os médicos manipulam as mulheres]. Chicago, 1981.

Miller, William A. *Der goldene Schatten. Vom Umgang mit der dunklen Seite unserer Seele* [A sombra dourada. Como lidar com o lado escuro da nossa alma]. Munique, 1994.

Moody, Raymond A. *Leben nach dem Tod* [A vida após a morte]. Reinbek, 1977.

Podvoll, Edward M. *Verlochung des Wahnsinns. Terapeutische Wege aus entrückten Welten* [Atração da loucura. Caminhos terapêuticos para fora dos mundos alienados]. Munique, 1994.

Popul Vuh. Das Buch des Rates. Mythos und Geschichte der Maya [Popul Vuh. O livro dos conselhos. Mitos e histórias dos maias]. Munique, 1993.

Prekop, Irina. *Der kleine Tyrann. Welchen Halt brauchen Kinder?* [O pequeno tirano. Que tipo de firmeza as crianças precisam?]. Munique, 1992.

Prekop, Irina/ Christel Schweizer. *Unruhige Kinder. Ein Ratgeber für beunruhigte Eltern* [Crianças agitadas. Um conselheiro para pais preocupados]. Munique, 1994.

Raphael, Ray. *Von Mannwerden. Übergangsrituale in der Welt der Männer* [Sobre tornar-se homem. Rituais de transição para o mundo dos homens]. Munique, 1993.

Rebillot, Paul/ Melissa Kay. *The Call to Adventure. Living the Hero's Journey in Daily Life* [O chamado para a aventura. Viver a jornada do herói na vida diária]. San Francisco, 1993.

Sheldrake, Rupert. *Das schöpferische Universum* [O universo criativo]. Munique, 1991.

Siebert, Al. *The Survivor-Personality* [A personalidade do sobrevivente]. Portland, 1993.

Stevenson, Ian. *Reinkarnation. Der Mensch im Wandel von Tod und Wiedergeburt* [Reencarnação. O ser humano na viagem da morte e do renascimento]. Braunschweig, 1992.

Wall, Kathleen. *Lights of Passage* [Luzes da passagem]. San Francisco, 1994.

Wickland, Carl. *Dreissig Jahre unter den Toten* [Trinta anos entre os mortos]. St. Goar, 1989.